汉译世界学术名著丛书

# 东域纪程录丛

## 古代中国闻见录

〔英〕裕尔 撰

〔法〕考迪埃 修订

张绪山 译

商务印书馆
创于1897　The Commercial Press

**CATHAY AND THE WAY THITHER**
Being a Collection of
Medieval Notices of China.
Vol. I
Preliminary Essay on the Intercourse between China and
the Western Nations Previous to the Discovery of the Cape Route.

Translated and edited by Colonel Sir Henry Yule,
R. E., C. B., K. C. S. I. CORR. INST. FRANCE.

New Edition, Revised throughout in the Light of Recent Discoveries by
Henri Cordier, D. LITT., HON. M. R. A. S., HON. COR. M. R. G. S., HON. F. R. S. L.
Member of the Institut de France
Professor at the Ecole des Langues Orientales Vivantes, Paris.

London: Printed for the Hakluyt Society

根据 Hakluyt Society 1915 年版翻译

亨利·裕尔
(1820—1889)

亨利·考迪埃
(1849—1925)

# 汉译世界学术名著丛书
## 出版说明

我馆历来重视移译世界各国学术名著。从20世纪50年代起,更致力于翻译出版马克思主义诞生以前的古典学术著作,同时适当介绍当代具有定评的各派代表作品。我们确信只有用人类创造的全部知识财富来丰富自己的头脑,才能够建成现代化的社会主义社会。这些书籍所蕴藏的思想财富和学术价值,为学人所熟悉,毋需赘述。这些译本过去以单行本印行,难见系统,汇编为丛书,才能相得益彰,蔚为大观,既便于研读查考,又利于文化积累。为此,我们从1981年着手分辑刊行,至2020年已先后分十八辑印行名著800种。现继续编印第十九辑,到2021年出版至850种。今后在积累单本著作的基础上仍将陆续以名著版印行。希望海内外读书界、著译界给我们批评、建议,帮助我们把这套丛书出得更好。

商务印书馆编辑部

2020年7月

# 译者引言

## 亨利·裕尔与《东域纪程录丛》

亨利·裕尔编撰的《东域纪程录丛》是19世纪中叶问世的汉学名著。1866年初版，1916年修订再版，此后不断出现新的版本，至今仍位列汉学研究之必读书目。此书是19世纪英国汉学研究的标志性成果之一，裕尔以这一著作以及《马可·波罗游记译注》跻身欧洲著名汉学家之列。

汉学（Sinology）在广义上又可称作"中国学"，是东方学（Orientology）的一个分支，是在近代西方出现的新兴学问。汉学在近代欧洲的发展，以明末清初传教士与冒险家对中国的报告为基础。19世纪"汉学"成为专业化的学科，进入繁荣时期，其标志有三：一是具有一定规模的真正意义上的职业汉学家队伍的出现；二是相当数量的汉学研究机构的成立；三是一批以汉学研究为主要内容的学术刊物的创办。此一时期，法国汉学发展突飞猛进，名家辈出，成为欧洲汉学的执牛耳者。英国汉学研究长期隔离于欧洲大陆汉学研究潮流之外，19世纪获得迅速发展。1823年，英国皇家亚洲学会成立；1836年伦敦大学设立汉文教授之职，1877年创设汉语讲座，1917年成立东方学院（1936

年改为"东方和非洲学院");1876年牛津大学设立汉学讲座;1888年剑桥大学设立汉学讲座。其学术刊物有1834年创刊的《英国皇家亚洲学会会刊》,1858年创刊的《皇家亚洲学会华北分会会刊》,以及1917年创刊的《东方学院学报》。

英国汉学的发展与英国在东方的殖民扩张密切相关。17世纪以后,英国东印度公司逐步确立在中国、印度与东南亚的贸易主导地位。18世纪中叶英国完成工业化以后,进入资本扩张时代。1840年鸦片战争以后,英国人携船炮之力,在中国开商埠,建教堂,设使馆,势力扩展于华夏域内;1857年印度莫卧儿帝国灭亡,次年印度全境陷于英国统治之下。英国在中国、印度、东南亚的活动进一步扩大与深入,与东方的贸易、外交、文化联系进一步加强。在远东活动中,外交官与传教士这两个群体发挥着独特作用。外交官直接与中国官府交往,而传教士的职业活动决定了他们不仅了解中国的官场,更了解中国的文化积习以及民众心理与生活习惯。这两个群体对东方各族各国的了解最为深刻,所以这一时期的英国汉学家主要出自这两个群体。[①]除了

---

[①] 在英国的著名汉学家中,身为传教士的有:马礼逊(R. Morrison, 1782—1834年)、米怜(W. Milne, 1785—1822年)、麦杜思(W. H. Medhurst, 1796—1857年)、理雅各(J. Legge, 1814—1897年)、毕尔(S. Beal, 1825—1889年)、伟烈亚力(A. Wylie, 1815—1887年)、苏慧廉(W. E. Soothill, 1861—1935年)、慕阿德(A. C. Moule, 1873—1957年)、休中诚(E. R. Hughes, 1883—1956年)等;身为外交官的有:德庇时(J. F. Davis, 1795—1890年)、威妥玛(T. F. Wade, 1818—1895年)、瓦特斯(T. Watters, 1840—1901年)、布邵尔(S. W. Bushell, 1844—1908年)、甘为霖(W. Campbell, 1841—1921年)、庄延龄(E. H. Parker, 1849—1926年)、翟理斯(H. A. Giles, 1845—1935年)等。

这两个团体，还有一些参与东方殖民活动的官员，因长期居于东方各国而积累了丰富的东方知识，加之本身对东方历史文化兴趣浓厚，最终成为东方学家，尤其是汉学家，亨利·裕尔就是这类汉学家的典型代表。他没有接受过经院式的汉学教育，却完成了著名的汉学作品，成为西方学界颇为重视的经院式汉学家。对我国读者而言，裕尔的人生阅历，《东域纪程录丛》完成之经过及在汉学研究史上的地位，尚不甚了解，故有必要略加介绍。

## 一、亨利·裕尔的人生阅历

亨利·裕尔（H. Yule，1820—1889年）的一生可分为前后两个时期：前一时期主要作为大英帝国的下级军官在印度服役；后一时期主要作为书斋式学者从事著述。

1820年5月1日，亨利·裕尔出生于苏格兰的中洛锡安的一个叫作因弗莱斯克（Inveresk in Midlothian）的地方，是家中的幼子，其父威廉·裕尔（William Yule，1764—1839年）曾是英国东印度公司驻防孟加拉部队的一名少校军官，1806年退役。威廉·裕尔精通波斯文和阿拉伯文，具有丰富的东方学知识，藏有大量相关书籍，旅行时总是带着波斯著名诗人哈菲兹（Hafiz，约1325/6—1390年）的作品。他在印度服役的后期，曾在勒克瑙宫廷与德里宫廷（courts of Lucknow and Dehli）担任公使助理。他的东方经历和情调影响了其子亨利的未来志趣。

亨利·裕尔少年时代在爱丁堡中学求学。家人希望他能考入牛津，将来从事律师职业。1836年春，他进入伦敦大学学院

(University College London)学习，但他认为自己的未来不是伦敦和法律，而在印度和军队。1837年2月进入东印度公司设在阿迪斯康比（Addiscombe）的军事学院学习。1839年加入设在查塔姆（Chatham）的皇家工兵部队，随后被派往印度。1840年底到达加尔各答，开始了长达22年的东方军旅生涯。他早年的作为服务于英帝国在东方（主要是印度）的殖民活动。

裕尔先在孟加拉东部（阿萨姆）卡西亚山中负责运煤，任务是建立运输网络，将当地的煤炭运往阿萨姆的平原地带。因茂密的森林与峭壁，未能实现目标，但裕尔对当地的物产和民众生活进行了广泛的观察，获得了众多有趣的资料，后来写成了两篇文章。[①] 1842年他转移到印度西北部的旁遮普地区，修复莫卧儿帝国留下的水利系统——英国人占领这个地区以后，需要修复这些水利系统并加以利用。1843年5月他回国结婚，同年11月与新婚妻子返回印度，但他的妻子因不适应印度的水土气候与环境而染病，两年后被迫返回英国治疗。从1845年底，第一次锡克战争（Sikh War, 1845—1846年）爆发，裕尔以工程兵身份参战，负责铺路搭桥。锡克战争结束后，裕尔担任恒河运河（Ganges Canal）北方部的总工程师；从1845年9月至1847年3月，除了本职工作外，他还参加一个委员会的工作，这个委员会负责调查德里运河沿线灌溉区疟疾流行的原因，并报告计划建设的恒河运河是否对多巴人（Doab）的健康造成影响。第二次

---

① H. Yule, "Notes on the Iron of the Khasia Hills", *Journal of the Asiatic Society of Bengal*, XI, part 2 (1842), pp. 853-857; H. Yule, "Notes on the Khasia Hills and People", *Journal of the Asiatic Society of Bengal*, XII, part 2 (1844), pp. 612-631.

锡克战争（1848—1849年）爆发后，裕尔于1849年1月13日参加奇利瓦拉（Chillianwallah）战役。战争结束之后，裕尔因健康原因返回苏格兰，休假三年。

休假期间，除了偶尔访问欧洲大陆，裕尔一直待在苏格兰。1850年他在爱丁堡买了一处房子。在那里写下了《为非洲连辩护》(*The African Squadron Vindicated*)——这本小册子后来以法文出版，①翻译了席勒的《与龙战斗》(*Kampf mit dem Drachen*)，并担任苏格兰海军军事学院（Scottish Naval and Military Academy）的教师，演讲"堡垒学"，写下有关西藏的文章。也正是在这个时期，他开始了对《马可·波罗游记》的研究。这个主题对他的吸引力早在童年时代即已开始，那时他在其父的书房里可能已经读到了威廉·马斯登（William Marsden，1754—1836年）于1818年翻译的《马可·波罗游记》。1863年移居西西里岛的巴勒莫之后，他对《马可·波罗游记》的研究全面展开，成为他学术上的标志性贡献。他在这三年中最直接的学术作品，是他于1851年出版的题为《为部队军官与军事史研究者所写的堡垒学》(*Fortifications for Officers of the Army and Students of Military History*)，七年后这部作品被译成法文。

1852年12月，他结束了长假，返回孟加拉，稍后接到命令，前往阿拉坎，考察此地与缅甸之间长达240英里路线上的各个关隘，以便改进通讯，选择适当的地点建立据点，控制这些地方。

---

① Robert Maclagan, "Obituary: Colonel Sir Henry Yule", *Proceedings of the Royal Geographical Society and Monthly Record of Geography*, New Monthly Series, Vol. 12, No. 2 (1890), p. 110.

1853年8月裕尔受命前往新加坡巡查海峡租界的防务。11月返回加尔各答,被任命为铁路工程副顾问(Deputy Consulting Engineer for Railways)。1855年裕尔被任命为新成立的公共工程部(Department of Public Works)的助理干事,负责印度的铁路建设。第二次英国—缅甸战争以后,缅甸国王向印度总督派遣了友好使团,1855年阿瑟·费耶上校(Arthur Phayre)率领的使团回访缅甸,裕尔作为秘书随行,记载每日行程,归后写成一份报告提交给政府。1856年秋,他获准休假回到英国,将大部分时间用于修订这份报告,形成了他的第一部地理学著作,以《1855年出使阿瓦宫廷记》为题出版。[1] 1857年裕尔返回印度,适逢印度发生暴动,裕尔受命负责在阿拉哈巴德建立要塞对抗"叛乱分子"。1858—1862年裕尔担任驻印的英帝国政府秘书。1862年3月亨利·裕尔以上校军衔退役。就在退役并离开印度的前几周,他访问了爪哇,并在加尔各答就访问中所做的观察发表了演讲。1863年他被授予巴斯爵士(CB),以表彰他在印度服役期间的贡献。

裕尔退役后,希望在英国找到一份工作,但未能如愿,于是决定重拾他钟爱的历史地理研究。为了便于利用意大利的图书馆,他前往意大利,在意大利几个城市短暂居留以后,最终于1863年移居西西里岛的巴勒莫。此后十余年(1863—1875年)他居于意大利,专心从事中亚历史、地理的研究。受巴黎地理

---

[1] H. Yule, *A Narrative of the Mission Sent by the Governor-General of India to the Court of Ava in 1855, with Notices of the Country, Government and People,* London: Smith, Elder & Co., 1858.

学会（Société de Geographie de Paris）自1824年以来出版的各种游记的影响，他于1863年出版了《乔达努斯修士东方奇闻录》(Wonders of the East by Friar Jordanus)译注。①三年后（1866年）出版了《东域纪程录丛》（两卷），此后五年（1871年）出版《马可·波罗游记译注》（两卷）。《东域纪程录丛》与《马可·波罗游记译注》被公认为中世纪地理历史学名著，为裕尔赢得了巨大声誉，确立了他作为历史地理学权威学者的地位。此外，鉴于索引对于研究工作的重要意义，他还为《皇家工程师学刊》(Royal Engineers' Journal)的第三个十卷编辑了一个完备的索引，于1867年出版。②这一时期的裕尔，身心完全沉浸在学术研究中，过着典型的学者生活。他的女儿在回忆录中描述过其父的工作与生活状态：

> 他习惯于早起。夏天时节，早饭前有时去海里游泳，或去散步；但通常情况下是写作，他喜欢一个人进早餐。饭后阅读笔记，十点前通常会急匆匆地去图书馆，那儿是他工作的场所。他在那里工作到二三点钟，然后回到家中，阅读《时报》，答复来信，接待来访或访问他人，然后重新投入写作，持续工作到家人睡后很久。在这种情况下，家人很少见到

---

① 乔达努斯（活跃于1280—1330年）是罗马教廷派往印度的教士，1328年被任命为印度奎隆（Quilon）大主教，1330年写成《东方奇闻录》，对印度有详细的记载。H. Yule ed. and trans., *Mirabilia Descripta, the Wonders of the East*, London: Hakluyt Society, 1863.

② Compiled by col. H. Yule, *General index to the third ten Volumes of the Journal of the Royal Geographical Society*, London: John Murray, 1867.

他。但是在完成《马可·波罗游记译注》的一个章节，或者做出了某个有趣的发现时，他会拿着它读给妻子听。妻子对他的工作总是兴致盎然，而他将妻子视为理智而富有同情心的批判者，对她的文学才能满怀信心。①

1875年裕尔返回英国，在伦敦定居。裕尔没有进入相应的研究机构，也没有获得相应的学术称号，故他的著作多冠名"亨利·裕尔上校"。这个称号与其著作的学术性显得不太协调，但他晚年拥有众多学术头衔。1877—1889年担任哈克路特学会主席。1878年以前曾担任皇家地理学会（Royal Geographical Society）会长。1880年他被任命为印度皇家工程学院访者委员会（Visitors of the Government Indian Engineering College）委员。1882年被授予苏格兰古物研究会荣誉会员（Honorary Fellow of the Society of Antiquaries of Scotland）。1883年，爱丁堡大学成立三百年之际，他被授予荣誉法学博士学位（LL.D）。② 1885年当选皇家亚洲学会（Royal Asiatic Society）主席。

在生命的最后十几年中，裕尔除了继续从事东方学研究外，与阿瑟·伯内尔（Arthur C. Burnell）合作完成了《英-印字汇》（1886年）。③为《不列颠百科全书》（*Encyclopædia Britannica*）

---

① Amy Frances Yule, "Memoir of Sir Henry Yule", in H. Yule & H. Cordier, *The Book of Ser Marco Polo*, Vol. I, London: John Murray, 1903, p. lx.

② R. Maclagan, "Obituary: Colonel Sir Henry Yule", *ibid*., p. 112.

③ H. Yule and A. C. Burnell, *Hobson-Jobson: A Glossary of Colloquial Anglo-Indian Words and Phrases, and of Kindred Terms, Etymological, Historical, Geographical and Discursive*, William Crooke, ed., London: J. Murray, 1903.

撰写了有关东方学的众多条目。此外，他也参加政治活动，1875年至1889年间，他担任印度委员会（Indian Council）委员，卸任后被授予"印度之星勋位"（Knight Commander of the Order of the Star of India）。1889年他最后的重要作品《威廉·赫奇爵士日记》（*The Diary of William Hedges*）由哈克路特学会出版。是年春，他仍在搜集材料与修改自己的各种作品，但已无力完成。同年12月27日收到法兰西金石与美文研究院（Académie des Inscriptions et Belles-Lettres）主席从巴黎发来的电报，告知他当选为研究院的通讯院士，裕尔口授拉丁文短信作复并表示感谢。[①] 1889年12月30日裕尔于伦敦逝世，享年70岁。

## 二、汉学名作《东域纪程录丛》

罗伯特·马克拉根（Robert Maclagan）将军是裕尔生前的好友，他在讣告中称"裕尔的逝世是皇家地理学会的损失，是所有对地理学研究与发展感兴趣的人们的损失，是众多朋友的损失。"他回顾了裕尔终生的事业，特别指出了其学术研究的特色：

> 裕尔上校做过游历，并将见到的一切很好地加以利用，但他不像旅游者那样博取荣誉。他具有罕见的地理学才干，以及同样出色的批判才能：他知识宏富，博闻强记。由于具

---

[①] Amy Frances Yule, "Memoir of Sir Henry Yule", *ibid*., pp. lxx-lxxi; H. Cordier, "Colonel Sir Henry Yule," *T'oung Pao*, Vol. 1, No. 1 (1890), pp. 70–71.

备这样的才能，他能够正确地衡量其他旅行家们的著作，辨识这些人的作为所具有的真正结果与价值，认清他们所见到的事物的确切意义，以及他们所做陈述的影响。由于他准确地选择研究目标，所以能够解决遥远国度和久远时代的地理学问题。他所有的著作，都追求准确与完备，为达此目的而不遗余力。他遍寻一切合适的证据，无论是鲜活的还是古旧的，都在他搜罗之中，他知道证据在何处。……裕尔上校经仔细的研究与调查清晰地得出结论。读者不会不明就里地接受他的结论：他的资料来源及其所做判断的依据，都被充分而清晰地陈列出来。[1]

确如评论所指出，裕尔的学术研究的特点是非常突出的：一是他善于将自己的阅历转化为学问，娴熟地将他在东方（尤其是印度）服役时所获得的实际知识运用到东方学研究。这在他所做的众多高质量的译注中明显地体现出来。[2]二是他对研究对象的判断能力。他对中世纪旅行家的作品不遗余力地搜集，其完备程度是空前的；他对这些作品在欧亚交流史研究上的价值的重视，也是前所未有的。裕尔的著作引起了西方学术界对中世纪游记的持续关注与重视，唤醒了地理学家、东方学家以及大众读者

---

[1] R. Maclagan, "Obituary: Colonel Sir Henry Yule", *ibid*., p. 112.
[2] 仅就第一卷序言中他对《厄立特里亚海周航记》所记"塞萨德人"活动的考证，对托勒密《地理志》涉及中亚地理的考证，对《沙哈鲁遣使中国记》中涉及中亚地理的考证，都充分利用了他从实际经验所获得的知识。

对中世纪游记中对中国记载的兴趣。①三是裕尔的研究充分利用了19世纪下半叶殖民网络中的知识体系,使他对原始资料的研究与以往研究成果的借鉴达到了空前的高度,②在许多悬而未决的疑难问题上提出了独到的见解。此外,裕尔文笔简约,要言不烦,使其作品呈现文字明快,观点明晰的特点。

《东域纪程录丛》于1866年由哈克路特学会出版时,由于它"几乎囊括了迄至当时所知道的有关东方历史的全部知识",所以很快便成为"所有从事古代和中世纪远东研究者的便览手册","对于所有感兴趣于中国、中亚历史地理,乃至更广泛的亚洲历史地理的人们",成为了"必备的研究指南"。③《东域纪程录丛》的出版,使裕尔作为中世纪地理研究权威的地位迅速得到承认,这种地位与声望更由于《马可·波罗游记译注》在1871年的出版而得到加强。《马可·波罗游记译注》被西方汉学界认为是最好的注释版本,19世纪的博学的不朽之作。1875年《马可·波罗游记译注》出版第二版,封面上注明了裕尔获得的各种

---

① E. Bretschneider, *Mediæval Researches from Eastern Asiatic Sources*, Vol.1, London: Kegan Paul, Trench, Trübner& Co. Ltd., 1910, p. v.

② 裕尔的东方研究,除了利用欧洲各大图书馆的收藏,最重要的资料来源是他与欧洲及亚洲各地友人之间的私人通信,主要有三种来源:第一是英国的殖民官员,比如在第一版前言中,裕尔提到了麦克拉根(R. Maclagan)上校和坎宁安(G. A. Cunningham)将军,等等;第二类人物是传教士,所谓"灵魂的殖民主义者";第三类人物是欧洲其他国家的殖民官员、地理学家和探险家,如德国的地理学家和探险家李希霍芬(Baron von Richthofen)等。见朱丽双《从文化误解到东方主义:亨利·裕尔及其〈马可波罗之书〉》,《民族研究》2017年第5期,第98—100页。

③ Henri Cordier, *Preface to second edition,* in *Cathay and the Way Thither, being a collection of Mediæral Notices of China*, Vol. I, London: Hakluyt Society, 1915, p. xii.

头衔,计有:英国皇家工程师(孟加拉)、意大利地理学会荣誉会员、巴黎地理学会通讯会员、柏林地理学会荣誉会员、英国皇家亚洲学会华北分会荣誉会员,等等。[①] 1903年经考迪埃修订后出版第三版,1920年经考迪埃再次修订重印时增加一卷《注释与附录》,质量更趋完善;1975年重印,1993年出新版。[②]在我国,2018年该书第三版由中西书局以影印形式出版。[③]

《东域纪程录丛》与《马可·波罗游记译注》呈现出连续性与系统性。从设计看,裕尔最初的目标显然是完成《马可·波罗游记译注》,而《东域纪程录丛》实际上是为完成这个目标所做的准备,[④]但是,鉴于"不太著名的中世纪作家留下的关于中国的诸多断篇残章,可以彼此阐明,对《马可·波罗游记》的研究大有启发",而且这些作品尚有一些不为英语读者所了解,所以他决定将这些作品全部汇集起来,进行全面彻底的译注。在他的心目中,马可·波罗是"中世纪旅行家之王",中世纪旅游家中的巨

---

[①] *The Book of Ser Marco Polo, the Venetian, Concerning the Kingdoms and Marvels of the East*. Newly translated and edited, with notes, maps, and other illustrations. By Colonel Henry Yule, C. B, late of the royal engineers (Bengal), Hon. Fellow of the Geographical Society of Italy, Corresponding Member of the Geographical Society of Paris, Honorary Member of the Geographical Society of Berlin, and of the N. China Branch of the R. Asiatic Society, etc. Second edition. London: John Murray, 1875, 2 vols.

[②] H. Yule & H. Cordier, *The Book of Ser Marco Polo the Venetian, Concerning the Kingdoms and Marvels of the East*, 3rd ed., London: John Murray, 1903, rept. 1975; H. Yule & H. Cordier, Munshiram Manoharlal Publishers Pvt. Ltd., 1993.

[③] 玉尔译注、考狄补注:《马可·波罗之书》,中西书局2018年版。

[④] H. Cordier, "Colonel Sir Henry Yule", *T'oung Pao*, Vol. 1, No. 1 (1890), p. 67.

星，他有权享有自己的天空，不与其他小行星并列"。①在这样的想法指导下，裕尔将马可·波罗以外的中世纪旅行家的游记汇成《东域纪程录丛》一书，而将《马可·波罗游记译注》作为独立的一书。

《东域纪程录丛》的标题直译是："契丹及其通往那里的路——中世纪中国闻见录"。②"契丹"（Cathay）是著作标题中使用的一个引人注目的名词。这个名称有多种写法，③以欧洲人的使用习惯，这个名称指的是13、14、15世纪的中国。④它源于契丹，即建立辽朝与宋朝并立的契丹人。那么，为何不用更为人熟知的China一名？我们知道，西方历史记载对中国的称呼很多，以海路与陆路两个不同途径分成两个系统。由海路到达印度，自印度人那里获得的对中国的称呼是Cin、Cini、Cina或Cinasthan等，最终转换为现代人所熟悉的China。从陆路接近中国时获得的中国名称则较复杂，希腊罗马时代称作赛里斯（Seres）、桃花石（Taugas）；⑤契丹人在中国北部建立辽朝（907—1125年），

---

① H. Yule, "Notices of Cathay", *Proceedings of the Royal Geographical Society of London*, Vol. 10, No. 6 (1865–1866), p. 270; H. Yule, translated and edited, *Cathay and the Way Thither, being a Collection of Medieval Notices of China*, Vol. I, London: Hakluyt Society, 1866, p. vii.

② H. Yule, *Cathay and the Way Thither, being a Collection of Medieval Notices of China*, Vol. I–II, translated and edited by Colonel Sir Henry Yule, London: Hakluyt Society, 1866.

③ 如Khitái、Kitan、Kitay、Katay、Kitai、Khitan、Catai、Catayo、Catalane、Catay、Qitay、Chataio等。

④ H. Yule, "Notices of Cathay", *ibid.*, p. 270; H. Yule, *Cathay and the Way Thither*, Vol. I, pp. 146–148.

⑤ 关于"桃花石"名称的起源，参见张绪山《"桃花石"（Ταυγάστ）名称源流考》，《古代文明》2007年第3期；Xushan Zhang, On the origin of *Taugast* in Theophylactus Simocatta and the later sources, *Byzantion* LXXX, Bruxelles (2010)。

以及辽灭亡后其余部在中亚建立西辽（1124—1218），使亚洲大陆上的其他民族如俄罗斯人、波斯人与突厥人熟知其族名契丹，并以此名称指呼中国。西辽灭亡以后，"契丹"之名沿袭下来，用以称呼中国。蒙古时代的欧洲旅行家游记（包括《马可·波罗游记》），都用Cathay这个名称指称中国，甚至在15世纪末哥伦布从事航海所寻找的国家仍然是Cathay。① 近代以后，西方人终于明白Cathay与China实际上是同一个国家，从而实现了China与Cathay的接替。《东域纪程录丛》的目标是译注近代以前西方旅行家关于中国的记载，完成一本中西交流史的资料辑注，其中虽包含了古代作家的文献记载，但以中古之世——Cathay之名居于主导地位的时期——的文献资料为多，这显然是裕尔著作标题选用Cathay的原因。

《东域纪程录丛》于1866年初版时分为两卷，1913—1916年修订时分为四卷，形成后来看到的规模，但增补的内容主要是注释，基本游记资料并无增加。第一卷分为两个部分，前一部分的内容主要是对本著作各卷所涉及的相关作者及其著作中关于东方特别是中国的材料的价值进行分析和评论，具有序论的性质；后一部分是古代、中世纪时期（西方）一些作家著作中关于中国的记载片段及其译注。其他三卷的内容分别是：第二卷为鄂多立克游记译注；第三卷是对这一时期派往印度、中国的传教士所写信函和报道，以及拉施丁、裴戈罗提和马黎诺里等人关于

---

① B. Laufer, "Columbus and Cathay, and the Meaning of America to the Orientalist", *Journal of the American Oriental Society*, Vol. 51, No. 2 (Jun., 1931), pp. 87-103.

中国记载的译注，第四卷是伊本·白图泰和鄂本笃游记的译注。从内容上看，新航路发现前所有西方作家关于中国的记载皆汇集于此四卷书中，加上另外译注的《马可·波罗游记》，亨利·裕尔基本上完成了西方古代、中世纪所有主要作家关于中国记载的搜罗和译注。现在我们所译出的是该著作的第一卷，即序论部分。

《东域纪程录丛》的出版是英国地理学界的大事，其影响在英国最为直接且显著。皇家地理学会主席默奇森（R. I. Murchison）在学会的年会上对该书多次表达高度的赞赏。1867年3月11日英国皇家地理学会在伦敦召开1866—1867年度会议，他在评论一篇研究中亚阿姆河的论文时，提到裕尔的著作说：大约从1300年到1500年这两百年的时间里，欧洲人拥有一种至今不可企及的手段了解中亚的地理；那时经常有使团从欧洲的宫廷被派往中亚的蒙古之地，这些使节大部分保留了其行程记录；地理学会的准会员裕尔上校最近对这些记载进行了综述，让公众读到了一部极有趣的著作（《东域纪程录丛》），对于这部著作，给予何种高度评价都不为过，对于地理科学的爱好者们，如何强烈地推荐这本书都不为过。[1]1865年阿古柏（Yaqub Beg，1820—1877年）入侵新疆，英国与英-印当局高度关注，中亚成为英国学术界的重要话题。1870年5月23日皇家地理学会召开1869—1870年度会议，默奇森谈到英国人在西域探险的成

---

[1] A. Boutakoff, "The Delta and Mouths of the Amu Daria or Oxus", *Proceedings of the Royal Geographical Society of London*, Vol. 11, No. 3 (1866–1867), p. 115.

就,再次提及裕尔著作在增进西方人(尤其是英国人)西域历史地理知识的作用。他说:"我已经提到这个事实,即中国人控制'新疆地区'(Eastern Turkistan)大约有一百年,的确,他们最后一次征服这个地区只是始自上个世纪中叶,但是,作为中国势力古老性以及历久生命力的证据,注意到这一点不无意义:这个地区绝不是第一次成为中华帝国的一部分。我从裕尔上校的著作中知道,中国学者将中国向这个方向扩展势力追溯到公元前2世纪,公元前1世纪中国势力已经越过了勃律(Bolor),甚至远达里海岸边。在随后的时代,中国势力经历了巨大波动,但在7世纪的盛唐时代,勃律以东的整个地区都处在中国统辖之下;甚至在众山之西,延至波斯边境的各地区都表示归附,至少是在名义上按照中国的制度进行组织。成吉思汗及其后继者再次将'突厥斯坦'各国与中国置于同一个至上权威之下。在蒙古势力衰落以后,继起的中国本土王朝没有控制中国内地以外的领土,直到当今的清朝盛期时,'新疆地区'才第三次或第四次,也许是最后一次归统于中国。"[①]对于正在印度经营其统治、密切关注中亚历史地理的英国人而言,裕尔著作关于西域与中原政权的历史关系的论述,发挥了教科书的作用。1872年5月27日英国皇家地理学会召开1871—1872年度会议,授予他"奠基者金质奖章"(Founder's Gold Medal),以表彰他的《出使阿瓦宫廷记》、《东域纪程录丛》和《马可·波罗游记译注》为地理历史研究做出的

---

[①] R. I. Murchison, "Address to the Royal Geographical Society, Delivered at the Anniversary Meeting on the 23$^{rd}$ May, 1870", *Proceedings of the Royal Geographical Society of London*, Vol. 14, No. 4 (1869–1870), pp. 318–319.

贡献。①

《东域纪程录丛》是这一时期到东方活动的探险家的必读书目。以盗窃敦煌文书而闻名世界的奥瑞尔·斯坦因（M. Aurel Stein, 1862—1943年）原为匈牙利人,在欧洲学习东方语言期间阅读了裕尔的《东域纪程录丛》与《马可·波罗游记译注》,对东方历史地理产生了浓厚兴趣。他于1884年前往英国从事研究,经人介绍结识了裕尔。经过裕尔推荐,1888年斯坦因到达印度,开始为英国效力。1900—1901年斯坦因到中国新疆于阗考察,随身携带着《东域纪程录丛》与《马可·波罗游记译注》。1907年他出版中亚考察报告《古代于阗》,在献词中写道：亨利·裕尔上校爵士是早期游记的阐释者,中亚历史地理研究的开拓者,其著作伴随着自己的中亚之行,故以极大的敬意将书题献给他。②

20世纪初,出版《东域纪程录丛》的哈克路特学会决定修订此书,将任务交给了亨利·考迪埃（Henri Cordier, 1849—1925年,又译作考狄、高第）。考迪埃于1849年出生于美国的新奥尔良,三岁时迁居法国。1869—1876年旅居中国上海,任职于英国皇家亚洲学会华北分会图书馆。回国后任巴黎东方语言学院教授,是亚洲学会会员、皇家学会荣誉会员和法兰西学院会员,是重要的东方学刊物《通报》（*T'oung Pao*）杂志的创办

---

① R. Maclagan, "Obituary: Colonel Sir Henry Yule", *Proceedings of the Royal Geographical Society and Monthly Record of Geography*, New Monthly Series, Vol. 12, No. 2 (Feb., 1890), p. 111.

② A. Stein, *Ancient Khotan: Detailed Report of Archaeological Explorations in Chinese Turkestan*. Oxford: The Clarendon Press, 1907.

人。考迪埃被公认为是西方汉学家中最伟大的先驱之一,尤其专长于中西关系史及文献目录之学,主要著作有《中国学书目》(*Bibliotheca Sinica*,又译《西人论中国书目》)五卷(1881—1924年),《中国与西方列强关系史》(三卷,1902年),《中国通史》(四卷,1920年),等等,其中对汉学影响最大的是《中国学书目》,这部书将汉学发轫时期至1924年的汉学研究论著目录全部收入,为汉学研究者提供了一个极为方便的论著检索向导,是西方汉学文献学的奠基之作。考迪埃曾是《马可·波罗游记译注》1903年新版本的修订者,所以《东域纪程录丛》的修订任务也交由他完成。再版此书的原因,一方面是旧版在这几十年间差不多已经绝版,另一方面是这个时期西方列强对东方国家的殖民活动进一步增强,东方知识获得重大进步,汉学研究取得了巨大成就,有必要将新的汉学研究成果吸收到其中。考迪埃以中亚考古新发现和汉学研究的新成果加以补充,于1913年完成修订并交付出版。考迪埃的修订版反映了汉学研究的进步与发展,质量更上层楼。作为欧洲汉学研究的翘楚,考迪埃在晚年愿意花费巨大精力重新修订裕尔的《马可·波罗游记译注》和《东域纪程录丛》,说明这两部著作的学术价值,即使在汉学研究整体水准高于英国的法国汉学界,也是受到高度重视的。

《东域纪程录丛》充分显示了裕尔广博的东方人文地理知识和深刻、敏锐的考证、分析能力。有学者评论1913—1916年的新版本说:"裕尔爵士为搜集到的各种文献所做的序言是稀有的丰碑,它包含着学问、不竭的奇趣与幽默……整个作品印在读者脑海中的念头是，为了解决文献中出现的众多难题——主要是地理名称的考证，文献作者可信度的确切评鉴——作者全力以赴，不遗余力。新的修订者的工作在各个方面对得起其前辈的作品。"[1]这种判断符合事实，已为学术界所公认。时至今日，书中所作的许多注释与考证依然被奉为经典之作，西方许多汉学家如布列施奈德（E. Bretschneider, 1833—1901年）、戈岱司（G. Coedès, 1886—1969年）、夏德（F. Hirth, 1845—1927年）、伯希和（P. Pelliot, 1878—1945年）、斯坦因（A. Stein, 1862—1943年）、赫德逊（G. F. Hudson, 1903—1974年）、李约瑟（J. Needham, 1900—1995年）等均加以引用。在20世纪上半叶的国际汉学界，法国东方学家伯希和是睥睨同辈的领军人物，有"学术警察"之称，对同代汉学家少有赞许，但对亨利·裕尔却明确表示敬意，称赞他"见识敏锐"（robuste bon sens）；对他的《东域纪程录丛》、《马可·波罗游记译注》和《英-印字汇》三部著作明确表示高度赞赏，在著作中时常加以引用，即使有所订正，也出之以尊敬与钟慕的口吻。[2]《东域纪程录丛》对西方汉学界的影响，由它的一再印行可见一斑。[3]

---

[1] D. S. Margoliouth, "Reviewed Work (s): Cathay and the Way Thither", *The English Historical Review*, Vol. 33, No. 130 (Apr., 1918), pp. 268-269.

[2] 据他的学生和好友丹尼斯·西诺（Denis Sinor）说，伯希和平生最重视的汉学家有裕尔、马伽特（J. Marquart）、劳费尔（B. Laufer）和布列施奈德。见 D. Sinor, "Remembering Paul Pelliot, 1878-1946", *Journal of the American Oriental Society*, Vol. 119, 3 (1999), p. 469。

[3] H. Yule trans. & ed., *Cathay and the Way Thither*, 1-4, Nendeln Liechtenstein, krans reprint limited, 1967; New Delhi: Munshiram Manoharlol Publishers Pvt. Ltd., 1998; Laurier Books Ltd., /AES, 2005.

# 三、我国学界对《东域纪程录丛》的接受与借鉴

我国学术界对这部著作的重视,表现在各代学者对它频繁而充分地利用。早在本世纪初,著名学者张星烺(1888—1951年)就最大程度地参考、利用过该书的研究成果。张星烺是中西交流史研究名家,编纂《中西交通史料汇编》数册,于1930年作为《辅仁大学丛书》之一印行,其中的西文资料主要采自裕尔此书,其考证结论也多借鉴该书注释。①当然,张星烺的著作在资料搜集考证上,尤其是在汉文原始资料的搜集考证上,已大大超过了裕尔和考迪埃,可谓后来居上,但裕尔和考迪埃的开拓之功不可埋没。

对于此书的认识,两位著名学者之间的一段讨论值得一提。冯承钧(1887—1946年)与张星烺为同代人,也是研究东西交通的著名学者,同时以翻译西方汉学名家(尤其是法国汉学名家)的作品名重学界。张星烺《中西交通史料汇编》出版以后,冯承钧撰文加以评论,认为张氏的《史料汇编》已将《东域纪程录丛》翻译大半,"原书所辑诸行纪,多为未识西文者所不经见之作品,诚有迻译之必要",但他又认为"其中考证太旧,是一大

---

① 关于张星烺引述此书的得失,见邢义田:《古罗马文献中的"中国":张星烺〈中西交通史料汇编〉所录罗马记载"中国"译文订补》,《食货》(台)1985年第14卷第11—12期,第79—90页;又见《世界史研究》1985年第2辑,书目文献出版社,第27—38页。

缺点也"①。对此，张星烺并不赞同，撰文回应冯承钧的评论，认为"冯氏谓英人裕尔所著之《契丹路程》（即《东域纪程录丛》）书中考证太旧，鄙意甚不以为然。此书之第二版，经法人考迪埃之修订，出版于1916年，距今年十四年，距拙著脱稿之年1926年，仅十年耳。最近西洋著作家不言此书之旧，而学术落伍之中国人反嫌其旧，毋宁太过乎？"②冯承钧所谓裕尔书"考证太旧"的说法，可能是鉴于20世纪初西方（尤其是法国）汉学发展日新月异的状况。的确，在20世纪初期，东方学（包括汉学在内）的发展确实有令人眼花缭乱、目不暇接之感，但就中西交流史而言，类似的资料搜集与考证性著作，可堪其匹的名作似乎还不多，只有夏德、布列施奈德与沙畹等人的著作可与之相提并论。③但在1916年出版的修订的《东域纪程录丛》中，考迪埃已将夏德、布列施奈德、沙畹以及其他众多学者的研究新成果充分吸纳。因此，认为裕尔书中的"考证太旧"确实并不符合实际。除了游记搜

---

① 冯承钧：《评〈中西交通史料汇编〉》，见张星烺：《中西交通史料汇编》，第六册，中华书局1977年版，第447页。

② 张星烺：《答冯承钧〈评中西交通史料汇编〉》，见张星烺：《中西交通史料汇编》，第六册，第457—458页。

③ F. Hirth, *China and the Roman Orient: Researches into Their Ancient and Medieval Relations as Represented in Old Chinese Records*, Leipsic & Münich: Georg Hirth, Shanghai-Hongkong: Kelly & Walsh, 1885; E. Bretschneider, *Mediæval Researches from Eastern Asiatic Sources*, London: Kegan Paul, Trench, Trübner & Co. Ltd., 1910, 2 vols; É. Chavannes, *Documents sur les Tou-kiue (Turcs) occidentaux*, Paris: Librairie d'Amérique et d'Orient, Adrien-Maisonneuve, 1903; 夏德与沙畹的著作已译成中文，见夏德：《大秦国全录》、朱杰勤译，商务印书馆1964年版；〔法〕沙畹：《西突厥史料》，冯承钧译，上海商务印书馆1934年版；布列施奈德《中世纪研究》未有中译本。

集的完备程度，裕尔在名物训诂方面所做的研究，并未随着时间的流逝而失去其有效性，这是可以肯定的事实。

《东域纪程录丛》确实表现出了持久的生命力：张星烺的巨著出版以后，它仍于1938—1939年在我国以影印形式出版，由文殿阁书庄发售。①1966年、1972年又两次在台湾重印。②此后学者研究中西交流史，或依靠张氏撷取的内容，或直接取自裕尔之书。至于参考引用，更是代不乏人。朱谦之③等重要学者在其著述中都曾充分利用了裕尔的成果，根据自己的研究提出批判与补充。尤其是，在近些年出版的中西交流史研究的著作和文章中，它仍被列入重要参考书之列。该著作学术生命力的持久不衰，在很大程度上是缘于其最突出的特点：对基本史料相对完备的搜集保存，及对众多地理历史难题的扎实考证。

长江后浪推前浪是学术发展的规律，但就具体的人文学术成果而言，这并不意味着旧的成果就失去了其价值。大凡配得上"名著"称号的学术著作，多半不会随着时光流逝而进入故纸堆，相反，其学术价值往往在经受历久的审视与批判之后更显示其灼灼光辉，成为学术研究的永久性的支撑点或标杆，推动人们去

---

① 〔英〕裕尔编译，〔法〕考狄补订：《东域记程录丛》第1—4册，文殿阁书庄1938—1939年版。

② H. Yule & H. Cordier, *Cathay and the Way Thither*, I-IV, reprinted by Ch'eng-wen Publishing Company, Taipei, 1966; 1972.

③ 朱谦之名作《中国哲学对欧洲文化的影响》草创于1936年，完成于1938年，出版于1940年（商务印书馆），所列参考书中，中西交流史部分位居首位的参考书就是裕尔-考迪埃的《东域纪程录丛》（译作《契丹纪程》）。见《中国哲学对欧洲文化的影响》，河南人民出版社1999年版，"前言"第4页。

实现新的超越。很显然，《东域纪程录丛》完全可以当之无愧地进入这样的作品之列。

当然，以今天的眼光和标准看，《东域纪程录丛》的某些考证结论似乎已是常识，但我们不能忘记，人们的这些"常识"也许正是出自这部作品，经前辈学者的介绍而为我们所熟悉；即使书中有些观点已有过时之感，但仍不失为一家之言。最重要的是，它对西方原始资料的搜集整理，即使在今天看来，仍不失较为全面、完整。另外，随着中外学术交流的扩大，我国学界对中外学术交流史的研究日益重视，对于研究汉学发展史的学者，了解各个时期具有代表性的汉学著作，是非常必要的。《东域纪程录丛》作为一部汉学名著，不仅具有学术价值，而且具有一定的史料价值，至少具有"立此存照"的意义。它让我们能够具体了解在西方汉学发展史上，19世纪下半叶英国汉学家的研究成果的气象与水准。

不过，《东域纪程录丛》毕竟出版于一个半世纪以前，其修订版距今也有一个多世纪。作为一个半世纪以前的著作，它显得有些陈旧。从写作体例上讲，《东域纪程录丛》内容繁多，有时译注者为澄清一个问题，不惜在注释中引经据典、旁征博引，使得全书注释多于正文，正文淹没在注解中。这虽可使读者对正文内容获得较为透彻的理解，但同时也造成阅读上的不方便。尤其应指出的是，裕尔和考迪埃虽为当时汉学研究的名宿，硕学博闻之士，但二人均不通晓汉文，这在一定程度上限制了二人发挥更大的作为，尽管他们已经尽其所能，最大程度地利用了译为欧洲语言的汉文史料。此外，裕尔一生从未到过中国，缺乏亲身游历中国带来的直观感受,这一缺憾对于他的历史地理考证带来不利影响,限制了他个人所固有的将实践阅历及见闻转化为学识的突出本领的发挥。可以说,未能充分利用丰富的汉文史料,以弥补西方史料的遗漏和偏颇,是该著作难以避免的重大缺憾。[①]鉴于这一点,我在翻译过程中,尽可能指出一些明显的错讹,并将相应的汉文史料补入一些。不过,考虑到这是一部翻译著作,理应保存原貌,而且有关中西交流史的汉文史料,读者较容易从相关著作中获得,没有必要全部移置于此。更何况译者学识谫陋,以犬畎耕,不胜其力。《东域纪程录丛》没有淹没在一个半世纪的学术尘埃之中,至今仍然发出光芒,受到学者们的重视,这一事实本身已足以说明其学术价值了。对于译文中的不当和错讹之处,欢迎批评。

张绪山<br>
2020年6月

---

[①] E. Bretschneider, *Mediæval Researches from Eastern Asiatic Sources*, Vol. I, London: Kegan Paul, Trench, Trübner & Co. Ltd., 1910, preface, p. vi.

# 目　录

献词和前言 …………………………………………… 1
第二版序言 …………………………………………… 6

第一章　东西交流最初的遗迹。希腊罗马的中国知识 …… 10
第二章　中国对罗马帝国的知识 ……………………… 45
第二章*　中国与中亚的交流 …………………………… 66
第三章　中国与印度的交流 …………………………… 73
第四章　中国与阿拉伯的交流 ………………………… 92
第五章　中国与亚美尼亚、波斯等国的交流 ………… 103
第六章　中国的景教 …………………………………… 113
第七章　蒙古时代以前有关中国的文献资料 ………… 135
第八章　蒙古统治下中国以"契丹"之名见称 ………… 157
第九章　契丹演变为中国。结束 ……………………… 184

附录 ……………………………………………………… 196
一、《厄立特里亚海周航记》节录 …………………… 196
二、托勒密《地理志》节录 …………………………… 200
三、梅拉《世界志》节录 ……………………………… 212

四、普林尼《自然史》节录 ………………………… 213

五、包撒尼亚斯《希腊道程》节录 ……………………… 218

六、马赛利努斯《历史》节录 …………………………… 220

七、普罗可比《哥特战争》记蚕种传入罗马帝国 ……… 221

八、弥南德《希腊史残卷》所记突厥可汗和拜占庭
　　皇帝之间的交往 ……………………………………… 223

九、科斯马斯《基督教风土志》节录 …………………… 240

九*、赵汝适《诸蕃志》记大秦国 ……………………… 266

十、西安叙利亚文-汉文景教碑之发现 ………………… 267

十一、《中国印度见闻录》所载阿拉伯作家笔下的
　　　9世纪印度各国 …………………………………… 270

十二、《伊本·穆哈利尔游记》节录 …………………… 275

十三、阿布尔菲达《地理学》节录 ……………………… 288

十四、《海屯行记》节录 ………………………………… 293

十四*、《克拉维约东使记》记契丹节录 ……………… 295

十四**、《尼古拉·康蒂行记》节录 …………………… 298

十五、托斯堪内里致里斯本主教费尔南多·马丁斯
　　　信节录 ……………………………………………… 300

十六、约萨法·巴巴洛契丹闻纪节录 …………………… 302

十七、《沙哈鲁遣使中国记》注释 ……………………… 304

十八、拉姆希奥所记哈吉·马哈迈德关于
　　　契丹谈话节录 ……………………………………… 325

十九、布斯伯克所记土耳其漫游僧契丹见闻节录 ……… 333

本书引用书目(含书名缩略语) …………………………… 336
索引 ……………………………………………………… 344
译后记 …………………………………………………… 381

# 献词和前言

## ——致哈克路特学会主席洛德里克·I.默奇森爵士

尊敬的洛德里克爵士：

向蒙善待，获允将本书题献给您，不胜荣幸。此书意在阐明中世纪的亚洲地理。对地理学会和哈克路特学会尊贵的主席而言，这个主题毋须做任何解释，因为他比任何人更有权利说"*nihil geographicum a me alienum puto*"（我对于任何地理知识均不生疏）。

按原来的设想，这部作品只包括鄂多立克修士，或许还有另外一位旅行家的游记。不太著名的中世纪作者留下了各类有关中国的断篇残章，这些作品可以彼此阐明，对《马可·波罗游记》的研究大有启发，且这些作品尚有一些不为英国读者所了解。有鉴于此，将这些作品全部汇集起来，尽我所能进行全面彻底的编注，就是一件值得做的事情。我从未冒昧地设想将马可·波罗纳入这些作家之中。也许有足够的余地为这位中世纪旅行家之王编一个新的英文本；但他有权享有自己的天空，不与这些小行星并列。在这几卷书里，我们的目标是完成这样一部著作：这部作品对于马可·波罗的游记的关系，就如同不太有名的希腊地理家的作品集对于托勒密著作的关系。

这项工作展开时,我所得到的必要条件,远不如近来的境况,或者说,这项工作几乎是没有人尝试过的。我读到的资料确实都有助于说明我关注的各位作者,但巴勒莫不是伦敦,也不是巴黎,一本主要著作的付阙,经常使我对一个难题的研究停滞不前,其情形就像一个旅行者在设计一个复杂的行程时,由于其交通导示图上出现的一块黑污点而受阻,被迫在几条线路上停顿下来。

我痛苦地认识到,对于下文探讨的许多论题,没有什么东西可以补救真正的东方知识的缺乏。多年来我对印度斯坦语的一定程度的了解,对基础波斯语的一些记忆,一直有些用处,但有时它们可能已使我误入歧途,就如同昏暗的灯光易于使人迷路。

在我所涉及的作家中,英国读者多少已经接触到鄂多立克、伊本·白图泰和鄂本笃的著作。鄂多立克的著作,读者可以读到哈克路特版本;伊本·白图泰的著作,读者可以读到李(Lee)对一个阿拉伯文略本的翻译,而对于鄂本笃的著作,人们可以读到阿斯特利(Astley)汇编中的叙述。

自阿斯特利的著作发表以后,120年过去了,对于这位勇敢的耶稣会士穿行过的地区,我们的知识虽仍然有许多巨大的空白,但已大大扩展;然而,据我所知,另外两位旅行家的著作还从未有人进行系统编订;譬如说,从未有人打算对他们的游记进行评注,以期考证出他们访问过的地点,澄清或鉴明其记述中的错讹。

关于伊本·白图泰的游记,像约翰·班扬(John Bunyan)的拉丁文译本一样,"我的译本转自阿拉伯文";我没有借用李的译本,而借用了德弗里麦里(M. M. Defrémery)和桑圭奈蒂(Sanguinetti)未删节的游记法文译本。虽然借用了译文,但评注没有借用;我认为,对于这位有趣的旅行家,我的评注会提供一些新的见解。

在本书征引的其他作家中,自负、聒噪但又颇为诚实的约翰·德·马黎诺利是最引人注目的。他的作品曾很偶然地被埃默森·坦南特爵士所引用。对于坦南特爵士,很少事物能逃脱他的目光。如果不是坦南特注意到他,我想他在英国是不会为人所知的。

本书所收入的每一位作者,在讲述他们的故事前,都将在适当的位置得到介绍,这里就不需要对他们逐个多费笔墨了。

对文中出现的重复,我无须辩解。在一本汇编而非选集中,重复不可避免。但在注释中有时也出现重复,则将是可怕的。对这种情况,我请求宽宥。我的住处离印刷厂很远,除此之外,迫于条件,前面的稿件交付印刷厂数月后,后面的部分才告完成,所以我无法对整个著作进行通贯地修改。

一些好心的朋友不惮其烦地向我提供参考书,或解答与本书相关的问题。我对他们表示热诚谢意;但这里我将只提及梅杰(Major)君和马卡姆(Markham)君;承蒙二位好心,他们还依次检读了排印中的修改稿校样。

我相信自己付出的巨大劳动不会白费。我已经尝试着将一个宏伟主题的一个别具一格的方面比较充分地呈现出来,这个主题在过去所有时代都一直保持着独特的魅力。赛里斯人(Seres)居住在东方大洋岸边过着与世隔绝、平和而富足的生活,我们可以看到,对于跨越亚洲传来的有关赛里斯人的缥缈的传说,古代的人们已多少感受到它们的魅力。马可·波罗的游记、鄂多立克的游记,以及曼德维尔的著作——鄂多立克游记的剽窃品——的手抄本和译本的大量出现,说明这些旅行家所讲述的契丹国(Cathay)所具有的庞大的人口、巨大的财富、发达的艺术、秩序井然的文明,对中世纪的基督教世界产生过同样的吸引力。当葡萄牙人的发现向人们展示中国(China)之时,这种魅力之火再次燃烧起来,许多人和一位古怪的耶稣会士一起,惊诧于上帝何以对一群异教徒如此慷慨。① 近三个世纪之久的知识偏缺没有减弱这种魅力。近些年对中国情形的熟悉已产生了众所周知的结果,对一个衰败中的文明所做的进一步考察已显示出,在这个庞大而奇妙的结构的核心,现在存在着多少腐朽的成分。

我们知道,在文明和创造力上久已度过巅峰状态、同时在人口和精神力量上也在走下坡路的一些群体,其前途似乎是不难想象的。但在中国这样的国家,道德、思想的衰败和混乱,却伴随着人口的巨大增长,几乎达到世界人口的三分之一;对它的前途命运做出估计,确实是很难的。基督教势力是一些民族的神圣复兴力量,它至少三次进入中国,尽管有时是以极不完备的形式进入的。两次似受到扼制而熄灭,另一次则是被曲解利用。未来属于上帝。对于聚拢在世界上空的云霭,中国与之息息相关。这

---

① "Cur Deus tot bonis infidelem sibi Chinam beaverit?" Kircher, *China Illustrata*, p. 165.

个帝国的历史与迦勒底最古老的国家同样悠久,它现在似乎正在走向崩溃。从前它经常分崩离析,又聚而复合;它经常被征服,却又挣脱枷锁、获得自由,同化了征服者。而征服者却从他们入侵的这个国家获得了它拥有的文明。正在搅动着这块土地的内部骚动,遇到了源自西方的新异力量。谁能预测这个神秘过程的结局是什么?

谨致问候

H.裕尔

1866年7月23日于巴勒莫

# 第二版序言

《东域纪程录丛》两卷于1866年出版。这是亨利·裕尔爵士为哈克路特学会编纂的第二部著作。几年前（1863年），裕尔曾译注过乔达努斯修士的《东方奇闻录》（Mirabilia Descripta）。这两部著作很长时间已绝版，《东域纪程录丛》的副本间或出现在书商的目录表上，索价奇高。长期以来它一直是所有古代中世纪远东研究者的便览手册，对于这样一本书，我无须加诸赞美之词。大家都承认，对于所有不仅感兴趣于中国、中亚历史地理，而且感兴趣于广泛的亚洲历史地理的人们，《东域纪程录丛》都是必备的研究指南。这本书问世时，几乎囊括了当时西方人所知道的有关东方历史的全部知识，尽管这位博学的编纂者谦逊地使用了《中世纪中国闻见汇编》（A Collection of Medieval Notices of China）这一副标题。1866年以来，由于新地域的发现和人们在迄今未被充分研究的国家中所做的旅行，科学，特别是地理学获得迅速发展；裕尔本人在他1871年初次印行的巨著《马可·波罗游记译注》的新版本[①]中，已加入了大量新材料，但

---

[①] The Book of Ser Marco Polo: the Venetian Concerning the Kingdom and Marvels of the East, London, 1875; London, 1903年版是该书第三版，也是公认最好的版本，2017年上海中西书局影印出版了这个版本，题做《马可·波罗之书》（上下）。——译者

未对《东域纪程录丛》进行补充。所以，有必要编辑新的《东域纪程录丛》，将所有最新资料搜罗进去。我曾是《马可·波罗游记译注》第三版的编订者，大家认为我有特殊的资格来完成这项新任务。我的故交、博学的哈克路特学会主席马卡姆爵士，要我担当修订《东域纪程录丛》的重任。我愉快地接受了这一提议，借此机会表达我对裕尔其人的敬慕之意，对这位早已大名鼎鼎的地理学家的钦佩之情。

这里可以重述一下我在《马可·波罗游记译注》第三版前言中说过的话："对于亨利·裕尔爵士的注释，我几乎未做任何删除，只是做了很少的变动。只有在最近的资料证明他有错的情况下，我才这样做。我对裕尔的注释做了补充，希望这些补充被证明是有用的新材料。"在修订《东域纪程录丛》时，我尽可能坚持这些原则，但是，人们可以看到，除了附加众多注释外，有必要在序论中①增加一个章节，以最近研究成果为基础论述中亚，以及少量补充性注释；关于中国人对罗马帝国知识一章的开头部分已全部改写。新增加的材料已使这部著作的篇幅变得很大，所以将它印成四卷，而不是两卷②。

除了《马可·波罗游记译注》一书前言提到的一些著作，还应补充的是，奥瑞尔·斯坦因爵士有关他在中亚所做旅行及其发现的论述，我的同事和朋友沙畹教授论述西突厥的富有学术价值的著作，聪慧的年轻学者伯希和教授为我补充的众多价值极

---

① 即我们现在译出的这一卷。——译者
② 我个人增补的部分以［ ］标出。

高的注释。我还可以提到其他许多著作,但人们将在注释或第四卷末尾所附的书目中看到这些著作。

哈克路特学会委员会和尊贵的学会主席选择我负责修订新版《东域纪程录丛》,于我当视为殊荣,对此我表示感谢;同时我也要感谢埃米·弗朗斯·裕尔(Amy Framces Yule)小姐,她允许我从《马可·波罗游记译注》第三版复制了她父亲的肖像。对剑桥大学出版社为出版本书付出的劳动,谨表谢忱。

亨利·考迪埃

1914年10月于巴黎

假如我们把中国想象成一个孤立的帝国,一个在亚洲边缘、与世界其他地区隔离开来的帝国,一个永远拒绝外国人进入其中、对外关系只限于与最近的相邻民族有着旅行交往的帝国,那么我们对于中国的观念将是很不正确的,而读该国历史的时候,将只能获得很不完备的观念。

——阿贝尔·雷慕沙

# 第一章　东西交流最初的遗迹。希腊罗马的中国知识

1.不同时代陆、海两路对中国的双重称谓。2. China名称的起源；这个名称所代表的人民和国家似乎自古即为印度人所知，但与这种起源不相符。3.中国人对中西交流最早的见闻；被认为来自迦勒底的使者。4.中国、波斯关于古代交流的巧合性传说。价值不高的关于中国的波斯传说。5.可能来自远国埃及的团体。所谓埃及古墓中发现中国瓷瓶。6.先知以赛亚的Sinim。7. Chin或China后来传至希腊和罗马，当时的形式作Thin、Thinae、Sinae。8.这些名称确指中国。9.使用这些名称的古代作者。托勒密和《厄立特里亚海周航记》作者所记中国位置的差异。10.赫拉克利亚的马希阿努斯；其著作只是托勒密著作的概要，但更简明地说明了托勒密的观点。11. Seres比Sinae更为常见；起初朦胧地被诗人提及；梅拉和普林尼笔下更为明确，其内容描述中国。12.托勒密；其记载中的Sera和Serice。对二者的精确描述非其知识所及；他是从陆路上观看中华帝国；没有识辨出东方的大洋，此点远逊其前辈作家。13.阿米阿努斯·马赛利努斯；所记赛里斯人（Seres）地理只是解释托勒密的著作。

第一章 东西交流最初的遗迹。希腊罗马的中国知识

认为他提到了长城是错误的。14.概观古代对赛里斯人的认识。这些特点几乎均符合中国人的性格和实际。普林尼赞美中国铁。15.罗马史上与赛里斯人直接政治交往的唯一记载。16.我们不能要求古人对如此遥远的地区有精确的认识。托勒密资料的模糊、混乱不可避免。17.中国人和罗马人的彼此认识在见解和错误上具有相似性。18."赛里斯"一名与丝绸有关。语源问题。历久盛行的关于丝绸性质的错误认识。但有人掌握例外的知识；包撒尼亚斯的记载。古代地理知识的起伏变动；阿拉伯人中存在相似现象。19.中国人记载的古代中国同欧洲的丝绸贸易；拜占庭作家记蚕种传入事；二者情形相符。文中所述的蚕种输出地尚不明确。20.希腊作家关于中亚突厥部落的片断中存在的希腊历史与中国历史间有趣的联系。6、7世纪希腊作家有两处非凡的记载。21.希腊作家中的第一位：科斯马斯的记载和著作。22.科斯马斯对中国地理方位的正确认识。23.科斯马斯对中国的称呼；他了解丁香国的大致位置。24.另一位希腊作家塞奥费拉克图斯·西摩卡塔：他称中国为"桃花石"(Taugas)。25.塞奥费拉克图斯著作节录及注释。26.对这段记载的评论；"桃花石"一名可能代表的名称。27.此后拜占庭地理学进入黑暗状态：查尔康德拉对中国的记载可以为证。

1. 不同时代陆、海两路对中国的双重称谓。

我们称之为中国的这个幅员辽阔的古代文明之邦,在西方人看来,总是朦胧若庞然大物;尽管相距遥远,但还是形成巨大的视角。我们发现,在不同的时代,它或者被视为沿亚洲巨大的半岛和岛屿形成的南部海路的终点,或者被视为横穿亚洲大陆北方陆上通道的终点,依照上述情况它以不同名称被区别开来。

在前一情况下,它几乎总是以"秦"、"秦奈"、"支那"(Sin、Chin、Sinae、China)之类名称见称;在后一种情况下,这个地区在古代被称为赛里斯国(Seres);中世纪为契丹国(Cathay)。

2. China名称的起源,该名称所代表的人民和国家似乎自古即为印度人所知,但与这种起源不符。

就像其他许多与远东贸易和地理相关的词汇和名称一样,Chin这个名称被认为是经由马来人传下来的,马来人以秦朝(Ts'in)之名称呼这个东方大国。公元前2世纪稍早的时候,秦朝建立过为时短暂但却强健有力的统治,将中国境内所有的邦国统一于它的统治之下,其征服活动大大超越了南方和西方原有的疆界。

不过,我们有理由相信,"支那"(China)一名在更早的时候即已使用,因为《摩奴法典》和《摩诃婆罗多》已提到它。《摩奴法典》和《摩诃婆罗多》都是早于秦帝国许多世纪的作品[1]。《摩

---

[1] Lassen, i, 857–858; Pauthier, *M. Polo*, p. 550. 波迪埃说:"我将另文证明,《摩奴法典》的说法含有部分真理;在公元前1000余年前,人们从印度迁往中国最西部的陕西省,在当地组成了一个名为Thsin的国家。Thsin与China为同一个字。"值得注意的是,如波迪埃所指出,日本诸地图也使用China一名(Pauthier, p. 449)。

## 第一章 东西交流最初的遗迹。希腊罗马的中国知识

奴法典》中称,"支那斯"（Chinas）是一个堕落的刹帝利种姓。虽然两部作品中所显示的这个国家的地理位置确实很不准确,但在缺乏与此相悖的客观证据的情况下,似乎有理由相信,对当时的印度人来说,"支那"（China）这个名称所代表的就是现在的中国;同时,印、中两国天文学体系的一部分内容也极有力地显示,中印两国古代的交流源远流长;这些交流如此古老,甚至在中国的影响深远的史书中也失记了[①]。

远古时代的印度人究竟是否知道中国人,与他们是否以Chinese之名知道中国人,当然是两个不同问题。但如果可以证明他们一定相互了解,那么,很有可能,一个国家文字中的"支那"名称就是指另一个国家。这个名字可能与秦朝有关,或者与某个具有类似王朝称号的国家有关;因为秦国曾在陕西这个地方从公元前9世纪就开始行使统治;而在更早的时候,中华帝国分裂成许多小国时,其中有晋（Tsin）和陈（Ching）。[②]

［亨利·裕尔爵士在《英-印字汇》第196—197页再次提出China名称问题:

"欧洲人以Thinae和Sinae形式知道这个名称,可追溯到公元时代。人所广知,先知以赛亚提到Sinim是在更久远的时代,但它指中国人的可能性恐怕必须摒弃,古代梵文作品中Chinas一名大

---

[①] 见Lassen, i, 742以下。["伊本·卡尔比（Ibn al-Kalbi）追随Aš-Širki说,中国被称作Čin,是因为Čin和Baghar是巴格布尔雅发特（Baghbar ibn Kamād ibn Yāfath,即Japhe）的两个儿子。" Ferrand, *Textes*, p. 207, Yākūt.]

[②] 晋国治在山西,其统治期为公元前1106至公元前676年,后以其他名称行使统治;陈国在河南,统治期为公元前1122年至公元前477年。见Deguignes, i, 88, 102, 105; Lassen, i, 857; St. Martin, *Mem. sur l'Armenie*, ii, 51。

概属于同样情况。China在根本上是外国人对中国的称呼,这个名称最可能的起源,是李希霍芬(F. von Richthofen)男爵提出的观点,即此名源自东京的旧称'日南',理由是,公元初日南境内有中国对外贸易的唯一的开放口岸,并且日南郡当时在行政上隶属中国(见Richthofen, *China*, i, 504—510;同作者在*Trans. of the Berlin Geog. Soc.* 1876发表的各篇论文;以及本书作者之一在*Proc. R. Geog. Soc.* November, 1882发表的文章)。

"我们的朋友拉古伯里(T. Lacouperie)在一个详细的注释中提出另一种观点,对此我们只能述其大略。虽然他非常赞同交趾即东京(古音读作Kiao-ti)就是托勒密(Ptolemy)著作中的喀提卡拉(Kattigara)的观点,但他否定Sinae源自日南的见解,其主要根据有二:(1)日南不是交趾,而是远在其南的一个郡,相当于现代的安省(Nghé Ane,在达特莱威尔·德莱茵斯的地图上,其首府在河内以南纬度2度17分左右)。这在安南官方地理志上记载得很清楚。1820—1841年以前安省一直为交趾支那的十二省之一,1820—1841年它与其他两省一并归于东京。而且,在《中国历史地图集》中,日南属交趾支那。(2)汉代的文献证据显示,日南的古音为Nit-nam,在中国-安南语(最古老的中国方言)中,仍然读作Nhut-nam,在广东话中读作Yat-nam。拉古伯里君进一步指出,中国物品的输出,中国与南方和西方的交通,在公元前数世纪里由滇国(Tsen)垄断控制(滇在中国-安南语中读若Chen,在中国官话中读若Tien)。滇国相当于现代云南省的中、西部。司马迁《史记》(作于公元前91年)和《汉书》在这方面做过有趣的记载。张骞从大夏带回消息说,蜀地(四川)

商人前往印度经商,汉武帝遂派遣使者寻找蜀商走过的道路,滇王党羌阻挡使者,拒绝使者过境,骄狂地问:'汉孰与我大?'

"拉古伯里君认为,滇国与海的唯一通道是红河,与滇国进行海上贸易的商埠位于红河口的交趾,即喀提卡拉。所以他认为,这个控制各商路的强大而傲慢的滇国之名,很有可能将Chin、Sin、Sinae、Thinae播向远域,甚至在公元2世纪大汉帝国将势力扩张到红河口时,仍为外国人提起。

"对于这一观点宜多加审视,目前我们还没有做到这一点。但我们肯定会在其他地方加以讨论,它没有妨害李希霍芬对喀提卡拉的考定。"]

《英-印字汇》一书的新任编者威廉·克鲁克(William Crooke)君补注如下:

[翟理斯(Giles)教授认为,李希霍芬和拉古伯里的观点只不过是猜测而已。他对这个问题进行新的研究,得出的结论是,这个名称可能来自秦朝(Ch'in、Ts'in);秦朝存在于公元前255—前207年,其名远播于印度、波斯和其他亚洲国家,其尾部的a是由葡萄牙人添加的。]

现在我们要补充的是:

[伯希和教授(P. Pelliot, *Bul. Ecole Franç. Ext. Orient*, iv, 1904. p. 144 以下)不赞同李希霍芬的观点;他指出,日南是汉朝东京分成的三个郡(交趾、九真和日南)最南部的一个;汉朝的主要统治机构设在交趾,即红河三角洲,马尔库斯·奥勒略[①]的使节

---

① Marcus Aurelius Antoninus(121—180年),罗马皇帝,《后汉书·西域传》作"大秦王安敦"。——译者

可能即从此地登陆；日南的发音在当时作ñit-nam，这个读音中不可能有托勒密记载的Sinae；印度人确知的Cina或Chinas无疑是指中国人。关于拉古伯里的理论，伯希和认为，没有证据说明滇国由海路与红河保持联系；他认为帕德莱·马丁尼（Padre Martini）所提出的China名字来自秦王朝（公元前249—前207年）[①]的观点，仍然较有说服力，也似乎符合中国本身的传说。]

［不久前，赫尔曼·雅各比（Hermann Jacobi）教授在他的论文 Kultur-, Sprache-und literarhistorisches aus dem Kautiliya (Sitz. K. Preuss. Akad., xliv, 1911, p. 961)中得出结论说："公元前300年Cīna一名肯定是中国的称号，所以China一词来自秦朝（公元前247年）的观点必须摒除。另外，注意到这一点也很有趣，它证明公元前4世纪中国丝绸已出口到印度。"这一结论基于一个事实：雅各比教授发现，《政事论》（Kautiliya）提到了China，特别是提到丝绸产于China。这部著作的作者是公元前320—前315年在位执政的印度笈多王的著名大臣，他的著作应在公元前300年左右或者早几年完成。雅各比教授认为，这一事实提供了一个牢固的年代基础。芝加哥的劳费尔（B. Laufer）君采纳了雅各比教授的见解，总结说："在中国人定居广东省和南部沿海一带以前，Cīna作为古代（大概是马来人使用的）名称表示这些地区，不是不可能的。"（T'oung Pao, Dec. 1912）。伯希和教授指出，甚至在汉代，匈奴仍称中国人为"秦人"；"秦"是古代中国西部民族称呼中国的名字；后来中国又被称为"桃

---

① 原文如此。——译者

## 第一章　东西交流最初的遗迹。希腊罗马的中国知识

花石"（Ταυγάστ，见于公元7世纪塞奥费拉克图斯·西摩卡塔［Theophylactus Simocatta］的记载；同时期的突厥碑写作Tabγač），辽（916—1125年）时又被称为契丹（K'i tan）。我认为，在找到进一步的证据前，我们可以支持China之名来自秦朝的传统语源论。（同上）］

3. 中国人对中西交流最早的见闻；被认为来自迦勒底的使者。

中国和西方各国的史书和传说保存着古代交流的其他迹象。据称，太戊（公元前1634年）时，76个国家的使者携重译自远域来到中国朝廷。①

据中国史家称，在更遥远的黄帝——传说中的五帝中的第三位——时期（公元前2697年），发明各种技艺的匠人从昆仑附近的西域各国来到中国。②尧时（公元前2356年）南方的越裳氏人遣使来贡，献"千岁神龟"，其背纹文若奇怪之蝌蚪文，叙述世界初始以来的历史。尧命人录之，此后遂以"龟历"著称③。这个国家还在元前1110年（成王统治时期）向中国遣使④。越裳

---

① *Chine Ancienne*, p. 76.［Lacouperie, *Chinese Civilization*, p. 383写道："公元前1538年，太戊二十六年，有人自焉耆附近的一个西域国来，王孟命携礼前往该国，并见西王母，获其珍贵香脂。"］

按：《竹书纪年》卷上："太戊遇祥桑，侧身修行。三年之后，远方慕明德，重译而至者七十六国。商道复兴，庙为中宗。"——译者

② *Ch. Anc.*, p. 29.

③ 此见《述异记》卷上。——译者

④ 《书经》和司马迁均未提及公元前1110年交趾（交趾支那）的这次遣使；提到它的是《汉书》和《后汉书》；周公发明指南车被认为与这次传说中的遣使联系在一起。参见Legge, *Chinese Classics*, III, ii. pp. 536—537；Pelliot, *Fou-nan*, pp. 58—59。

按：参见《中华古今注》卷上。——译者

氏意为"穿长袍的人"（像亚述碑中刻画的人物一样），蝌蚪文类似楔形文字；且注者说其国经扶南[1]和林邑[2]（即现在的暹罗），经一年始达中国，波迪埃（Pauthier）由此推测这些使者来自迦勒底[3]。

4.中国、波斯关于古代交流的巧合性传说。价值不同的关于中国的波斯传说。

不过，印度以西各国的独立传说中，保存了极早与中国的交往，这种传说异乎寻常地得到了中国史书的佐证。波斯的传奇史中谈到，古波斯的著名国王雅姆什德（Jamshid）与马秦（Máchin，即大中国）国王马亨（Māhang 或作 Mahenk）的女儿生育了两个女儿[4]。有人（没有根据地）认为，马亨就是周穆王；

---

[1]〔扶南在高棉国，被真腊（柬埔寨）征服。参见 Pelliot, *Le Founan* (*Bul. Ecole Ext. Orient.*, April-June, 1903)。〕

[2]〔林邑即占婆国。〕

[3] *H. des Relations Politiques de la Chine*, etc. pp. 5-7.〔拉古伯里殚精竭虑想证明中国文明起源于西亚，特别是巴比伦和埃兰（Elam）。虽然他阐明了一些特殊问题，但汉学家们并不接受他的理论，有时相当粗暴地加以拒绝。拉古伯里汇集自己的论文，以《中国早期文明西方起源论》（*Western Origin of the Early Chinese Civilization from 2300 BC to 200 AD*, London, 1894）为题发表。他认为，黄帝即是文明化的 Bak Sings 族的首领，他从西方来到洛河河畔，公元前2282年死，在位十五年。前引文，p. 381. 关于所谓的 Bak 族，见 C. De Harles, *T'oung pao*, 1895, p. 369.〕如果我没有记错的话，Rawlinson, *Ancient Monarchies* 提到的一些迦勒底铭文，被认为是公元前2000年或更早时期的作品，但我手头没有劳灵逊（Rawlinson）的书作参考。〔新的研究使我们至少可追溯到公元前3000年：纳拉姆辛（Naram Sin）铭文制作于此时。〕

按：纳拉姆辛执政时期约在公元前2291—前2255年。——译者

[4]〔雅姆什德"与 Zaboulistan 国王的女儿 Peritchehreh 生育了一个儿子，名叫 Tour；与马秦国王的女儿 Mahenk 生育了另外两个孩子，叫 Betoual 与 Humayoun."（Jules Mohl, *Modjmel al-Tewarikh, Journ. Asiat.*, fév. 1841, p. 155.）无须强调这个故事的传说性质。〕

第一章 东西交流最初的遗迹。希腊罗马的中国知识

穆王于公元前1001—前946年在位，活到104岁。中国史书称，穆王在公元前985年到遥远的西方各国做过旅行，并带回了能工巧匠和各种天然珍宝①。

古代波斯传说确实经常提到中国，但是这些传说似乎主要是通过费尔杜西（Ferdusi）的诗篇流传下来，所以对其中提到的有关中国的内容，大概不应过分强调。无论如何，以下内容应作如是观：佐哈克（Zohak）遣人追踪雅姆什德至印度、中国境内；费里丹（Feridun）将鞑靼（Tartary）及中国之一部赐于次子图尔（Tur）；凯考巴（Kaikobad）之子西雅沃什（Siawush）娶阿弗拉西阿布（Afrâçiâb）之女费林吉斯（Feringees），阿弗拉西阿布以中国（中国鞑靼地区？）及和阗为嫁妆相赠；凯库斯老（Kai Khusru）（即Cyrus）年幼时，阿弗拉西阿布遣其渡中国海，吉维（Jiv）在中国境内遍寻凯库斯老，历尽艰辛；在凯库斯老和鲁斯图姆（Rustum）对阿弗拉西阿布的战争中，鲁斯图姆擒获乘白象作战的中国皇帝；凯库斯老的继承人洛拉斯普（Lohrasp）从鞑靼和中国的君主们那里征收贡物；古施塔斯普（Gushtasp）（即Darius Hystaspes）与鞑靼王阿尔甲斯普（Arjasp）作战，追至其国都，在那里获杀之②。

---

① 同上书，pp. 14-15及 *Chine Ancienne*, pp. 94以下。[传说中的穆王西行，《穆天子传》有记载。*China Review*, xvii, pp. 223-240, 247-258有艾特尔（Eitel）的译文。关于穆天子和西王母的传说，参阅Chavannes, *Se-ma Ts'ien*, ii, pp. 6-8 note; Lacouperie, *Chinese Civilization*, pp. 35, 77, 384. 拉古伯里注，公元前986年"周穆王游吐鲁番、焉耆、裕尔都斯高原和更远地区，可能到达疏勒，他带回了一些能工巧匠，学到了镶铁和制造人工宝石的技术等，还从和阗-叶尔羌带回了玉石，还有牵线木偶及其他东西，从瓦罕带回了琥珀。"]

② Malcolm, *H. of Persia*, I, 1815, pp. 21, 46以下。

5.可能来自远国埃及的团体。所谓埃及古墓中发现中国瓷器。

一个有趣而幽晦的传说提到,成王亲政三年(公元前1113年)有泥离人由海上来朝[①],波迪埃认为,这些来访者来自尼罗河畔[②]。这种见解也许从所谓埃及十八王朝墓中发现中国瓷瓶得到某种程度的强化,但就我所知,伯奇(Birch)博士已经证明这些瓷器并非产于上古时期[③]。

6.先知以赛亚的Sinim。

至少前文所搜集的一些事例可以说明这种情况大有可能:先知以赛亚所说的Sinim——如《以赛亚书》内容所示,这个名称表示极东或南的某个民族——应该真正地被理解为:它所表示的就是中国人[④]。

---

① 此见于《拾遗记》卷二。——译者

② *Chinese Ancienne*, p. 85.[拉古伯里评论说:"儒莲后来建议将泥离国考定为印度的纳拉城(Nala),但是该城是由阿育王(Asoka)所建,比文中报道的事件晚了八个世纪,且它的名称以汉文写出,其音读迥然殊异。"他建议将泥离(Nili、Nêlê或Nêrê)考定为古老的诺莱(Norai)国,位于伊洛瓦底江西岸,曼尼普尔和云南西南部勐满之间,后来蒙拱地方的掸国。(*Early Chinese Civilization*, pp. 39–41.)]

③ [儒莲和波迪埃在法国,麦杜思和帕克在中国(W. H. Medhurst - H. S. Parkes, *Trans. China Br. R. As. Soc.*, Pt. III, IV)业已证明,1834年埃及墓发现的瓷瓶刻文是唐、宋时期即公元后数世纪的诗歌。]

④ "你瞧那即将从远方到来的人们;啊!你瞧那来自北方和西方的人,还有那来自Sinim国的人。"(xliv, ver. 12.)见Smith, *Dict. of the Bible*中的"Sinim"条。[Sinim问题仍然悬而未决。见H. Cordier, *Bibliotheca Sinica*, col. 1919. 拉古伯里写道:"毫无疑问,古代和近代记载中的居于兴都库什山旁侧的Shinas人,就是《以赛亚书》中'Sinim国'这一短语所指的遥远民族。这就是我的研究所得出的结论。"(*Babylonian Record*, Jan. 7, 1887.)我认为拉古伯里的观点大可怀疑。]

## 第一章　东西交流最初的遗迹。希腊罗马的中国知识

7. Chin或China后来传至希腊和罗马，当时的形式作Thin、Thinae、Sinae。

China之名后来以这种形式传给希腊人和罗马人，可能是经由操阿拉伯语之人；因为阿拉伯语中没有ch音①，所以将印度和马来人的China转为Sin，有时可能转为Thin。由此就有了《厄立特里亚海周航记》的作者使用的Thin。目前所知，以这种形式使用这个名称，这位作者似乎是第一人②；托勒密著作中的Sinae和Thinae均由此而来。毫无疑问，托勒密是从他的前辈推罗的马林努斯（Marinus）那里获得这两个名称。马林努斯的著作涉及的内容似乎比托勒密的著作广泛得多，但马林努斯的著作已遗失，令人扼腕③。

---

① ［对古代阿拉伯语发音，这种说法并不确切。见G. Ferrand, *Textes relatifs à l'Extrême Orient*, i, p. 9.］

② 穆勒认为这本著作完成于公元1世纪。如果这种观点正确，那么情况就是如此。

③ 有人读斯特拉波的著作，认为埃拉托斯特涅斯（Eratosthenes）使用过Thinae一名（斯特拉波的记载提到，后者曾经纬线"穿过Thinae"—διὰ Θινῶν— 其正确的读法应为"穿越雅典"（δι' Ἀθηνῶν）；穆勒版第945页有相关的各种记载）。最近学者已放弃对斯特拉波记载的这种读法。设若情况确实如此，那么，中国一名不见于公元1世纪末叶以前，似颇为奇特。著名的秦始皇据说曾派三十万军队到鞑靼地区，而托勒密三世大约在同一时期征服了巴克特里亚。托勒密的远征可能早于中国秦始皇的远征。托勒密在位时间是公元前247—前222年，秦始皇自公元前246年是秦国的国王，只是从公元前221年才成为整个中国的皇帝。M. Reinaud, *Relations Politique et Commerciales de l'Empire Roman avec l'Asie Orientale*中有一些独具匠心的创见和有用的材料，我从中受益匪浅，但它在整体上是一部论据薄弱的著作。他说托勒密使用Sinae一名"以便赋予他自身一个博学形象"（pour se donner un air d'erudition）；即使认为《周航记》早于托勒密是个错误，也很难设想他为何这样说。

按：埃拉托斯特涅斯（公元前275—前194年），希腊学者，曾任亚历山大里亚图书馆负责人。——译者

8.这些名称确指中国。

文艺复兴运动之后,有一种把所有知识都归功于希腊人的情绪,这种情绪引起了逆向反应。此后,托勒密著作中的秦奈(Sinae)是否确实代表中国经常受到质疑与否定。马希阿努斯·赫拉克利亚(Marcianus of Heraclea)对秦奈的论述,也如同他的著作中其他大部分的论述一样,只是将托勒密的各种说明、结论加以浓缩和通俗化。他说:"秦奈国位于有人居住的世界的尽头,毗邻东方的未知地(Terra Incognita)";一二个世纪以后科斯马斯(Cosmas)谈到秦尼斯达(Tzinista)时说:"该国以远既无人居住也无法航行。"如果把马希阿努斯的叙述和科斯马斯的叙述做一下比较,谁还会怀疑这两位作者指的是同一个地区？对于秦尼斯达一名,无人会怀疑它指中国。[沃尔克涅(Walckenear)男爵和贝兹雷(Beazley)①君除外。沃尔克涅坚持认为,秦尼斯达指的是丹那沙林(Tenasserim);见 *N. Ann. des Voyages*, Vol. 53, 1832, p. 5。]托勒密关于印度地理的根本错误,是认为印度洋完全被陆地环绕,这个错误使他不可能不搞错中国海岸的位置,因此很容易将经度与纬度问题复杂化。但是,考虑到传给阿拉伯人的这个名称与古代以来称呼中国的名称如出一辙;考虑到在托勒密和他的后继者的著作中,不管对于这个名称有何种说法,它都确实表示他们有所认识的极东地区;考虑到托勒密以其见识对印度半岛(Hither India)这样远的地

---

① [秦尼斯达"大概隐约地指马来亚或交趾支那"。C. R. Beazley, *Dawn of Modern Geography*, 1897, p. 197 n.]

区所构划的形貌和经度是多么不准确,对地中海只字不提,那么,不承认托勒密的印度(India)包括Hindus,就像不承认他的秦奈指中国一样,似乎是颇有道理的。

9.使用这些名称的古代作者。托勒密和《厄立特里亚海周航记》作者所记中国位置的差异。

就我搜集的材料论,托勒密以外,只有两位古代作家提到了秦奈(Sinae或Thinae)之名,此即《厄立特里亚海周航记》的作者和我们刚刚述及的马希阿努斯。如前所述,《周航记》的作者使用的是更接近原形的名词Θίν。托勒密将中国人置于南部很远的地方①,而《周航记》的作者则把中国人置于外恒河印度以远的地区,但太靠近北部,在小熊星座下面,与更远的本都(Pontus)地区和里海接壤②。

10.赫拉克利亚的马希阿努斯;其著作只是托勒密著作的概要,但更简明地说明了托勒密的观点。

拉森(Lassen)称赞马希阿努斯对东南亚的了解不同凡响,但是,我们不知道这样的赞誉是否恰如其分。③马希阿努斯关于世界这一域的记述,似乎只是托勒密著作的缩略和通俗化。他称托勒密为人中之神、人中之圣;在更简约的论述中,他仍然坚持显而易见的错误观念,认为印度海是一个封闭的海域,以秦奈湾

---

① 托勒密将秦奈首都置于经度180度,南纬3度。
② 《周航记》关于Thin and Thinae的记载,托勒密关于Sinae和Serice的论述,见本书附录一、二。
③ 见Lassen, iii, p. 289以下,特别是p. 290。穆勒对待马希阿努斯的主张,方式非常不同,态度较为公正。(见Müller, *Prolegomena to Geog. Grarci Minores*, pp. cxxix以下。)

彼岸为其终端。在他的记述中,秦奈以东的未知地与印度海以南埃塞俄比亚延伸开来形成的未知地交汇并形成一个角。但秦奈人是有人居住的世界的最遥远的居民。在他们的北部和西北部是赛里斯人及其都城;在这两个民族以东是未知之地,遍布芦苇和不可逾越的沼泽地[①]。

11. Seres比Sinae更为常见;起初朦胧地被诗人提及;梅拉和普林尼笔下更为明确,其内容描述中国。

现在如果我们再来看一下赛里斯人,就会发现,这个名称在古典作家作品中的出现更为频繁,且时间至少早一个世纪[②]。奥古斯都时代的拉丁作家对这个名称确已十分熟悉[③],但具体内

---

① 所有这一切都只是托勒密著作的缩略,见本书附录二。

② 有两处文献提及"赛里斯"一名,在时间上可能要早得多。其一被认为出自克特西阿斯(Ctesias),这段文字提到赛里斯人异乎寻常的高大身材和长寿命。但这段文字仅见于《福提乌斯文库》(Bibliotheca of Photius)手稿,且文中其他事例,使人怀疑这一段文字是否真的出自克特西阿斯之手(见Müller, Ctesias, pp. 86以下; Müller, Geog. Gr. Minores, ii, 152)。["据说,赛里斯人和北印度人身材高大,有人见到过他们,有13腕尺之高;可以活到二百岁。在盖特洛斯(Gaitros, Γαῖτρου)河畔的某个地方,有人似兽,其皮若河马一般,箭不能入。在印度一海岛的远处,据说居民们长着长长的尾巴,有如森林之神。" Müller, Ctesias, pp. 86-87.]其二见于斯特拉波的一处或二处文字。这些文字仅提到赛里斯人长寿,说他们寿命逾二百岁。斯特拉波似乎引自奥奈斯克里图斯(Onesicritus)。(Müller, Strabo, xv, i, 34, 37.)克特西阿斯活跃于公元前400年前后;奥奈斯克里图斯是亚历山大的部下(活跃在公元前328年)。Smith, Dictionary of Gr. and Rom. Geography的"Serica"条的表述,使人认为亚里士多德提到了赛里斯国,其实不然。亚里士多德在这段文字中说到βομβύκια(茧)来自科斯(Cos)岛的一种虫子。见附录四。

③ 见附录二。

容却总是模糊不清,并且通常泛指中亚和更东部地区①。不过,我们看到,最早试图确切地指出赛里斯人方位的,是梅拉(Mela Pomponius)和普林尼(Pliny);就其真正的思想论,他们记载中的赛里斯明显地指向中国北部。梅拉说,亚洲最东部有三个种族,即印度人、赛里斯人和斯基泰人,印度人和斯基泰人居南北两端,赛里斯人居中间。一般说来,我们今天仍然可以说亚洲东端居住着印度、中国和鞑靼人,现代的这三种表示法,基本上与古人所说的印度、赛里斯国和斯基泰地区相符合②。

12. 托勒密;其记载中的 Sera 和 Serice。对二者的精确描述非其知识所及;他是从陆路上观看中华帝国;没有识辨出东方的大洋,此点远逊其前辈作家。

托勒密首先使用赛拉(Sera)和赛里斯(Serice)两个名字,前者指赛里斯人的首都,后者指其国家。托勒密试图确定它们的精确位置,但这不是他的知识所能胜任的。他这样做是其著作体系的需要。不过,他所勾勒的赛里斯的轮廓与认为它表示中国北部的观点非常符合,因为他将赛里斯国移置于经度180度,按照他的计算,赛里斯国处于纬度很低的位置,秦奈的东部边境。在一个特别方面,他的见解远逊于他的前辈人:梅拉和普林尼两人都辨认出赛里斯人靠近亚洲边缘的东部大洋,但就我

---

① 塞尼加(Seneca)的文字更不确定,毫不涉及赛里斯人的位置:"Et quocunque loco jacent Seres vellere nobile"(*Thyestes*, 378)。卢坎(Lucan)确实认为赛里斯人位于埃塞俄比亚后部的某地,因为他向尼罗河欢呼,说:"Teque vident primi, quaerunt tamen hi quoque, Seres."(赛里斯人首先看到你,并探问你的源泉。)(x, 292)

② 见附录三、四梅拉与普林尼节录。

所知，托勒密在其著作的任何地方都没有辨认出这样的大洋，这位拉温那（Ravenna）地理家否认极东部存在贯通南北的大洋，谴责这种思想是不虔敬的错误。

13. 阿米阿努斯·马赛利努斯；所记赛里斯人地理只是解释托勒密的著作。认为他提到了长城是错误的。

阿米阿努斯·马赛利努斯（Ammianus Marcellinus）在其著作中有几段记载描述赛里斯人及其国家。但这种描述不过是将托勒密枯燥无味的叙述改写成流畅优美的文字，再加上一点关于赛里斯人培育蚕丝、经营商业的传说性的细节而已。这些细节和普林尼的记述很相似。阿米阿努斯地理描述中的一个段落，乍看起来确实令人吃惊，它似乎提到了长城。拉森就这样认为，莱诺（Reinaud）显然也持同样的见解[①]。但是将这一段和它借用的托勒密著作中关于赛里斯的一章进行比较，就会清楚地发现，他所谈的仅仅是高山形成的环形城垒，赛里斯人居住的宽阔、肥沃的河谷被认为坐落在其中。

14. 概观古代对赛里斯人的认识。这些特点均符合中国人的性格和实际。普林尼赞美中国铁。

如果我们将古人对赛里斯人及其国家的认识做一概括性的描述，而不计其中异常的和明显属于传说性的成分，那么结果如

---

[①] 见 Lassen, ii, 536; Reinaud, *Rel. Pol. et Commerc. de l'Empire Romain*, p. 192 的译文。原文是："在斯基泰两部落以远、向东的地区，赛里斯国为高山所环绕，形成连绵不断的屏障。赛里斯人就安居在这块富饶而广阔的平原上。"（Ultra hæc utriusque Scythiæ loca, contra orientalem plagam in orbis speciem consertæ celsorum aggerum summitates ambiunt Seras, ubertate regionum et amplitudine circumspectos.[Lib. xxiii.]）阿米阿努斯的整段译文见附录六。在此前一页中他说赛里斯是波斯的一个省！

## 第一章 东西交流最初的遗迹。希腊罗马的中国知识

下[①]:"赛里斯国幅员辽阔,人口众多,东至大洋和有人居住世界的边缘,向西几乎延伸至伊穆斯山(Imaus)和巴克特里亚疆界。赛里斯人为文明进化之族,性情温和、正直而节俭,不愿与邻人冲撞,甚至羞于与他人进行密切交往,但乐于出售自己的产品,其产品中生丝为大宗,还有丝织品、毛皮和良铁。"

这样的一段描述所表达的意思是,从公元前1世纪至公元1世纪,中华帝国经历了一个扩张期[②],而其他的特点,在中华民族的性格中现在还都留有清晰的痕迹。对于他们诚实、正义的声誉,虽然人们也许可以说出许多事情加以反驳,但一定有其坚实的基础,因为直到今天这种声誉在最遥远的亚洲邻国中仍彼此相互传诵[③]。中国的丝绸、丝织品和毛皮直到今天仍保持其良好的声誉;普林尼夸赞的中国铁可能是优质铸铁,否则不会闻于古

---

[①] 但必须承认,除了包撒尼亚斯的例外的记载(见§17),关于赛里斯人的严肃的认识可分为两类:一是普林尼的记载,一是托勒密的记载。比较附录中的节录,显而易见的是:(1)梅拉和普林尼的记载或者是相互抄袭,或者抄自共同的材料;(2)如上所述,阿米阿努斯的论述抄自托勒密和普林尼。

[②] 斯特拉波在他唯一的一段记载中似乎提到赛里斯人的领土变动,说巴克特里亚的国王们"将其辖治扩展到了赛里斯和弗里尼(Phryni)的边界"[καὶ δὴ καὶ μέχρι Σηρῶν καὶ Φρυνῶν ἐξέτεινον τὴν ἀρχήν](Müller, *Strabo*, book, xi, p. 443.)

[③] 伍德(Wood)引述一位在巴达赫尚(Badakshan)旅游的伊斯兰高僧的话来说明中国人的品质:"关于这一点,就像我与之交谈过的这些国家的所有其他人一样,他赞扬中国人的正直和诚信。"(p. 279.)伯乃斯(Burnes)听人说"中国人的交易规则是公平的,中国人说的话用不着怀疑,甚至他们的茶与其样品都无两样"(iii, p. 195.)。在遥远的缅甸和暹罗边界,"所有的旅客(我阅读过他们的期刊)都不约而同地谈到缅甸人受到他们治下的所有异己部落关注时所持有的辛酸情感。他们也同样不约而同地谈到中国人所具有的高贵品质:正义、谦和、笃信。"(*On Geog. of Burma*, etc., *J. R. G. S.* xxvii.)

人,铸铁现在仍然是中国的杰出工艺之一①。

15. 罗马史上与赛里斯人直接政治交往的唯一记载。

我认为,在罗马史上,只有唯一的晦暗不明的痕象表示罗马人与赛里斯人进行过实际的外交交往:历史学家弗劳鲁斯(Florus)记载,在远道而来向奥古斯都寻求友谊的各国使团中,也有来自赛里斯国的使节②。[弗劳鲁斯提到的赛里斯人,也许是访问罗马的私商,但肯定不是外交使团。"中国史书明确说明甘英(公元98年)是第一个远抵条支的中国人。"(Hirth,上引书,p. 305。)③]

---

① "在各种铁中,赛里斯铁名列前茅。赛里斯人在出口服装和皮货的同时也出口 铁。"(Ex omnibus autem generibus palma Serico ferro est, Seres hoc cum vestibus suis pellibusque mittunt. [xxxiv, 41])我们发现,在中国人经由云南之路出口到阿瓦的各种"杂货"(大宗丝绸除外)中,优质铸铁锅盆为主要商品。正如中国大多数工艺一样,铸铁术是非常古老的一种工艺;早在公元前1世纪,大宛(费尔干纳)人就从中国逃亡者那里学得了铸造铁器的新技艺(Lassen, ii, 615,引儒莲语。)阿拉伯地理学家伊本·胡尔达兹巴赫(Ibn Khurdadhboh)曾提到中国铁(见下文,§83)。

② "甚至世界上不隶属于罗马治权的其他民族,也感受到罗马的光辉,以敬佩之心仰望罗马人——伟大的征服者。斯基泰人和撒尔马提亚人都遣使寻求与罗马友好。同样,赛里斯人和处于太阳垂直照射下的印度人也来了,他们带来了宝石、珍珠和大象,他们考虑最多的是这漫长的路程,他们说需要走近四年始可到达。实际上只要一看他们的皮肤,就知道他们来自与我们不同的世界。帕提亚人也自愿地带回了他们在克拉苏大灾难缴获的罗马旗帜,对他们击败罗马人的狂妄之举表示忏悔。于是人类居住的世界上出现了永久的和平,至少是休战。"[Florus, Lib., iv, 12.]

按:"克拉苏大灾难",指公元前53年克拉苏率领罗马军队入侵帕提亚被打败一事。——译者

③ ["直接从中国到大秦的唯一的官方使团(226年)可能是叙利亚商人秦论的那一次出使。秦论来到交趾支那的某个口岸,从那里被送往南京的吴大帝孙权(222—252年)。"Hirth,上引书,p. 306.]

按:《梁书·诸夷传》对此有记载:"孙权黄武五年(226年),有大秦贾人字秦论来

## 第一章 东西交流最初的遗迹。希腊罗马的中国知识

16.我们不能要求古人对如此遥远的地方有精确的认识。托勒密资料的模糊、混乱不可避免。

对于如此遥远的族人,希腊罗马人对其确切方位充其量只有朦胧不清的了解,这并不奇怪。他们的知识圈从地中海(Mare Nostrum)岸边的中心区向外扩展,自然如同四倍率的电流一样,变得越来越弱,越来越模糊不清;这个事实似乎被那些对赛拉(Sera)和秦奈进行考证的人忘记了。他们研究这个问题时,对表达混沌状态下一知半解知识的措辞,过分强调了它们的精确性,似乎这些表述出乎精确的知识,只是不完整而已,就如同当代的地理学家对南极海岸或尼亚扎湖(Nyanza Lakes)的知识一样。但是,比较托勒密和《周航记》作者所分别认定的秦奈国的位置,或者观察分析一下托勒密在判定赛拉和石堡(Stone Tower)的经度距离,以及石堡和幼发拉底河之间的经度距离时对马利努斯记载的全面修正,我们就可以明白这种知识是何等暧昧不清。况且,在不完备的知识状态中,距离较远的统治民族的名称有时被用于它近处的从属民族身上,邻近民族的特点被移到统治民族身上,是很自然的事情。这在一定程度上类似我们将"荷兰人"(Dutch)这一名称特别地专用于我们的近邻尼德兰人(Netherland)身上一样。更妥切的例证是,唐朝中国势力扩展到河中地区(Transoxiana)时,阿拉伯和亚美尼亚的作家有时以"中国"(China)之名称费尔干纳;亚美尼亚人有时

---

到交趾。太守吴邈遣送诣权。权问论方土风俗。论具以事对。时诸葛恪讨丹阳,获黝歙短人。论见之曰:'大秦希见此人。'权以男女各十人,差吏会稽刘咸送论。咸于道物故,乃经还本国也。"又,甘英西使大秦是在和帝永元九年,即公元97年,非98年。——译者

甚至将"中国人"的称号用到可萨人（Khazars）和里海以北的其他民族身上。[1]

17. 中国人和罗马人的彼此认识在见解和错误上具有相似性。

我们很快将看到，中国人对罗马帝国及其民众所持有的认识，与古希腊、罗马对赛里斯人记述中所表现的对中国人的见解，有着惊人的相似之处。可以肯定，在此情况下，大目标是在视野范围内，但对它细节的刻画通常却不符合真实特点，只是其东向的外部边境上的附属事件。

18. "赛里斯"一名与丝绸有关。语源问题。历久盛行的关于丝绸性质的错误认识。但有人掌握例外的知识；包撒尼亚斯的记载。古代地理知识的起伏变动；阿拉伯人中存在相似现象。

在西方，赛里斯一名最初大概是指丝蚕及其产品，这种关系一直持续到该名称完全不再被当作地理学词语使用之时[2]。但是

---

[1] St. Martin, *Arménie*, ii, 19, 20. 伊本·豪加尔（Ibn Haukal）引述的一位作者将秦（Sin）的边缘置于靠近Mâ-warâ-n-Nahr（河中地区），一位阿拉伯诗人提到征服河中地区的屈底波（Kutaybah），被葬于秦国领土，但其他证据证明，此为费尔干纳（Farghânah）。（Rémusat, *Mém. de l'Ac. des Insc.* viii, 107.）

[2] 汉文"丝"（See、Szu、silk）见于朝鲜语为Sir，蒙古语为Sirkek，满洲语为Sirghé。克拉普罗特（klaproth）认为，这个字引生出希腊字σήρ（蚕）和Σῆρες（提供丝绸者），并由此产生Sericum（丝绸）。（*Mèm. rel. a l'Asie*, iii, 265.）看一下这个字的鞑靼文形式，人们会想到Sericum也许是首先引进的词汇，Sér和Seres则可能由于与形容词Sericum的相似而形成。德经（Deguignes）提出或借用了一种观点，认为《以赛亚希伯来书》（*Hebrew of Isaiah*, xix, 9）中出现的Sherikoth意指丝绸（"制造优质亚麻的人和织网的人应不分彼此"。——德经错引了《以西结书》中的话）；而且他提到了阿拉伯文Saraqat。按照弗雷塔（Freytag）的解释，这个字指一匹白色长丝绸，有时泛指丝绸。（*Mèm. de l'Acad. des Insc.*, xlvi, 575.）Pardessus, *Mèm. de l'Acad. des Insc.*, xv, p. 3说，Sir在波斯文中指丝绸，但我不知其所本。Sarah一词与上引阿拉伯字相关，它指的是"一条白色丝绸"。（F. Johnston, *Dict.*）

## 第一章 东西交流最初的遗迹。希腊罗马的中国知识

西方人对他们高价进口的丝织品长期没有正确的认识。维吉尔告诉人们,赛里斯人从树叶上梳下用来交易的羊毛纤维;直到克劳狄乌斯(Claudian)时代诗人们都在重复这种说法[①]。普林尼的知识无所增益,三个世纪以后的阿米阿努斯也同样不比普林尼了解得更多[②];但在这个时期,包撒尼亚斯对事实真相发表了较为正确的观点,他知道丝是由蚕吐出来的,赛里斯人养蚕取丝。情况也许是,商贸世界对这件事有着更正确的知识,而诗人们却没有注意到它,仍抱残守缺地坚持缪司传人的传统,信守旧文献传说中羊毛产自树叶的说法;或者是,包撒尼亚斯获得了特别的消息来源。如果说这一错误知识只限于诗人们的话,那么,对于这一难题的前一种解释也许是很有道理的,但是我们发现严肃审慎如阿米阿努斯的历史学家,也相信羊毛产自树叶的传说,则我们似乎不能不接受后一种解释。莱诺(Reinaud)认为包撒尼亚斯一定与马尔库斯·奥勒略[③]时期访问过中国的罗马人有过接触。关于马尔库斯·奥勒略,我们还要进一步论及。不

---

① 西流斯·伊塔利库斯(Silius Italicus)的例子值得引述,它说明作者对赛里斯所处的远东海岸的位置有正确的认识:"旭日的光辉已经照临塔尔泰西亚库(Tartesiaco)海面,冲破黑暗的重重暗影,照亮东国的海岸,晨曦照耀中的赛里斯人前往小树林中去采摘枝条上的绒毛。"(vi)在另一段文字中,作者用了一个大胆的夸张,说维苏维火山的岩灰飘到了赛里斯国。("Videre Eoï [monstrum admirabile!] Seres Lanigeros cinere Ausonio canescere lucos." [xvii, 600])

② 甚至在中世纪,雅克·德维特里(Jacque de Vitry)在1213年左右写作时还相信维吉尔的话:"Quædam etiam arbores sunt apud Seres, folia tanquam lanam ex se procreantes, ex quibus vestes subtiles contexuntur." (Deguignes, *Mèm. de. l'Acad. des Insc.*, xlvi, 541.)不过,这位作者也许没有想过,他必定相当熟悉的丝绸就是赛里斯布。

③ 按:奥勒略即《后汉书·西域传》中的大秦王安敦。——译者

过应指出，在印刷术这一发明付诸实践之前，古代人的一般地理知识，特别是有关远东的地理知识，起伏波动是非常明显的。毫无疑问，这主要是因为缺乏有效的出版业，难以找到参考书。这方面人们熟悉的例子有：斯特拉波对里海（Caspian）持有错误观念，托勒密对印度海（Indian Sea）持有错误认识，而相比之下，希罗多德却对里海和印度海持有正确见解。① 比较比鲁尼（Al Biruni）和埃德里西（Edrisi）的著作，我们发现，阿拉伯人

---

① ［我们可以补充各位作者提供的下列信息。

"从斯基泰洋和里海出发，一直向东洋前进，人们首先会在这一地区发现雪堆，然后是一望无际的沙漠，再往前便是一个令人发指的食人生番族，此后又是一片被猛兽骚扰的地区，它们已使一半道路断行了。只是到了一座俯瞰大海的高山之后，这一切障碍才得消失，野蛮人称此山为塔比斯山，接着又是一片长长的沙漠。在朝着夏日朝阳东升的海岸地段，赛里斯人是经过野蛮族地区之后所遇到的第一个民族。他们用喷水到树上的办法从树上采下絮团，随心所欲地使用这种柔软且纤细的绒毛，用水处理。这就是人们所称的'赛里斯织物'（Sericum），我们也忍辱使用它。追求奢华的情绪首先使我们的女性，现在甚至包括男性都使用这种织物，与其说用以蔽体，不如说是卖弄风骚。赛里斯人高度文明开化，相互之间非常和睦，但躲避与其他人接触，甚至拒绝与其他民族保持贸易关系。然而，这个国家的商人渡过他们的那条大江，在江岸上进行贸易，没有任何语言交流，仅根据简单的目测估价，他们售出自己的商品，但从不购买我们的商品。"（C. J. Solinus, *Polyhistor*, Mommsen's ed., Berlin, 1864, p. 201.）参见普林尼："赛里斯族人地处远东，其名称源于其城市。他们织造一种来自树上的羊毛，所以诗云：赛里斯人，难视其人，但视其布。"（*S. Isdori Hisp. Episcopi Opera Omnia*, Parisiis, 1601, *Origin*, Lib. ix, cap. ii, *de gentium vocabulis*, p. 117.）

又：

"赛里斯是东方的一座城市，族人与地域都得名于赛里斯城。赛里斯地区从斯基泰洋与里海转向东部大洋。该地饶有一种著名的树叶，从这种树叶上采集到制丝的羊毛，赛里斯人将它卖给其他族人制造衣装。"（上引书，Lib. xiv, cap. iii, *De Asia*, p. 187.）］

［"之所以称作 silk，是因为赛里斯人首先提供了这种东西。人们认为织出丝线的蚕虫出自赛里斯国。希腊人称这些虫子为βόμβυκες。"（*S. Isdori Hisp. Episcopi Opera Omnia*, Parisiis, 1601, *Origin*, Lib. xix, cap. xxvii, *De lanis*, p. 266）］

第一章　东西交流最初的遗迹。希腊罗马的中国知识

对印度的知识也存在相似的退步现象；在我们将引用的关于中国的记载中，还有其他的例证。

19.中国人记载的古代中国同欧洲的丝绸贸易；拜占庭作家记蚕种传入事；二者情形相符。文中所述的蚕种输出地尚不明确。

中国史书说，安息（儒莲和其他人认为即帕提亚人）[①]是东西方丝绸贸易的中介商，并且说，安息人千方百计阻挠中国人和罗马人直接交往。罗马人非常渴望与中国交往，但是在染织技术上劣于罗马的安息担心，如果没有对丝绸贸易的垄断，将完全失去中介贸易和加工所获得的利润。断言所有丝绸在安息加工后转销给罗马人，这种说法无疑是不准确的；如果说准确，也只限于某个短暂时期，但罗马人在丝绸供应上急欲摆脱对波斯的依赖这一事实，可由普罗可比（Procopius）和其他作家所记载的一个事件充分证实，这个事件说的是查士丁尼（Justinian）时代

---

① 雷慕沙（Rémusat）认为，"安息"一名被中国人几乎不加区分地胡乱用于药杀河和阿姆河之间以及南至撒马尔罕的各族；在他引述的一段文字中，这一名称用于忽毡（Khojand）人，在另一处则用于布哈拉（Bokhara）人。据弥南德（Menander）残卷（附录八），以撒马尔罕为中心的粟特人似乎是丝绸中介商。[安息即帕提亚。《前汉书》："安息国，王治番兜城，去长安万一千六百里。不属都护。北与康居、东与乌弋山离、西与条支接……临妫水。"又，"武帝（公元前140—前86年）始遣至安息，王令将二万骑迎于东界。东界去王都数千里。行比至，过数十城，人民相属。因发使随汉使者来观汉地。以大鸟卵及犁靬眩人献于汉，天子大说。"（Hirth, China and the Roman Orient, pp. 141, 36.）

按：见《汉书》卷九六上《西域传上》。——译者

关于安息的见闻亦见诸《史记》、《后汉书》等。Hirth, p. 141补充说："毫无疑义，希腊罗马作家书中的赫卡桐皮洛斯（Hekatompylos），即安息帝国的首都，也即《前汉书》中的番兜（Parthura?）和《后汉书》中的和椟（古音Wodok？）"]

(在550年前后)二名修士将蚕子带到了拜占庭①。修士带走珍贵蚕子的国家,被塞奥凡尼斯(Theophanes)简单地称为"赛里斯国"(Seres),而普罗可比则称为赛林达(Serinda)。它可能指中国,但这一点尚不肯定。这个词的确很可能是一个类似印度支那(Indo-China)一样的复合词,表示介于赛里斯和印度之间的中间区域,如果是这样的话,则可能是和阗②。

20.希腊作家关于中亚突厥部落的片断中存在的希腊历史与中国历史间有趣的联系。6、7世纪希腊作家有两处非凡的记载。

在希腊史家的断篇残章中,还有关于查士丁尼及其后继者与中亚突厥部落交往的有趣的报道。这些报道虽然没有以任何名称提到中国人,但在一定程度上与我们的主题有关。这些报道说明,拜占庭帝国所接触和交往的民族,在中国史书上占有重要位置,并且它们提到的一些王公的名字,在中国史书上也是斑斑可稽③。

但是,我们看到,在6、7世纪希腊作家的作品中,有两处令人惊讶地提到中国,比较这两处记载,我们仍可看到这个伟大国度的双重面貌。这一点我们在本书开端已经提到。第一位作者科斯马斯(Cosmas)主要从南面即海上方向辨出了中国,另一位

---

① 见附录七。

② 丹维尔(D'Anville)认为,Serinda可能是一个复合词,将它比对为印度西北部的Sirhind。不过,我认为这个名称是个波斯字,起源较晚。戈塞林(Gosselin)将它比对为喀什噶尔的Srinagar。拉温纳的地理学家(按:指托勒密。——译者)将India Serica置于印度北部的恒河和阿塞辛(Acesines)地区。(Rav. Anon. Cosmog., Berlin 1860, pp. 45, 48)

③ 见附录七。

## 第一章 东西交流最初的遗迹。希腊罗马的中国知识

作者塞奥菲拉克图斯则是从陆地方向识辨出中国,对其他方向毫无所知。这两位作者的记载说明,这一时期"赛里斯"一名如果不是完全湮没,实际上也差不多被忘却了。

21. 希腊作家中的第一位:科斯马斯的记载和著作。

科斯马斯因其航海经历被称为"印度水手"(Indicopleustes),他显然是一位出生于亚历山大里亚的希腊人,其写作年代为530—550年。[1]他以符合实际的方式谈及中国,没有把它说成是半神秘状态的国家,是第一位做到这一点的希腊或罗马作家。他谈到这个国家所使用的名称,我认为不会有人怀疑它指中国[2]。

科斯马斯在创作其传世作品时,是一位修士,但他早年曾是一名商人,因此得以周航红海和印度洋,遍访埃塞俄比亚海岸、波斯湾和印度西部海岸和锡兰[3]。

科斯马斯的著作《基督教世界风土志》(*Universal Christian Topography*),完成于亚历山大里亚,其中心议题是想证明,"洪旷录"(Wilderness)中的圣幕形象即是宇宙的样板。地球是一个长方形的平面,长度为宽度的两倍。苍穹从四面垂到地球上,犹如

---

[1] 蒙特福康(Montfaucon)从科斯马斯著作的不同部分推测出不同的日期,说明有些部分写于535年,另一些则写于至少二十年以后。这部著作表现出经常改动和增扩的迹象;初发表时只有五卷,有六卷和另外一个片断是逐渐加入,以增进论辩力和回击反对意见的。(见Montfaucon, *Collectio Nova Patrum et Script. Graec.*, ii序言,此书收入科斯马斯的著作;科斯马斯著作的节录以前曾发表在Thévenot, *Collection of Travels*。)[麦克林德尔(J. W. McCrindle)君1897年为哈克路特学会重新翻译、编辑了科斯马斯的著作。]

[2] 见p. 12。

[3] J. E. Tennent(*Ceylon*, i, 542)爵士说,科斯马斯关于锡兰的论述得自他在阿杜里遇到的索帕特鲁斯(Sopatrus),拉森也把科斯马斯关于印度的全部论述归于索帕特鲁斯(ii, 773)。但我未见这些观点立论之所本。有一个插曲得自索帕特鲁斯,无其他。

房屋的四壁；在北壁和南壁的某个高度上，一个半圆的马车拱顶状扁平顶篷，在起拱点水平线上形成，苍穹就位于拱点水平线上。苍穹之下是人间世界，其上则为天堂，即未来世界。事实上，今日女性旅游客所携带的一种盛衣服的大箱子，就是科斯马斯所构划的世界的一个完美的模型。

这个长方形的人间世界的中央，是由海洋包围的人类居住的大地。在海洋彼岸靠近宇宙边缘的，是人类未到访过的陆地，极乐园位于这块陆地的远东处。在这块贫瘠、荆棘丛生又没有天堂壁垂下来的土地上，曾居住过从大洪水中生存下来的人。方舟浮载着人类大家族的生存者，跨越巨大的海域到达我们居住的这块大地上，而我们居住的这块土地与诺亚及其父辈们居住的土地相比，几乎就是一个极乐园。这个世界从南向北、西方向逐渐升高，达到一个庞大的锥形山的顶点，山背后即是日落处。

这位怪异的修士义愤填膺、喋喋不休地抨击着拒不接受他的这些思想的人。他说，他的这些思想"不是主观臆断，而是以圣经以及神圣、伟大的主教帕特里修斯（Patricius）①的话为依据"。那些强词夺理地进行诡辩，坚持大地和天空是球形的可怜之人，不过是一些亵渎神圣者，他们因其罪过而相信"球之上下两面皆有人"之类的厚颜无耻的胡说。②太阳不比地球大，其直

---

① ［阿塞马尼认为，此即Mar-Aba的译名，Mar-Aba在536—552年是聂斯托里教会的主教（ii, 406; iii, 73-76, pt. ii, 406）。阿塞马尼说，科斯马斯在解说圣经和他的世界体系时，紧紧追随两位主要的聂斯托里教神学家莫普苏斯提亚地方的西奥多鲁斯（Theodorus of Mopsuestia）和塔尔苏斯地方的迪奥多鲁斯（Diodorus of Tarsus）（405）。］

② 见pp. 125, 185, 191等以及嘲笑对蹠地学说的图画。

第一章　东西交流最初的遗迹。希腊罗马的中国知识

径仅为地球表面两个气候带的距离（18个纬度）①。

将许多人追随的伪科学的负担引入基督教教义有一个恶作剧般的过程。对于这个过程，科斯马斯的这本书是一个显著的例证。就整体而言，用罗伯特·霍尔（Robert Hall）称述某个枯燥无味的评注的话说，这本书是"一块泥泞的大陆"，但从它里面可以发掘出一些在地理学上具有重大意义的化石。②我们将这些有用的东西挖掘出来，作为附录九附于本书末尾。

22.科斯马斯对中国地理方位的正确认识。

从其中的一段文字可以看出，科斯马斯对于中国的位置，具

---

① p.264.

② ［麦克林德尔在科斯马斯著作译本中写道："《风土记》主要是为了解说这些思想，所以它被裕尔比作只是泥潭的边岸，但就其中包含的地理学化石而论，它颇为引人注目。"然而，我敢斗胆说，这个比喻有失公允，因为在这个泥潭中除了地理学的"化石"外，还有许多其他"化石"，其种类不同，一般说来具备或多或少的趣味和价值。蒙特福康在前言中列述了这些"化石"，但不敢自称已将它们全部列出。其中有：说明克利斯马（Clysma）位于红海通道上；以色列人在旷野上逗留时商人们带给他们的商货；人间极乐园的位置；波斯人崇拜太阳神；洗礼仪式；圣诞节日期；东正教使徒书的正典资格问题；赫齐基亚（Hezekiah）祈祷书的阐释；西奈沙漠发现的石刻铭文；基督教在索科特拉、锡兰和印度的情况；基督教在异教世界扩张的范围；但以理预言（Prophecies of Daniel）的解释；由科斯马斯保存下来的异教作家和教父的语录；他关于死于腹中与夭折的儿童的命运的论述。况且，《风土记》中被比作"泥潭边岸"的这部分内容也不是没有价值，对于一度流行但尚未完全消失的圣经注释法，它也是一个例证；它还说明，在中世纪初期，渗入基督教世界的是哪些主要思潮；它还揭示出，一神论基督教上升到支配地位，取得对波斯摩尼教二元论、希腊新柏拉图泛神论的胜利之后，于伊斯兰教势力出现世界之前，古希腊学术和科学在基督教世界已经衰败到何种可悲的程度。伊斯兰教势力注定要接受并保存古希腊文明的火种。它虽然展示了神学和科学彼此共存的姿态，但已亮出了危险信号，即：视圣经为与神交往的圣库、可以用来捍卫或反驳科学思考。"（pp. xx–xxi.）］

有非常准确的认识,他知道中国位于极东的亚洲海岸,"左边被海洋所环绕,就如同巴巴利(Barbary,索马里地区)的右边被同一个海洋环绕一样"。他还知道,驶向中国的船只,在向东航行很长一段里程后,必须转向北方行驶,其航行所经过的距离,至少如同驶向迦勒底的船只从霍尔木兹海峡到幼发拉底河口所经过的距离;所以,这就可以理解,由中国到波斯的陆路要比中国到波斯的海路,何以在距离上比人们所想到的要近得多。

23.科斯马斯对中国的称呼;他了解丁香国的大致位置。

科斯马斯称呼中国的名字是一个引人注目的Tzinitza(秦尼扎),这是节录中第二部分的读法,在接下来的内容(节录第五部分)它又表现为更确切的形式Tzinista(秦尼斯达),代表古印度语的Chinasthána,波斯语中的Chinistan。所有这些名称都与西安府发现的叙利亚文石碑中称述中国的名称Tzinisthan是一致的。关于西安府发现的叙利亚文石碑,我们下面还要谈到①。科斯马斯承认自己不了解锡兰到中国的详细地理,但是他知道丁香国位于二者之间。就6世纪的地理学而言,这一知识本身就是相当重要的进步。丝绸、沉香木、丁香和檀香木是中国和中间国家向西输往锡兰的主要出口物。

24.另一位希腊作家塞奥费拉克图斯·西摩卡塔:他称中国为"桃花石"(Tangas)。

前面提到的希腊人对中国的另一记载,见于7世纪早期的拜

---

① 见Pauthier, *L'Inscript. de Singanfu*, p. 42. [Tzinista是梵文Cinasthāna的希腊文转写。]

占庭作家塞奥费拉克图斯·西摩卡塔的《历史》。西摩卡塔似乎通过特殊渠道,获得了关于中亚突厥各族中发生的战争和剧变的知识,以及突厥族之间、突厥族与周边各族之间的关系史的有趣片断。西摩卡塔把这些内容与其所述主题关系不大的片断也写入了书中。其中一个片断记载了一个名为"桃花石"(Taugas)的大国及其民众,称"桃花石"是东方非常著名的民族,原为突厥人的殖民地,但现在这个民族的力量和人口在世界上已罕有其匹。首都距印度1500哩[1]。这位历史学家在讨论了其他一些事件后,归于正题,写道[2]:

25. 塞奥费拉克图斯著作节录及注释。

"桃花石(Ταυγάς)[3]国的统治者称作Taissan,希腊语的意思是'上帝之子'[4]。桃花石国从不受王位纷争之扰,因家族血统

---

[1] Thoph. Simoc, vii, 7. 西摩卡塔《历史》的主题是毛里斯皇帝朝代事记。吉本称这位历史家为"华而不实的诡辩者","骗子","琐事唠叨,要事简略"。

[2] 同上书,vii, 9。

[3] 此称号可能代表的中国名称,我们将在下面说明。在 Corpus Hist. Byz. 的拉丁文版和柏恩版中作Taugast, 与Nicephorus Callistus, Ecclesiastical History 中的写法相同。Nicephorus Callistus的著作大部分抄自塞奥费拉克图斯的著作(Lang, Lat. Version, Francf, 1588, book, xviii, ch. 30)。

[4] 克拉普罗特认为"上帝之子"即中国人的"天子"。但有趣的是,塞奥费拉克图斯晚年时,在位的中国皇帝是中国历史上著名的太宗皇帝,太宗于626年践祚。塞奥费拉克图斯《历史》最后加入的内容提到波斯国王库斯老在628年的驾崩。Smith, Dict. of Greek and Roman Biography 说,这位历史家可能死于第二年(629年),但这似乎不是该问题的依据;情况可能是,在较晚的时候,太宗之名为他所知。[裕尔在一个附注中说,"天子"或某个相似的词汇更有可能转为Taissan,例证是,中国英宗皇帝第二次(1457年)登基时,萨囊彻辰(Ssanang Ssetzen)称其年号为Taissun,其真实年号是"天顺"。(见Schmidt, p. 293; Chine Ancienne, p. 405。)]

为他们提供了选取君主的办法。桃花石国盛行雕像崇拜,但有公正的法律,生活充满中庸的智慧。有一种风习类似法律,禁止男人佩戴金饰,虽然他们从规模巨大、利润丰厚的商业活动中获得大量金银财富。一条大河将桃花石国土划分为二①,这条大河过去是彼此争战的两个大国家间的边界,其一国衣服尚黑,另一国尚红,但在今日毛里斯(Maurice)皇帝君临罗马时,黑衣国跨过大河攻击红衣国,取得胜利,一统全国②。

"据说马其顿的亚历山大在征服巴克特里亚人和粟特人,烧杀12万人之后,建筑了桃花石城。

"在桃花石城,国王的皇后妃子们乘金车出入,以一头牛挽车③,饰以昂贵的黄金、珠宝,极为奢华,牛的笼头也以镀金装饰。当朝临政的君主有700名妃子④。桃花石国显贵们的妻妾乘坐银车。

"国王死,妃嫔剃发衣黑致哀终生;法律规定她们永远不得离开国王的墓陵。

---

① "渭水在该城北边流过,在城中分为两支,出城后又汇合为一流。这就是塞奥菲拉克图斯所说的两条河流。这段文字证明作者记载的准确性,也证明中国史书记载的真实性。"Klaproth, *J. As*., viii, 1826, pp. 227–230.

② 这里的大河即长江;定都西安的隋朝和定都南京的陈王朝以长江相隔。589年隋朝渡过长江时,在拜占庭帝国方面正是毛里斯皇帝(582—602年)在位之际。陈朝皇帝投井自杀,其祖墓被挖,尸体被抛入长江,如塞奥菲拉克图斯所述,隋朝一统全国。(Klaproth, *Mém*.; Deguignes, Vol. i, 51, 52)隋朝都城所在的陕西境内,人民着衣黑色,这一特点为哈吉·马哈迈德(Hajji Mahomed)记载,见附录十八。

③ 在 *Chine Ancienne* 一书中,我看到一幅中国绘图的图版上绘有孔子乘车出行,以一头牛挽车(Pl. 30)。

④ 据说太宗皇帝曾释宫女三千。(*Ch. Anc.*, p. 286.)

# 第一章 东西交流最初的遗迹。希腊罗马的中国知识

"据说,亚历山大在桃花石城几里外建筑第二座城市,蛮人称之为库姆丹(Khubdan)①。

"库姆丹城有两条大河流横贯其中,大河两岸垂柏依依。

"桃花石人拥象甚多;与印度的商贸交往频繁。据说他们是印度人,因生活在北方,肤色为白。

"生产赛里斯丝线的蚕虫在这个民族中到处可见;它们已经历许多代的变化,色彩斑斓。这些异邦人非常热衷于驯养这种动物的技艺。"②

26.对这段记载的评论;"桃花石"一名可能代表的名称。

一些学者在以往的论述中,将这段奇妙文字中的桃花石人考证为突厥斯坦的某一部落,但它毫无疑问指的是中国人,尽管塞奥菲拉克图斯没有提到秦奈和赛里斯。十分明显,他复述了某位知情者的见闻,而他本人则全然不明白这个国家究竟在何处。德经(Deguignes)首先证明这段文字涉及中国;吉本(Gibbon)接受了这一观点;克拉普罗特(Klaproth)也做了同

---

① 这一事实本身证明这位希腊作者所记载的桃花石就是中国。因为库姆丹是突厥和西亚各族对长安——现时陕西西安——的称呼。从公元前12世纪至公元9世纪,长安曾是几代王朝的首都。在西安景教碑叙利亚文中,Khumdan一名频繁出现;在雷诺多(Renaudot)和莱诺出版的9世纪的阿拉伯关系史、马苏第的著作、埃德里西的著作(在这里被当作中国的一条大河)和阿布尔菲达的作品中,它都出现过。文中两河贯穿城中的说法相当正确(见下引Klaproth)。我在这里已调换了原文所记的两个段落,将有关库姆丹的内容放在一起。波迪埃认为库姆丹是西方对"长安"的译写,而纽曼(Neumann)认为是"宫殿"的传讹。两种说法均不令人满意。[Khumdan= Khamdan="汗堂"(皇帝的宫殿)=西安府。见Hartmann, *Encycl. de l'Islam*, p. 863, "*Chine*"条。]

② 这段文字系根据希腊原文重新翻译。——译者

样的阐释,不过他显然不知道此前已有人做过同样的解释①,他对这个既指中国人又指其首都的名称也未做解释。

德经将这个名称释为隋朝之前的"大魏",即魏朝。②毋庸置疑,这个名称所代表的是晦涩难解的名称"桃花石"(Tamghaj),这个名称曾被西亚各国和阿拉伯、波斯作家含糊不清地用来指示中国或某个远东大国。1218年,花剌子模算端摩诃末在布哈拉接待成吉思汗的使团,他夜间派人召来成吉思汗使团中一位来自他治下领土的使者,探询成吉思汗是否真的征服了"桃花石"③?

---

① Gibbon, ch. cxi, notes; Klap., *Mém. Rel. á l'Asie*, iii, 261-264;[*Journ. Asiatique*, viii, 1826, pp. 227-230.]

② [伯希和(*T'oung Pao*, Oct. 1912, p. 732)采纳了德经的观点:"从386年至556年,中国北部被来自蒙古东部的外国王朝占领。这个王朝取汉名为魏,长期定都山西,后迁河南。但是汉族史家保留了这些入侵者原来的名称,称其为拓跋(Thakbat)。"Tabγač 可能由拓跋转化而来。]

③ D'Ohsson, i, 203. 作者在一个注释中提到塞奥费拉克图斯的"桃花石"。比鲁尼称中国的扬州为"法格富尔(Faghfur)的居地,法格富尔为Tamghâj汗的称号"(Sprenger, *Post-und Reise-route des Orients*, p. 90 )。阿布尔菲达也有同样的说法,他引用《喀南》(Qanun)——我认为这是比鲁尼的著作——说:"中国的法格富尔,称为Tamghaj汗,是伟大的国王,尼斯维(Al-Niswy)的历史在记载花剌子模皇帝和鞑靼人时家,中国境内鞑靼国王名为Tooghaj。"我从阿布尔菲达的手抄本节录中获此记载。蒙巴杰(Badger)君盛情,为我翻译了这个片断。["《喀南》中说,扬州(Yandjoû)是中国法格富尔的首都,法格富尔称为桃花石汗(Tamghâdj-khân):此即大王。尼斯维历史记花剌子模诸王及鞑靼人的历史:中国境内鞑靼诸王的都城称作Toûghâdj。"Aboulfeda, II, 2ᵉ partie, p. 123. ——Guyard的译文。]我不知道最后的这个字在阿拉伯文中如何写,但它与塞奥费拉克图斯记载中的Taugas相近肯定出于偶然。尼斯维是花剌子模苏丹贾拉鲁丁(Jalaludin)的秘书大臣,阿布尔菲达引述过他的著作。毫无疑问,这里提到的插曲在多桑著作中有记载。

马苏第说中国国王称Tamgama Jabán [不是Bagbour](qu. Thamga?)(*Prairies d'or*, i, 306)。

第一章　东西交流最初的遗迹。希腊罗马的中国知识

27.此后拜占庭地理学进入黑暗状态：查尔康德拉对中国的记载可以为证。

我不知道15世纪后半叶的拉奥尼古斯·查尔康德拉（Laonicus Chalcondylas）之前是否还有希腊作家提到中国。拉奥尼古斯写作的时间晚于马可·波罗、鄂多立克和伊本·白图泰一二个世纪，但他在一段文字中说契丹（Cathay）在里海附近某地，而在另一段文字中又说它位于印度，在恒河和印度河之间。如果我们注意到这位作者的情形，那么对塞奥菲拉克图斯文中

---

克拉维约说："察合台称中国皇帝 *Tangus*，意为猪皇帝。"见Markham, pp. 133-134.〔"Los Chacatays lo llaman Tangus, que han por denuesto, que quiere decir Emperador Pueco!" *Vida del gran Tamorlan por Ruy Gonzalez de Clavijo*, Madrid, 1782, p. 152.〕在Universal History（可能据Sharifuddin的记载）中提到，1398年来见帖木儿的使臣由契丹皇帝Tamgaj汗派遣。〔在伊犁河流域，中国人被称为"桃花石"，帕拉迪乌斯（Palladius）认为这个名称表示Tamgaj，旧时穆斯林以此称中国。Bretschneider, *Med. Researches*, i, p. 71.〕

下列事例更为可疑。"我们称这个地区为China，在他们的语言中称为Tame，其人称Tangis，我们称他们为Chinois（中国人）。"（*Alhacen, his Arabike Historie of Tamerlane*, in *Purchas*, iii, 152.）

作为马秦（Machin）或其首都的同义词，Tangtash、Tangnash和Taknas经常出现在Sadik Isfahani的译本和 *Shajrat ul Atrák* 一书的译文中。但是这些字可能是"南家子"（Nangiás）的讹读，蒙古人以此称中国南方。（见D'Ohsson, i, 190-191; Quat., *Rashideddin*, p. lxxxvi.）

这个名称不可能指唐朝，因为唐朝在塞奥费拉克图斯的最后几年才取得王位，而且他将Taugas与毛里斯皇帝时期的突厥汗连在一起。值得一提的是，Thangáj的称号见于1043—1044年突厥可汗的一枚钱币上（见Meyendorff, *Voyage d'Orenbourg à Bokhara*, p. 314以下Fræhn的评论；并见D'Herbelot, Vol. v, Thamgaj条）。地理学家巴库伊（Bakui）也把Thamgaj说成是突厥国的一个大城，这座大城附近两山间有许多村庄，只有通过狭隘的山谷才能前往这个城市。（*Not. et Extr.*, ii, 491.）

桃花石方位的模糊不清,就不必感到惊奇了[①]。

---

[①] "从这儿他(帖木儿)指挥军队往击契丹人,威胁说要毁灭他们。据认为,契丹人即古代的马撒格特人(Massagetae)——从前他们跨过Araxes河(药杀河?),占领了这条河附近的广大地区,定居下来。"(De Rebus Turcicis, iii, p. 67.)又说:"契丹是希尔坎尼亚(Hyrcania)东部的一个城市,人口众多而繁盛,其富庶和繁华超过了撒马尔罕和孟菲斯(开罗)之外的所有亚洲城市。古代马撒格特人建造了这座城市,并制定了出色的法律。"(同前引)稍后(p. 86)他将契丹(Chatagia)置于印度。这一时期的一位历史家记载帖木儿和沙哈鲁时,提到Cheria(哈烈),只能勉强地说:"这个城市位于亚洲何处,是在叙利亚还是米底国,他不知道。但有人认为,从前的Cheriah是尼尼微(Nineveh),就像巴格达廷(Pagdatine,即巴格达)是巴比伦一样。如此,对一位希腊作家来说,地理学必定是漆黑一团。"(前引书,p. 68.)

# 第二章　中国对罗马帝国的知识

　　28.中国与西亚最初的历史关系。张骞出使西域(公元前139年)。中国势力在"新疆地区"的建立，勃律以西承认中国势力。29.公元1世纪中国统治的衰落和振兴。班超在西域的活动。甘英受命侦测大秦形势。30.公元初数世纪中国地理著作对大秦的记载；"大秦"一名的含义。31.有关大秦的详细记载。32.后期记载中"大秦"一名转为拂菻；拂菻起源于希腊文。中国认定属于欧洲的事物被欧洲认定属于中国。33.《大秦传》中的准确记载说明来自真实的报道。34.中国史书中准确记载了拜占庭历史中模糊不清的一段。35.泰西对东方的见闻和远东对西方的见闻有很多相似性。36.重论对大秦的侦察活动及失败。36*张骞西域之行的影响。东京之征服。37.中国记载的公元166年的罗马使团。38.两国的进一步交往；284年的罗马使团。交流中断。643年拂菻使团到达中国。39.8世纪的交往。40.11世纪来自君士坦丁堡的使团。君士坦丁堡陷落前最后的交往。

28.中国与西亚最初的历史关系。张骞出使西域(公元前139年)。中国势力在"新疆地区"的建立,勃律以西承认中国势力。

我们已从希腊罗马作家的作品中展示了对中国的认识,现在我们将尽可能从翻译出的汉文材料中整理出中国对希腊罗马领土的见闻。

中国与勃律山(Bolor)①以西国家的建立最初的联系,是在汉武帝(公元前140—前87年)时,中国作家的记载将对这一地区的发现也归于这个时期,但这种观点是否正确,大可置疑。["西域以孝武时始通,本三十六国,其后稍分至五十余,皆在匈奴之西,乌孙之南。南北有大山,中央有河(塔里木河),东西六千余里,南北千余里……西则限以葱岭"②。]

[公元前3世纪,中国北部两大敌对民族彼此争雄,后分裂成一些国家,在名义上隶属于周朝的诸候政权下。匈奴分布于陕西省到巴里坤湖的广大地区,月氏游牧于现今甘肃省地区。匈奴最初隶属于月氏,公元前3世纪末匈奴首次击败月氏,公元前177年再次击败之。公元前165年月氏被逐出甘肃旧地,迁往库车,

---

① 冯承钧:《西域地名》,第16页:"《伽蓝记》作钵庐勒,《魏书》作波路,《高僧传·智猛传》作波沦,《西游记》作钵露罗,《新唐书》有钵露,又有大小勃律:大勃律或曰布露,即今克什米尔西北部之巴勒提斯坦(Baltistan);小勃律在今巴基斯坦东部Yasin流域,《继业行记》作布路州,《西域图志》作博洛尔;《汉书》之悬度,《正法念经处理》之悬雪山,在其境内。"——译者

② [A. Wylie, *Notes on the Western Regions*, 译自《前汉书》卷96。(*Journ. Anth. Inst.*, Aug., 1880.)]

按:《汉书·地理志》。——译者

到达乌孙聚居的伊犁河流域及其南部两支流特克斯河（Tekes）和空格斯河（Konges）地区；新来的月氏击败乌孙到达伊塞克湖以远地区。月氏分裂为两部：小月氏与羌人（即吐蕃人）混合，而大月氏逐走塞种（Sakas），占领喀什噶尔（公元前163年）。大月氏又被保护乌孙的匈奴再次击败，被迫南迁，挤走塞种，几经驻足后，首先到达大宛，然后征服大夏即巴克特里亚。大夏国都蓝氏城，位于阿姆河以南的巴达赫尚地区，吐火罗斯坦的北部。公元前120年，月氏摧毁希腊人建立的大夏国，并在同年占领塞种建立的梭特迈加斯（Soter Megas）①王国。塞种逃往印度西北部，定居在信德和旁遮普地区，最终可能与月氏融合。勒柯克（Herr von Le Coq）认为塞种属于伊朗族。后来月氏征服罽宾（Kashmir）②，在印度帝国被印度王公分裂后，于公元5世纪，亡于白匈奴。月氏人，即吐火罗人或称印度-斯基泰人，所起的作用是巨大的，他们可能是中国和西方之间的中介人，当然也是他们将佛教传介给天朝帝国。根据柏林的穆勒（F. W. K. Müller）教授的意见，近来中亚考古发现的一种"未知"的语言，就是印度-日耳曼语族的吐火罗文，即印度-斯基泰或月氏语。]

［汉武帝欲通大月氏，以便挑动大月氏对不断骚扰中国边境的匈奴从侧翼发动攻击，但他不知道大月氏早已离开伊犁河流

---

① Soter Megas，转自希腊语ΣΩΤΗΡ ΜΕΓΑΣ，意为"伟大的救世主"（the Great Savior），常见于印度西北部铸造的希腊式钱币铭文中。有学者认为，可能是一位受命于贵霜王阎膏珍去"监领"、"天竺"的将军。此人可能是印度-希腊人的后裔，曾任印度西北部的总督。待势力坐大后，割据一方，僭称王号，以"Soter Megas"自居。见杨巨平：《"Soter Megas"考辨》，《历史研究》，2009年第4期。——译者

② 汉籍后来称作"固失蜜"。——译者

域南迁。为达此目的,他派遣张骞率领约100人的使团于公元前138年①前往月氏。张骞尚未离开河西走廊即为匈奴所捕获,羁留匈奴中长达十年。张骞与其伙伴逃出匈奴后,持节不失,最后成功地到达大宛(费尔干纳),受到大宛人的友好接待。大宛人虽未通中国,但闻知中国的强大和富庶。大月氏虽在阿姆河之北定居,但已征服大夏(吐火罗斯坦),向南占领了大夏首都蓝氏城;张骞循其行迹,过康居而至大月氏住地,但没有说服大月氏放弃在阿姆河畔的新居地东归故地,进击匈奴。张骞居留大月氏一年而不得其要领,自羌(吐蕃)南道归国,再次被匈奴所获,羁留一段时间;公元前126年,这位历经艰险的探险家成功地逃出了匈奴的掌握,带着他的突厥妻子和百余随员中仅存的一名随从,返回祖国。他报告了亲身经历的药杀水和阿姆河地区各国的情况,也报告了他所听到的西域其他国家的情况。他注意到云南和四川的竹子和布匹,经身毒(印度)和阿富汗斯坦运到大夏,因此建议朝廷开辟经印度而不再经匈奴到达西域的道路。此后汉武帝依张骞提议行事②。]

[由于张骞的西域之行,汉武帝很想开通一条经过突厥和吐蕃到达西域的道路;公元前121年③霍去病将军取得对匈奴战争的胜利,夺取甘州和凉州后,汉武帝得以实现他的这一计划。甘州和凉州组成酒泉郡,太守驻扎在现在的肃州;酒泉郡后分为三郡:武威(凉州)、张掖(甘州)和敦煌郡。秦始皇为抗击匈奴

---

① 原文处为"公元138年",误。——译者
② Chavannes, *Se-ma Ts'ien*, I, pp. lxxi-lxxiii.
③ 原文误作公元121年。——译者

于公元前214年①建造长城并将北方诸国建造的其他长城联结起来;公元前102—前101年李广利第二次征大宛后,长城通过沙漠被向西推展②。]

〔大月氏既过伊犁河地区的乌孙而去,张骞遂建议汉廷与乌孙联盟共击匈奴,打通西方通道。公元前115年③,张骞再次受命率300人出使乌孙。乌孙力弱而不敢公开与匈奴为敌,但对张骞热情款待,派人护送张骞一行至费尔干纳和泽拉夫善(Zarafshân)河畔。张骞西域凿空,功不可没。

汉使者报告"宛有善马在贰师城,匿不肯与汉使。天子既好宛马,闻之甘心,使壮士车令等持千金及金马以请宛王贰师城善马。宛国饶汉物,相与谋曰:'汉去我远,而盐水中数败,出其北有胡寇,出其南乏水草。又且往往而绝邑,乏食者多。汉使数百人为辈来,而常乏食,死者过半,是安能致大军乎?无奈我何。且贰师马,宛宝马也。'遂不肯予汉使。汉使怒,妄言,椎金马而去。"汉使被宛人遮杀于郁城。天子大怒,既惩楼兰,乃遣贰师将军李广利征大宛(公元前104年)。贰师将军大败。公元前102年,贰师将军成功到达大宛和郁城,惩罚大宛王,次年班师回国。〕

〔张骞西域之行的另一后果是,引发中国人在南方寻求一条通过印度到达大夏的道路。汉时的东方有东海国(浙江)和闽越国(福建);南方有赵佗建立的南越国,以广州为都城;西部

---

① 原文误作公元214年。——译者
② 〔Chavannes, *Documents chinois découverts par A. Stein*, pp. v-vi.〕
③ 原文误作公元115年。——译者

滇国（云南）。公元前122年滇王极不友好地对待汉使；公元前112年汉廷派军队征伐南越。公元前111年和前110年，汉廷在南方取得战争的胜利，确立了在南方的统治，此后得以集中力量攻击匈奴。公元前87年汉武帝卒。]

与此同时，汉廷采取强硬攻势反击匈奴，将边疆向西推进。公元前59年，汉廷已控制整个"新疆地区"（Chines Turkestan）；置西域都护府统治西域属国；公元初，西域五十五国归附汉帝国，河中地区和大夏诸王据说也承认汉帝国的统治权。

29.公元1世纪中国统治的衰落和振兴。班超在西域的活动。甘英受命侦测大秦形势。

[公元前1世纪的一个时期，中国的势力一度衰落。公元前99年，汉武帝遣李广利将军征伐巴里坤湖附近的匈奴；另一位将军李陵初战告捷，但在哈密以南被匈奴打败。匈奴卷土重来，于永平年间（58—75年）两度进攻敦煌，但均被击退。永平末年中国重新恢复与西域各国的关系。公元83年，中国历史上最卓越的指挥官之一班超被任命为驻西域部队的司令官。班超于32年生于（陕西）平陵；在他出任西域司令官前数年，已崭露头角。他利用中亚各国的纷争，争取它们共同对付龟兹。这些中亚国家包括：疏勒（喀什噶尔）、康居（粟特）、鄯善（罗布泊南部）、于阗（和田）、拘弥（乌曾塔地）、姑墨（阿克苏）、温宿（乌什吐鲁番）、莎车（叶尔羌）、月氏、乌孙（伊犁河流域）。88年，曾帮助汉廷攻击车师国（吐鲁番）的月氏王，向汉廷进献宝物和狮子，并向汉廷公主求婚，月氏使节被班超拘捕并遣回，月氏怒，遣副王解率七万人逾葱岭（帕米尔）攻班超。解欲联合龟兹共济大业，但他

第二章　中国对罗马帝国的知识

的谍使为班超所获，为首者被处死，解惊退。此后月氏每年向汉廷进贡。从89年至104年，西域各国均臣服于中国，此后羌（吐蕃）人反叛，中国再失西域。公元91年，班超降服龟兹（库车）、姑墨（阿克苏）和温宿（乌什吐鲁番），被任命为都护。班超击焉耆，收车师（吐鲁番），然后向西越过了葱岭（帕米尔）——这是中国史书的说法，很可怀疑。不过可以肯定，他没有将征服活动扩展到里海边，也没有开通到达印度洋的路线，虽然"我们知道，在97年他曾派遣部下甘英经海路去大秦（罗马帝国）"（裕尔语）①。公元100年，他请求朝廷免去他的都护之职；102年去世，享年71岁。班超之子班勇领兵300人屯驻敦煌，接替班超继任都护。早在永平年间（58—75年），已有一位官员驻守敦煌，另一位驻守车师（吐鲁番）②。]

30.公元初数世纪中国地理著作对大秦的记载；"大秦"一名的含义。

对大秦国的认识见于东汉（56—220年）时期的地理著作③和晋（265—419年）、唐（618—905年）时期的史书。但是中国史书编撰家们也提到，西汉（公元前202年以后）时大秦国亦称黎轩或犁靬。波迪埃认为，黎轩或犁靬可能指叙利亚地区的塞琉西亚

---

① ［裕尔说班超于102年派甘英使大秦，误。］——Remusat, *Mém. de l'Acad. des Ins.* (new), viii, 116-125. Klaproth, *Tab. Hist.*, p. 67; Lassen, ii, p. 352以下。

② Chavannes, *Trois généraux chinois de la dynastie des Han orientaux, T'oung pao,* May, 1906, pp. 210-269.

③ ［见A. Wylie, *Notes on the Westen Regions*, 译自《前汉书》卷96。(*Journ. Anthrop. Inst.*, Aug., 1880.)］

（Seleucidae）帝国，它的征服活动曾一度扩展到阿姆河地区[①]。

中国史书说，大秦（大中国）一名被用于这些西方国家，是因为其人有类中国，甚至称大秦人本源自中国。但这样的想法大概是天真的曲解，我们也许可以设想，这个名称的产生是由于中国人有一种感觉，认为这些希腊罗马国家对于西方的关系，就如同中国及其文明对于东亚的关系一样。

从这一情况和其他一些事例，我们可以推想，班超时代的中国人已认识到他们是以"秦"这个名字见称于外国人。佛教旅行家法显（5世纪早期）多次以这个名字提到他的祖国[②]，虽然他指的可能是古代秦地，即他出生的地方。

31. 有关大秦的详细记载。

按照中国早期的记载，大秦又称海西国。从条支（波迪埃和其他学者认为是Tajiks，即波斯人）[③]渡海曲2000哩、从长安8000

---

[①] Pauthier, *De l'Authent*. pp. 34, 55以下；Klap.，前引书, p. 70。["从古老的记载如《后汉书》、《魏略》中我们知道，大秦和犁靬是同一个国家，而且很清楚，犁靬是更古老的名称。这个名称显然最早见于《史记》（卷123）。张骞出使西域各国时，安息（帕提亚）王派遣一个使团到达汉廷，献大鸟蛋（可能是驼鸟蛋）以及犁靬善眩人。"(Hirth, *l.c.*, pp. 169-170.)]

[②] 例如，pp. 7, 333。

[③] [刘应（Visdelou）考条支为埃及，德经考为波斯。Hirth, *China and the Roman Orient*, p. 144认为即巴比伦。汉时条支为一西方国家，唐时成为一个府。见Chavannes, *Tou kiue*, p. 368。

更确切地说，条支相当于Mesene，指底格里斯河和幼发拉底河之间的合流处、靠近巴比伦和波斯湾的地区。这一地区在225年被萨珊王朝兼并，最后又成为巴格达哈里发领土的一部分。

条支一名最早见于《前汉书》和《史记》。Hirth，前引书, p. 144.

"我对这些（汉文）记载的考察得出这样的结论，古代的大秦、中世纪称为拂菻的国哩可达海西国，其都为安都城①。安息和天竺与之交市海中，获利甚厚，商人欲至大秦者须赍三岁粮。故少有至如此遥远之国度者②。大秦国领土东西长2000哩，南北长与此约略相当，③有大城400座。以金银为钱，银钱十当金钱一④。接下来是关于大秦国制度和特产的暧昧而又天真的记载，但其中包括关于地中海地区捕捞珍珠的记述详尽而又颇为准确⑤。

---

家，并不是以罗马城为首都的罗马帝国，而仅仅是它的东方部分，即叙利亚、埃及和小亚细亚，首先是叙利亚。(Hirth, *China and the Roman Orient*, p.vi.)

"从条支到大秦，即从幼发拉底河或附近的一个港口（Babylon, Velogesia, Hira, Orchoë, Charax Spasinu?）到彼特拉（Petra）即犂靬（Rekem）的海港埃莱那（Aelena），史书所记距离为一万余里。"……"对于这个表述，我们应理解为数目无限大。"(Hirth, *China and the Roman Orient*, p. 164.)

"从早期汉文史书蕴含的含义中我们可以得出结论，经中亚、赫卡桐皮洛斯、埃克巴坦那、泰西丰、希拉、幼发拉底河、波斯湾、印度洋、红海、埃莱那、彼特拉（由此经分支路线沿腓尼基海岸到达加沙，到巴士拉、大马士革等地）的这条道路，是商贸关系产生伊始到166年间中国和以叙利亚为代表的远西之间的主要商贸交通线。"(Hirth, *China and the Roman Orient*, p. 169.) 从下文可以看到，早在166年以前水路已为人所知。

夏德博士在 *China and the Roman Orient* 一书中翻译了汉文著作中有关大秦的各种记载；本书附录收录了夏德在1912年翻译的赵汝适《诸蕃志》对大秦的记载，见pp. 102-104。]

① 如波迪埃所说，安都可能指Antioch；如果此说不误，那么它说明这一消息的获得要早于班超时代。[这一名称显然指Antioch，有意思的是，马苏第（Mas'ūdī）书中记载，在阿拉伯征服时期，该城原名仅存Alif、Nún和Tá（即Ant或Anta，见 *Prairies d'Or*, iii, 409.)]

② 另一方面，《厄立特里亚海周航记》的作者说："进入秦（Thin）国不易，从那里来的人也很少。"

③ Pauthier, *De l'Auth*, p. 36的节录中作1000里（200英里）；这显然是10 000里（见另一节录，p. 43）之误。

④ 在拜占庭铸币中，12个普通银币（Miliaresion）当一金币（Nomisma）。

⑤ Pauthier, *De l'Auth*., pp. 34-40; Klap., p. 68.

32.后期记载中"大秦"一名转为拂菻;拂菻起源于希腊文。中国认定属于欧洲的事物被欧洲认定属于中国。

从唐代的史书中我们知道,从前称为大秦的国家后来被称为拂菻(即πόλιν=Byzantium,见Ibn Batuta,本书卷IV)[①]。唐代史书重复了旧的大秦传中许多琐细的事物,但也有一些新的情

---

[①] ["唐代文献称'拂菻,古大秦也,'或'大秦,亦曰拂菻',这两个名称似可相互替代。从中国人的观点来看,问题很简单。如果大秦是叙利亚,那么拂菻也一定是叙利亚……我现在的观点……可简述为:大秦是以罗马为其光辉中心的罗马帝国;但当时文献记载的详细内容却限于它的亚洲部分,因此,安条克(Antioch)被认为是大秦都城,而不是罗马;它与中国的关系自然是商业性的。拂菻是以拜占庭为中心的东罗马帝国,正如大秦一样,对东罗马帝国,中国的记载也限于它的某些亚洲领土,它与中国的关系主要是宗教性质的。"(F. Hirth, The Mystery of Fu-lin, 1919, p. 1.)沙畹教授先是接受这一观点,后又在 Notes additionnelles sur les Tou-kiue (T'oung pao, 1904, p. 37, n. 3) 文中放弃它。沙畹提到裕尔《东域纪程录丛》第402页的注释,所以夏德又讨论沙畹上文(p. 2)中的观点:

"1. 拂菻一名代表希腊语 εἰς τὴν πόλιν(Istan-polin)中的宾格πόλιν,按马苏第的说法,Istán-polin为Istambul的原形;

"2. 拂菻一名,早于景教徒到达中国前已见诸中国文献。

"3. 这个名称可能是隋代时由西突厥传入中国。西突厥在568—576年接待过拜占庭帝国的使者。

"4. 643年派遣使节到中国的拂菻国王名叫波多力。逐字还原这个名字,应是Po-si-li,可能代表βασιλεύς。按:βασιλεύς意为"国王"。——译者

"5. 被派遣指挥围攻拂菻的阿拉伯将军摩栧,可考为Muawia 的儿子Yezid ben Muawia,他是围攻君士坦丁堡的三个艾米尔之一。

"6. 1081年派遣使团到中国的拂菻国王灭力伊灵改撒,可能是僭主Nicephorus Melissenus。但夏德教授在上引文第17页和发表在 Jour. Amer. Orient. Soc, xxx, 1909和xxxiii, 1913的新作中仍坚持其观点,将拂菻考为Bethlehem(伯利恒)。"

我从未接受拂菻源自Bethlehem的观点,对中国人来说,Bethlehem是一个不见经传的地方;从语言上,它也不可能来自πόλιν。布罗歇(Blochet)君认为,拂菻转自Rüm,但没有提出事实根据;伯希和君最近提出许多语言上的事例肯定这一观点。他认为,拂菻一词最初见于6世纪中叶的中国文献,但很有可能在此前一个世纪就以"普岚"等名为人所知。]

况。有趣的是,在中国人列述的罗马帝国的特点中,人们可以看到不少特点与古代中世纪作家描述的中国和毗邻国家的特点近乎相同或完全相同。譬如,其人民性喜和平,为人质直;城市众多,人民相属;设驿站;为外国使者提供便利和生活供给;多金银珠宝,其中有夜光璧[1];金雉涎中产出的珍珠[2]、龟甲、各种香料、火浣布、金缕绣、犀牛、狮子和植物羊[3]。还有魔术师做令人惊叹的表演[4]。

33.《大秦传》中的准确记载说明来自真实的报道。

如果这些细枝末节就是立论的基础,那么,将拂菻考证为罗马帝国将是难以令人心悦诚服的。但是,除了拂菻这个名字以及它所处的波斯西北的位置外,其他的细节——虽然提到这些细节时掺杂着一些中国式的奇怪想法——似乎确实出自访问过君士坦丁堡的那些人的报告。捕捞珍珠和驿站的记述我们已经提到,而大秦国王渴望与中国进行直接交往的说法,在普罗可比和弥南德关于丝绸贸易的论述中也有相应的印证。文献说拂菻

---

[1] 图德拉的本杰明(Benjamin of Tudela)说拜占庭皇帝皇冠上的宝石光芒四射,能照亮保存皇冠的房屋(p. 75)。

[2] 此可能是指骇鸡犀和月明珠。作者将译文中的几种事物混杂。——译者

[3] 波迪埃著作收录了关于拂菻属国北部那种从地中生出、以脐与地相联的羊羔的记载,这段意义不明晰的节录(前引文,pp. 39, 47),似乎说的是伏尔加河地区流传的羊羔草的传说(Odoric, p. 241),并非如波迪埃所想的西亚大尾巴羊。[见Chavannes, *T'oung pao*, May, 1907 p. 183 n; Hirth, *China and the Roman Orient*, p. 261.]

[4] 《鄂多立克游记》意大利文版附录第338页的一段文字中记载了这类魔术技巧。在Nicephorus Gregorias, *Byzantine History*中有一段关于当时Blondins人的有趣记载,Blondins人的行迹遍及埃及、君士坦丁堡、加的斯;他们做走绳索表演,立于绳索上射箭,在高空绳索上以肩负人行走,等等。(viii, 10.)

都城广100里（即20哩）①，大致与图德拉的本杰明的估算以及当地人的看法相符②。都城临海，房屋高峻，叠石为之；凡有十余万户（即五十万人），邑居相属，不可胜数③。都城中的宫宇有柱廊，囿囵内有珍禽异兽；有十二贵臣，共治国政④。城东面有大门，高二十余丈（约200呎），自上至下饰以黄金片⑤；另一门之楼中，悬一大金秤，并有一时钟，一金人每时投一金丸，以示每日十二时⑥；房屋有平台顶，盛暑之时，水由管中引出，遍于屋宇；其王之

---

① 《新唐书》卷221记拂菻都城"广八十里"，非100里。此处不知所本。——译者
② 本杰明说有18哩（p.74）。按吉本的说法，实在10哩至11哩之间。（Pet. Gyllius de Topog. Constant. 见Banduri, *Imp. Orientale*, Venet., 1729, i, 284；并见Ducange, *Const. Christiana*.）[夏德，前引书，第57页所译《新唐书》："（拂菻）重石为都城，广八十里。"]
③ 当西古尔国王驾船驶向君士坦丁堡时，他在近海岸看到"城市、城堡、乡镇星罗棋布，鳞次栉比"。(*The Saga Of Sigurd — Early Travels in Palestine*, p. 59.)
④ 东罗马帝国全境分为十三个省区；但行政官只有十二个。这可能是民众习惯的数字。吉本也说："一系列意外的继承权和没收财产事件，使君王成为城市中和郊区许多政府专用房产的所有者，其中十二座为朝廷大臣专用。"（ch. liii.）吉本这里的叙述大概是以本杰明的记载为依据。本杰明的话颇能佐证中国记载中的观点："十二重臣受（皇帝之）命治理全国，每人于君士坦丁堡居一室，领有自己的城堡和城市。"（p. 74.）
⑤ 《西古尔传奇》(*The Saga of Sigurd*)说："阿历克修皇帝听西古尔王远道而来，命令打开称作'金塔'（Gold Tower）的君士坦丁堡城门迎之。皇帝久离君士坦丁堡或作战凯旋时骑马从此门通过。"（p. 59.）金门位于君士坦丁堡西墙的南端，不在中国史书所说的东面。马苏第说："城的西部面向陆地，那里有佩装铜门的'金门'（Golden Gate）。"（*Prairies d'Or*., ii, 319.）此门由塞奥多修（Theodosius）皇帝建造，上有刻铭文："依主上之明谕，塞奥多修装饰这些地方；建此金门者开启了一个黄金时代。"（Hæc loca Theudosius decorat post fata tyranni; Aurea Saecla gerit qui portam construit auro.）(*Insc. Constant.*, 见Banduri, i, p. 156.）
⑥ 波迪埃从康迪努斯（Codinus）著作中引述了有关Amastrianus拱门上一个铜斗的文字；但这些文字似乎不能为这里的汉文记述提供真正的佐证。见Banduri, pp. 18, 73-74; Ducange, p. 170。后一位作者确实提到君士坦丁广场上的金制日晷，但这是一个错误，因为他所引原文是χαλκοῦν"铜制"（p. 134）。

## 第二章 中国对罗马帝国的知识

服饰,缀以珠宝的冠及璎珞,锦绣衣袍,前不开襟,所有这一切均与拜占庭皇帝肖像中见到的特点相符合①。中国作者获得了拜占庭帝国真实消息之最令人信服的证据,是他们在拂菻国传记中提到的内容有些幽晦的一段:

34. 中国史书中准确记载了拜占庭历史中模糊不清的一段。

"自大食强盛,渐陵诸国,乃遣大将军摩栧伐其都,因约为和好,请每岁输之金帛,遂臣属大食焉。"②

这一段文字提到一重要历史事实,即哈里发摩阿维亚(Moawiyah)连续七个夏天围攻君士坦丁堡而未遂其愿,最后感到需要遣使与拜占庭皇帝君士坦丁四世波戈纳图斯(Pogonatus)求和。君士坦丁四世同意议和,派贵族雅尼斯·彼泽高迪亚斯(Ioannes Petzigaudias,汉文中的"因约")到大马士革与阿拉伯人谈判。双方谈判结果是,阿拉伯人答应三十年保持和平,每年向拜占庭帝国交付3000金币、50名奴隶和50匹马作为贡金③。

---

① 中国史籍提到皇冠上的鸟翼形饰物。波迪埃以一些图章说明这些饰物;但我不能对此加以证实。皇冠上附鸟翼是古代印度人的特点,在缅甸国王和爪哇苏丹的国服上仍明显地保留着这一特点。[我认为这些所谓的鸟翼是君王所戴冠冕上的垂旒,这种垂旒可以在亚美尼亚国王提格兰(Tigranes,公元前97—前56年)大王的钱币上看到。]

② 《旧唐书》卷198。Pauth, *De l'Auth*, p. 49; Hirth, *L. C.* pp, 55-56; cf. Phillipes, *China Review*, vii, p. 412. 按:裕尔所引译文有误,将"因约"解作人名。——译者

③ 见*Corpus Byzant. Histor.* Vol. 1, pp. 21-22的*Niceph. Patriarch. Breviarium Historic.*; 又同书 p. 295: *Theophanis Chronographia*及Gibbon, ch. lii. 波迪埃似认为,这些事件为吉本和其他史家完全忽略;其实不然。吉本的确没有提到希腊使者的名字,但他提到了这位使者的大马士革之行及谈判的结局。他也提到了后来几年阿拉伯哈里发帝国陷于窘境时,拜占庭帝国提高了贡金,但查士丁尼二世时代的哈里发阿布杜尔马利克(Abdulmaliq)

35.泰西对东方的见闻和远东对西方的见闻有很多相似性。

在后来的《诸蕃志》中,一些描述大秦的细节,似乎属于阿尤布王朝各位苏丹统治下的叙利亚。但与这些细节特点混缠在一起的新、旧事件的确涉及罗马帝国。例如,其中提到"迁七日即由地道往礼堂拜佛",这是将基督教和佛教混为一谈。这种错乱在引述的各种事例中我们已经论及(Benedict Goës,下文。)

从所有这些见闻中,我们清楚地看到,远东地区对大秦和拂菻所代表的著名的西方文明中心所持的孤零寡碎的见解,与西方世界对秦奈和赛里斯之名所代表的著名的东方文明中心所持的鳞鳞爪爪的见解,具有相似性。我们看到,双方都在确切地望上存在着某种程度的模糊不清,同样地以半明晰状态中的这个国家较近边缘上的事实来描述整个帝国;中国史书中有一孤立的史料偶然记录了拜占庭历史真实事件,与此相对应,我们也有一条关于中国历史片断的类似的奇特史料,这条史料被塞奥费拉克图斯(西摩卡塔)偶然捡得并记录下来。中国人保留的历史片断中记载的阿拉伯哈里发[摩阿维亚]的名字Moawiyah(摩栧),与一位亚美尼亚作家记载的哈里发的名字Maui[①],在形式上几乎完全相同,这个微小的事实也许可以说明什么人向中国史家提供了一些知识片断。

---

对此加以拒绝。这些事件和这位贵族的名字,也见于圣马丁编辑的勒博(Lebeau)的著作(*Hist. du Bas Empire*, xi, 428)。这里没有提到贡品中的丝帛;但"金、帛"在早期阿拉伯战争中是经常勒索的贡品。见Gibbon, ch. li。我相信伊斯兰教作家中无人记录此事。

① 杜劳里尔(Dulaurier)翻译的叙利亚人米哈伊尔(Michael)的著作。*Journ. Asiat.*, sér. iv, tom. xiii, p. 326.

## 第二章　中国对罗马帝国的知识

**36.重论对大秦的侦察活动及失败。**

在简短地考察了中国人对罗马帝国的认识之后,我们可以回过来讨论一下甘英的故事。公元1世纪末[1],不知是出于进行贸易的目的,还是为了进行征服活动,班超将军派遣甘英打通与西方国家的联系[2]。甘英前进到一个地方欲乘船前往,这个地方似乎是在波斯湾[条支],"安息西界船人谓英曰:'海水广大,往来者逢善风,三月乃得度;若遇迟风,亦有二岁者,故入海人皆赍三岁粮。海中善使人思土恋慕,数有死亡者。'英闻之,乃止。"[3]这就是胆小的甘英提出的借口,他当然不是想征服罗马帝国的人,所以他思虑一番,止步不前了。在这一阶段,两大文明中心的代表者之间再没有进行接触[4]。

**36\*　张骞西域之行的影响。东京之征服。**

[张骞西征和对通往印度的南方之路的探索,结果之一是导致了对交趾(东京)的征服。在两汉时期,交趾归属中国并被划分为三个部分:交趾(河内),九真(清化?)和日南(广治)。东京而不是交趾[5]成为水路的终点。经过激烈竞争,广州取代了东京;朝圣僧义净曾在广州登船前往印度。968年安南独立,中国

---

① [和帝永元九年即公元97年]。

② 克拉普罗特说班超怀有入侵罗马帝国的谋划,但被参与策划的人说服,撤销了这一计划。(*Tabl, Hist. de l'Asie*, p. 67.)波迪埃所译的《晋书》(如《康熙字典》所引)说甘英是受派遣出使的使节。(Pauth., p. 38.)他可能是被派去进行侦察活动的。按:此说谬甚,已为夏德所驳,见Hirth, *China and the Roman Orient*, p. 138。——译者

③ 裕尔所据译文有误,此据《后汉书》卷88补正。——译者

④ Pauthier,前引书;Rémusat,前引书,p. 123。

⑤ 此处原文作Tiaochi,必为Kiao chi之讹,故译为交趾。——译者

人放弃东京,而广州直到19世纪仍然是中国的重要商埠,只有蒙古统治时期是例外;蒙古统治时期刺桐(Zaitun)似乎是中国的重要商埠。不过,从2世纪至6世纪末即吐蕃入侵以前,西域路是人们首先选择的道路。]

37. 中国记载的公元166年的罗马使团。

六十年以后,汉桓帝时(166年)[1],大秦王安敦(马尔库斯·奥勒略·安东尼努斯皇帝)的使团到达了汉廷。这个使团无疑是由海路而来,由日南(东京)徼外进入中国,带来了犀角、象牙和龟甲等贡品。这类东西确非我们预望的礼品,中国史书则明确说,当时人怀疑这些使节窃据了带来的珍品。这也是1100年以后对孟高维诺地方的约翰修士(John of Montecorvino)的责难。情况很有可能是,这些使者由于船只失事或遭抢劫而丢失了原来的礼品,他们听说中国人喜欢这些物品,于是在东方购买这些不为人看重的货物以充替原来的贡品。中国史家也觉察到,这个使团是由南方水路而来,非经北方陆路;言下之意是,他们可能走过这条北方陆路,这条道路由于波斯的敌意而被阻断[2]。

---

[1] [延熹九年。]

[2] Klap., 68-69; Pauthier, *De l'Auth.*, p. 32; Klap., *Hist. de Relations, etc.*, p. 20; Deguignes, *Mém. de l'Acad.*, xxxii, 358. 莱诺推测,包撒尼亚斯也许是从这个使团的成员得到关于丝绸生产的知识。(前文,p.21)["从我们掌握的资料看,直到162—165年安东尼努斯命卡西乌斯(Avidius Cassius)发动帕提亚战争,从波斯湾到犁靬的水路似乎是丝绸贸易的主要渠道;在腓尼基不做进一步处理(染色、绣花、重织)的大宗东方产品,可能运往亚历山大里亚,销散到罗马帝国。战争以公元165年罗马军队占领塞琉西亚和泰西丰而告终。战争刚刚结束大秦使团就沿海路前往远东,于公元166年10月到达汉廷,这也许不是偶然的巧合。我们从《后汉书》、《魏略》和其他记载中知道,迄至当时,安息人一直垄断中国和大秦的丝绸贸易。"(Hirth,前引书,pp. 173-174.)]

## 第二章　中国对罗马帝国的知识

[这个使团显然不是由马尔库斯·奥勒略皇帝所派遣,而是由某一位叙利亚商人率领。下面我们还要提到,159年和161年天竺(印度)派往这位桓帝的使团也走过同一条到达交趾的道路。早在120年,大秦乐师及幻人就已到达缅甸,说明罗马帝国与远东地区存在海上交往[①]。中国与南亚及西亚通过缅甸进行的最初交往,发生在2世纪末掸国国王雍由调统治时期;雍由调在97年接受中国朝廷的册封,120年向中国赠送了大秦幻人[②]。]

大约在此时(164年前后),也许是通过这次遣使,中国哲学家获知一篇来自大秦的占星术论文;据称他们对此加以考察,并与中国占星术加以对比[③]。

38. 两国的进一步交往;284年的罗马使团。交流中断。643年拂菻使团到达中国。

此后可能还有其他交往,但没有确切的记载。我们知道,3世纪早期,大秦王向统治中国北部的魏朝皇帝太祖[④]派遣使者,赠送杂色玻璃,数年后,有一个懂得"以火铸石为晶"技术的人,

---

① [Chavannes, *Les Pays d'Occident d'après le Heou Han Chou, T'oung pao*, May, 1907, p. 185.]

② [Pelliot, *Deux Itinéraires*, p. 132.]

③ Deguignes, *Mém. de l'Acad.*, xlvi, 555. 按:裕尔此处叙述有误。裕尔所据为德经,德经所据为Gaubil。见Homer H. Dubs, "The Growth of a Sinological Leygend: A Correctzon to Yule's 'Cathay'", *Journal of the American Oriental Society*, Vol. 66, No. 2 (Apr. - Jun., 1946), pp. 182-183.——译者

④ Deguignes, *Mém. de l'Acad.*, xlvi, 555. [这段论述源自德经著作,有误,魏朝无太祖皇帝。]按:此处混淆了三国时期的曹魏与南北朝时期的北魏。——译者

将秘密传给他人,由此西域人在中国大获声誉①。

284年,大秦再次遣使"贡献"——这是中国人通常使用的傲慢的表达方式。这次到达中国的使团必定是卡鲁斯(Carus,282—283年)皇帝所派遣。这位皇帝在位时间很短,一直进行对波斯的战争②。

此后直到7世纪的很长时间,双方没有交往。隋炀帝(605—617年)时,极欲开通与大秦(当时称拂菻)的交往,但不能遂愿。643年,唐太宗时,拂菻使团到达中国,带来宝石等物。太宗为唐朝第二位君主,中国历史上最英明的皇帝之一,他在位时中国势力南及兴都库什山,西及里海。据称这个使团是由拂菻王波多力所遣,太宗皇帝降玺书答慰③。此前七年中,伊斯兰教势力从

① Klaproth,前引书。按:中国史书将此事系于5世纪初。《魏书·西域传》:"太武(423—452年,北魏拓跋焘在位称太武帝)时,其(大月氏)国人商贩京师,自云能铸石为五色琉璃。于是采矿山中,于京师铸之。既成,光泽乃美于西方来者……自此中国琉璃遂贱,人不复珍之。"——译者

② 《晋书·四夷传》:"武帝(280—290年)太康中,其(大秦)王遣使贡献。"Hirth, *China and the Roman Orient*, p. 45.

③ 很难断定派遣使团的波多力王是指何许人。希拉克略(Heraclius)死于641年2月;他的儿子君士坦丁(Constantine)三个月后也死去。希拉克莱奥纳斯(Heracleonas)被宣布为皇帝,但很快又被君士坦丁之子、11岁的康斯坦斯(Constans)所取代。克拉普罗特认为,派遣这个使团的人是希拉克略的兄弟塞奥多鲁斯(Theodorus),这个名字在汉文中可能转为波多力。但塞奥多鲁斯似已在638年被杀。波迪埃也以为即"塞奥多鲁斯"之转音,但他认为指塞奥多鲁斯教皇,他可能是在642年11月继任教皇后向中国派遣了这个使团;这是一个极不可能成立的假设。波多力王是否表示康斯坦斯幼年执政时的Praetoirian Prefect(禁卫军长官)?圣·马丁认为这个名称代表凯撒瓦伦丁(Valentine Caesar),他发动政变将康斯坦斯挟上王位。(On Lebeau's *Hist. du Bas.Empire*, xi, 306.)[关于波多力一名,夏德,前引书,第294页写道:"这个名字在古代的发音为Bat-da-lik(现今广东音为Po-to-lik);在这一时期叙利亚历史上没有任何重要人物的名字与此相近

罗马帝国手中夺走了叙利亚,从萨珊诸王手中夺取了波斯;萨珊波斯末代君主伊嗣俟(Yezdegerd)曾派使者向中国求援(见后文);唐太宗的统治权远及费尔干纳、巴克特里亚及阿富汗、呼罗珊的部分地区。如果考虑到这些情况,那么,拜占庭使团的目的,似乎也是要煽动中国箝制新崛起的阿拉伯敌人。

39. 8世纪的交往。

711年的另一个拂菻使团,中国史书没有供给具体细节。这次遣使必定是同年被杀的查士丁尼二世所为。719年另一个拂菻使团到达中国,这次派遣使团者不是国王,而是"因吐火罗"大首领,带来的礼品有狮子、羚羊。这次遣使的皇帝是伊苏里亚人利奥(Leo the Isaurian)。不管其目的如何,这次使团很有可能是他在登上皇位前(717年)所派遣[①]。

---

似,我认为该名字当视为阿拉伯文Bathric的汉文形式。D'Herbelot, *Bibl. Orient*, Vol. i, p. 380说:'Bathrik和Bathrikak(复数形式Batharekah)在阿拉伯、波斯和突厥文中,表示每一教派和教会的基督教的大主教。'D'Herbelot又写道,381年塞奥多修大帝治下的君士坦丁堡教会上,作为广大地区精神领袖的主教的地位被固定下来,安条克主教在五个主教(即罗马、君士坦丁堡、亚历山大里亚、安条克和耶路撒冷)中位列第四。"艾德金斯(J. Edkins)写道:"关于波多力,我个人的见解,它是景教主教的称号……夏德博士从D'Herbelot的著作中引出阿拉伯字Bathrik,作为主教(Patriarch)一词进入汉文文献的中介体。但是这一时期的汉文音节中,既有p也有b,希腊文和叙利亚文也有这两个音节。发为pa更好些,符合发音的要求。"(*Journ. China Br. R. As. Soc.*, xx, 1885, p. 283.)沙畹认为,波多力是basileus的音写。见*T'oung pao*, Dec. 1913, p. 798.]

① 波迪埃将汉文记载中的称呼译为"帝国大贵族"(*Patrice, ou chef supérieur des fonctionnaires de l'empire*, p. 50)。利奥在登基为帝时被称为"贵族利奥"(Leo the Patrician, *Niceph. Constant*, p. 34)。我认为Λέοντος τοῦ Ἰσαύρου,这个名称可能在汉文发音中有点类似Yenthuholo(因吐火罗)。按:此处"因吐火罗"显然为误解。——译者

[从夏德引述的《旧唐书》我们搜罗到以下事件:

1. 隋炀帝欲通拂菻(605—617年)。

742年，拂菻再遣使团来献，但这次使者是"大德僧"①。如果他们是来自拜占庭，那么这个使团就一定是由利奥（717—741年）在位时的拜占庭所派遣。但是我们将看到，西安的景教碑文记载，744年大秦僧名佶和者"瞻星向化，望日朝尊"，随后佶和被称为"大德"。所以，很有可能两种情况指的是同一事件；这次遣使涉及景教会的传教活动，与东罗马帝国与中国的政治关系无关。

40. 11世纪来自君士坦丁堡的使团。君士坦丁堡陷落前最后的交往。

两国关系又有一个很长的空悬时期；伊斯兰教势力在两大帝国间形成为一个巨大而又坚厚的障碍。但在1081年宋神宗统治时期，拂菻王灭力伊灵改撒遣使中国。这时的宋王朝首都似乎仍在开封府。克拉普罗特和波迪埃认为，灭力伊灵改撒指的是米哈伊力·杜卡斯（Michael Ducas）皇帝，这位皇帝确实于此前三年（1078年）被迫逊位，但他派出的使团，在不熟悉亚洲交通路线的情况下，可能在路途上耽误了很长时期②。

---

2. 643年（拂菻）遣使中国。

3. 拂菻首都遭阿拉伯人围攻，臣附于阿拉伯统治。

4. 667年（拂菻）遣使中国。

5. 701（拂菻）遣使中国。

6. 719年（拂菻）遣使中国。]

① Klap., p. 70; Pauthier, pp. 32, 50.

② 这位拜占庭皇帝的名字，德经和波迪埃读作Mi-li-iling。克拉普罗特读作Mikialing，可能有些道理。波迪埃在后来的著作中采纳了这个读法，说："如克拉普罗特所说，可读为Mikia-i-ling。"（Klap., p. 70; Deguignes, i, 67; Pauthier, *De l'Auth.*, p. 33; *Do., Hist. des Relations*, etc., p. 22.）如果米哈伊力（Michael）一名不能被接受的话，我测想

汉文史籍还提到1091年科穆宁王朝（Comnenus）阿历克修一世统治时期的一次遣使,但没有提到其中的详细情况。拜占庭帝国最后一次遣使见于1371年明朝洪武年间,这时成吉思汗族人刚被驱除不久。来使自拂菻来中国,名捏古伦。捏古伦接受赐礼和诏书①。另外,汉籍还模糊地提到,其他拂菻使节来献。将捏古伦考为尼古拉斯·科曼努斯（Nicholas Comanus）,还是其他名字,对此我无任何见解。

---

僭夺皇位者 *Bryennius Caesar* 的名字将是唯一的选择；但是为何派遣使团到中国,我不敢斗胆猜测。[夏德认为,灭力伊灵改撒一定是塞尔柱副王的称衔；代表'Melek-i-Rum Kaisar,'即罗马（Rûm）副王和凯撒。Rûm国王是苏利曼（Soliman）的称号,他驻守小亚的伊科尼乌斯（Iconium）。"（前引书,p. 300。）

① 《明史》卷326：" 元末其国人捏古伦入市中国,元亡不能归。太祖闻之,以洪武四年八月召见,命赍诏书还谕其王。"[关于捏古伦,见 *Cathay*, iii, p. 12 n.]

# 第二章\*　中国与中亚的交流

中国势力的衰落。西突厥。葛逻禄。波拉朝诸汗。高仙芝。吐蕃人。回纥人。摩尼教。

[班超将军在中亚的征服活动,已如前述。

自2世纪初东汉安帝(107—125年)时,中国在中亚的势力开始衰落。3世纪晋武帝(265—290年)一度结束三国分立状态,再度统一中国;武帝欲于塔里木河流域重造中国的影响,于肃州以远别造长城,辅以瞭望亭,与旧长城相连。

西汉通西域凡四道:(1)出敦煌,经罗布泊南、鄯善、和阗;(2)出敦煌,经罗布泊以北,焉耆南之库尔勒、库车、阿克苏;(3)经哈密、吐鲁番至库车,在库车与第二道相汇;(4)经哈密,向巴里坤湖边,天山北麓。

自6世纪上半叶至7世纪中叶,西突厥是中亚地区的强权。

6世纪上半叶,突厥役属于柔然。546年,铁勒——回纥(Uighúrs)是其一分支——进攻柔然,而为突厥所败,柔然拒不酬谢有功之突厥,突厥首领土门(布民)——大叶护吐务之子——转而攻柔然,于552年击败之。突厥分为两部:北或东突厥(即鄂尔浑突厥)和西突厥;从6世纪中叶两部之别已经显现，但由中国离间而产生的政治分裂则在582年。北突厥首领拥可汗（qagan）号，西突厥或十姓突厥首领拥叶护（jabgu）号。土门之弟室点密（Istämi）为西突厥之始祖。柔然败亡之后，突厥与波斯之敌嚈哒（Hephthalites）为邻。库斯老·努细尔汪（Khosru Naoshirwan）乘柔然败亡之机，与突厥征服者联盟，娶突厥可汗室点密（Dizabul, Silzibul）之女为妻；嚈哒在563—567年被征服，阿姆河成为突厥和波斯的疆界；稍后，突厥乘波斯萨珊朝衰弱之机，将嚈哒旧壤全部兼并。突厥和波斯间的协议未持续长久。粟特人为丝绸贸易之主要中介人，他们从嚈哒治下转归突厥后，希望借助新主子之势力，将丝绸贸易推进到波斯境内。粟特人的计划未获成功，于是经突厥同意，遣使到拜占庭拜会查士丁二世①，希望在罗马帝国找到丝绸贸易市场。突厥人的计划引发了罗马人和波斯萨珊朝的战争（571—590年），这场战争削弱了两国的力量，使两国无力抗击新兴起的阿拉伯人的进攻。雅穆克（Yarmuk）一战（636年8月20日），阿拉伯人获胜，夺取叙利亚。阿拉伯人转攻波斯及其王伊嗣俟（Yezdigerd）。630年以后突厥转衰。唐太宗既已击败北突厥，遂得以集中力量对付西突厥。中国人与回纥结盟，于659年最终征服突厥②。

8世纪中叶，葛逻禄似乎已取代了西突厥的政治影响；葛逻禄本是突厥诸部之一，居于北庭西北，黑额尔齐斯河（Black

---

① 查士丁二世（Justin II），拜占庭帝国皇帝，565—578年在位。——译者
② [Ed. Chavannes, *Doc. sur les Tou kiue (Turcs) occidentaux.*]

Irtysh）[①]两岸。很显然，他们是定居于八拉沙衮城（Balāsāghūn）的布格拉汗王朝（Boghra Khan dynasty）的先祖[②]。8世纪布格拉诸汗（伊尔克诸汗）是谢米列奇耶和喀什噶尔的主要统治者，虽然这些地区当时仍在突厥人手中。阿弗拉西阿布（Afrâçiâb）被认为是他们的先祖。10世纪中叶，大概是由于波斯人的建议，统治着从伊塞克湖到喀什噶尔（Urdukand）的萨图克·布格拉汗（Satok Boghra Khan）接受伊斯兰教，占领布哈拉；其都城是喀什噶尔，但在993年他死后，都城迁移到八拉沙衮，其继承者称伊尔克汗（Ilak Khan）；最后一位可汗被花剌子模王摩诃末所杀，而摩诃末本人又被成吉思汗所败[③]。

布格拉诸汗是吐蕃人的盟友，但是他们失势后，却听命于他的回纥敌人。中国势力在中亚衰落的原因之一，是吐蕃的崛起。

---

[①] 即额尔齐斯河。黑额尔齐斯河是俄罗斯人、哈萨克人对该河上游的称呼，现在已不使用。唐代史书称之为多逻斯川、都播斯河，或曳咥河。——译者

[②] 八拉沙衮城在中亚的确切位置尚不清楚；格勒纳尔（Grenard）认为即碎叶城（Tokmak）；巴托尔德（Barthold）说，应在俄属谢米列奇耶（Semiriechie）境内寻之，大概在楚河河畔，现在那里发现许多遗迹；天文计算的结果似乎说明八拉沙衮位于Awliya-Ata的西北部，即从前位于都赖水的Tarāz；1218年，八拉沙衮被成吉思汗的部将哲别·那颜不战而取，蒙古人名之曰Ghubāliq；14世纪已荒芜。（Grenard, *La légende de Satok Boghra Khan, J. As.*, Jan-Fév, 1900; V. Barthold, *Encyclop. de l'Islam.*）

按：冯承钧《西域地名》："贾耽《四夷路程》曰：'八十里至裴罗将军城，又西二十里碎叶城，城北有碎叶水。'按碎叶水为Chu河，碎叶城为Takmak，其地应在此城东四十里。又考新疆出土突厥文写本，将军之对音为Sangun，即《五代史》讹译为相温者是也。则唐之裴罗将军城必为后之西辽国都。考《新唐书·突厥传》乾元中，突厥施黑姓可汗名阿多裴罗，或即其人。格勒纳尔谓即碎叶城之说，误。"《西域地名》，中华书局1980年版，第10页。——译者

[③] [Elias-Ross, *Tarikh-i-Rashidi*, p. 287 n.; Bretschneider, *Med. Res.*, i, pp. 252–253.]

汉时分散在青藏高原的部落以羌人见称；唐宋时称土番,即吐蕃（＝T'u bod）；辽称之为土伯特（T'u po tè）。吐蕃的历史始于6世纪末第一位国王弄赞入侵印度时。639年弄赞之子松赞干布娶尼婆罗王鸯输伐摩①之女墀尊（Bribtsun）,641年,娶唐太宗之女文成公主。634年松赞干布访问过太宗朝廷。受尼婆罗和唐朝的影响,松赞干布将佛教引入吐蕃,并于639年建拉萨城；其势日隆。663年征服鲜卑族的吐谷浑；咸亨元年（670年）4月,吐蕃首次夺取安西四镇；然后占领喀什噶尔地区（670—692年）,切断了中国通向西域的道路。

中国人摧毁西突厥帝国（658—659年）,一度将唐天子的统治扩展到阿姆河以远至印度河流域；这是中国向西域扩展最力的时期,但是武则天统治时期唐朝内部的困难,阿拉伯人的征服活动,以及吐蕃人对喀什噶尔的占领,对东来的入侵者封锁了帕米尔通道,使中国在这些遥远地区的统治徒具虚名,尽管747年高仙芝将军为阻止吐蕃的推进,通过婆勒川（Baroghil）和坦驹岭口②到达娑夷水（Gilgit）,对帕米尔以远地区进行过远征并取得胜利。

吐蕃是阿拉伯人的盟友,他们支持阿拉伯人在药杀河流域的行动；作为回报,吐蕃在喀什噶尔也得到阿拉伯人的支持。吐蕃统治甘肃、四川和云南,甚至渗透到唐帝国的首都长安。8世纪,皮罗阁乘唐朝和吐蕃争斗方酣,建立了以大理为都城的南诏

---

① Ancuvarman, 亦作 Amshuvarma, 意为光胄, 或译作阿姆苏·瓦尔马。——译者
② 坦驹岭口（Darkot passes）,即今巴基斯坦北端的达尔科特山口。——译者

国;这个新建立的国家9世纪后衰落下去;中国人忙于应付其他地方的事端,对这个国家无暇顾及。1253年蒙古征服已取代南诏国的大理国。

692年,中国人重新夺回中亚的安西四镇(焉耆、龟兹、疏勒、和阗)。"贞元中(785—804年),(黑衣大食)始与吐蕃为劲敌,蕃军大半西御大食,故鲜为边患。"①吐蕃两份最古老的敕令已被瓦德尔(L. A. Waddell)博士发现,这两个敕令雕刻于布达拉山脚下古王堡垒下一根高大的纪功柱上,现在嵌入达赖喇嘛的宫殿;这两道敕令颁布于730—763年,是迄今发现的最早的文献,从一个侧面说明了中国古代历史和地理。8世纪是吐蕃政权的鼎盛时期,回纥统治了从北庭到阿克苏的整个地区以后,吐蕃政权便被摧毁了。

回纥属突厥种;其先祖为匈奴后裔;北魏时称铁勒(Tölös),从属突厥;居于娑陵水(Selenga)②。7世纪中叶,其首领菩萨反抗北突厥,大败突厥颉利可汗,646年与中国通使。太宗时,回纥部为唐瀚海都督府,其首领吐迷度被命为都督。自8世纪初,势力逐渐强大;中国人初称其为回纥,稍后称回鹘和畏兀儿;吐蕃似称其为Dru gu③。

摩尼教的发展与回纥的历史密切相关。斯坦因、格伦威德

---

① Bretschneider, *Arabs*, p. 10.
② 《旧唐书·回纥传》之娑陵水,《新唐书·地理志》之仙娥河,《亲征录》之薛良格河,王恽《玉堂嘉话》卷三之薛良河,《元秘史》之薛凉格河,《元史》之薛灵哥河,今外蒙古色楞格河,流向东北,注入贝加尔湖。见冯承钧:《西域地名》,第83页。——译者
③ 又作Drug,见冯承钧:《西域地名》,第25页。——译者

尔、勒柯克、伯希和在中亚和敦煌发现的摩尼教经卷,以及穆勒（F. W. K. Müller）的研究,对于被认为已消失的摩尼教的教义和艺术做出了新的出人意料的说明；由勒柯克带回柏林的壁画使人们对摩尼教艺术获得清楚的认识。虽然当代中国的大学问家蒋斧认为,摩尼教早在北周（558—581年）、隋朝（581—618年）时已传入中国,但摩尼教徒最初从大秦到中国似在694年；摩尼教最初见于汉籍是似在玄奘的游记中（7世纪）；719年一位摩尼教星术家到达中国,此后摩尼教对中国天文学产生了很大影响。732年玄宗颁诏,宣布摩尼教为妄托佛祖之名的邪教,不久事态的发展让摩尼教愈显重要。玄宗皇帝因回纥杀害凉州刺史（713—714年）而惩罚回纥人,封闭与安西的交通。762年5月3日玄宗死,肃宗于次年5月16日即位①。安史之乱起,回纥于762年11月20日进入洛阳,对洛阳大事抢掠,763年11月离开。回纥可汗在洛阳遇到几名摩尼教徒,皈依摩尼教,离开洛阳时携走四名摩尼教士。768年、771年信奉摩尼教的回纥人获准在长安置寺,名大云光明寺。我们注意到,806年回纥遣使唐朝廷,其使团成员中就有摩尼教徒。但摩尼教之影响随回纥势力衰落而减弱。840年,黠戛斯攻占回纥的鄂尔浑都城,杀回纥可汗。黠戛斯自认为是公元前99年被匈奴所败遭俘的中国将军李陵的后裔。回纥向南、西南散至到高昌（吐鲁番）和焉耆,向西则达龟兹；841年回纥十三部推乌介为可汗。乌介可汗尚游牧,847

---

① 此处有误。762年驾崩的是肃宗（756—762年）,次年即位的是代宗（763—779年）。——译者

年被杀于阿尔泰山地区。回纥既亡,摩尼教徒财产被没收,寺院被封闭。回纥余众居于甘肃的甘州和吐鲁番东部的高昌。回纥摩尼教在西域苟延至13世纪;在中国内地则以佛教和道教为掩护存在,直至最后消失[1]。

回纥人以吐鲁番附近之高昌、火州即亦都护城[2]、鄂尔浑左岸之喀喇巴勒哈孙(Kara Balgasún)[3]为都城。在喀喇巴勒哈孙发现的为821年驾崩的可汗所立的石碑,其碑铭有汉文、突厥文和粟特文三种文字,对于说明回纥摩尼教大有帮助[4]。回纥文可能由粟特文转化而来,并非由其先前的叙利亚文字(Estranghelo)转化而来。满文则由回纥文演化而来。]

---

[1] [Bretschneider, *Med. Res.*, i, p. 236 以下; Chavannes et Pelliot, *Un traité manichéen, retrouvé en Chine, J. As.*, ii, 1912; i, 1913.]

[2] 和卓(Chotcho),即今吐鲁番县属之哈剌和卓城(Karakhoja),也称亦都护城(Idikut-Sahri),俗称Dakianus Shahri,汉时为高昌壁,唐时为高昌县,宋元时为高昌回鹘国都,《辽史》为和州回鹘。《元史》谓高昌王亦都护,盖指此国。《金史》、《西游记》讹译为和州。元时又称哈剌火者、哈剌霍州、哈剌火州、合剌禾州、合剌和州、火州诸译。《文昌偰氏家传》云:"高昌今哈喇和绰也。"《明史》云:"火州又名哈喇,在吐鲁番东三十里,东为荒城,即为高昌国都。"《西域国志》有哈喇和卓城,皆指其地。见冯承钧:《西域地名》,第77—78页。——译者

[3] Radloff, *Atlas der Alterthümer der Mongolei*, 1892—1896有该城示意图。

[4] [见 *Bibliotheca Sinica*, col. 2732-3书目。]

# 第三章 中国与印度的交流

41.张骞带回的印度知识。中国欲通印度。42.佛教传入中国。印度诸国遣使。43.4世纪中印海上贸易。初通锡兰；锡兰频繁遣使。44.5、6世纪与印度的交流。45.唐太宗时中国与印度摩揭陀国的交流；中国军队入侵北印度。46.中国与迦湿弥逻国的交流。8世纪与印度的交往。47.8世纪后政治交往逐渐稀少。48.访问中国的印度佛教徒。49.前往印度的中国求法僧及其著作。50.13世纪与锡兰交流的恢复。51.中国重振海上威望的最后努力（1405年）。与锡兰的长期交往。52.1244年左右蒙古入侵榜葛剌。巴哈第雅尔的远征。马利克·裕兹柏克和马哈迈德·图格拉的冒险。53.派遣到马哈迈德·图格拉宫廷的中国使团；伊本·白图泰率领下的回访使团。后来的印度使团。54.中国和马拉巴尔间的海上贸易；中国在印度半岛上的遗迹。55.忽必烈欲与印度诸国交往。

### 41. 张骞带回的印度知识。中国欲通印度。

本书前文中,我们已谈到为何说印度和中国很早既有交往,但中国史书似乎对此全然未加注意。公元前122年张骞完成对大夏的探险返回中国,带回了西域各国的消息,中国人才第一次提到印度并对印度有所了解。张骞在大夏时注意到在当地出售的商货中有一种竹杖,这种竹杖使他联想到邛山出产的竹杖;还有布匹,他识辨出这些布匹是蜀地(四川)成都的产品。张骞询问这些物产来自何处,当地人告诉他购自身毒即天竺的商人,身毒在大夏东南数千里,他根据搜集到的消息判断,印度距离四川也不远,这可以说明大夏何以能输入他见到的这些物产。从中国到印度有三条道路:一经羌中地,这条路非常危险,也极为险峻;二由北方经匈奴辖地,其交通自然受到匈奴阻挠;三是经四川,这条路最为安全。汉武帝欲使西域各国来贡,心中大悦,派张骞由犍为前往印度,另一些人由其他道路前往印度。尝试凡十次,均未成功。后来萨莱尔(Sarel)上校试图追随张骞的足迹走完这条道路,亦告失败。①

### 42. 佛教传入中国。印度诸国遣使。

然而在随后的一个世纪,中印交流必当已开通。65年,明帝因夜梦金人而遣使天竺寻求佛律和佛像。这一行动引起正统儒

---

① 见De Mailla, Vol. vii(我只能参考其意大利文译本); Julien, *J. As.*, sér. iv. tom. x, 91-92; Deguignes, *Mém.de l'Acad.*, xxxii, 358。De Mailla的意大利文译本饶有趣味,这位编者发现他译文的前几卷中的汉文名称,对他的读者味同嚼蜡,遂将它们全部写成较有趣的形式,如kúblai(忽必烈)写成Vobulio, Wang Khan(王罕)写成Govannios, Ilchiktai写成Chitalio。[H. Cordier, *Bibliotheca Sinica*, col. 586-587.]

士的憎恶,也促成了许多世纪两国间非常特别的交往。①

和帝(89—105年)时印度国王几次遣使向汉廷贡献,桓帝(159年)时印度也向汉廷遣使贡献。这位桓帝接待过可能来自马尔库斯·奥勒略皇帝派遣的使团。

43. 4世纪中印海上贸易。初通锡兰;锡兰频繁遣使。

3、4世纪的大部分时间,中、印间的政治交往似已中断,②尽管从法显的游记中可以推知,4世纪末中印间存在着海上贸易,此前可能也有海上贸易。但海上贸易的开端可能不早于东晋(317—420年定都南京)初年,因为中国和锡兰间的最初交往就发生在这个时期。锡兰以其拥有的佛像而著称,这些佛像时常被作为礼品送给东晋朝廷。第一个锡兰使团到达中国是在405年③,这个使团显然是经陆路而来,因为路途竟费时十年。使团

① [这个故事的真实性是非常值得怀疑的。根据对最近新发现文献的研究,公元初期佛教似已传入中国,据认为在明帝使者带回两个僧人的时候,中国境内一些佛教僧侣和信徒与明帝的一位兄弟(指楚王英。——译者)正在一起。在河内的亨利·马伯乐教授对这些文献进行了仔细研究,得出结论说,传统上坚持的佛教传入中国的说法,完全是以2世纪一些宗教传说为根据。H. Maspero, *Le songe et l'ambassade de l'empereur Ming, Bul. Ecole Ext. Orient.*, Jan.-March, 1900, pp. 95-130. 公元前2年月氏王是一位热忱的佛教徒,他试图在中国传播佛教;大概通过他或哀帝的使节,中国人知道了佛教。]

② 沙畹译《宋云行记》(*Bul. Ecole franç. Ext. Orient.*, July-Sept., 1903)后附唐代以前中国记载印度的著述目录。据《梁书》记载,三国时吴国(222—280年)孙权于3世纪中叶遣康泰和朱应出使扶南(柬埔寨),拜会国王范寻;他们获悉,几年前扶南王范旃曾遣使中印度,中印度国王派遣名叫陈宋的人随扶南使节回访扶南。康泰见到陈宋,具问天竺土俗。所获消息记入《梁书》。]按:此见《梁书》卷54。——译者

③ [第一个锡兰使团到达中国是在晋孝帝(373—396年)时期。关于428年刹利摩诃南国王的遣使,见 S. Lévi, *Wang Hiuen-t'se*, p. 413。根据《大史》记载,刹利摩诃南412—434年在位;在他执政期间,佛音(Buddgagosa)从摩揭陀传入锡兰。]按:《大史》亦作《大王统史》,斯里兰卡早期用巴利文写的王朝与佛教编年史。——译者

带来佛陀玉像,玉色洁润,形制殊特。在这个世纪中,锡兰还有其他四次遣使:第一次在428年,国王刹利摩诃南(410—432年在位)遣使赍书并献佛牙台像[①];第二次在430年,第三次在435年,第四次在456年,使团由五位僧人组成,其中一人名难陀,是有名的雕刻师,献三重佛像。6世纪锡兰诸王向中国称臣;515年,鸠摩罗达娑即位伊始,即遣使中国通告践祚之事,并称国王本人极欲躬自亲往,但惧于大海不能前行。据记载,523年、527年和531年锡兰均向中国遣使[②]。

44. 5、6世纪与印度的交流。

428年,迦毗黎国(佛陀诞生地,今之戈拉克普尔)国王月爱遣使于武帝献金刚指环、摩勒金环、红白鹦鹉等。466年,迦毗黎国朝廷再次向中国派遣使节,500—504年的使节向中国进献骏马一匹。

441年、455年、466年和473年,印度境内或相邻的其他佛教国家向中国遣使贡献。502年,印度境内的笈多(Gupta)王遣使者竺罗达(Chulota)赍表献琉璃唾盂、杂香、吉贝等物。该

---

① 428年为宋元嘉五年。刹利摩诃南表曰:"谨白大宋明主,虽山海殊隔,而音信时通。伏承皇帝道德高远,覆载同于天地,明照齐乎日月。四海之外,无往不伏。方国诸王,莫不遣信奉献,以表归德之诚;或泛海三年,陆行千日,畏威怀德,无远不至。我先王以来,唯以修德为正,不严而治,奉事三宝,道齐天下,欣人为善,庆若在己。欲与天子共弘正法,以度难化,故托四道人,遣二白衣,送牙台像以为信誓。信还,愿垂音告。"见《宋书》卷97。——译者

② Tennent, Ceylon, i, 2nd ed., i, 590-591, 596. 坦南特爵士著作使用未发表的中汉史料译文。我的材料来自他的著作。

王的属地毗邻新头（印度）大河，有五支流。据云出晶体石盐①。

605年，曾欲通大秦（罗马帝国）的隋炀帝怀着勃勃雄心遣使吐蕃、印度等国，欲使之来附，印度各国不至，炀帝衔恨。

两年后（607年），我们发现，"屯田主事"常骏被遣往锡兰②。

45.唐太宗时中国与印度摩揭陀国的交流；中国军队入侵北印度。

641年摩揭陀国王遣使赍书朝贡。著名的太宗皇帝遣一官员持节抚慰③。摩揭陀国王尸罗逸多大惊，问之国人曰："自古曾有摩诃震旦（Moho chintan）使人至吾国乎？"皆曰："未之有也。"中国史家曰："戎言中国为摩诃震旦（Machachinasthana）。"④这次交往引发646年的另一次礼尚往来⑤，逢尸罗逸多死，僭位者没有与中国保持平等友好关系，战争爆发；中国人在吐蕃和泥婆

---

① Julien，前引书，pp. 99-100。

② Tennent, i, 583. 按：此似指常骏出使赤土国。《隋书》卷82《南蛮传》："炀帝即位，募能通绝域者，……大业三年，屯田主事常骏、虞部主事王君政等，请使赤土，帝大悦，……赍物五千段，以赐赤土王。"赤土国似在马来半岛。裕尔考为锡兰，误。——译者

③ 按：此见《册府元龟》卷970；《旧唐书》卷221。——译者

④ ［643年，即贞观十七年，李义表及副手王玄策被遣往摩揭陀，邀请一婆罗门；以《唐书》，李义表乃赍唐皇书前往尸罗逸多（Harsa Ciladitya）王报聘。S. Lévi, *Wang Hiuen-t'se, Journ. Asiat.*, xv, 1900, pp. 298-299, 320-321.］按：语见《新唐书》卷121上。——译者

⑤ ［646年王玄策并从骑三十人出使摩揭陀，尸罗逸多王驾崩，其臣那伏帝·阿罗那顺篡立，杀中国使者，玄策逃往松赞干布治下的吐蕃，借得吐蕃精锐1200人，并尼婆罗国骑兵7000人，反击摩揭陀，俘虏阿罗那顺，解往中国（648年）。S. Lévi, 前引书, pp. 300-301。657年，王玄策再次出使西域各国。］

按：王玄策事见两《唐书》。冯承钧《王玄策事辑》，文见《清华学报》第8卷第1期；孙修身《王玄策事迹钩沉》，新疆人民出版社1998年版。——译者

罗的支援下,侵入印度。另外一些印度王公向中国人提供援助和供给;僭王阿罗那顺被俘,其王后统率的军队在乾陀卫(犍陀罗)河岸被击败,580座城市向中国军队投降,阿罗那顺被带往中国⑥。印度一方士随王玄策将军至中国,受命为重病中的太宗皇帝治病,无效。出使印度引发战争的王玄策将所有事件记录下来,共12卷,但这部著作已佚失⑦。

据称,667—668年五天竺国王均向中国遣使贡献;672年和692年亦然。中国史书记载的五天竺国王是:(1)东天竺国王摩罗枝摩;(2)西天竺国王尸罗逸多;(3)南天竺国王遮娄其拔罗婆;(4)北天竺国王娄其那那;(5)中天竺国王地婆西那⑧。

670年,锡兰国王达多优婆帝沙遣使呈国书并方物。711年锡兰再遣使⑨。

---

⑥ [乾陀卫可还原为Gandavati,可能是健驮逻,参照希腊文Κονδοχάτης之名的一种形式。因此它位于华氏国(Pataliputra,位于健驮逻河和恒河汇合处)与泥婆罗(健驮逻河源自这里)之间的一个地区,王玄策所攻取的茶搏和罗城应在此求之。" S. Lévi, 前引书, pp. 307 n.]

⑦ [见S. Lévi, *Wang Hiuen-t'se, Journ. Asiat.*, xv, 1900。] Julien, pp. 107–110. 根据玄奘的记载,这位尸罗逸多是印度历史上伟大的国王之一。他的国土从乌荼海滨直至西北其都城曲女城,可能到克什米尔边境。(见Lassen, iii, 673以下)就我所知,拉森对这次中国人入侵印度事或阿罗那顺篡位事未做涉及。历史年代亦与拉森(根据玄奘记载)所作的年代表不符。拉森年表将尸罗逸多的在位时间延至650年;而文献说他死于646年。太宗皇帝死于649年5月。

⑧ *Chine Ancienne*, p. 301. 按:《旧唐书》卷198,天授二年(691年):"东天竺王摩罗枝摩、西天竺王尸罗逸多、南天竺王遮娄其拔罗婆、北天竺王娄其那那、中天竺王地婆西那,并来朝献。"又,《册府元龟》卷970作天授三年(692年)。——译者

⑨ Tennent, i, 597. [670年锡兰国王是诃多达多(Hatthadatha),即达多优婆帝沙二世(Dāthapatissa II, 664—673年)。]

## 第三章　中国与印度的交流

46.中国与迦湿弥逻国的交流。8世纪与印度的交往。

713年固失蜜（Kashmir）国王真陀罗秘利遣使玄宗皇帝，表示归服。数年后玄宗授其印绶。他的继承人和兄弟木多笔也遣使来附，要求唐皇出兵迦湿弥罗，他将为唐朝军队在摩诃波多磨龙池提供营祠。迦湿弥罗向唐朝的贡献持续了一些时候。新兴的吐蕃国造成的压力，可能是迫使这个国家请求中国保护的原因[①]。

文献记载，713—731年印度境内诸国数度遣使，其中一国请求中国增援以抗击阿拉伯人和吐蕃人，请求（玄宗）皇帝赐封印度王室军队以荣誉称号。皇帝可能认为这是最容易应付的请求，赐印度军队为"怀德军"[②]。

---

① Rémusat, *u.s.*, p. 106; *Chin Anc.*, 311; Reinaud, *Mem. de l'Acad.*, xvii, p. 190. 迦湿弥罗史中有一位Chandrapida王，但他在691年被杀。695—732年在位的国王是伟大的征服者Laladitya。他似乎有一位兄弟名叫Muktopida（见Lassen, iii, 993, 997）。

② 见Julien, *u.s., Chine Ancienne*, pp. 309, 310。这一时期的中国史书经常提到与大、小勃律国的交往。这两个国家位于喀什噶尔和克什米尔间。小勃律国王住孽多城，近娑夷水。大勃律国居更东处；747年为中国军队占领（Remusat, *Mém. de l'Acad.*, pp.100-102）。雷慕沙将勃律还原为Purut；但大、小勃律毫无疑问就是Ladakh和Balti。这两个国家直到晚些时期仍被称为大、小吐蕃。我想这些名称可能会在塔弗涅（Tavernier）的记载中找到，也可在耶稣会士德西德里（Desideri）的信件（1716年）中找到。的确，小吐蕃作为Balti的称呼现在仍未被废弃。Ladakh可能是埃德里西所说的"建于一条河流旁高处的吐蕃城"（i, 492）。在梅因道夫的记载中，我们发现在布哈拉人仍然提到大、小吐蕃城，格鲁吉亚人丹尼伯格在20天内从克什米尔到达这个"吐蕃城"。从拉萨到这里有三个月里程。梅因道夫所描述的大食路（Tajik route）说的是经喀喇和林关口到达"吐蕃"。"吐蕃是一座建于山后的城市，统治者的府邸建于山顶。"这个描述大概也同样符合Ladakh和Balti。Balti也许就是汉文勃律所指，而娑夷水可能就是Shayok。（Meyendorff, pp. 122, 339.）["勃律即现代的Balti。此时它被分为大、小两个国家。大勃律在《唐书》记载中位于吐蕃正西，与小勃律为邻，西接北印度乌苌国。自696年大、小勃律数度向中

742年外国商贾自南海至中国,携师子国宝货以国王尸罗迷迦之名向中国皇帝贡献①。746年、750年、762年师子国数度遣使。此后锡兰不见于中国史籍达数世纪之久②。

47.8世纪后政治交往逐渐减少。

据称,758—760年左右,中国失去对河陇地区的控制,印度诸王不再贡献③。我不知道河陇地区是指哪里——是指阿姆河流域的忽懔国(Khulum)④还是云南边境的某个地区;可能是前者,因为佛教朝圣者的游记证明,印度与中国间的旅行通常都取道喀什噶尔和巴达赫尚。

这一时期吐蕃崛起,成为一个侵扰四邻的强大国家,787年德宗皇帝接受一位廷臣的建议,致力于联合回纥、印度各王公和阿拉伯哈里发,组织联盟对付吐蕃。⑤

此后很长时间我们没有发现中印间进行政治交往;但在10世纪末11世纪初,史书记载印度各国几次遣使北宋朝廷。1015

---

国遣使贡献,734年最后为吐蕃征服。Bushell, *Early History of Tibet, J. R. As. Soc. N. S.*, xii, p. 530.——高仙芝在747年是领兵的中国将军。娑夷水无疑就是什约克(Shyok)河。]按:《册府元龟》卷973:"开元八年,南天竺国王尸利那罗僧伽请以战象及兵马讨大食及吐蕃军。仍求有以名其军。玄宗深嘉之。名军为怀德军。"——译者

① *Ch. Anc.*, p. 312. 坦南特没有提到这一内容。此时在阿努拉达普拉(Anurajapura)执政的国王是阿伽菩提三世(Aggabodhi III)。按:见《新唐书》卷221。——译者

② Tennent, *ib.*, p. 597.[742年和746年,大概还有750年及762年的使团均为阿伽菩提六世(Aggabodhi VI Sihamegha, 741—781年)所派遣。S. Lévi, 前引书, p. 428.]

[关于锡兰和中国的关系,见S. Lévi, *Journ. Asiat.*, Mai-Juin, 1900, pp. 411—418.]

③ Julien, p. 111.

④ 《西域记》作忽懔国,《新唐书·地理志》作昏磨城,今阿富汗北部之胡尔姆(Khulm)。见冯承钧:《西域地名》,第52页。——译者

⑤ *Ch. Anc.*, p. 321.

## 第三章 中国与印度的交流

年的遣使来自注辇国,以德经的看法,注辇国即印度南部的Chola国①。除这次遣使外,我认为这一时期的使团均系来自马来半岛,并非来自印度本土②。

**48.访问中国的印度佛教徒。**

不过,这一时期史书经常提到印度佛教徒到访中国朝廷,也有中国佛教徒得到中国皇帝准许前往印度朝圣取经。③据记载,一位名叫曼殊室利的虔敬佛法的印度王子随中国僧团一同前往中国,中国皇帝很高兴地接见了他④。中国僧徒嫉妒室利所获得的殊荣,因印度王子不懂汉语,他们欺骗这位王子说皇帝陛下要他离开。室利王子愤然而去,从中国南海岸乘商船返回印度⑤。

---

① 此名最早见于公元前3世纪孔雀王朝之碑铭,希腊罗马文献称Sora,梵文作Čola或Chola,阿拉伯语作Cūliyān,又作Soli,又作Māabar。《诸番志》、《文献通考》、《宋史》、《宋会要辑稿》作注辇。《岛夷志略》与《元史·外国列传》之马八儿,《明史·外国列传》之琐里,又作西洋琐里,皆其后来之异称。故地在今印度科罗曼德尔(Coromandel)海岸。见陈佳荣、谢方、卢峻岭:《古代南海地名汇释》,中华书局,1986年,第929页。——译者

② Deguignes,I,p.66以下所列国家中,Tanmoeilieu可能即马来国(Tana-malaya)。

③ 据记载,其中一个团体经过的路线是甘州、沙州、伊州、焉耆、龟兹、于阗、忽懔、白沙瓦和克什米尔。

④ 按:此为971年事,曼殊室利为中天竺王子。见《宋史》卷490;《佛祖统记》卷43。——译者

⑤ Julien, pp. 111-114. 在尼婆罗国的奈瓦尔传说中,这位曼殊室利是尼婆罗国最初的佛教传道者。(Lassen, iii, 777以下引B. H. Hodgson文)[曼殊室利菩萨在瓦吉斯瓦拉(Vāgiçvara)时代被称为曼殊室利菩萨、曼殊和萨·毘索合特玛(Mānjughosa Bissōchtma),从马诃支那(Maha Čina)来到尼婆罗的"声之王";随他而来的弟子们是第一批殖民居民;他们也来自马诃支那;曼殊室利菩萨为尼婆罗推举一位中国人达摩卡拉(Dharmākara)做国王,后者又举出中国人达摩波罗(Dharmāpala)作为自己的继承人。奈瓦尔人是曼殊室利的伙伴。曼殊室利在完成了自己的使命后返回中国,他在山西

975年以后，印度的教徒对中国的访问非常频繁，这一现象也许说明这时的佛教徒在印度正遭受迫害。不过在986年伊州[①]的一位僧人从印度返回，从一位名没徙曩（Mosinang）的印度王那里带来一用词谦恭的信函。此信函为中国官方收藏。这位僧人还转交了释迦圣物[②]。

省的五台山受到特别的尊敬。曼殊室利似为印度人。塔拉那萨（Târanâtha）的梵文记载说他生活在乌荼国王旃陀罗笈多在位时，摩诃巴摩统治时期稍后，大约在马其顿·亚历山大入侵时。—— S. Lévi, *Nepal*, i, pp. 320, 340. 关于中国与尼婆罗的交往，据说撒克提辛哈（Çaktisimha）国王曾遣使中国贡献，中国皇帝大悦，于中国纪年535年回赠印玺，上面雕刻有撒克提辛哈的名字并罗摩（Râma）称号及一信函。明朝时两国关系重新恢复，1384年洪武皇帝遣一僧人至尼婆罗赠其王印玺，授其官服；这种关系一直延续到永乐年间。（S. Lévi, *Le Népal*, ii, pp. 227, 228.）]

① Kamul，即哈密，唐置伊州于此。——译者

② Julien, pp. 115—116. 这封信由一位印度僧施护译出，他还介绍了印度各国的情况。除中印度国（指摩揭陀国）外，北方有乌填曩（儒莲认为即Udyana），其西健驮逻国、曩硪啰贺啰国（Nagarahara）、岚婆国（Lamghan，现一般称作拉格曼），然后是俄惹曩（Gojencing，可能是加兹尼）和波斯。从摩揭陀西行三月至阿啰尾（Alawei，雷瓦？），然后是迦啰拏俱惹国（Karanakiuje，即曲女城）、摩啰尾、乌然泥、啰啰（儒莲认为即Lala）、苏啰荼国和西海。从摩揭陀行四月（此误，《宋史》卷490作"六月程"。——译者）至南印度，西行90日至供迦拏国。

前所提及的摩揭陀［即白沙瓦谷地，中国旅行僧玄奘记作"布路沙布逻"（Purusapura），比鲁尼记作Purushavar，阿布尔·法兹尔记作Pershavar或Peishavar。（A. Foucher, 前引书, p. 327）健驮逻国的首都是白沙瓦。］比鲁尼和其他早期阿拉伯作家作坎大哈，其首都是Waihand，位于印度河西，喀布尔河北的合流处。有人认为即玄奘记载的Utakhanda，并考之为距阿托克（Attok）15哩处的Ohind即Hund。乌填曩位于健驮逻西，斯瓦特河谷上游，当今卡菲里斯坦（Kafiristan）的东部。［斯瓦特河谷地及周围地区是乌国（Udyana）的主要部分，其首都是Mungali，即Mung-kie-li，坎宁安将军考之为Minglaui = Mingaur，即Mingora。（*Ancient Geog. of India*, p. 83）迪恩少校接受Mungali = Mingaur的观点，但将Mingaur考为另外的地方。福舍尔认为Mung-kie-li = Mangalapura，在斯瓦特河左岸不远处。（H. A. Deane, *Note on Udyāna and Gandhara, Journ. R. As. Soc.*, 1896, p.655; A Foucher, *Notes sur la Géog. ancienne du Gandhāra, Bul. Ecole Franç. Ext.*

## 49.前往印度的中国求法僧及其著作。

佛教传入中国后的几个世纪,两国佛教徒之间的交流确实是很频繁的。中国的朝圣者在印度旅居多年,研习佛法、参拜圣迹和寺院。他们留下的记述,成为中国文学中极为有趣、也非常珍贵的部分。中国旅行家的记述,一些已被译成欧洲语言,如《法显传》(法显399—414年旅居印度)、《大慈恩寺三藏法师传》(玄奘628—645年旅居印度);《惠生行记》(惠生[①]于518年动身前往印度)。最晚旅行家之一继业[②],受皇帝派遣,率300僧徒,旅居印度(964—976年)、追寻佛迹、收集棕叶书。比法显更早的一位旅行家著作中关于西域各国的片断仍为人引用,这位旅行家即是死于385年的释道安,他的著作现今存否,似不可知[③]。

印度土生土长的佛教逐渐消亡歇绝时,前往印度的朝圣旅行必然越来越少,但即使在14世纪中叶,朝圣旅行也没有完全停止。我们发现,这一时期中国皇帝遣使马哈迈德·图格拉

---

*Orient.*, 1901, p. 322以下。)]曩硪啰贺啰国(Nanggolikiato 即 Nagarahara)似在今之贾拉拉巴德(Jalalabad)附近。见 Reinaud, *Mém. de l'Acad.*, xvii, 108, 157 etc.; Lassen, iii, 137; v. St. Martin, *N. Ann. des Voyages*, 1853, ii, 166.

① [宋云的同伴。]

② [《继业行记》由 G. Schlegel 译出,发表在 *Mémoires du Comité sinico-japonnais*, xxi, 1893, pp. 35-64,继业的名字被译成了 Wang-nieh;新近故去的 Edouard Huber 再译,发表于 *Bulletin de l'Ecole d'Extrême-Orient*, ii, July 1902, pp. 256-259. 沙畹教授在同一刊物 Jan.-March, 1904 为《行记》做了一些富有价值的补注。这本行记刊于范成大所著的《吴船录》第一章。范成大居于四川峨眉山时从继业处得到他的记录。继业享年84岁。]

③ Julien,前引书,pp. 272-294 及 *Vie de Hiouen Thsang* 前言,儒莲所引用的这位中国传记家注意到法显将"中国"一词用于印度而不是中国。他所注意到的这个错误是佛教徒的通例,不值得花气力去辩说!我认为佛教徒用这个名称来翻译 Madhyadesa,现在缅甸人仍用这个古称来指示印度恒河流域。

(Mahomed Tughlak），请求准许在喜马拉雅山麓重建佛寺，该寺受中国信众朝拜甚多[1]。

50. 13世纪与锡兰交流的恢复。

13世纪我们发现中国与锡兰交流重新恢复[2]。僧伽罗作家提到这时锡兰从中国进口货物；1266年中国士兵在锡兰王的军队中服役。同时我们也听说元时中国皇帝偶尔派官员到锡兰收集宝石和药物；其中有三次中国皇帝遣使到锡兰商讨购买佛陀化缘用的圣盘。马可·波罗和鄂多立克曾提到这几次遣使。

51. 中国重振海上威望的最后努力（1405年）。与锡兰的长期交往。

15世纪初，为了重新行使对西洋海上各国名义上的宗主权，明代中国进行了非凡的、也是最后的努力。1405年中国使团来到锡兰，携香料供于佛牙殿，遭到在位的锡兰王维贾耶巴忽六世（Wijayabahu IV, 1398—1410年）的虐待。这位国王是锁里人[3]，即印度半岛人，不敬佛法，暴虐凶悖[4]。明成祖[夺取他侄儿允炆（惠帝）的皇位；1402年首都南京被成祖攻占、宫殿遭入侵时，惠帝下落不明。]对锡兰王的不法行为极为震怒，急于示之

---

[1] 见Ibn Batuta，下文，卷Ⅳ。

[2] Tennent, i, 497-498.

[3] ["国王系锁里人氏，崇信释教，尊敬象、牛。" Ma Huan, *Journ. China B. R.As. Soc.*, 1885, p. 212.]按：马欢《星槎胜览》："锡兰国、裸形国。"——译者

[4] [S. Levi, 前引书, p. 437评论：郑和第一次访问锡兰时，粗暴对待郑和的锡兰王亚烈苦柰儿，在王朝世袭表上称作布伐奈迦巴忽五世（Bhuvaneka Bahu V），登基前以阿罗伽拘那罗见称；此王出身珠罗（Cola）族，即僧诃罗文中的"锁里"。]

## 第三章 中国与印度的交流

以颜色,重振衰落中的中国权威,他派杰出的勇士宦官郑和[通常以三宝太监见称,云南人],统领62艘船舶、37 000余名士兵,携国书和礼品访问西洋各国①。郑和到达交趾支那、苏门答腊、爪哇、柬埔寨和暹罗以及其他地方,每到一地即宣示帝诏,赠送皇家礼品。如不承认中华皇帝至尊权威,则以武力逼其就范。1407年郑和率远征军返回中国,各国遣使随郑和前往。次年郑和受命再次出使西洋,锡兰国王欲诱捕之,但郑和识破其计,俘锡兰国王及其妻子官属,将他们押往中国。1411年,成祖释放了所有锡兰俘虏,但废黜了这位行为不法的国王,任命其中另一人为王。所立新王由中国特派使节护送返回锡兰,以中华帝国属臣身份即位为王。这位新立的国王被中国人称为不剌葛麻巴忽剌札,这个名称使人辨识出他就是波罗迦那巴忽六世(Parakhana Bahu Raja VI),依据锡兰史书,其在位时间为1410—1462年。锡兰定期向中国进贡达五十年,显然是在这位国王漫长执政生涯时。此后不复贡献。据称此一时期锡兰王曾两次亲自持贡前

---

① [永乐皇帝恐惧惠帝"亡海外,欲踪迹之,且欲耀兵异域,示中国富强。永乐三年六月(1405年6月),命和及其侪王景弘等通使西洋。将士卒二万七千八百人,多赍金币。造大船,修四十四丈广十六丈者六十二。自苏州刘永河泛海至福建,复自福建五虎门扬帆,首达占城,以次遍历诸番国,宣天子诏,因给赐其君长,不服则以武慑之。"马欢留下了船队所访问的20余国的记载。(《明史》卷304)(马欢为船队翻译、回教徒,著《瀛涯胜览》。参见 G. Philips, *Journ. R. As. Soc.*, 1895, p. 523以下。)马欢拜会的锡兰王是波罗迦那巴忽六世,巴忽五世(1410—1462年)的第二个继承人。最近在锡兰的加勒镇发现一石碑,有汉文、泰米尔文和波斯文铭文;提到郑和第二次访问锡兰,并具中国年代:永乐七年——1409年2月5日。*Spolia Zeylanica*, June, 1912; *Journ. North China B. R. A. S.*, 1914, pp. 171-172.]

往①。文献提到的其他事件似乎说明,一位驻节公使驻扎在锡兰岛上监督国政。锡兰最后一次向中国贡献,是在1459年。所以在16世纪初葡萄牙人到达锡兰时,锡兰人对中国势力尚记忆犹新,葡萄牙人在这里发现中国人留下的许多痕迹。

当然,锡兰的编年史对这些事件的记载迥然不同。根据锡兰人的记述,摩诃秦那(Mahachina)国王以贡献为名带兵登上锡兰岛;锡兰王被背信弃义地逮捕并押回中国,等等②。

52. 1244年左右蒙古入侵榜葛刺。巴哈第雅尔的远征。马利克·裕兹柏克和马哈迈德·图格拉的冒险。

关于中世纪印度和中国的战事,我们可以提到德里苏丹阿拉乌丁·马思武德(Alaudin Musaüd)在位时蒙古"通过契丹和吐蕃"对榜葛刺的入侵。这是史书明确记载的蒙古人从这个地区对榜葛刺的唯一的一次入侵。蒙古的这次入侵大约发生在1244年,被榜葛刺地方守将击败。费理胥塔(Firishta)说这次蒙古入侵,所经道路与四十年前马哈迈德·巴哈第雅尔·赫尔吉

---

① W. F. Mayers, *China Review*, iii, 329文中引用的祝允明所著的《前闻记》中有一注,题为:"下西洋",记载宣德年间(1426—1435年)进行的一次航行;远航人员中有军校、旗军、火长、舵工、班碇手、通事、办事、书算手、医士、铁锚、木舱、搭枋等匠,水手、民梢人等,共27 550人!宣德五年十二月六日(1431年初),船队自南京附近的龙湾出发,访问了苏门答腊、马来半岛后,驶向锡兰(宣德七年十二月六日)古里(Calicut)、忽鲁谟斯(Ormuz)(十二月二十六日);然后经Pulo Condor(占城)返航(宣德八年二月十八日),七月六日到达南京。]

按:祝允明,字希哲,号枝山,又号指枝生,长洲(今江苏吴县)人,正德四年(1509年)进士,嘉靖五年(1526)卒,享年67岁。所著《前闻记》,记郑和下西洋事颇多,于最后一次尤详。有《祝枝山全集》。——译者

② Tennent, pp. 601-602.

第三章　中国与印度的交流

(Mahomed Bakhtiyar Khilji)自榜葛剌入侵契丹和吐蕃的道路是相同的[①]。本书第四卷《伊本·白图泰游记》（注E）提到四十年前的这次远征。巴哈第雅尔·赫尔吉很有可能萌生过入侵中国的野心，但从现存的记述中很难判断他被迫撤回时，兵力进展到何处；大概不会越过阿萨姆谷地以远[②]。在1256—1257年马利克·裕兹柏克（Malik Yuzbek）发动的带来更大灾难的远征中，迦摩缕波（Kámrúp）以远的目标并未被提到。依据费理胥塔的记述，1337年马哈迈德·图格拉发动对中国的鲁莽的远征。据这位历史家和伊本·白图泰[③]的估计，他的军队除步兵外，还有十万骑兵。除少数留守后方戍守据点的兵力外，几乎无人从战场上回来报告战况。我们很难判断这支军队从何处进入喜马拉雅山，也无法考证出伊本·白图泰提到的喜马拉雅山麓的吉底亚（Jidiah）镇竟在何处，但它肯定是一战略要地。

53. 派遣到马哈迈德·图格拉宫廷的中国使团；伊本·白图泰率领下的回访使团。后来的印度使团。

在中印关系中，我们不应忽略了伊本·白图泰提到的两次遣使，即元顺帝妥懽帖睦尔于1341—1342年派往马哈迈德·图格拉宫廷的使节，以及图格拉托付给这位摩尔人旅行家的命运不济的回访使团。这次遣使已成为本著作主要的议题之一。

文献中还提到明成祖（1409年）时榜葛剌派遣的使团，但由

---

[①] Briggs, *Firishta*, I, 231.

[②] 见 Stewart, *History of Bengal*, pp. 45–50。

[③] Ibn Batuta, iii, 325.

哪位君主所派,是印度君主还是穆斯林王公,不得而知[1]。这个使团大概是郑和将军巡游西洋所促成的一个答礼性使团。这一点第76页我们已经谈到。

1656年——虽然这已不在我们考察的范围内——我们发现荷兰公使纽霍夫(Nieuhoff)和一位来自大莫卧儿帝国的大使出现在北京。此时正是沙杰罕(Shah Jahan)统治之时[2]。

54.中国和马拉巴尔间的海上贸易;中国在印度半岛上的遗迹。

我们回到早些时候,便发现蒙古诸帝统治期间,中国和马拉巴尔海岸诸港间存在大规模的海上贸易。马可·波罗、鄂多

---

[1] *Chine Anc.*, p. 402.〔菲利普说马欢所记榜葛剌之事绝大多数与《四裔传》相符,亦见于明代诸史书。在一段记载中,我发现,1409年榜葛剌国王蔼牙思丁遣使赍礼入贡中国;另一位国王赛勿丁遣使并携麒麟至中国贡献,信书于金叶之上。据称,蔼牙思丁遣使发生在永乐六年,即1409年。此时在位的榜葛剌国王似乎是悉诃巴德丁·巴牙兹德(Shihabad-din Bayazid Shah),此王直到1409年才即位。1370—1396年在位的另一位国王Ghiyas-ad-din,与汉文名称蔼牙思丁极为相似,但他在通使中国前十年已不在位。中国记载中的日期可能有误。中国编年史家记载,第二次遣使是在永乐十二年,即1415年,此时执政的榜葛剌国王是Jalál-al-din。将这一名字比对汉文记载的赛勿丁,有些困难,但我想它不可能指其他名字。"(*J. R. A. S.*, 1895, p. 534.)

John Beames,前引书,p. 900对此评论说:"关于Gai-ya-szu-ting(蔼牙思丁)与Ghiyasuddin之比对,中国记载的日期看来是错误的,因为伊斯兰纪年799年即公元1396年以后,已没有此王的钱币或铭文。但可考为其他国王:公元1415年(伊斯兰纪年817—818年)Jaláluddin为王,但直到伊斯兰纪年818年即公元1415年3月底才即位。此前其父印度人Raja Káns显然还健在,所以中国史家可能将二者混为一谈,将Káns和Jaláluddin拼成一个字,即Káns-uddin,汉文作赛勿丁,对于一个混成的印度-穆斯林名字,中国人不会辨别出其中的不协调。"这种见解在我看来实属牵强附会。〕按:榜葛剌与中国交通事,见《明史》卷326;《皇明世法录》卷81。——译者

[2] Pauth., *Relations Polit. etc.*, p. 49.

第三章　中国与印度的交流

立克、马黎诺利和伊本·白图泰都有记载。这种海上贸易的兴起,我们认为,更适于在中国和阿拉伯的交流部分加以叙述。伊本·白图泰提到居住于柯蓝(Kaulam)①的中国商人,古代马拉巴尔文献中也提到这样的居民②。我已经指出,马黎诺利提及迈拉普尔(Mailapúr)地方的圣托马斯墓时提到"鞑靼人"(见本书第三卷,p. 251),可能说明有中国人在科罗曼德尔海岸进行贸易,且可能在这里定居。但是赖特认为,以马德拉斯城(Madras)的当地名称之一秦那帕塔(Chinapatam)为古代中国人曾在此殖民所留下的痕迹,根据并不充分。1639年钦格尔普特(Chingleput)地方的头领奈克(Naik)为表达他对其岳父英国人钦那帕(Chennapa)的敬意,将这一住区转让给这位英国人,名之为Chinapatam——应作Chennapatam或Chennapapatam③。不过,有意思的是,与这样一种见解相同的是,16世纪加斯伯洛·巴尔比提到,人们看到,一些浮屠在传遍锡兰后被用来建造Negapatam——显然即是马哈巴利普兰(Mahabaliparam)——地方的磐石庙宇(通常被称作七浮屠);他注意到,这些浮屠被称作Sette Pagodi de Chini(中国的七浮屠),被认为是古代中国

---

① iv, p. 103. 按:一作Quilan,《岭外代答》、《诸蕃志》作故临,《宋史·天竺传》作柯蓝,《岛夷志略》作小呾喃,等等。今印度西南岸奎隆。——译者

② 见Madras Journal, 1884, p. 121。

③ Ritter, v, 518, 620; J. T. Wheeler, Madras in the Olden Time, Madras 1861, i, p. 25. ["为了纪念当地人奈克的父亲Chennappa,使这一住区有别于马德拉斯城本身,故名之为Chennappapattanam,但现在当地人用Chennappattanam称呼整个城市。"(Imp. Gaz. India, xvi, pp. 368-369.)]

55.忽必烈欲与印度诸国交往。

我们从马可·波罗游记中知道,忽必烈汗试图与西亚各国建立联系。中国史书也特别提到他的这种努力。不幸的是,他和他的臣僚们似乎都固持中国式的观念,即所有与元帝国的交往都应以臣贡的形式进行,他与爪哇和日本交往所做的努力没有产生非常满意的结果。但据记载,1286年他获得较大的成功,与马八儿、苏木都剌、须门那、僧急里、马兰丹、来来、那旺和丁呵儿国建立联系②。此中前四国肯定在印度,不难辨出即Maabar③、(Dwara) Samundra④、Sumnath⑤;第四个国家Sengkili(僧急里),可能就是阿布尔菲达(Abulfeda)记载中的Shinkali,乔达努斯记载中的Singuyli,马黎诺利记载中的Cynkali,即克兰加努

---

① 值得一提的是,1375年的卡塔兰地图在这一位置上标明Setemelti;是否为Sette templi之误?[*Marco Polo*, ii, p. 336 n.][《岛夷志略》(1439年)记载:"土塔(东塔)居八丹(Fattan, Negapattam?)之平原,木石围绕,有土砖甃塔,高数丈。汉字书云:'咸淳三年八月(1267年)毕工。'传闻中国之人叛彼,为书于石以刻之,至今不磨灭焉。"咸淳乃南宋晚期度宗皇帝庙号,不是蒙古君主。这一知识乃得之于伯希和教授,他补充说,将讷迦帕塔姆之中国塔(Chinese Pagada of Negapatam)与《岛夷志略》文比较,是由藤田丰八(Fujita)君独立作出的。文见 *Tōkyō-gakuhō*, November 1913, pp. 445–446。]

② 此见《元史》卷210;卷14:"至元二十三年……九月乙丑朔,马八儿、须门那、僧急里、南无力、马兰丹、那旺、丁呵儿、来来、急兰亦带、苏木都剌十国,各遣弟子上表来觐,仍贡方物。"——译者

③ 见后文p. 141;II, 67。

④ 即马八儿北部相邻的Bilal Rajas国,在伊斯兰教作家的史书中经常将它与马八儿相提并论。

⑤ *Marco Polo*, pt. III, ch. 32.

尔(Cranganor)①。其他各国大概在马来半岛②。

---

① 见下文,p. 133; II, 249。

② 马兰丹、那旺、丁呵儿可以比对为真实存在的马来人的克兰丹、巴杭和双冈腊国或省。波迪埃列出一表格(上有须门那、僧急里、南无力、马兰丹、丁呵儿、马八儿、苏木都剌),认为其中包有"印度群岛中的十个国家",这不过是他个人的见解而已。当然,苏木都剌可能指苏门答腊,因为它符合波迪埃所引用的汉文地理记载。但表中的一些名称确似来自欧洲人的记载;另一些则涉及10世纪的中国史书,如果这些资料确凿可靠,可以据以说明苏门答腊岛或岛上的一个国家在如此早的时候即以此名为人所知,那么,这种情况是很值得注意的。在没有明确证据的情况下,对此名称是否有如此早的历史,我持怀疑态度。杜劳里尔引述的马来传说中提到,苏门答腊城的建立是在伊本·白图泰时代执政国王的父亲时。

文中的名称表引自Gaubil(见G. *Hist. de Gentchiscan*, p. 205; Pauthier, *Polo*, p. 572; Baldelli Boni, *Il Milione*, ii, 388)。

还可以提一下,克拉普罗特和雷慕沙提到,有一幅中国-日本旧地图,须门那、吉兰丹、马八儿和丁呵儿被置于阿拉伯以西极远处。(*Not. et Ext.*, Vol. xi, Klap., *Mem.*, ii.)这种做法只不过表明地图的作者不知道该将这些地方绘在何处。

# 第四章　中国与阿拉伯的交流

56. 据称5世纪中国船只曾到达巴比伦尼亚。与波斯湾地区的贸易从希拉退移到霍尔木兹。57. 唐代史书记载的中国到波斯湾的航路。中国商贸活动远达亚丁；巴罗赫和苏哈尔。中国船只在波斯湾的最后亮相。57*."大食"名称起源。传入中国。与阿拉伯相关的碑铭。58. 阿拉伯人早期在广州、澉浦（杭州）的定居。59. 阿拉伯人通过河中地区与中国的交流。使节交往。中国皇帝谨慎从事，避免与阿拉伯人发生冲突。派往中国的阿拉伯援军及其劣行。叩头事件。

56.据称5世纪中国船只曾到达巴比伦尼亚。与波斯湾地区的贸易从希拉退移到霍尔木兹。

中国与阿拉伯人的交流也可以追溯到很早的时期,很可能比现存任何史书的记载更为悠久;China这个名称传递给希腊人时呈现出的几种形式已经向人们说明了这一点[①]。

关于中国与阿拉伯人交流,稍明确的记述所提到的最早日期,似为5世纪的上半叶。根据伊斯法罕(Ispahan)地方的哈姆萨(Hamza)[②]和马苏第的记载,5世纪上半叶,船只可沿幼发拉底河,上溯至希拉(Hira)[③]。希拉城坐落于巴比伦古城的西南方,

---

① ["穆罕默德一点都不忽视中国这个名字,因为他命令弟子们到中国去追寻学问,他对这个广大的帝国有一些观念,或许是通过塞尔曼·法西(Selman Farsy)知道的,或许是从定居在阿拉伯海岸的波斯殖民者那里获得的,或者是通过也门海港的一些人那里获得的,这些人与波斯湾岸边的城市有着经常的联系,而波斯湾的城市与印度群岛、马来西亚和中国南部有着海上联系。" Ch. Schefer, *Relat. des Musulmans avec les Chinois*, p. 2.]

② [Martin Hartmann, *Encyclopédie de l'Islam* 中的 "Chine" 条说:"关于中国与希拉的海上交通,莱诺不应引述。伊斯法罕地方的哈姆萨(p. 102)的说法,那里只是说,'希拉是幼发拉底河流域的一个河滨国家(sāhil不是海滨,因为这个海(应读做 al-bahr,而不是戈特瓦尔特〈Gottwaldt〉误译的 al-furāt;这个误译可以由 al-furāt一词的出现加以说明。)在当时远远伸向内地(字面的意思:当时从巴比伦沿海平原的北部边缘就可以发现海伸向内地),甚至可以直达纳杰夫(Nadjaf).'这段异想天开的话使得李希霍芬(*China*, I, 520)头脑中产生了如下美丽的图画:'根据马苏第和哈姆萨的记载,中国的船舶每年(!)都来这里,在希拉房屋前的印度海船的旁侧边抛锚。'"

③ ["库法之南不足一里格就是希拉城遗址。希拉在萨珊王朝时期曾是一座著名的城市。城的近旁矗立着闻名遐迩的阿斯萨第尔宫(As-Sadir)和哈瓦那克宫(Al-Khāwarnak)。据传说,后一座宫殿是希拉王子努曼(Nu'mân)为伟大的猎手巴赫兰·古尔(Bahrām Gûr)国王所建。早期穆斯林征服美索不达米亚时首先占领希拉城,被哈瓦那克宫恢宏壮丽的大厅惊得目瞪口呆。"(G. Le Strange, *Lands of the Eastern Caliphate*, p. 75.)]

靠近库法①，(现在距幼发拉底河河床本身已很远)。当时人们经常看到印度和中国的船只停泊在希拉城的房屋前。②当时气候下，河水充溢，希拉城非常富庶，城市周围地区生机勃勃，一片繁荣景象。现在这一地区却成了野兽出没、嗥叫声时有所闻的荒野。印度、中国贸易各据点位置逐渐后移，从希拉退到奥博拉(Obolla)③即古代的阿坡罗戈斯(Apologos)，从奥博拉又移到附近的巴士拉城。巴士拉城由哈里发奥马尔在征服伊拉克之初(636年)所建。然后又从巴士拉退向波斯湾北岸的锡拉夫(Siraf)④，从锡拉夫又

---

① ["库法城建于穆斯林征服美索不达米亚后不久，与巴士拉同时兴建，即伊斯兰纪元17年(公元638年)左右，哈里发奥马尔时期。兴建这座城市的目的，是让它在幼发拉底河的这一边即阿拉伯半岛沙漠地带充当固定的营地；它占据幼发拉底河岸边的大片平原，距波斯古城希拉很近。库法城人口增长很快，伊斯兰纪元36年(公元657年)阿里(Ali)来此居住，在四年时间中，这座城市是承认阿里为哈里发的半个伊斯兰世界的首都。伊斯兰纪元40年(公元661年)阿里在库法清真寺被暗杀。"(G. Le Strange, *Lands of the Eastern Caliphate*, p.75.)]

② Reinaud, *Relations*, etc., ixxxv; Tennent, *Ceylon*, i, 541; Mas'ūdī, *Prairies d'Or*, i, 216以下。梅纳尔和考提勒(Barbier de Meynard and Pavet de Courteille)对马苏第的这段记述的翻译显然不如莱诺和坦南特的译文准确。我没有读到哈姆萨的记述。[裕尔在一个注释中说："读劳灵逊爵士在 *J. R. G. S.*, Vol. xxvii, p. 185 文章陈述的各种事实，对于希拉此时是东方贸易港口的说法，似大可疑问。"]

"希拉是王族居住地，他们曾信奉基督教，在波斯的保护下统治达六百年。"(Gibbon, ch. li.)

③ [奥博拉即阿坡罗戈斯，"始建于萨珊王朝或更早的时期，但是它位于波斯湾港湾，气候闷热，穆斯林建立新城巴士拉时，更深入内地，靠近阿拉伯沙漠边缘"。(G. Le Strange, *Lands of the Eastern Caliphate*, p. 47.)]

④ ["沿波斯湾海岸上行至纳班德西北部，即锡拉夫港，伊斯兰纪元4世纪(公元10世纪)基什岛崛起以前，锡拉夫是波斯地区的主要商埠。伊斯塔赫里(Istakhrî)说，在规模和重要性上，锡拉夫几乎与设拉子旗鼓相当；房屋用僧给国(Zanj, 即今之桑给巴尔)的柚木建造，高达数层，可远眺大海景色。"(G. Le Strange, *Lands of the Eastern*

## 第四章　中国与阿拉伯的交流

继续退向基什岛①和霍尔木兹港②。

57.唐代史书记载的中国到波斯湾的航路。中国商贸活动远达亚丁；巴罗赫和苏哈尔。中国船只在波斯湾的最后亮相。

7、8世纪唐朝（618—907年）史书记载了中国船只自广州

---

*Caliphate*, p. 258.）]

"目前，该城（Killah）是锡拉夫和阿曼等国伊斯兰大商船的总汇集点，在这里与中国商船相遇，过去的情况则不同：中国船只直接驶入阿曼、锡拉夫、波斯沿岸、巴林沿岸、奥博拉和巴士拉等，同时，这些国家的船只也直接驶向中国。后来，人们对各总督的裁决的公正性和他们的企图丧失了信任，中国的情况已发生变化（我在前面已说到），从那时起，各国商船便选择了这个中转地点进行接触。"Mas'ūdī, i, p. 308.]

①["记施国（记施岛）在海屿中，望见大食，半日可到，管州不多……大食岁遣骆驼负蔷薇水、栀子花、水银、白铜、生银、朱砂、紫草、细布等下船，至本国，贩于他国。"Chau Ju-kua, pp. 133-4. 按：见赵汝适《诸蕃志》，杨博文校释，中华书局1996年版，第108—109页。——译者

"基什岛，波斯文作 Kish，伊斯兰纪元6世纪（公元12世纪）锡拉夫被毁后，成为波斯湾地区的贸易中心。"（G. Le Strange, *Lands of the Eastern Caliphate*, p. 257.）]

②["旧霍尔木兹即陆上霍尔木兹，距海岸边为两站即半天里程，位于吉尔（Jir）海湾的湾头，根据伊斯塔赫里的记载，'由吉尔海湾行一里格后船只可从海上到达旧霍尔木兹'，在现称米纳布（Minab）、俗称米纳奥（Minao）的地方，旧霍尔木兹城遗迹仍历历可见。伊斯兰纪元4世纪（公元10世纪）旧霍尔木兹已经是基尔曼（Kirman）和锡斯坦地区的海港，后来新霍尔木兹在岛上建立，便取代了基什而成为波斯湾上的主要商埠，就像从前基什取代锡拉夫一样……伊斯兰纪元8世纪（公元14世纪）初——一位作者说是伊斯兰纪元715年（公元1315年）——霍尔木兹国王因不堪匪劫部落的不断入侵，放弃了陆上霍尔木兹城，在称作给伦（Jirun，即Zarun）的岛上建立新霍尔木兹城。新城距海岸边一里格。（Le Strange, 前引书，pp. 318-319）贾耽（公元785—805年间）记通西方道路，其中之一为："大食国之弗利剌河，南入于海。小舟溯流二日，至末罗国，大食重镇也。"柔克义说："我倾向于认为，末罗即是旧霍尔木兹城，"并补充说："设若末罗即霍尔木兹之说不误，那么，指出这一点是很有意思的：在汉文文献中，这是提及波斯湾中这个重要港口的唯一的文献。它再一次证明，8世纪中国人并没有亲自参与同波斯的海上贸易，而菲力普认为（*J. R. H. S.*, 1895, 525）中国人参与了这种贸易。"（*Chan Ju-Kua*, p. 14 n.）]

86　到幼发拉底河的航程,说明了从中国到锡兰①经过的路程和需要的时间,此后提到,船只须行经没来国(科斯马斯记载中的Malé,即马拉巴尔沿岸),此后沿岸西北行经十余小国,西北行二日渡海(坎贝湾)至提㲲国(可能是Diu)。又行十日,过五小国至另一个提㲲国,其国有弥兰大河,一曰新头河②。自提㲲国行二十日,至另一国边境,其国人于海中立华表③;再行一日至锡拉夫,自锡拉夫可至幼发拉底河口④。

---

①　说来奇怪,所有这些详情均被德经省略掉。这里的叙述得自德经的文章(*Mém. de l'Acad. des Insc.*, xxxii, 367)。这段记述似乎再未被后来的中国学者重复过。从德经的另一篇文章中也可以推知,它还记载了亚洲的不同地方,从这些地方商货被运往波斯湾出售,并且说明了非洲岸边的通商地点。(*Mém. de l'Acad. des Insc.*, xlvi, 547.)

②　弥兰或新头河即印度河,阿拉伯人称之为弥兰(Mehrán)。如德经所说,提㲲大概是第乌尔(Diul)港,或作Dewal、Daibul,位于印度河口之西,距卡拉奇不远。埃德里西特别提到这个港口常有中国船只到访。7世纪末,第乌尔受到阿拉伯人的围攻并被占领。印度河口的这一地区似乎在这个港口衰败以后很长时期仍保持其名称,因为巴博萨称这一地区为第乌尔(Jaubert, *Edrisi*, i, 161; Gildemeister, p. 170,但伊本·豪加尔将第乌尔置于印度河以东,似误; *Barbosa* (Lisbon ed.), p. 266; Reinaud, *Mém. de l'Acad.*, xvii, p. 170)。

③　可能在霍尔木兹海峡。我没有发现有人提到那里的灯光,但马苏第提到,在航海行程的终点,奥博拉和阿巴丹附近抛锚地的入口处(即幼发拉底河口外)有三座栈桥月台,其上每夜燃灯塔引导船只入港。(*Prairies d'Or*, I, 230.)

④　按:《新唐书》卷43下《地理志》:"广州东南海行,二百里至屯门山。乃帆风西行,二日至九州石。又南二日至象石。又西南三日行,至占不劳山。山在环王国东二百里海中。又南二日行,至陵山,又一日行,至门毒国,又一日行,至古笪国。又半日行,至奔陀浪洲。又两日行,到军突弄山。又五日行,至海峡,番人谓之质,南北百里,北岸则罗越国,南岸则佛逝国。佛逝国东水行四五日,至诃陵国,南中洲之最大者。又西出硖,三日至葛葛僧祇国,在佛逝西北隅之别岛。国人多钞暴,乘舶者畏惮之。其北岸则箇罗国。箇罗国西则哥谷罗国。又从葛葛僧祇四五日行,至胜邓洲。又西五日行,至婆露国。又六日行,至婆国伽蓝洲。又北四日行,至师子国。其北海岸距南天竺大岸百里。又西四日行,经没来国,南天竺之最南境。又西北经十余小国,至婆罗门西境。

## 第四章　中国与阿拉伯的交流

据一些材料记载，中国的船只除访问印度河口和幼发拉底河口外，还曾经访问过亚丁。[1]我认为，马可·波罗及其同时代的旅行家都没有提到中国船只航行到马拉巴尔以远地区，马拉巴尔地区的港口似乎是中国和西方贸易的货物集散地，而且中国船只似乎也没有理由前往亚丁。15世纪时中国船只似已不再前往马拉巴尔；拉扎克（Razzak）和康蒂（Conti）的记述都没有明确说明当时（大约1430—1442年）中国船只还继续经常前

---

又西北二日行，至拔飓国。又十日行，经天竺西境小国五，至提飓国。其国有弥兰大河，一日新头河，自北渤昆国来，西流至提飓国北，入于海。又自提飓国西二十日行，经小国二十余，至提罗卢和国，一日罗和异国。国人于海中立华表，夜则置炬其上，使舶人夜行不迷。又西一日行，至乌剌国，乃大食国之弗利剌河，南入于海。小国泝流二日，至末罗国，大食重镇也。又西北陆行千里，至茂门王所都缚达城。自婆门罗南境，从没来国至乌剌国，皆缘海东岸行。其西岸之西，皆大食国，其西最南，谓之三兰国。自三兰国正北二十日行，经小国十余至设国。又十日行，经小国六七，至萨伊瞿和竭国，当海西岸。又西六七日行，经小国六七，至没巽国。又西北十日行，经小国十余，至拔离诃磨难国。又一日行，至乌拉国，与东岸路合。"——译者

① *Not. et Extraits*, ii, 43 中的 *Ibn el Wardi* 一文。埃德里西说，船只自亚丁扬帆驰向 Hind、Sind 和中国（i, 51）。他列出这些船只从中国带回的商品，但除铁、刀剑（可能为日本制）、鲨皮、华美的织物和丝绒以及各种植物纸外，商品多属马来半岛物产。

［"永乐十九年（1422年），正使太监李赍诏赐遣其（阿丹）国。既达，彼王率头目迎入王府。甚肃，使者居留期中，王谕国人有珍宝者许易。贸採之物有猫眼石、五色亚姑和其他宝石、珊瑚、金珀、蔷薇露等。出售者有麒麟、狮子、花福鹿、金钱豹、驼雞、白鸠等。G. Philips, Mahuan's Account of Aden, *Journ. R. As. Soc.*, 1896, p. 348.］"明代史书记载，亚丁向中国第一次遣使是在1427年，此后遣使不断。"（Bretschneider, *Arabs*, p. 18.）同年（1427年），来自木骨都束（非洲东岸的摩加迪沙）的使者到达中国朝廷。距摩加迪沙不远的竹步国也在永乐年间向中国派遣过一次使节。（上引书，pp. 21-22.）］

巴罗赫也被认为是中国船只访问过的港口（Edrisi, i, 179）；阿曼的苏哈尔（Suhár）港（《马可·波罗游记》作Soer）是阿拉伯船只前往中国进行贸易的出发港（Edrisi, i, 152）。

往马拉巴尔海岸。①不过,我们知道,明成祖(1402—1424年)曾派船队访问过印度、孟加拉、卡里库特、锡兰、苏拉特和波斯湾、亚丁和红海等地区和岛屿。前面我们已提到,这些远征似不具有任何商业性质。就我所知,中国船只访问马拉巴尔和西亚,这是最后一次②。

57* "大食"名称起源。传入中国。与阿拉伯相关的碑铭。

[阿拉伯人以大食之名见称于中国人("大食"不过是波斯字Tazi或Tajik的音译;中国人通过波斯人知道阿拉伯人,这一事实似乎说明波斯人先于阿拉伯人旅行到中国,参见Ferrand, *Textes*, pp. 2-3);宋朝(960—1279年)时大食向中国遣使不下二十次,此时伊斯兰教徒被中国人称为回回、回纥或回鹘,这些称谓在唐代指畏吾儿人。我们不知道伊斯兰教徒确在何时到达中国,西安府清真寺有一块742年刻制的石碑,其碑铭似指出伊斯兰教在隋开皇(581—600年)中传入中国;伊斯兰教纪元始于622年,很难相信伊斯兰教在此之前好些年已为中国人知晓;故此碑铭必系伪作无疑③。广州清真寺(怀圣寺)所立碑文(至正十年八月一日,即1350年11月2日)长期被认为是中国最古之伊斯兰教碑铭,但泉州清真寺所立碑铭为时更早(1310—1311年)④。

---

① 但是,阿布杜尔·拉扎克确实提到,在当时(即1442年)到访霍尔木兹的人员中有中国商人和航海人员。他没有明确地说中国的船只到达这里;他的这段记述可能太笼统,不能作为立论根据。(*Ind. in XV Cent.*, p. 56.)

② Deguignes, i, 72.

③ H. Cordier, *Journal des Savants*, Jan. 1913, p. 31. 按:此指王鉷《创建清真寺碑记》。——译者

④ Arnáiz and Van Berchem. (*T'oung pao*, vii, 1896.)

现在日本已发现一份汉文-阿拉伯文文献,这份文献是一位日本僧人于1217年自泉州发回日本的。这是迄至目前在中国发现的最早的阿拉伯文文献①。]

58.阿拉伯人早期在广州、澉浦(杭州)的定居。

阿拉伯人在伊斯兰时代早期——如果不是更早②——已在广州建立一座工场;8世纪中叶广州已有大量阿拉伯人聚居,758年他们已有足够强大的力量洗劫广州,纵火后撤逃到船上③。阿拉伯人的活动也不限于广州。杭州府在中世纪称作"行在"(Quinsai, Khansa),但在当时阿拉伯人称之为澉浦(Khanfu)④,这座城市可能也早已有阿拉伯人活动;一百二十年以后,杭州城

---

① Pelliot, *J. Asiat.*, Juillet-Août. 1913, pp. 177以下。

② [《旧唐书》卷198《西域传》:"永徽二年(651年),始遣使朝贡。其姓大食氏,名噉密莫末腻。自云有国已三十四年,历三主矣。"Bretschneider, *Arabs*, p. 8.]

③ Deguignes, I, 59, ii, 503;另见Deguignes, *Mém. de l'Acad.*, xvi, 545. 在后一篇论文中,德经认为洗劫广州事件乃阿拉伯的援军所为。["唐代史书称,758年,波斯追随大食袭击广州。纵火焚城,浮海而去。我认为,中国史书中以'波斯'之名提到波斯人,这是最后一次。"Bretschneider, *Notes and Queries on C. and J.*, iv, p. 57.]

按:此见两《唐书》。《旧唐书》卷198《西域传》:"乾元元年,波斯与大食国寇广州,劫仓库,焚庐舍,浮海而去。"《新唐书》卷221下《西域传》:"乾元初,从大食袭广州,焚仓库庐舍,浮海走。"——译者

④ 确切地说,Khanfu只是杭州(即行在)的港口,中国人称之为澉浦(在旧址以北半里格的一城镇仍保留此名),马可·波罗称之为Ganfu(ii, 189)。中国史书提到,这个地方在306年是一海港;706年为市舶使(Master attendant)驻地;蒙古统治时期为一海事法庭驻地。(Klap., *Mém. rel. à l'Asie*, ii, 200以下)。这个港口的名称似被早期阿拉伯人转到了杭州,因为没有理由将这里所说的Khanfu的重要地位归到澉浦本身。阿布尔菲达确实明确说道:"Khanfu在我们时代以Khansa之名著称。"[伯希和认为,Khanfu是广府的译音,乃广州府的简称。参见*Bull. Ecole franc. Ext. Orient.*, Jan-June 1904. p. 215 n, 但不能心悦诚服地接受这种理论。见*Marco Polo*, ii, 199.]

被起义军攻陷,据估计殁于暴动的穆斯林、犹太人、基督教和袄教等外国居民的人数达12万人,还有人估计为20万人[①]!当然,我们对这些数字必须大打折扣,但当时的这些记述仍可说明大量外国人口的存在。

59.阿拉伯人通过河中地区与中国的交流。使节交往。中国皇帝谨慎从事,避免与阿拉伯人发生冲突。派往中国的阿拉伯援军及其劣行。叩头事件。

8世纪阿拉伯人不仅开始明白中国人就是秦奈人(Sinae),而且也知道他们就是人们从北部陆路上了解到的赛里斯人。屈底波在哈里发瓦利德(Walid)时侵占布哈拉、撒马尔罕、费尔干纳和花剌子模,甚至跨过勃律将征服活动扩展到喀什噶尔;他在这里的成功造成中国和阿拉伯两股势力发生冲突的危险[②];中国皇帝好像只是由于盛情接待了屈底波派遣的使团才得以免遭阿拉伯人的入侵。屈底波遣往中国的使团由十二位穆斯林组成,中国皇帝赠使团厚礼,让他们带给这位阿拉伯将军,将使团遣回[③]。

这无疑就是(713年左右)遣往玄宗皇帝的那个使团。对这次遣使中国史书记载,阿拉伯使团要求免行叩头礼,结果受到责

---

① Reinaud, *Relations*, ect., i. p. 64; Mas'udi, *Prairies d'Or*, i, 304.

② 伊拉克总督哈牙吉(Hajáj)送信给屈底波和驻扎在信德的马哈迈德·伊本·哈希姆,敦促他们向前推进,去征服中国,并承诺,先推进至中国者将被授权管理政府。这一承诺诱使屈底波向喀什噶尔挺进,而马合迈德则向曲女城迫进。但是他们的庇护人和哈里发的死亡终结了他们的计划,并导致了这两个人的毁灭。(Reinand, *Mém. de l'Acad.*, xvii, 186.)

③ De Sacy, *Not. et Extraits*, ii, 374—375.

## 第四章 中国与阿拉伯的交流

难并被宣告应处死刑。但玄宗皇帝却宽宏大度地赦免了他们[①]!

当时中国各位皇帝,比之后来与欧洲各国打交道的皇帝们,对新兴敌手的特性有着更正确的了解,所以他们在回应中亚很多国家求援抗击势不可当的阿拉伯人时,极为谨慎持重。不过冲突仍未能完全避免。一位伊斯兰史家确实记载说[②],伊斯兰纪元87年(公元709年)20万鞑靼人在中国皇帝的侄子塔加班(Taghabun)的指挥下,闯入阿拉伯人征服的地区,阿拉伯人打败了他们,取行辉煌的胜利。我们看到,此后751年,高仙芝将军统率的中国军队同哈里发的军队在怛逻斯发生战争,大输溃败。[③]几年之后(757—768年),肃宗皇帝受到一位强大叛乱者进逼时,接待了哈里发阿布·贾法尔·曼苏尔(Abu Jafar al Mansur)派遣的使团,援军队伍随使团一同前来。据中国史书说,即使这些率军及时增援的大使们也被强迫行叩头礼,尽管他们对此表示强烈的抗议。回鹘和其他西域军队也加入到肃宗皇帝麾下作战,叛军在西安府附近被彻底击败(757年)。人们似乎发现这些援军桀骜不驯,难以驾驭;东都洛阳遭到他们的抢

---

① Rémusat, *Mélanges Asiat.*, i, 441—442.["713年,大食遣使,献骏马、腰带。使节见皇帝,拒不行中国规定的叩头礼,说:'吾国习俗只敬神不礼王。'初中国人欲杀使节,但一位廷臣为之说情,认为外国礼仪不同,不应视为犯罪。]按:此见《旧唐书》卷198《西域传》。——译者

"726年,大食遣苏黎满来朝。令其行叩头礼,赐绯袍带。"Bretschneider, *Arabs*, p. 8.(按:此出《新唐书》卷221下。——译者)据说,1286年10名中国使节在缅甸宫廷被杀,因为他们坚持穿靴朝见国王。(*Mission to Ava*, p. 79.)

② *Ch. Anc.*, p. 310 所引 Tabari 的记载。

③ 同上书,311; Deguignes, i, 58.[天宝九年(750年)高仙芝在怛逻斯为阿拉伯军队联合葛逻禄击败。Chavannes, *Tou-Kiue*, p. 142.]

劫。我们已看到有记载说,这时发生的广州遭劫掠事件,也是这些援军在启程西归途中所为[1]。

前面我们已经提到,787年中国皇帝请与哈里发联盟以抗击吐蕃人。数年以后(798年)著名的哈里发哈伦·拉施德(Harun Al Rashid)遣使节三人至中国朝廷;据记载,三人行叩头礼,显然未作抗议,而以前的阿拉伯使节,像现代我们派出的使节一样,均对叩头礼表示强烈拒斥[2]。

据说,974年,哈里发派遣的一个使团到达中国朝廷,另一个使团于1011年到访北宋朝廷[3]。

---

[1] 见 *Mém. de l'Acad.*, (old) xvi, p. 254, 及上文 p. 89。["自阿蒲罗拔(750—754年)后,改为黑衣大食。阿蒲罗拔卒,立其弟阿蒲恭拂(Abu Jafar, 754—775年)。至德初(756年),遣使朝贡。代宗时为元帅,亦用其国兵以收两都。" Bretscheider, *Arabs*, p. 9.] 按:此见《旧唐书》卷198《西戎传》;《新唐书》卷221下《西域传》。——译者

[2] Rémusat, 前引文。按:此见《旧唐书》卷198《西戎传》;《新唐书》卷221下《西域传》。——译者

[3] Deguignes, *Acad.*, xlvi, 544; *H. des Huns*, i, 66 以下。[《宋史》对大食国有一段很长的记载,但是我发现其中无甚兴趣。其中提到往时大食自海上向中国遣使二十次。但其中大多数似非官方所为,须视为商业冒险。" Bretscheider, *Arabs*, p. 11.] 按:此见《宋史》卷490《大食传》。——译者

# 第五章　中国与亚美尼亚、波斯等国的交流

60. 早期亚美尼亚文献中的中国知识。摩西的记载。中国人定居亚美尼亚。佚失的希腊文中国史。61. 中国对波斯的记载。波斯国王卡瓦德的使团；库斯老和中国朝廷间的使节往来。萨珊王朝末代国王向中国求援未果。他的子孙在中国朝廷受到礼遇。62. 伊斯兰教势力兴起之初中国对中亚的影响。中亚附属国以中国方式组织起来。勃律以西归属于波斯都护府的国家。建立波斯都护府的命令在多大程度上付诸实施值得怀疑。直至8世纪中叶仍对伊斯兰势力保持独立、对中国效忠的波斯州区。63. 德鲁兹传说称德鲁兹信徒源自中国。

60.早期亚美尼亚文献中的中国知识。摩西的记载。中国人定居亚美尼亚。佚失的希腊文中国史。

如前所述,中国与阿拉伯、印度各国通过陆路和海路保持交往,此外,古代中国与西亚也存在着其他一些不太明晰的交往。对这些交往我们只有一些鳞鳞爪爪的知识,但是它似乎说明二者之间的相互了解和交往,可能比大多数人想象得更充分、更通畅。

亚美尼亚人似乎确实从很早就知晓中国。440年著书立说的摩西可能从更早的作家那里获得了一些知识,称哲那斯丹(Jenasdan＝Chinistán,即中国)是一个伟大的平原国家,位于斯基泰人之东,人类所知世界的边缘,国人富庶、文明,性喜和平,不仅可以称为"和平之友",而且可以称为"生活之友"。其国盛产丝绸,所以在亚美尼亚视为稀有之物、价格昂贵的丝绸衣装,于其国所有人均为寻常之物。这个国家还出产麝香、番红花和棉花。还有孔雀。该国有29个民族组成;文明程度不一,有一民族盛行食人风俗①。国王号金巴古尔(Jenpagur),住西乌尔夏(Siurhia)城,在未知地(Terra Incognita)附近。秦奈国与哲那斯丹毗邻,境内有七个民族;河流纵横、山峦叠嶂,疆界也延伸到未知地②。根

---

① 比较 Ptolemy, vi, 16; *Marco Polo*, ii, 225, 228 n。

② St. Martin, *Mém. sur l'Arménie*, ii, 22, 23, 377. 摩西所说的哲那斯丹可能是4—6世纪统治中国北部政权历经变化的魏朝。魏朝在鞑靼地区的统治范围是非常广泛的。都城有几个,洛阳为其中之一。我不知道洛阳是否可考定为Siurhia;但可注意的是,西安景教碑叙利亚文中,Saragh被认为是指洛阳。秦奈可能是指定都南京的晋王朝。[裕尔补充:"关于Siurhia一名的起源,有一情况也许可以提供一点线索:蒙古人萨曩彻辰似乎称大汗的首都即北平为Siro-khaghan。施米特(Schmidt)没有解释这个称号的意义。"]

## 第五章　中国与亚美尼亚、波斯等国的交流

据这位历史家的记载，提格兰六世（Tigranes VI, 142—178年）统治时期，数批外国定居者，其中包括中国人，被安置在戈尔第耶（Gordyene）即库尔德亚美尼亚（Kurdish Armenia），为亚美尼亚戍边①。

在亚美尼亚，不止一门望族被认为具有中国血统。奥佩利安（Orpelians）家族即为其中之一，人们认为其先祖是中国皇帝"金巴古尔"（Jen-pakur）②，意为"中国皇帝"，所以在格鲁吉亚人称该家族为"金巴古里亚尼"（Jenpakuriani）。另一个是马米戈尼（Mamigonians）家族。这个家族在亚美尼亚历史上居于重要地位。摩西的著作记载了马米戈尼家族的经历，称这个家族来亚美尼亚定居是在他所处时代之前二百年，即3世纪的上半叶。他说，在波斯萨珊王朝的创始人阿尔达西尔（Ardesir，卒于240年）的晚年，中国国王阿尔坡格（Arpog）诸子中，有一位名叫马康（Mamkon），因犯法当罚而逃到波斯避难。中国人以波斯人给马康提供避难而以战争相威吓，马康被迫逃向亚美尼亚。亚美尼亚蒂里达特（Tiridates）国王接纳了他，最后以达隆省封赐马康及其从属。马米戈尼家族即马康后裔。所有的亚美尼亚史家都记载了这个家族的中国血统③。

---

① St. Martin, ii, 47.

② 圣·马丁（St. Martin）说，Pakur即回教作家记载中的Faghfur，是中国皇帝的通称。见下文第85节注释。但是我注意到，德经列出的王统表中，格鲁吉亚许多国王的名或号均含有Pakur。

③ 这段文字似在年代上有问题。蒂里达特幼年时被带到罗马，直到戴克里先执政初（284年）尚未即位，此时已是阿尔达西尔死后四十四年。（Smith, *Dict. of Greek and Rom. Biog.*）

大约在同一时期,我们发现有记载说,波斯国王阿尔达西尔和亚美尼亚国王库斯老一世发生纷争,中国皇帝曾主动居间调解;又说亚美尼亚的圣·格里高利的兄弟苏琳(Suren)逃至中国避难。所有这些情况都说明两国间存在某种程度上的密切关系。上述记载取自叙利亚人齐诺比(Zenob)的著作,齐诺比于4世纪初在亚美尼亚完成他的著作。他说,这些说法取自艾德萨地方帕尔塔(Parta, Barta)用希腊文写的中国史①。

61.中国对波斯的记载。波斯国王卡瓦德的使团;库斯老和中国朝廷间的使节往来。萨珊王朝末代国王向中国求援未果。他的子孙在中国受到礼遇。

刚才提到中国皇帝主动介于波斯和亚美尼亚间的纷争。此事显然不见于中国史书。中国史书最初提到波斯,②是记载461年波斯向朝廷派遣一个使团,466年派遣第二个使团。③518—519年,波斯王居和多(即卡瓦德)遣使向中国皇帝呈献礼物和书信。中国史家以职业习惯照录这封书信的原文,其语气之谦恭极为罕见④。

---

① St. Martin, 29.

② ["中国史书首次提到波斯国是在519年,波斯国王向北魏(386—558年)遣使并献礼品。这类遣使经常提到。隋王朝(589—618年)也接待过波斯使团,炀帝时(605—617年)中国向波斯派遣过一个使团。"(Bretschneider, *Notes and Queries on China and Japan*, iv, p. 54.)]

③ Deguignes, i, 184.[见前文,中国与中亚的交流, p. 59。]

④ "大国天子,天之所生,愿日出处常为汉中天子,波斯王居和多,千万敬拜。"Pauthier, *De l'Auth.*, p. 60。按:此见《魏书》卷102《西域传》。——译者

在卡瓦德杰出的儿子努细尔旺（Naoshirwan）①执政时,中国皇帝派遣的一个使团来到波斯宫廷,带来豪华的礼品。其中提到一件以珍珠制成的豹子,以红宝石为眼珠;一件极为华丽的深蓝色的锦袍,袍上以金丝绣成努细尔旺为群臣簇拥的肖像;锦袍以金盒子装盛,还有一幅女性画像,画上女人的脸庞被她的长发遮掩着,透过长发她的美丽熠熠生辉,如同黑暗中透出光芒②。

据记载,努细尔旺执政时（567年）,波斯国王向周武帝派遣过一个使团,其目的可能是为了向中国皇帝求援,抗击突厥人③。我们从本书附录八的弥南德的记载中知道,这时突厥在巴克特里亚边境已成为一股强大的势力④。

638年,萨珊王朝末代国王叶兹底格德三世（Yezdijerd III）在其国最偏远地区受到阿拉伯人的迫击,遣使到中国向雄才大略的唐太宗求援。[642年,奈哈温德（Nehāwend）战役失利之后],叶兹底格德被迫撤退到突厥斯坦。在粟格底安纳他遇到了从唐太宗那里求援未果而返回的波斯使者。对这次出使中国的波斯使团,中国和阿拉伯史家都有记载;在中国史家的记载中,这位命运多舛的波斯国王被称为伊嗣俟。⑤伊嗣俟的儿子被称

---

① 即Kosru Naoshirwan（531—579年）,汉文典籍中称为库萨和。——译者

② Malcolm, *History of Persia*, i, 144-5; Mas'ūdī, *Prairies d'Or*, ii, 201. 依据后一位作者的叙述,长发美女不是画像,而是一位抱着盒子的活生生的少女。

③ 按:《周书》卷50《异域传》下:"天和二年（567年）,其（安息国）王遣使来献。"——译者

④ Deguignes, ii, 385.

⑤ Rémusat, *L'Acad.*, viii, p. 103; St Martin, ii, 19; Klap., *Tab. Hist.*, p. 208; Pauth., *De l'Auth.*, pp. 17. 61. 阿拉伯史家塔伯里（Tabari）这样记述中国皇帝的答复:"国王们之间互

作卑路斯（即Perozes或作Firuz）；这位波斯国王在吐火罗斯坦扎营，显然对当地的中国政府保持某种服从关系。661年，他向中国朝廷报告说，阿拉伯人又向他发动猛烈的进攻，数年后（670—673年）他逃到中国，成为中国朝廷的避难者。中国朝廷授予他名义上位阶很高的将军衔。[677年，他在长安修建火袄寺，]不久死①。卑路斯死后，他的儿子——中国人称之为泥涅师（Narses?）——向中国皇帝宣誓效忠。679年，一位中国将军②奉命率兵护送波斯国王回国，但是这位将军似乎明白，要完成这项使命，险阻重重；他从怛逻斯附近的边界上返回，原因是——中国史家圆滑地说——"路途遥远，征程疲惫"。波斯国王往投吐火罗斯坦，在那里受到友好接待；但是，无论他如何奋斗、致力于复国大业，最后他发现其努力均属徒劳；707年他再次来到唐朝廷。在唐朝廷，他像其先父一样，被授予一个动听的军衔，从而获得些许安慰，不久卒。这里我们必须回过头来做一番回顾③。

---

相帮助是对的；但我从你们的使者那里已了解到这些阿拉伯人是些什么样的人，以及他们的习惯、宗教及其首领们的品格。其人拥有如此之信仰、如此之首领，将无往而不胜。所以，尔等好自为之，争取他们的宽宥吧！"（*Not. et Extraits*, ii, 365.）

① Mas'udi, *Prairies d'Or*, ii, 241 提到叶兹底格德之子、萨珊王朝末代国王的名字，写作Firuz。[叶兹底格德三世于651年死于木鹿。]

② 即裴行俭。——译者

③ [《唐书》对波斯的历史事件有以下记载：

"隋大业末，西突厥叶护可汗频击破其国。波斯王库萨和为西突厥所杀，其子施利立。叶护因分其部帅，监统其国。波斯竟臣于叶护。及叶护可汗死，其所令监统者，因自擅于波斯，不复役属于西突厥。施利立一年卒，乃立库萨和之女为王，突厥又杀之。施利之子，单羯方奔拂菻。于是国人迎而立之，是为尹恒支，在位二年而卒。兄子伊嗣

第五章 中国与亚美尼亚、波斯等国的交流

62.伊斯兰教势力兴起之初中国对西亚的影响。中亚附属国以中国方式组织起来。勃律以西归属于波斯都护府的国家。建立波斯都护府的命令在多大程度上付诸实施值得怀疑。直至8世纪中叶仍对伊斯兰势力保持独立、对中国效忠的波斯州区。

隋炀帝(605—617年)时中国雄风重振,重新获得公元前后强大汉朝对中亚各国所具有的影响;唐太宗(627—649年)时中国在中亚的势力已全面建立起来,中国的边界再次推展到勃律,甚至勃律以远的波斯边境。在这些边远地区,实际的统治权仍为当地的王公所掌握,这些王公承认对中国皇帝的附属地位。他们从中国皇帝那里接受册封、官印以及作为帝国臣民标志的饰物,其政府按中国方式划分为府、州和县,每个府、州和县都要取一个中国名称,以此记入帝国名册,而中国的军营则星罗棋布地驻扎在整个领土上。勃律以西的附属政权有16府和72州,中国人在此内分设126个军事据点。雷慕沙发表的研究已指

---

候立。二十一年,伊嗣候遣使献一兽,名活褥蛇,形类鼠而色青,身长八九寸,能入穴取鼠。伊嗣候懦弱,为大首领所逐,遂奔吐火罗。未至,亦为大食兵所杀。其子名卑路斯,又投吐火罗叶护获免。卑路斯龙朔元年,奏言频被大食侵扰,请兵救援,招遣陇州南由县令王名远充使西域,分置州县。因列其地疾陵城为波斯都督府,授卑路斯为都督。是后数遣使贡献。咸亨中,卑路斯自来入贡。高宗甚加恩赐,拜右武卫将军。仪凤三年,令吏部侍郎裴行俭将兵册送卑路斯为波斯王。行俭以其路远,至安西碎叶而还。卑路斯独返,不得入其国。遂为大食所侵。客于吐火罗国二十余年。有部落数千人,后渐离散。至景龙二年,又来入朝,拜为左威卫将军。无何病卒。其国遂灭。而部众犹存。自开元十年,至天宝六载,凡十遣使来朝,并献方物。四月,遣使献玛瑙床。九年四月,献火毛绣舞筵,长毛绣舞筵,无孔真珠。乾元元年,波斯与大食同寇广州,劫仓库,焚庐舍,浮海而去。大历六年,遣使来朝,献珍珠等。"(Bretschneider, *Notes and Queries on China and Japan*, iv, p. 57.)]按:见《新唐书》卷221《西域传》。——译者]

出16个最重要的地区,虽然其中一些地区的方位还有疑问,但已有足够的根据证明,中国的统治机构已经——至少在理论上——扩展到了费尔干纳、塔石干周围、河中地区(Mâ-warâ-n-Nahr)东部、从缚喝(Balkh)起阿姆河上游、帆延及兴都库什附近的其他地区,大概还有锡斯坦和呼罗珊的部分地区。①

突厥斯坦和呼罗珊各国一厢情愿地希望中国的保护能成为抗击阿拉伯人冲击的屏障,也许很愿意置身于中国的保护之下,而且他们可能已发起行动,建立归属于中国的都护府。除了这些以中国方式建立的政权外,其他一些更外围的国家也不时向中国遣使朝贺;中国人将这种遣使称为朝贡。向中国遣使朝贺的国家中有花剌子模汗和可萨汗。据称撒马尔罕几代国王都接受中国的册封,但是他们的国家似乎并不是按照中国方式进行统治。

---

① Rémusat;前引书,p. 81以下。这位学者认为坎大哈和喀布尔也属于中国的辖区;但应注意Reinaud, *Mém. sur l'Inde* in *Mem. Acad.*, xvii, 167-168的论述。

中国治辖的府中有一府名"波斯",这个府应在波斯边境。该府的都城称作疾陵。这个"波斯"府很有可能确为锡斯坦之一部,其首都在伊斯兰时代的早期作Zaranj(试比较希腊文中的Drangiane和Zarangiane)。这个名称以汉文"疾陵"相比对,颇为合适。Zaranj附近即是古代的法尔斯城(Farrah?),鲁斯图姆(Rustum)的传统首府。法尔斯可能就是汉文中的"波斯"(见Edrisi, i, 445)。波迪埃君认为,疾陵应比对为设拉子,但是,在661年就将设拉子称为中国的都护府所在地,肯定是一个不够慎重的想法(见*De l'Auth.*, p. 61)。["裕尔在*Cathay*, t. i, p. lxxxvii中将"疾陵"比对为Zaranj,此城位于法尔斯(Farrah)附近,是鲁斯图姆的传统首府。这个法尔斯可以解释汉文文献中的"波斯"。我认为,中国政权不可能将它的领域扩展到如此远的地方,它以碎叶、龟兹、疏勒、和焉耆四镇为边镇已属名不副实。"Devéria, *Origine de l'Islamisme en Chine*, p. 307 n. 此论未得要领。中国政权机构也许没有建立起来,但卑路斯仍然可以在疾陵避难。]

## 第五章　中国与亚美尼亚、波斯等国的交流

　　661年中国令设置波斯都护府；但是，如果考虑到这一年萨珊朝国王卑路斯已觉察到在吐火罗斯坦难以立足，那么，设置都护府的命令在多大程度上付诸实施，则值得怀疑。这时中国的势力肯定已达到巅峰，但是记载中说勃律以西的几个国家在屈底波征服中亚以后，甚至到8世纪中叶，仍坚持继续向中国贡献①。

　　中国史书确实记载了波斯境内某些小国保持着独立，在相当长的时间内抗击阿拉伯人，并且在713—755年②先后十次向中国朝廷遣使。文献中还特别提到，其中一次是由陀拔斯坦国王向中国派遣；这个国家被正确地描述为三面阻山、北临小海（里海），首都作娑里（Sari）③。波斯列王时代，世为波斯东大将。波斯灭，其王（忽鲁汗）不肯臣大食，746年（更可能是他的继承人）向中国皇帝遣使，从中国皇帝那里接受一项荣誉称号。八年之后他将儿子遣往中国，中国皇帝授他高级军衔。这位父亲殁于阿拉伯人之手④。

　　据记载，923年波斯还派遣过一个使团⑤。此时波斯领土大部分似已处于布哈拉的萨曼（Samanid）王朝统治之下。如果我

---

① Rémusat, p. 102. 他说中国势力在7世纪后半叶和8世纪上半叶确扩展到里海。但是以此说法，怎样理解阿拉伯人的征服呢？

② ［748年，扬州的中国僧人鉴真提到，海南岛有一大村庄，由波斯人组成。（Takakusu, *Premier Congrès int. de Études d'Ext. Orient*, Hanoi, 1903, p. 58.）］

③ 马赞德兰地区的一座古城，在阿弗拉西阿布传说中很有名。现在，抑或上一个世纪萨里仍存有四座圆形古庙宇，每座直径30呎，高20呎。（Malcolm, i, p. 261.）

④ 按：此论述本《新唐书》卷221下《西域传》："又有陀拔斯单者，或曰陀拔萨惮，其国三面阻山，北濒小海。居娑里城。世为波斯东大将。"——译者

⑤ 此见《辽史》卷2《太祖本纪》。——译者

们相信阿拉伯旅行家伊本·穆哈利尔的记载,那么,大约在二十年之后,中国与萨曼王朝有过交往,并产生过婚姻联盟(见第84节)。

63. 德鲁兹传说称德鲁兹信徒源自中国。

在这一部分,我们也许应该提一下叙利亚的德鲁兹教派(Druzes)传说。这个传说称,中国是他们祖先的家乡,是忠诚的德鲁兹信徒死后归去的福天乐土[①]。虽然我们不能够为这个传说提供任何解释,但值得一提。

---

① Cyril Graham 发表在 *Journ. R. Geog. Soc.*, vol. xxvii, pp. 262–263 的文章。

# 第六章 中国的景教

64.使徒到中国传教的传说。教会在波斯和呼罗珊的早期活动。65.波斯萨珊时期的聂斯托里教会；哈里发统治下的聂斯托里教会。66. 7、8世纪聂斯托里教会的传教精神。8世纪叙利亚文献中的中国大主教区。中国基督教的存在必定溯自更久远。67. 745年的诏令。68.西安景教碑。关于景教碑的争论。69.景教碑的真实性令人信服；碑铭内容。70.景教碑为何埋于地下。71.景教之衰绝。72.莱亚尔在库尔德丛山中发现景教使团到中国传教的遗迹。73.蒙古时代景教复兴；景教此前在突厥、蒙古部落的传播。13、14世纪游历家的记载。两位畏兀儿景教徒。74.景教最后的遗迹。75.耶稣会士所见景教遗迹。76.评说。基督教在印度远区的存在。

64.使徒到中国传教的传说。教会在波斯和呼罗珊的早期活动。

东方各教会传说确实将福音在中国的传播追溯到很久远的时代。据称,并非只有圣托马斯一人不远万里、不辞辛劳到中国传教[①];一位叙利亚-阿拉伯作家说,使徒巴托罗缪曾到印度、并进至中国传播福音[②]。除了这些传说外,3世纪的一位基督教作家将赛里斯人、波斯人和米底人一并列入同沐圣经恩泽的民族[③]。虽然我们不能以此为依据认为当时基督教已传至中国,但在接下来一个世纪中,基督教已在美索不达米亚和波斯广泛传播,则可由此得到证明:由于沙普尔的迫害,众多主教和长老被称为殉

---

① 圣·托马斯主持的马拉巴尔教堂所存的迦勒底文日祷书有这样一段文字:
"由于圣·托马斯,印度人脱离了错误的偶像崇拜;
"由于圣·托马斯,秦奈人(Chinese)和埃塞俄比亚人皈依真理;
"由于圣·托马斯,他们接受洗礼,并为儿童命名;
"由于圣·托马斯,他们得以信仰圣父、圣子和圣灵;
"由于圣·托马斯,他们得到信仰、坚持信仰;
"由于圣·托马斯,基督教教义的光辉普照全印度之生灵;
"由于圣·托马斯,天国生翼,远至秦奈(China)。"
在一首颂歌中又有一段文字:
"印度人、秦奈人、波斯人、海岛上所有人及叙利亚人、亚美尼亚人、爪哇人和罗马人,都记得托马斯并敬拜你的名字,啊!神啊,你拯救了我们。"(Assemani, pp. 32, 516.)

② Ditto, p. 576.

③ 基督及其门徒的业绩所产生的新的力量"已经征服了人类的激情,使风俗殊异的众多种族和民族心悦诚服地接受一种信仰。我们可以数计一下在这些地区和民族中取得的成就:印度;赛里斯人、波斯人、米底人;阿拉伯半岛、埃及、亚洲、叙利亚;加拉太人(Galatians)、帕提亚人、弗利吉亚人(Phrygians);亚该亚(Achaia)、马其顿、伊庇鲁斯(Epirus);以及旭日和夕阳俯视的所有岛屿和地区"。(Arnobius, *Adversus Gentes*, ii, 448, *Max. Biblioth. Patrum*, 1677.)

教者,殉教者中很多被称作主教和长老(presbyters)[①];334年木鹿和途思(Tús)地区存在一个主教区,420年升为大主教区,这一事实说明,呼罗珊地区早已建立起一个教会组织[②]。

65.波斯萨珊时期的聂斯托里教会;哈里发统治下的聂斯托里教会。

[431年]聂斯托里(Nestorius)遭到谴责并被逐出教门,但他的观点在波斯和东方教会中广泛传播。聂斯托里派同拜占庭东正教及其势力的分裂(约在498年正式完成)把分裂出来的聂斯托里派信徒推给了波斯君王们,波斯君主对这些人的态度变化无常,时而优礼有加,时而加诸迫害。可以说,在阿拉伯哈里发统治下他们的境况也大致如此。起初聂斯托里派信徒受到穆斯林某种程度的善待[③],受雇于哈里发,从事于书记员和医师职业,不少人在东方以医术获称誉。不过他们总是不断受到变化无常的苛遇,其内部的敌对和纷争经常招来伊斯兰教的残酷压制。

---

① *As.* pp. 52–53, 415. 按:即沙普尔二世(Sapor II, 309—379年),波斯萨珊王朝国王。——译者

② Ditto, 477, 479.["途思在第4世纪(即公元10世纪)是呼罗珊尼沙普尔地区的第二大城市." Le Strange, *Eastern Caliphate*, pp. 388–390. "大木鹿(Great Marv)在中世纪被称作Marv-ash-Shâhijân, 以区别于小木鹿(Marv-ar-Rûd)." 同上书, p. 398。

③ 在阿塞马尼提供的大主教耶苏贾布(Jesujabus, 650—660年)的一封信中,这位大主教慨叹木鹿大主教区数以千计的基督徒在伊斯兰势力入侵面前叛教,其原因并非惧怕阿拉伯人的兵燹,而是为了避免财产损失。他在同一封信中证实,"大伊"(Tayi, 他对穆斯林的称呼)对基督教徒大致上还算友好。(波迪埃指出,"大伊"即汉文记载中的"大食"。见前文,第五章,p. 48。)Assemani, iii, pt. i, pp. 130–131.

66. 7、8世纪聂斯托里教会的传教精神。8世纪叙利亚文献中的中国大主教区。中国基督教的存在必定溯自更久远。

不管其内部存在何种缺陷,7、8世纪的聂斯托里教会有着强烈的传教精神,这一点既可由明确的历史记载来说明[1],也可由大主教区向东方的扩展来证实。8世纪最初的二十五年间哈烈、撒马尔罕和中国成立了这样的大主教区,毫无疑问,这些大主教区先前必定是作为普通主教区存在[2]。有记载证明,总主教蒂莫西(Timothy,778—820年)在位时,曾任命一位名叫大卫的人为中国大主教。9世纪中叶中国大主教区与印度、波斯、木鹿、叙利亚、阿拉伯、哈烈和撒马尔罕诸大主教区相提并论,因路途遥远而获准不参加四年一度的宗教会议,但必须每六年汇报教务状况,恪尽征募资金支援总主教之职守[3]。所以,西亚教会史中有确凿的证据证明,8、9世纪中国存在教会组织;与此相应的是,阿拉伯人阿布·赛义德提到,878年在广府(Khanfu)的大量外国人口中,有一部分基督教徒。

720年左右中国大主教区的建立涉及到一个推论:基督教在此之前已传入中国。德经认为,基督教早在很久以前就已传入中

---

[1] Assemani, p. 478.

[2] 一些叙利亚作家确实提到这三个大主教区建于很久以前。阿塞马尼引述的一位作家说:"哈烈、撒马尔罕和秦奈三大主教区由天主教徒萨利巴扎卡(Salibazacha Catholicos)(714—728年)所建。有人说这些大主教区是阿扎库姆(Achacum)(411—415年)和Silam(503—520年)所建。"(p. 522.)事实可能是,哈烈在411—415年成立主教区(bishopric),撒马尔罕于503—520年成立主教区。我们将看到,635年以前中国极不可能存在任何主教区。

[3] Assemani., p. 439.

国，但他似乎是受一种理论的误导而走向偏颇。这种理论认为，在早期对佛教的记载中颇有一些指的是基督教[1]。

67. 745年的诏令。

对于这些极端观点，除非接受阿诺比乌斯关于赛里斯人的不谨严的论述，我们似找不到任何证据。6世纪科斯马斯并没有发现锡兰以东更远处有基督教徒，也没有提到亚洲腹地匈奴人和巴克特里亚人以远、印度河和阿姆河河畔有基督教生活。但是基督教在中国境内第一个主教区建立之前近一个世纪即已存在，这个事实可由不止一则汉籍记载加以证实。

最初的记载是745年唐玄宗颁布的一道诏书，不过，没有第二件更为重要的记载加以参证，第一件记载将会暧昧不清。唐玄宗的诏书宣布：波斯经教，本自大秦（罗马帝国）；传习而来，久行中国。爰初建寺，因以为名。将欲示人，必修其本。传令天下波斯寺此后改称大秦寺[2]。

68. 西安景教碑。关于景教碑的争论。

第二件记载即著名的西安景教碑，此碑碑文已有众多的著述加以论列。

西安景教碑于1625年在西安郊外[3]被人挖土时发现，碑上保

---

[1] 德经提到一枚绘有圣母和圣子图像的徽章，这枚徽章与一枚556年的中国铜币粘在一起。他说 Lettres Edifiantes, xvi 中有插图。他没有提到对这枚徽应有的辩驳。见 Deguignes, i, 50。

[2] Pauth., De l'Auth., pp. 79-80. 按：见《唐会要》卷49。——译者

[3] ［景教碑发现于西安府的盩厔郡的古遗址中。Havret, pt. 2, p. 71. 伯希和说，景教碑并非发现于盩厔，而是西安西郊，几年前尚在彼处，后迁入碑林，实际上7世纪这块碑立于阿罗本所建的庙宇中。Chréthiens d'Asie Centrale, T'oung pao, 1914.］

留着长安这个几朝之都的名字。碑为一石板［高约7.5 呎，宽3 呎，厚约10 吋］，上方镌刻十字，下面有三行九个大字为其标题："大秦景教流行中国碑"[①]，下部是以汉文写成的长篇碑文，［共1789字，］旁边是以字母写成的文字，石碑发现后不久即被确认为叙利亚文[②]。

景教碑证明了古代基督教在中国的传播。碑文内容很快就被耶稣会传教士们获知；［1641年阳玛诺神甫（Emmanuel Diaz）］在中国发表碑文的汉文内容，［题为《唐景教碑颂正诠》；1878年重印。］不过在碑文内容初次发表前，其抄本或拓片即已传送欧洲，1636年阿萨内修斯·基尔舍做过翻译。［Athanasius Kircher, *Prodromus Coptus sive Egyptiacus; China illustrata*］。

---

[①] Marco Polo, ii, p. 27 n.

[②] 关于景教碑发现经过，见附录十。［格勒纳尔对石碑做过很好的临摹，列出它的体积：高2.36米、宽86厘米、厚25厘米（iii, p. 152）。夏鸣雷（Henri Havret）神甫根据加布里埃尔·莫里斯（Gabriel Maurice）神甫1894年从西安府寄回的拓片，在 *La Stèle chrétienne de Si-ngan fou*, Shanghai, 1895一书的前一部分中，在原始尺寸的基础上以影印法复制了碑文。1891年曾在石碑上立起一座小亭，但不久被毁。1907年丹麦人霍尔姆拍摄过这块碑的照片，当时石碑在西安城西门外、通往甘肃的道路之南；该地有五块石碑，景教碑为其一。1907年10月2日被移入西安城内，但没有石碑基座（一块龟型石）。现存碑林博物馆。霍尔姆说，碑高10呎，重两吨；他曾试图将原碑买下，未获成功。失败后他让中国工匠制造一件等尺寸的复制品；这件复制品在1908年6月16日租给纽约艺术博物馆展出。霍尔姆写道："781年景教原碑以及1907年我的复制品二者均由佛坪县的石头雕成，质料呈黑色，内里为小鱼卵状的石灰石。"（Frits V. Holm, *The Nestorian Monument*, Chicago, 1909.）在这本小册子里有石碑立于碑林中的照片。

沙畹教授在1907年也访问过西安，见到过这块景教碑；在他的文集 *Mission archéologique dans la Chine Septentrionale*, Paris, 1909中，他印出（图版445）了五块石碑、景教碑、西安城西郊西门及金胜寺入口的照片。］

## 第六章 中国的景教

此后碑铭被数度迻译[1]，引发大量争论，其中不乏言词苛峻者。许多学者断然拒绝承认其真实性。伏尔泰自然对它大加嘲讽。现在莱南（Renan，不过明显有些犹豫）和儒莲对其真实性也加以否定[2]；德国人纽曼（Neumann）也以异乎寻常的轻率态度否定了它，断然指责碑文出于耶稣会士曾德昭的伪造[3]。另一方面，雷慕沙和克拉普罗特却全然接受并坚定地维护碑铭的真实性；波迪埃——以我之见——则似乎证实了它的真实性。一位耶稣会士耗费巨大劳动伪造一个异端派在古代获得成功的证据，这一点实在不易理解；不过人们不能完全以此做出结论，因为人类喜欢玩弄欺骗手段。但是在景教碑发现的年代和地点伪造这样的石碑，是完全不可能的。这一论点更为雄壮有力、无可辩驳。欲明白这一点，需要读一下雷慕沙和波迪埃的论述。

69. 景教碑的真实性令人信服；碑铭内容。

除了构成碑文主体的汉文内容外，景教碑上还有一些叙利亚文的短文，包括建碑的日期，景教教会在位大主教、中国（Tzinisthán，科斯马斯使用过这一形式）主教以及中国首都长安主要教职人员的名字。就像已提到的早期希腊和阿拉伯史料一样，碑文称中国首都长安作库姆丹（Kúmdán）。除此之外，还有

---

[1] 参见 *Bibliotheca Sinica*, col. 772-781.

[2] [Renan, *Histoire des Langues sémitiques*, 4th ed., 1863, pp. 288-290 已完全承认了景教碑的真实性；儒莲亦如此。]

[3] 见 Pauthier, *De l'Auth.*, pp. 6, 14, 83, 91.[碑文最完全的内容，见 Henri Havret, *La Stèle Chrétienne de Si-ngan-fou*, Shanghai 1895, 1897, 1902, 耶稣会神甫们编定的论文集 *Variétés Sinologiques*, No. 7, 12, 20.] 按：曾德昭即阿尔瓦雷斯·塞梅多（Alvares Semedo, 1585—1658年），明代耶稣会士，在西安曾亲见景教碑。——译者

108 　叙利亚文的67人的名字。这些人显然是西亚人，其中大多数被称作祭司（Kashíshá）。还有61人的汉文名字，除2人外，其他均被称为祭司（priests）①。

109 　　这一长篇碑文由1789个汉字组成，主要内容可以概述如下：第一，非常含糊地、比喻性地概述基督教教义。这种含糊不清可能部分地是由中国文字的特性造成的，但是它无法说明这一点，即：虽然碑文陈述了基督耶稣的升天，但却没有提到人所

---

① 石碑叙利亚文内容的主要部分如下：

"期在主教之长公教大主教（Catholic Patriaech）马·哈南宁恕及秦尼斯坦（Tzinisthan）祭司、主教、总管亚当时；

"希腊纪元1092年（公元781年），吐火罗斯坦之巴里黑城（Balkh of Thokaresthan）祭司、已故米利斯（Milis）之子、京都库姆丹（Kumdan）祭司区主教马·耶质蒲吉立此石碑。碑上镌刻的是上帝降世救赎之法和诸位主教向秦尼（Tzinia）国王所布之道；

"区主教耶质蒲吉（Idbuzid）之子亚当祭司；

"区主教马·萨吉思（Mar Sargis）祭司；

"萨布拉宁恕（Sabar Ishu'a）祭司；

"库姆丹、萨拉格（Saragh）两城祭司副主教及教会主正加布埃尔（Gabriel）。"

依阿塞马尼的观点（Assemani, III, i, 155-157），哈南宁恕二世在774—778年是聂斯托里教会的大主教。阿塞马尼正确地指出了这一事实，即：记载中说这位大主教在781年仍在位，完全是因为大主教驻地距中国路途遥远的必然结果。这个年代错乱事实上有力地证明了景教碑的真实性。波迪埃认为，萨拉格即河南的洛阳，唐都城之一，基督教传入中国到景教碑制立这段时间，洛阳曾一度是唐帝国首都。

［Assemani, iii, p. dxlv, ch. V论及"秦尼区长老、主教马·萨吉思祭司"。豪尔教授（I. H. Hall, *Journ. Am. Orient. Soc*., xiii, 1889, p. cxxvi）对阿塞马尼以秦尼斯坦（即中国）为Shiangtsú的观点有所评论，并补充说："令人惊讶的是，他竟然犯了这样的错误，因为'秦尼斯坦的'（of Sinistán）一语还出现在碑文的其他处。"关于亚当称号中的pope、papas一词，伯希和君解评说，碑文中的字并非papas，而是papši，乃一佛教称号，即"法师"（fapsi）。关于Shiangtsú的主教马·萨吉思，伯希和解释说，Shiangtsú并不是地名，而是佛教称号"上座"，即梵文Sthavïra，意为"寺首"。Pelliot, *Deux titre bounddhistes, T'oung pao*, déc. 1911, pp. 664-670. 参见 F. Nau, *Journ.Asiat.*, Jan Fév., 1913, pp. 235-236。］

共知的基督受难。第二,记述了传教士阿罗本[①]于635年自大秦国载真经圣像到达中国,翻译经书,朝廷赞同其教义,恩准传教。接着是638年太宗皇帝颁布命令,支持新来教义,并敕令于都城〔义宁坊〕建寺一所。太宗写真也一并置于寺中。此后有一段摘自中国地理著作中关于大秦国的简短描述(波迪埃认为,这里

---

① 以波迪埃的见解,这个名字是叙利亚文Alo-pano,意为"上帝的还原"。不过,如果承认这是一个叙利亚文名字,那么其原文竟被阿塞马尼这样才学深厚的人漏掉,则实为异常;阿塞马尼只是简单地提出,这个名字就是普通的叙利亚文名Jaballaha,汉文名称去掉了第一个音节,增加了一个汉文结尾。

阿罗本(Olopǎn)难道就不可能是叙利亚文Rabban的汉文形式吗?这位景教传教士难道不能以Rabban之名为人知晓吗?

〔夏德博士(*China and the Roman Orient*, p. 323)写道:"阿罗本=Ruben=Rupen?"他又补充道(*Journ. China Br. R. As. Soc.*, xxi, 1886, pp. 214-215):"打头字母r被代之以l,屡见不鲜。我怀疑,汉文'俄罗斯'(Russia)中的'俄罗'只代表外文ru或ro。这个字可以与梵文'银'字(rūpua)的汉文译文相比较;梵文rūpua在《本草纲目》(ch. 8, p. 9)被译作O-lu-pa。如果我们能发现其他类例,则可能有助于我们分析景教碑文上这个神秘的名字,将这个名字阿罗本读为'Ruben'。这是第一位把十字架带往中国的基督教传教士。这个名字在景教徒中确实是很常见的,所以我赞同波迪埃提出的汉文阿罗本即为叙利亚文Alopeno的主张。"但是夏鸣雷神甫(Havret, *Stèle chétienne*, Leide, 1897, p. 26)反对夏德博士的观点,认为汉文"罗"作为梵文音素不见于汉文,他认为"罗"音应作"ru","ru"音由汉文表达即为显音lu,所以,他采纳亨利·裕尔爵士的观点,认为这一观点是唯一令人完全满意的见解。〕

然而,应注意的是,在阿塞马尼使用的较早版本中,这个名字写作Olopuen,这种形式可能使他不去注意波迪埃提出的这个词源论。阿罗本其人的名字没有出现在碑文的叙利亚文部分。

应补充说明,波迪埃把萨拉格(Saragh)和托勒密记载中的Saraga联系起来。托勒密认为Saraga是秦奈的一个城市;以托勒密的看法,Saraga远在洛阳的实际位置之南。但我们有理由相信,托勒密关于秦奈和赛里斯的观点,是一个人分别使用右眼和左眼观察事物所形成的观点。以双目观测则使二物合一,并纠正其错位。

的大秦特指叙利亚）；然后详述高宗皇帝（650—683年）[1]在位时对阿罗本及其教义的庇护，以及基督教在中国的传播。7世纪末佛教得势，一度成功地压制了新来的宗教。玄宗皇帝时（713—755年）景教威望恢复，并出现了一位新的传教士佶和。肃宗（756—762年）、代宗（763—779年）和德宗（780—804年）继续庇护景教徒。德宗在位时建景教碑，碑文的这一部分以对圣哲和政治家伊斯[2]的精美的赞辞结束。伊斯显然是佛教徒，但对景教教会多有献益。第三，以八字韵文扼要说明碑文要旨，主要是赞美促进了景教传播的各位皇帝。

碑文的结尾是立碑日期，即大唐建中二年［太簇月七日大耀森文日，依高比尔（Gaubil）的看法，这个日期相当于781年2月4日］[3]，还有负责东方各国基督教信众教务的法王僧宁恕的名字（我推测此即叙利亚文的大主教亚当），及一位书写并镌刻汉文碑铭的官员的名字，及官方对整个碑铭的恩准。

70. 景教碑为何埋于地下。

我们有理由认为，建造这块令人称奇的石碑，其念头可能来

---

[1] 高宗也是佛教旅行家玄奘的热诚庇护人。忽必烈和阿克巴则是诸位著名君主中执行摇摆政策的例证。

按：阿克巴（Akbar, 1556—1605年）是莫卧儿帝国的第三位皇帝，又称阿克巴大帝，在位时实行改革，采取宗教宽容政策，促进了帝国的发展。——译者

[2] ［根据伯希和的观点，伊斯不过是建立景教碑的耶质蒲吉（Idbuzid, Yazdbōzēd）的汉文译音；他不是僧人，而是景教在俗教士；唐代中国人对巴里黑的称谓之一即"王舍城"。(Pelliot, *Chrétiens d'Asie Centrale, T'oung pao*, 1914.)］

[3] *Marco Polo*, ii, p. 28 n.

## 第六章 中国的景教

自佛教的习俗；①它大约在845年埋入地下,这一年唐武宗颁布诏令——此诏令至今获存——谴责佛教僧侣、尼姑和修女人数日增,命令关闭4600所大寺院,260 500名僧尼还俗。分布全国的40 000所小寺院也同样被关闭,寺院的土地被国家收回,150 000名奴婢被释为民。诏令还规定,外国僧人来中国者,须显明外国之教,大秦、穆护袄3000余人并勒还俗,不使杂中华之风。②

---

① 在佛塔和寺院周围建造具有相似特点的石碑并刻制碑铭,在缅甸极为常见。*Mission to Ava in 1855*, pp. 66, 351描述一大理石制成的形制非凡的石碑,该石碑高8.5呎、宽6呎、厚11吋；每面有86行文字,镌刻极为隽秀。石碑不会早于17世纪,但系模拟很古老的石碑。巴斯琴(Bastian)所记柬埔寨古寺庙也有相似的石碑。(*J. R. G. R.*, xxxv, p. 85.)

② 波迪埃(*De l'Auth.*, pp. 69-71)认为,"穆护袄"即印度南部的马八儿人,指圣·托马斯所教化的基督教徒的后裔。但是,马八儿是否在几个世纪前如此早的时期就被用以指称印度南部的一个地区,尚属疑问。波迪埃引高比尔的观点认为,"穆护袄"即Mubids,意指波斯袄教徒。这种观点似更合理。应该记得,阿布·赛义德的记载中提到,878年在广府遭屠杀的外国人中有袄教徒(Magians)、穆斯林、基督教和犹太人(前文,p. 89)。

按：这段文字本《唐大诏令》卷103《唐武宗诉寺制》；"穆护袄"似应断为"穆护、袄","被"为"袄"之讹。"穆护"即波斯语Magus译音,古波斯祭司阶层的称号,意为"从神那里得到恩惠或恩施的人"。拜火教沿用此称。见张星烺：《中西交通史料汇编》,第一册,第128—129页；任继愈主编：《宗教词典》,上海辞书出版社,1981年,第970页。——译者

["佛教灭绝时,大秦、穆护这些异教可能也不复存在；其信徒必定被勒令集体还俗,归于原来家室,列入地租交纳者名册；外国信众则必定被遣回母国,归于官府管辖之下。"又,"其天下所拆寺四千六百余所,还俗僧尼二十六万五千人,收充两税户。拆招提兰若四万余所,收膏腴上田数千万顷,收奴婢为两税户十五万人,隶僧尼,属主客,显明外国之教。勒大秦、穆护袄三千余人并令还俗,不杂中华之风。" J. J. M. de Groot, *Sectarianism*, i, pp. 64, 66.

关于佛教徒和景教徒之间的关系,我们可以引述高楠顺次郎(J. Takakusu)于园照撰《贞元新定释教目录》中发现的一段记载："法师梵名般剌若,北天竺境迦毕试国人

## 71.景教之衰绝。

一个世纪以后,中国的基督教似已大为衰退,虽然不太可能像下列记载所说,基督教已归于灭绝。这则记载来自一位阿拉伯作者马哈迈德,父名伊萨克,姓阿布尔法拉吉。他说:"(伊斯兰纪年)377年(公元987年),我在巴格达基督徒居地的教堂后面,遇见一位基督教教士纳吉兰(Najran)。七年前此教士与其他五位教士一同被大主教派往中国,整饬中国的基督教事务。这位教士年纪尚轻,相貌可爱,沉默寡言,只在有人询问时方开口说话。我问他旅行的收获,他告诉我中国的基督教已归于灭绝。基督徒已死于不同情况,教堂被毁,全中国只有一位基督徒仅存。这位教士发现无人助其收拾局面,遂匆匆而归。"[①]

依这位教士所言,此时中国的都城被称为Taiúna,或作Thajúye,波迪埃发现此字为赵即赵府的变体,宋朝时西安府以此名见称。总之,这个名字与埃德里西和阿布尔菲达所说的中国都城Tájah可能同指一城。形式很类似于山西省的太原府,即马

---

也。……好心既信三宝,请译佛经,乃与大秦寺波斯僧景净(=亚当),依胡本《六波罗密经》(Satpâramitâ-sûtra),译成七卷。时为般若不娴胡语,复未解唐言;景净不识梵文,复未明释教,虽称传译,未获半珠,图窃虚名,匪为福利。录表闻奏,意望流行。圣上睿哲文明,允恭释典,察其所译,理昧词疏。且夫释氏伽蓝。大秦僧寺,居止既别,行法全乖;景净应传弥尸诃教;沙门释子,弘阐佛经;欲使教法区别,人无滥涉,正邪异类,泾渭殊流。"*T'oung pao*, 1896, pp. 589–590.——景净即亚当,为"大法师",他大概翻译了许多景教文献,其中有《三威蒙度赞》。伯希和在敦煌发现此文献。Pelliot,前引文。]

① Reinaud, *Abulféda*, i, ccccii; *N. Annales des Voyages*,1846, iv, 90; Pauth., *Auth*., p. 95; Mosheim, p. 13. 戈利乌斯(Golius)从前曾提到这段记载,但未注明来源,直到莱诺在帝国图书馆的一本著作中重新发现了它,真相方告大白。

可·波罗游记中的Taianfu,8世纪时太原曾一度是唐朝的都城。[1]

72. 莱亚尔在库尔德丛山中发现景教使团到中国传教的遗迹。

莱亚尔（Layard）在库尔德斯坦丛山的耶路（Jelu）河谷中发现了古代景教团体留下的有趣遗物,可能是中国景教衰落初期的物件。莱亚尔在耶路河谷访问一座聂斯托里教古教堂,见到屋顶上悬挂着许多古董奇物,其中有若干中国制造的碗,由于长期积聚灰尘而变成黑色。莱亚尔得知,这些碗是由早期的迦勒底教会传教士从遥远的契丹帝国带来的。这些传教士见证了黄河岸边的福音传播活动的兴衰。[2]

73. 蒙古时代景教复兴；景教此前在突厥、蒙古部落的传播。13、14世纪游历家的记载。两位畏兀儿景教徒。

就我所知,迄至蒙古时代欧洲游历者大量进入中国之前,再没有关于中国基督教的消息。蒙古时代我们再次发现大批聂派基督教徒在中国活动。可能是由于突厥和蒙古部落中大量人员皈依基督教——关于这一点我们有很多证据——和这些部落在

---

[1] 波迪埃,*Polo*, p. 353。10世纪中国分为五个王朝时,很难说它的首都在哪里。960年宋朝建立,都城先在长安即西安府,次移开封府。[五代（907—960年）时,中国都城为数众多：1.后梁（907—923年）。907年东京为开封府,西京为洛阳。2.后唐（923—936年）。923年立东都于大名（直隶）,西京在太原（山西）,同年太原改称北京,而西京移于西安府；925年,大名称邺都,东都迁于洛阳；929年邺都废。3.后晋（936—947年）,938年东都为开封府,西都为洛阳；邺都也被恢复。4.后汉（936—951年）,如后晋王朝。5.后周（951—960年）,如后晋和后汉,只是在956年废邺都。伯希和教授向我提供这些知识。]

[2] *Nineveh and Babylon*, p. 433.

成吉思汗及其继承人时代、蒙元王朝兴起前的变动中对华北发挥的影响，12、13世纪，人们皈依基督教出现新的高潮。早在大主教蒂莫西（778—820年）时代，基督教传教活动在里海周围国家十分活跃并取得成功，随后突厥可汗和数名小王公皈依基督教①。基督教在这些民族中的传播发展一直不为人所知，这种晦暗不明的状态延续到11世纪初鞑靼克烈部皈依基督教之时②，随后又在约翰长老（Prester John）名下出现基督教王公的传说，这些传说在接下来的一个时期中仍向欧洲传播③。鲁布鲁克在他出行喀喇和林宫（1253—1254年）的游记中经常提到景教徒和景教教士，并且特别提到契丹的景教徒在西京即西安府有一个主教（p. 292）④。他还从负面记载了景教教士的学问和道

---

① 塞奥费拉克图斯·西摩卡塔和塞奥凡尼斯讲述的有趣的故事，说明更早时期突厥人中就有基督教徒，但不为人所知。6世纪末拜占庭帝国皇帝毛里斯派军队援助库斯老二世进击巴赫兰，纳尔斯将军将俘虏的突厥士兵送往君士坦丁堡。"这些人前额上烙有上帝的标志（基督徒称之为十字）。毛里斯皇帝询问这些外邦人为何前额打上这样的印记。他们说印记为其母所为。因为东方斯基泰人中曾一度流行可怕的瘟疫，一些基督教徒劝说她们在孩子们的前额上打上这种印记。这些外邦人接受了劝告，于是孩子们安然无恙地活下来。"（Theophyl., bk.v, ch.10; Theophanis Chronog., A. M. 6081. 后一位作者说："其中一些人是基督徒。"）

② 见下文，II, p. 24。

③ ［1125年完成的汉文著作《能改斋漫录》引《蜀郡故事》（11世纪下半叶）中的一段记载，提到一所"大秦寺"，很有可能是"从前"（无疑是唐代）由中亚胡人在四川成都建造的景教寺。伯希和注。］

④ ［"远至契丹，景教徒和萨拉逊人虽为异族，但却与他们混合居住。契丹十五个城中都有景教徒，他们在西京城（Segin）中有一主教区，但其他人却完全是偶像崇拜者。"（Rockhill, Rubruck, p. 157.）关于Segin，柔克义做如下解说："Segin通常被认为是西安府。西安府在8、9世纪是中国景教中心。13世纪该城不叫西安府，而以旧名长安见称。不过，以民众的叫法，它可能还有其他称呼。奇怪的是，1276年左右，两位著名的

## 第六章　中国的景教

德。这种记载较之那些通常被认为出自宗教分裂者手笔的记载，更值得重视，因为鲁布鲁克的记述给人的印象是，它出自一个十分诚实而又聪慧之人的手笔。①马可·波罗时代，我们发现，撒马尔罕、叶尔羌都有众多景教徒，而支秦塔拉（Chichintalas，波迪埃考之为今之天山北麓的乌鲁木齐）②、肃州、甘州、整个唐兀

---

畏兀儿景教徒马·阿伯拉罕和列班·扫马由山西南部的霍山游历西亚途中，提到唐兀惕即黄河河畔的宁夏城，说它是重要的景教中心，却一次也没有提到西安府即长安。设若此时长安为主教区，那么这两个朝拜者会游访这座城市，至少应提到它。（Chabot, *Mar Jabalaha*, 21.）] Segin可能代表汉文'西京'，即西部都城；这个名称经常用于西安府。"]按：这里的"西京"未必指西安，辽、金、元时西京指大同；山西为景教盛行之地，"西京"指大同亦不无可能。——译者

①　["那里的景教徒什么也不懂。他们做祷告，有叙利亚文圣书，但他们不懂叙利亚文，所以他们就像我们中间那些不懂语法的修士一样吟唱圣诗。他们完全堕落了。首先他们是高利贷者和酒鬼；与鞑靼人生活在一起的人中，有些甚至像鞑靼人一样有几个老婆。进教堂礼拜时，像萨拉逊人一样用水清洗下部；礼拜五吃肉，像萨拉逊人一样在这天举行宴会。主教很少访问这些地区，几乎五十年只有一次。主教访问时，他们把所有的男孩，甚至还在摇篮中的男婴，都命为教士，因此他们中的所有男性都是教士。这些人还结婚，这显然违悖于教父的法令；他们是重婚者，第一个老婆死去，就另娶一位。他们都是渎卖圣职者，因为他们不举行免费圣餐礼。他们系念于老婆、孩子，所以热衷于敛财而不是顾恋信仰。所以那些教导蒙古贵族子弟的教士，虽然传授的是福音书和教义，但他们的劣行和贪婪却使这些蒙古贵族子弟疏远基督教信仰。蒙古人和道人（Tuins）即偶像崇拜者的生活，比景教徒的生活还要清白。"（Rockhill, *Rubruck*, pp. 158—159.）

②　它使我想到，马黎诺利记载中的赤奥劳斯可汗（Cyollos Kagan，见下文，II, p. 231）可能与马可·波罗记载中的支秦塔拉（Chichintalas）为同一称谓。二者的位置大致相当，在一些现代地图上二者均能以可汗塔拉（Chagan Talas，意为"白色原野"）表示。（K. Johnston, *Royal Atlas*, 亚洲部分。）[关于Chingintalas："设若马可·波罗是在由沙州去肃州的路上提到这个地方，那么，自然可以认为此即Chi-kin-talas，即"支秦平原"或谷地；支秦是一个湖和一个峡谷的名称，湖名至今沿用，峡谷以此为名则是由湖名而来。支秦湖位于嘉峪关到安西州的途中。"（Palladius, *Elucidations of Marco Polo's Travels*, 1876.）"Chikin——更确切些应作Chigin——是一个蒙古字，意为'耳朵'"。（同上）Palladius, p. 8补充说："汉文关于Chi-chin的记载与马可·波罗关于同一问题的记载并不

惕（Tangut）国①、天德②及天德以东各城，乃至满洲里和与朝鲜毗邻的各地区，均有景教徒。马可·波罗同时代的海屯也证实，这个畏兀儿国家中一些声名显赫的鞑靼人坚信基督教信仰③。关于这一时期景教在中国腹地的传播，我们在马可·波罗的游记中没有发现许多明确记述，虽然他在各种场合泛泛地、间接性地提到中国的基督教徒，证明了他们的存在。他特别提到遥远的云南省和镇江府的基督教徒，在镇江府基督徒拥有两座教堂，是马可·波罗在华时（1278年）由镇江府的一位信仰基督教的官员马薛里吉思（Mar Sergius）修建的④。13世纪末叶中国基督教徒

---

相悖；但如考虑到两方面记载中的距离，则出现大难题；从肃州到Chichin为250－260里，而依马可·波罗的记述，这一距离须行10天，对这一差异有三种解释，可接受其中之一种：Chichintalas并非chi-chin；马可·波罗记忆有误；旅程天数有误。我认为后两种说法最有可能。马可·波罗游记中类似的难题曾出现过数次。"（同上书，p.8。）乌鲁木齐与Chichintalas无涉。马可·波罗说（i, p.212）在Chichintalas，"有三个种族：偶像崇拜者、萨拉逊人和一些景教徒"。]

① 西夏初名河西（Coshi），后改名Tangut，《元史》作唐古忒，又作唐兀、唐兀歹，即中国史书所载之党项。见冯承钧：《西域地名》，第93页。——译者

② 见II, p.244。按：Tenduc一名见于《马可·波罗游记》，即天德之对音，唐代于河套置天德军，其名经西北诸族传至中亚，不受中国语音变化之影响，故在元代仍存唐音。见冯承钧：《西域地名》，第95页。——译者

③ Hayton, Hist., 2$^{nd}$ chap."De Regno Tarsiae."

④ ["这一年（1278年），大汗派他手下的一位男爵名叫马薛里吉思的景教徒，到这个城市［镇江府］做了三年总督。在他居于此地的三年中，他命人修建了两座基督教堂，自那时起这两座教堂就矗立在那里。但在此之前那里既无教堂，也没有基督教徒。" Marco Polo, ii, p.177.《至顺镇江志》中提到一座基督教寺院或庙宇，帕拉迪乌斯曾加征引："大兴国寺在［镇江府］夹道巷。至元十八年（1281年）本路副达鲁花赤薛里吉斯建。儒学教师梁湘记其略曰：'薛迷思贤（Samarcand）在中原西北十万余里，乃也里可温行教之地。……祖师麻儿也里牙，灵迹千五百余岁，今马薛里吉思是其徒也。'"（Chinese Recorder, vi, p.108.）] 按：此见《至明镇江志》卷9。——译者

第六章 中国的景教

的人数和势力,可由本书收录的约翰·孟高维诺的信件(II, pp. 46以下)见之;14世纪前期基督教徒的人数和势力,则可由苏丹国大主教的报告见之。这位苏丹大主教说,基督教徒人数逾30 000人,超过富人人数。这一时期基督教徒的人数可能有巨大增长,1324年左右,鄂多立克在扬州城发现三座景教教堂。假若这三座教堂在马可·波罗游历扬州时即已存在,那么他可能会注意到①。在蒙古最后统治的短暂时期,基督教势力仍在继续增长,可以说明这一点的是,约翰·马黎诺利访问中国时,信仰基督教的阿兰人在元帝国占据重要地位。

[中国景教徒所扮演的重要角色,可由两位畏兀儿景教徒的经历加以说明。其中一位是列班·巴·扫马(Rabban Bar Çauma),生于汗八里,由汗八里总主教马·圭瓦吉斯(Mar Guiwarguis即George)施洗礼;另一位是1245年出生于(山西)霍山的白尼尔(Bainiel)之子马忽思(Marcos),马忽思访问过扫马并由总主教马·聂斯托利奥斯(Mar Nestorios)行洗礼。马·聂斯托利奥斯可能是马·圭瓦吉斯的继承人。这两位朋友决意游历耶路撒冷(1278年),一路经霍山、唐兀惕、和阗、喀什噶尔、怛逻斯、呼罗珊、途思、阿塞拜疆前行,去往巴格达的途中,他们在马拉加遇见大主教马·邓哈(Mar Denha);邓哈为他们前往巴勒斯坦写了信函。这两位游历者继续前往,向巴格达、阿尔白拉(Arbela)、摩苏尔(Mosul)、尼西比、马尔

---

① [马可·波罗在谈及扬州居民时说:"其人偶像崇拜,用纸钱,归属大汗。"(*Marco Polo*, p. 154.)]

丁（Mardin）、戈扎尔特（Gozart）进发；他们住在阿尔白拉附近塔莱尔（Tar'el）圣马米海尔（Saint Mar Micael）教堂，不久被邓哈召回。邓哈派他们出使统治波斯的蒙古君主阿八哈的宫廷。早在1268年邓哈被迫离开巴格达，退向阿尔白拉，然后又退向阿塞拜疆的乌什奈吉（Ushnej）；他希望蒙古君主网开一面。1279年邓哈任命呼罗珊地区途思城主教巴·哈里克（Bar Kaliq）为中国总主教；巴·哈里克狂妄自大、目空一切，被邓哈投入监狱，死于狱中。1280年邓哈推选35岁的列班·哈马忽思为契丹总主教，取代巴·哈里克，改名阿伯拉罕；他的朋友列班·扫马也被任命为巡视总监。1281年2月24日邓哈死于巴格达，此时阿伯拉罕尚未离去；阿伯拉罕因精通蒙古语被同道推举为大主教，接替邓哈。1281年11月阿伯拉罕就职，得到阿八哈的承认，是为阿伯拉罕三世，驻巴格达主持塞琉西亚和泰西丰教区教务。阿八哈死于1282年4月1日，他的继承人阿哈迈德与阿伯拉罕三世颇不相洽，但他在1284年8月10日遭暗杀。阿八哈的长子阿鲁浑于1284年8月11日即位，对阿伯拉罕三世颇为优渥。聪明而又具雄心的阿鲁浑欲征服巴勒斯坦和叙利亚，并欲结好基督教各王公，于是派遣通晓数种语言的列班·扫马出使欧洲（1287年）。扫马至君士坦丁堡，受到（拜占庭）皇帝安德洛尼古斯二世（Andronicus II, 1282—1328年）的盛情接待；随后前往那不勒斯，未至罗马即获知教皇洪诺里乌斯四世于1287年4月3日驾崩。既至罗马受到枢机主教团的接见，阿斯科利地方的枢机主教杰罗姆向他垂询了一些问题。杰罗姆是帕勒斯特里纳（Palestrina）的主教和小兄弟会的总管，1288年2月

## 第六章 中国的景教

20日被推选为教皇,接替洪诺里乌斯四世。扫马经托斯卡纳和热那亚到达巴黎,受到法国国王美男子腓力浦的盛情款待;扫马从巴黎去加斯科尼拜会英国国王,①然后返回罗马拜会尼古拉四世(Nicholas IV)②。扫马沿老路返回阿鲁浑汗廷。1294年1月10日扫马在巴格达去世。1317年11月13日马·阿伯拉罕本人在马拉加去世,享年72岁。此时完者都之子阿布·赛义德君临波斯(1316年12月16日)。③

74. 景教最后的遗迹。

15世纪中国内地或边境地区仍继续有景教徒生存,这一点我们将由一个使团的几则简短记载看出;这个使团似乎是教皇尤金尼乌斯四世时景教徒派往罗马的。直到15世纪末仍在任命中国总主教,虽然我们不知道他是否住在中国。1490年约翰被任命为马秦(Mahachin)总主教,这一任命似乎与印度总主教的任命有关,所以我们推测,"中国"(China)这一称呼已不再有实际意义,只不过代表索多尔(Sodor)和马因(Man)地区的英国主教治下的索多尔而已。④

75. 耶稣会士所见景教遗迹。

16世纪末,耶稣会传教团重新进入中国,他们得到的最初印象是,在他们到来之前中国从未有过基督教。不过利玛窦最终

---

① 按:即英王爱德华一世(1272—1292年在位)。——译者
② 按:即新当选的教皇杰罗姆(1288—1292年在位)。——译者
③ J. B. Chabot, *Histoire de Mar Jabalaha III*, Paris, 1895, Vol. 8.
④ 见Assem., pp. 439, 523.[帕特森君举出证据,说明江苏北部有一座景教古教堂。B. C. Patterson, *Journal of the North China Branch of the R. A. Soc.*, 1912, pp. 118, 119.]

断言中国即马可·波罗记载中的契丹时，他毕竟已改变了这种观点；而且他在生前出乎意料地见到证据，说明直到他生活的时代基督教一直存在，尽管形式已经变化。利玛窦获知，基督教信徒在北方诸省为数众多，有的以军功而致显赫，有的以学问而扬名声。但是大约六十年前（即1540年前后），反基督教运动兴起，迫使所有或几乎所有人放弃或隐蔽其信仰。稍后一位耶稣会成员访问了一些城市，据说这些城中有基督教徒的后裔。他提供了一些基督教家族名录，但这些家族中的人皆茫然不解其所云。①

若干年后耶稣会士曾昭德偶然在江西首府附近地方发现了先时基督教的不太明朗的遗迹。②

17世纪耶稣会传教士还得到了一些似可作为证据的文物，如一座带有十字架和希腊文铭文的钟，福建漳州发现圣母雕像、大理石十字架等物。还有不止一件中世纪的《圣经》手稿，但是

---

① Trigault, *De Exped. Christianâ apud Sinas*, bk.i, ch. II.

② Semedo, *Rel. della Cina*, 1643, p. 195. 这里只须提到费尔南德·门德斯·平托（Ferdinand Mendez Pinto）所讲述的故事就够了：在南京到北京的大运河畔，他发现了一个由基督教徒组成的村庄。一百四十二年即从1400左右来自匈牙利布达城（Buda）的马修·艾斯堪德尔（Mathew Escandel）——一位西奈山的隐士——来此传教，使一些人皈依基督教，这个村庄的居民就是这些皈依者的后代。村人拿出一本印制的书让费尔南德观看（他没有说明为何种文字），费尔南德于是知道这段历史！（ch. xcvi）[我们已经提到（II, p. 214），（山东）临清已发现14世纪两位方济各教士的坟墓；其中之一名叫伯纳德（Bernard），被认为是鄂多立克的伙伴；但任何书中都没有记载鄂多立克曾与一位名叫伯纳德的人在一起。这位伯纳德可能是小兄弟会修士伯纳迪诺（Bernardino），这位小兄弟会修士在1680年与四位教友被派往中国，动身前被任命为阿戈利斯（Argolis）主教，随后充任云南代理主教的副手，后来出任北京主教；1721年12月21日去世。H. Cordier, *Imprimerie Sino-Eruopéenne*, pp. 65–66. —— M. Romanet du Cailaud, *Missions Catholiques*, Z Jan. 1886, pp. 52–53曾在平托之后提及艾斯堪德尔。]

## 第六章　中国的景教

这些手稿系以拉丁文写成,应是约翰·孟高维诺的方济各传教团及其教友的遗物,而不是景教徒的遗物。①

76.评说。基督教在印度远区的存在。

这是一段让人伤感的历史。伊斯兰教兴起之后,基督教——不管以何种歪曲形式——曾在世界广阔的地区长期有着广泛的、甚至日渐强大的影响。在过去数世纪,一个基督教徒对这些地区几乎不敢问津了。罗马教会此时正在离弃中国,它在中国的传教士可能与鼎盛时期的叙利亚教会在中国的传教士同样多。那么,在13、14世纪以前的唐兀惕、喀什噶尔、撒马尔罕、巴里黑、哈烈、锡斯坦和木鹿诸大主教区中,现在又有多少基督教徒?在亚洲另一端,索科特拉(Socotra)岛曾一度是一位基督教大主教的活动中心,我们也许希望在这里见到一些基督教文化,但现在这里已成为深深的荒野。②

---

①　Trigault,上引书;Martini, *Atlas Sinensis*; Baldelli Boni, *IL Milione* 前言。文物之一是一本11世纪的拉丁文《圣经》。这本《圣经》由耶稣会士柏应理(Philip Coulet)在南京从一位中国人手中获得,现存佛罗伦萨的劳伦廷图书馆。[班迪尼(Bandini)图书目录没有提到这本《圣经》。]我想一睹为快,但却不能如愿。如果从我两次体验判断的话(第二次是经人介绍),"如何不做事"现在是——或者直至晚近曾经是——这个图书馆的管理准则。在这方面,它与佛罗伦萨的其他的非教会管理的公共图书馆有天壤之别。

②　还有一二件迄今未受到重视的证据表明,印度支那国家和岛屿有基督教生活。其一见于马黎诺利的记载。马黎诺利提到在Saba有一些基督教徒,我们有理由相信Saba即为Java(爪哇)(下文,II, p. 220)。另一征迹见于斯蒂芬诺(H. S. Stephano)的游记。1469年斯蒂芬诺的同伴希洛尼莫·阿道诺(Hieronimo Adorno)死于勃固城,斯蒂芬诺将他葬于"一个废旧的人迹罕至的教堂"(*India in the Fifteeth Century*, p. 6)。如果瓦塞玛(Varthema)的基督徒旅伴所游历的Sornau就是暹罗,那么这将为我们提供基督教存在的第三个征迹。[Pinto, Ch. xcv 记载,"Sournau国,俗称暹罗"。裕尔在一注释中补充道:"巴杰君(Badger)在他对瓦塞玛游记的注释中(p. 213),不愿意接

受门德斯·平托的记载作为依据,他以为将暹罗称为Sournau,瓦塞玛的记载为孤证。但是最近我发现,瓦塞玛的同代人乔万尼·德·恩波利(Giovanni d'Empoli)数度使用Sarnau一名,指示暹罗。在一段文字中他提到,苏门答腊的Pedir地方经常有船只到访,'这些船只是榜葛拉、勃固、马大班、Sarnau和丹那沙林的船'。在另一段记述中,他再次将Sarnau与丹那沙林相提并论,说它出产最好的安息香、紫胶等物。这位意大利编者将这个名称解为Sirian,但我不知道此之所本。"(见 *Archivio Storico Italiano, Appendice*, tom. iii, Firenze 1845, pp. 54, 80, G. d'Empoli的信。)裕尔在《英–印字汇》一书中再次提到Sarnau问题:"(Sornau)是16世纪经常用以指暹罗的一个名称;由波斯语'新城'(Shahr-i-nao)而来;1350年左右建于湄南(Menam)河畔的暹罗首都Yuthia(即Ayodhya)似乎以此名见称于波斯湾商人。布拉德尔(Braddell, *J. Ind. Arch.*, V. 317)君提出,这个名称(他作Sheher-al-nawi)指的是卢贝尔(La Loubére)所说的Thai-yai这一古老民族和Tai-noi(我们所知道的暹罗人)之间的区别。但是这种观点更不合理。我们现在仍然可以看到一暹罗城名叫Lophaburī,此城是古代的都城。这座古都的名字似为梵文或巴利文形式Nava-pura,意与Shahr-i-nai相同;这个Nava-pura可能首先促成后一个名称的产生。尼古拉·康蒂(Nicolo Conti,约1430年)记载中的Cernove通常被认为是指孟加拉的一个城市,现代的一位作者将它考为Lakhnāoti,即Gaur,它在14世纪的官称是Shahr-i-nao。但是只有暹罗有可能是被提及的国家。"Valentijn, v. 319写道:"大约在1340年统治暹罗国(那时称作Sjahar-nouw即Sornau)的是一位非常强大的君主。"]

# 第七章　蒙古时代以前有关中国的文献资料

77.几乎所有文献均取自阿拉伯作家的记载;《中国印度见闻录》。78.《中国印度见闻录》综述及其日期。79.《中国印度见闻录》第一部分所记阿拉伯至中国的航程。80.所记中国事物。81.阿布·赛义德所作第二部分;记载中的中国大变动,为中国史书记载所证实。82.阿布·赛义德增记的事物。83.伊本·胡尔达兹巴赫《道里邦国志》。83*马苏第的《黄金草原》。84.《伊本·穆哈利尔游记》。84*伽尔德兹所记中亚至中国内地的道程。85.埃德里西记载的中国。86.本杰明之记载。87.阿布尔菲达之记载。

77.几乎所有文献均取自阿拉伯作家的记载;《中国印度见闻录》。

蒙古王朝统治亚洲时代,欧洲到远东的旅行畅通无阻。在论述这个时代以前,我认为应考察一下蒙古时代以前中世纪文献著作中关于中国的资料,这样做既是合适的也是可行的。这些文献著作,除了一个小例外外,均为阿拉伯文文献。

最早的文献(至少其中的半数)是一本9世纪中叶至10世纪初阿拉伯人完成的汇编。1718年雷诺多(Renaudot)将它译出,以《9世纪两位阿拉伯游历家中国印度见闻录》(*Anciennes Relations de l'Inde et de la Chine de deux Voyageurs Mahometans qui y allèrent dans le IX$^{ième}$ siècle*)为题出版,欧洲人才初识此书[①]。雷诺多翻译所依据的原本已佚失,法国和英国的批评界中有些人对它的批判甚为激烈,认为雷诺多译本是伪作。大约五十年之后(1764年),德经在皇家图书馆发现了原文稿[②];1845年莱诺出版新译文并加注释,附有影印的阿拉伯文正文。自1811年以来阿拉伯文正文就存放在巴黎城内国家印刷局的仓库里。[③]

---

① 雷诺多译文的英译本于1733年出版(见 Major's Introduction to *India in the 15$^{th}$ Century*, p. xxiii)。Harris, i, 521 及 Pinkerton, vii, p. 179 节要。

② *Mém. de l'Acad. des Insc.*, xxxii, 366; *Not. Et Extraits*, i, 136 以下。德经本人也曾臆定此著作乃雷诺多所编。

③ [*Relations des Voyages faits par les Arabes et les Persans dans l'Inde et de la Chine dans le IX$^e$ siècle de l'ère chrétienne*, texte arabe imprimé en 1811 par les soins de feu Langlès, publié avec des corrections et additions et accompagné d'une traduction française et d'éclaircissements par M. Reinaud... Paris, 1845, 2 vols. 12-mo. ]

78.《中国印度见闻录》综述及其日期。

人们认为,雷诺多的译名没有确切地反映出这部著作的内容。这部著作的两部分确实是由不同时代的不同作者所完成,第二部分的作者是来自波斯湾地区锡拉夫的阿布·赛义德·哈桑(Abu Zaid Hassan),他确实没有说自己曾游历东方。这位作者说他的前辈作者于伊斯兰纪元237年(公元851年)完成其著述。莱诺根据马苏第[①]曾明确提到哈桑其人这一事实,推断哈桑本人的著作大约完成于916年。莱诺说,这部著作的第一部分取自商人苏利曼的游记,这位苏利曼曾由海路游历印度和中国。但我无法知道这种看法的依据何在。该书前言已付阙,我们看不到作者关于自己身份和资料来源的解释说明。苏利曼之名只提到过一次;开头约占三分之一的文字,对阿曼到中国间的海域和岛屿的记载尚可连贯一致,而且在这些文字中有两处以第一人称写出,后面的文字中也有一处或两处以第一人称写出,但是确切地说,整个作品不是叙述性的。不过,可以看出,如果我的考察不错的话,这些段落并不言及中国;它们说的是印度、锡兰以及这些国家与阿拉伯之间的海域。我的结论是,这本书是作者根据个人航行印度的一次经历以及在印度对访问过中国的人——苏利曼是其中之一——采访记录的汇编。该书第一部分的其他内容实际上是印度和中国见闻记录的杂烩,包括作者所听到的印度国家的一些主要细节。记载的模糊不清很清楚地表明,作者对印度所知甚少且不准确,对印度的幅员亦无明确的概念。这些记

---

① *Prairies d'Or*, i, 322.

载的摘要及其评论,见本书附录。我斗胆认为,莱诺虽然学识渊博,但他所作的这些评论只是增加混乱,而无助于问题的澄清①。

79.《中国印度见闻录》第一部分所记阿拉伯至中国的航程。

这位作者记载的前往中国所经过的海域和地点已引起有趣的争论。莱诺对这些海域和地点的考证,许多持论薄弱。已发表的见解中,莫里(M. Alfred Maury)的观点似乎更为坚实、合理②。

依据莫里的观点并做少许修正,那么前往中国所经过的海域和地点就是:波斯海;拉尔海(Lārwī)③,位于古吉拉特和马拉巴尔附近;哈尔康海(Harkand,即从马尔代夫、锡兰④到苏门答腊⑤的印度洋水域);朗加巴鲁斯(Lanjabalus,即Lankhabalus,尼科巴群岛)⑥;安达曼海中的两个岛屿;三佛齐(Zábaj)的附属国卡拉巴尔(Kālāh Bār,此港在马六甲海

---

① 见附录十一。

② *Examen de la route que suivaient, au IX$^e$ siècle de notre ère, les Arabes et les Persans pour aller en Chine, d'après la relation arabe traduite successivement par Renaudot et M.Reinaud, Bulletin de la Société de Géographie*, 1846, pp. 203-238. 几年前又收入莫里出版的论文集。

③ 这两个名称因作品开头几页佚失而付阙,莱诺从马苏第著作的相同部分推断出来。

④ 比较马赛利努斯著作中的"ab usque Divis et Serendivis"(从迪瓦和赛林迪瓦)。

⑤ Odoric,下文, II, p. 164, n.3.

⑥ Langabālus在这个名字的第二部分我们大概可以看到马来语的pulo,意为"岛屿"。应该指出,在马六甲海峡的北部入口处,有一大岛属于吉达,周围有许多小岛环绕,这个岛称作Pulo Langkawi。

## 第七章　蒙古时代以前有关中国的文献资料

峡岸边，也许是吉达（Kadáh），通常读作Quedda；三佛齐[①]为当时马来群岛上的大国，可能位于爪哇岛，其王以印度称号大王Maharaj见称于阿拉伯人）；巴图马（Batùma，即Tanùmah[②]，可能为Natùma之误，指纳图纳〈Natùna〉群岛）；卡得兰吉（Kadranj，[③]暹罗或暹罗湾的其他地区）；三福（Sanf，即占婆〈Champa〉，这里所指的范围比现代的占婆要广泛得多，包括柬埔寨）[④]；桑达尔·弗拉特（Sundar Fūlāt，《马可·波罗游记》中的Sondur和Condur群岛，主要岛屿现在称为Pulo Condore）[⑤]。

---

[①] 1503年叙利亚主教Thomas、Jabalaha、Jacob和Denha奉大主教Elias之命出使印度，前往"印度国和达巴格（Dabag）与秦（Sin）及马秦（Masin）之间海上各岛"。（Assemani, iii, Pt. i, 592.）这个Dabag可能是Zábaj的遗留形式，Zábaj见于早期阿拉伯著作，比鲁尼也曾使用。伊本·胡尔达兹巴赫和埃德里西以Jaba指Zábaj。[Zábaj古音作Zābāg，初始形式为Djāwaga（Ferrand, p. 23）。] 梅杰君（前引书，p. xxvii）引沃尔克涅（Walckenear）的著作说："《印度史诗》和《印度书》说明，Maharaja即'大王'的称号原来是用来称呼一个强大国家的君主，这个强大国家在2世纪时囊括印度大部、马来半岛、苏门答腊和附近各岛。这个国家延续到628年。"可惜沃尔克涅男爵没有更具体地引出提供这一精确而有趣资料的《印度史诗》和《印度书》。在没有精确引文的情况下，不能无保留地接受这一资料。实际情况似乎是，虽然爪哇和其他岛屿的古迹、文献和传说显示，远古时代与印度大陆的交往一定是大规模的、非常密切的，但是还没有精确的证据证明，对这种交往的记录以及对这些岛屿的知识，在印度大陆保存下来。弗里德里西（Friedrich）和拉森似乎不知道沃尔克涅提到的诸如此类的记载。

[②] [莱诺将Batúma写作Betoumah，表示Tiyūma，即位于马来半岛东南岸的Tiuman即Tioman岛。Ferrand, p. 30.]

[③] [Kadranj表示Kundrang（古音）和Kundrandj（今音），位于湄公河口。见Ferrand, p. 14. Kundrang和Champa, Champa和Chundur-Fūlāt之间的距离为十日行。见Ferrand, *Ibn-al Fakih*, p. 58.]

[④] [阿拉伯字Chanf = Chanpa，不是Sanf。见Ferrand, p. viii, 12.]

[⑤] 这一点与莫里的观点不一致。莫里将Sundar Fūlāt武断地置于交趾支那，大概是因为他将Sanf即占婆限于今日仍保留此名称的地区（这两个名称是相通的，阿拉伯语没

## 80. 所记中国事物。

阿拉伯商人经常出入的中国港口是广府（Khanfu）[①]；对这

---

有 ch 和 p，必然将 Champa 写作 Sanfa）。但克劳福德（Craufurd）说，Champa 一名在马来语中确实指整个柬埔寨，包括暹罗湾的东岸（*Dict. Ind. Island*, p. 80），而这些地区现存的传说称，所有毗邻国家以至勃固和中国边界均处于古代占婆统治之下（Mouhot, *Travels*, i, 223），所以，Pulo Condore 应位于沿岸某港口和中国之间。我不知道 Pulo Condore 确切的马来文名称，但它可能与梵文 Sundra "美丽的"有关。Fūlāt 可能只是来自马来语 Pulo 和 Pulau "岛"的阿拉伯文复数。《见闻录》中有关这个地方的全部内容就是，Sundar Fūlāt 是一个岛屿，距三福十日行，距中国为一月行。船只在中国找到淡水。[对于 Sundar Fūlāt 即 Pulo Condore 之说，布拉格登（C. O. Blagden）君持反对意见："关于 Sundar Fūlāt，似有一些难点。如果它代表 Pulo Condore，为什么水手们在前往中国途中，在访问了更远处的占婆以后还要在这里停靠？如果 Fūlāt 代表马来语 Pulau '岛屿' 的波斯文复数写法，那么它为什么不像通常的马来语、印度尼亚语和南部印度支那语的属名一样，置于专用名称以前？再者，如果 sundur 代表 čundur 的当地形式，那么，这个字的所有现代形式中的硬音 c（=k）从何而来？我没有发现马来语中开头位有从 č 到 k 的变化。" *J. R. A. S.*, April, 1914, p. 496.] 按照汉密尔顿的观点，Pulo Condore 群岛由四五个岛屿组成，"出产木材、水和鱼，无他物"，有两个港口或抛锚地，均不甚良好。阿兰·凯齐波尔（Alan Ketchpole）于 1702 年在 Pulo Condore 为东印度公司建造了一座工厂，很快以灾难性结局告终，[欧洲人被望加锡驻防军屠杀。]（*N. Acc. of the East Indies*, ed. 1744, ii, 205.）[其主要岛屿被中国人称作昆仑]["昆仑岛是个大岛，岛上有淡水，有耕种之良田，种植稻谷和椰子树。国王名叫拉萨德（Resed）。岛民们穿缠腰布，或当作披风，或作为腰带。昆仑岛为中国海岸所环绕，高山峻岭难以通行，并且时常狂风大作。该岛是前往中国的门户之一，由此行十日抵达广州。" Edrisi, i, p. 90. 在马来语中 Pulo Condore 叫作 pulau Kundur（Pumpkin 岛），在柬埔寨语中称作 Koh Tralàch。见 Pelliot, *Deux Itinéraires*, pp. 218-220。Fūlāt = fūl（马来语 pulo）+ 波斯语复数后缀 -at。Čundur Fūlāt 意为 Pumpkin 岛。Ferrand, *Textes*, pp. ix, 2.]

① ["从占婆岛到鲁金城三日行，此［鲁金］城是中国的第一个停泊处……这里制造中国的各种华贵的丝织品用于出口，尤其是一种中国丝纱（ghazar sini）用于远近地区的交易。这里有大米、五谷、椰子和甘蔗。这里的人都穿着缠腰布，他们殷勤地接待外国人，都很富有，大量使用香料，就像印度群岛其他居民一样。从鲁金到广州，海上四日行，陆上二十日行。广州乃中国最大的停泊港。" Edrisi, i, p. 84.] 按：Lukin 可能是 Lupin 之讹，指交州的出海港龙编。——译者

## 第七章 蒙古时代以前有关中国的文献资料

个港口我们已经谈到。在广府有一位穆斯林执事（kazi）和一座公共礼拜堂。广府城内的房屋多由木头和竹子搭配而成，所以造成频繁的火灾。外国船只到达，当事官员取其货物加以封存，待一个季节的全部船只入港后，征收30%的货物关税，然后交由货主处理。如果中国国王需要某种货物，将向货主支付最高价格的现金。

这位作者所记有关中国的许多细节十分无聊，但很多内容都非常准确。他注意到中国人的一些古老的习俗，如灾荒之年官府开仓赈济难民，向穷人发放医药；政府开办学校；政府有条不紊、公正地进行管理；官员严格划分等级；所有公务均以书面公文，呈献官府的公文写法和语气均有严格限定[①]；通货使用铜钱而不是金、银；人死后不立即下葬，有时停柩达数年之久；对旅

---

［Khancou 即 Khanfou］

［"这一地区被一个强大、荣耀的国王统治，有很多臣民和军队，人们吃大米、椰子、奶、糖和摩克尔。这个城位于海湾上（即河流入海处），从这里走陆路两个月至 Badja 城。Badja 城属于全中国的大王巴格布尔。这座城市是西方人航程的终点，这里有各种各样的水果、蔬菜、小麦、大麦和大米。"整个中国和印度群岛都没有葡萄和无花果，"但有一种树木结出的果实称作 el-cheki 和 el-berki。这种果木主要生长在土壤贫瘠的地区，果实坚硬，有鲜绿的叶子，很类似卷心菜的叶子。它的果实的长度有四个巴掌长，圆形，似海中的贝壳，剥开皮呈红色，内部是一粒种子，或者说有一粒栗子，似橡树栗，须用火煮熟吃，就像栗子，味道也相似。这种果吃起来很甜美，既有苹果的味道，也有梨的味道，也有香蕉的味道。印度群岛居民最喜欢吃这种果。此地还有一种树木叫作 el-i'nba，大小如胡桃，叶子也与之相似，果实如棕树果。果实柔软，放之醋中，似橄榄，印度人用它作为开胃餐。

"从广府到 Djankou 须行三日。" Edrisi, i, p. 84-85.］

① 见卷 III, p. 122 以下及注释。

行者提供系统保护措施；生产陶瓷；饮用米酒和茶①。在著作的这一部分，只提到吐蕃、九姓乌古斯（Taghazghaz）、中国的西部邻国以及东部的新罗诸岛——似指日本②，除此之外，对中原地理几乎毫无涉及。

作者以极为明显的赞赏笔调提到一种习俗，这就是，每个城市的长官睡觉时，头部上方都设有一个铃铛，铃铛以线连接到府衙门口，任何人要求申冤都有权拉响铃铛。我们从阿布·赛义德的记载中了解到，甚至国王也有这样的铃铛，只是敢于拉响铃铛的人必须遇到重大案情，不能由普通的司法程序加以解决才能如此做，否则将受到严惩③。

这位匿名作者注意到中国宗教（这里指的是佛教）来自印

---

① Reinaud, *Relation*, i, pp. 39, 46, 47, 43-44, 37, 33, 36, 42, 34, 40 到中国旅行的欧洲中世纪旅行家无人提及茶。就我所知，欧洲人最早提到茶，是在拉姆希奥（Ramusio）提到的哈吉·马哈迈德的谈话。（见本书附录十八）[明代天方（麦加）使者向中国进贡时，请求赐给丝绸、茶叶和瓷器。Bretschneider, *Med. Res.*, ii, p. 300.]

② 埃德里西也提到 Silah 诸岛，主要城市是安古阿（Ankúah），其地盛产黄金，其人以黄金制造犬镯。日本黄金之廉价在贸易开关前是人所共知的。马可·波罗说："我要跟你说，他们好似有无穷无尽的金钱，因为岛上可以找到金子。"（Pauth., *Polo*, 538.）Ankúah 可能指宫古（Miyako）。[Sila 不是日本，而是朝鲜。Ankúah 与宫古无涉。在中国史籍中朝鲜有时被称为"东国"，但我没有听说过 Ankúah 的对应词"南国"。]

③ 埃德里西也提到这一习俗（i, p. 100）。这类故事对东方民族有着很强的吸引力。伊本·白图泰听说德里苏丹沙姆苏丁·阿尔塔什（Shamsuddin Altamsh, 1211—1236 年）也采用同样的习俗。见 *Ibn Bat.*, iii, 158。这确实是一种中国习俗，但参见官员似不是通过拉铃，而是击鼓。所以，在"大团圆"的故事中，主人公说："老爷，你错了！万岁爷本人在殿前悬鼓，允许所有人尽申其冤。"（David, *Chinese Miscellanies*, p. 109.）根据帕勒乔（Pallegoix）说法，这种殿前置鼓的制度被暹罗一位已故的国王采用，但是负责应鼓的王室侍从官废除了它。*Chine Ancienne* (*L'Univers Pittoresque*), pl. 3 印出一幅有趣的中国画，讲述的就是官衙悬鼓的制度。

度。他说，中国和印度接受灵魂轮回的教义，只是存在一些差异。

81.阿布·赛义德所作第二部分；记载中的中国大变动，为中国史书记载所证实。

《中国印度见闻录》第二部分的作者阿布·赛义德，在行文开始时即叙述了前一部分编成以后那段时间（大约六十年）发生的重大变化。中国发生的事件已完全打断了阿拉伯和中国的贸易，使中国陷于混乱，摧毁了中国的政权。接着他叙述了中国发生的这次革命：这次革命是由一位名叫班绍（Banshoa）的造反者发动的。班绍洗劫了帝国的许多城市，包括广府——他洗劫该城是在伊斯兰纪元264年（公元878年）——最后向都城挺进。中国皇帝逃到了吐蕃边界，在取得强大的九姓乌古斯国（一个强大突厥部落）的支持后，卷土重来，夺回皇位。但他的都城已成废墟，政权和财富化为乌有；精兵良将被消灭。全国各省被那些按兵不动的贪婪的投机分子所攫取。外国商人和船主遭到威吓、侮辱和抢劫，中国的大工场被摧毁，商贸无法进行。中国的不幸事件和混乱状态殃及远方的锡拉夫和阿曼地区的许多家庭。

克拉普罗特[①]已经指出，这里记述的是中国历史上的黄巢起义；在阿布·赛义德时代称作"班绍"。黄巢起义是一次大规模暴动。这种暴动似乎在中国周期性爆发。中华帝国的主要城市，包括两京洛阳和长安都陷于黄巢之手，这位农民领袖登基称帝，但是最终被获得突厥援军的政府军击败。唐皇复位以后许多省份战乱仍在继续。中国史书对这种状况的记载，在很多措辞上几

---

① *Tab. Historiques*, pp. 223—230.

乎与这位阿拉伯作者的记载完全相同①。

82.阿布·赛义德增记的事物。

阿布·赛义德为他的前辈作者的注释添加了许多关于印度及其岛屿以及中国的趣事详情。他的一位相识、巴士拉的伊本·瓦哈布（Ibn Wahab）对中国首都库姆丹（Khumdan,见前文，pp. 31, 108）做过一次访问,并在那里拜见了中国皇帝。这位皇帝一定是黄巢起义爆发前不久在位的唐僖宗。阿布·赛义德对此做了有趣的记载。伊本·瓦哈布拜见中国皇帝的故事过于冗长,难以录述,但其正确性,似无疑问。我们可以从中抽出更多的证据,说明唐代中国人的知识绝不限于自身活动范围,而我们习惯上认为中国人的见识以此为限。伊本·瓦哈布记述库姆丹即长安距广府为两个月路程,城被一条修长、宽阔的街道分为两半。街道东侧全部为皇宫和政府官员的府邸；西侧为商店、贸易区和各类人员居住的地方。城中的街道交织着流水潺潺的河渠,河渠两旁绿树掩映。

阿布·赛义德也像苏利曼一样,强调太平时期中国行政机构的有条不紊和公正廉直。这一特点似乎于各个时代的亚洲其他民族都确曾留下强烈的印象。在拜占庭作家塞奥菲拉克图斯以后保留下来的所有记载中,我们都可以发现这种印象②。上溯数世纪至古代,这也是人们对赛里斯社会正义赞美之词的核心内容。

阿布·赛义德熟知粟特地区和中国腹地间的陆路交通。中

---

① Reinaud, i, 66-67; *Chine Ancienne*, p. 330.

② 耶稣会史学家杜·雅里克认为："如果柏拉图从冥府中重新活过来,那么他会宣布他所设想的理想国在中国实现了。"（Du Jarric, ii, 676.）

国边境距呼罗珊为两个月行程,虽然中国距呼罗珊不远,但须跨越一个几无水源的沙漠地区。这一难以逾越的沙漠阻止了呼罗珊地区的穆斯林武士入侵中国的企图。不过,这位作者的一个朋友说,他在广府曾遇到一个人身背麝香,此人乃从撒马尔罕步行跋涉而来①。

他提到政府中设三位要臣:右大臣、左大臣和中大臣②。我不知道这些称呼在中国政府机构中是否仍然存在,但是我们发现在忽必烈汗统治之下,政府中有两名主事丞相,拥有"右丞相和左丞相"称号③。

83. 伊本·胡尔达兹巴赫《道里邦国志》。

我们从一位阿拉伯地理学家的著作中读到一段关于中国的记述,这位地理学家与《见闻录》一书的两位编者中的前一位即苏利曼是同代人,较之苏利曼的写作年代,他的写作时间大概晚几年。此人即阿布尔·卡希姆·乌拜德·阿拉(Abu'l-Kasim Ubaid-Allah),人称伊本·胡尔达兹巴赫(Ibn Khurdádhbah);约生于820—830年,曾在哈里发穆塔米(Mutammid, 869—885年)手下

---

① i, p. 114.

② 按:张星烺据《旧唐书·百官志》认为,阿布·赛义德所记"必为中书令、及左、右仆射,或左、右丞相也。"见《汇编》第三册,第144页。——译者

③ 见 Pauthier, *Polo*, p. 329 及 Yule-Cordier, *M. Polo*, i. p. 432。中国人记阿默斯特(Lord Amherst)所率使团的成员中,有中使即主使、左使和右使。(Davis, *Chinese*, Supp. Vol. p. 40.)(按:此处指1816年(嘉庆二十一年)英国遣阿默斯特出使中国。此次英国使团与清廷发生礼仪之争。——译者)1855年,我们遣使阿瓦的使团,大使的秘书被缅甸人称为"右位官"。[在朝鲜,有一位首相即中翼相,左翼相和右翼相。在安南,左为尊。安省(Nghé an)有两个副省长,即右道(Quan Hu'u Dao)和左道(Quan Ta Dao)。]

供职,任吉巴尔(Jibal)即古代米底(Media)地方的驿长。他的著作《道里邦国志》(*The Book of Routes and Provinces*)大部分只记载一些驿站名和里程表,但偶尔也引入一些描述性的细节。下面一段文字几乎包括了他关于中国的全部叙述①:

"从三福(Champa)到中国的第一港口瓦金(Al-Wakin)②,经由水路或陆路,均为100法尔桑(Farsangs),在瓦金可以看到中国的良铁、瓷器和大米③。从这一大港到广府④,由海路行四天,由陆路行二十天。广府出产各种水果和蔬菜、小麦、大麦、大米和甘蔗。从广府行八日可至建府(Janfu)⑤,建府出产一如广府。从此处行六日可

---

① 引自梅纳尔的译文。见Barbier de Meynard, *Journal Asiatique*, sér. vi, tom. v. pp. 292-294。

② 即埃德里西著作中的Lúkin(v, §85, 前文, p. 129);埃德里西从伊本·胡尔达兹巴赫书中引过几段。假如不是伊本·白图泰将广州叫作Sin-ulsin,那么,人们会认为它即广州。埃德里西对广州的描述大不同于Lúkin。不过,埃德里西对亚洲东部不熟悉,这种观点算不上定论。这个Lúkin当然不是拉什德(Rashid)(下文III, p. 126)记载中的Lukinfu,但是,它可能与同一页记载中用以称广州的Lumkali这一别称(显然为讹名)有某种关系。

③ ["在鲁金(Loukyn)我们发现有中国石头、中国丝和最优质的瓷器和大米"。——De Goeje]

④ ["人们从鲁金去广府,广府是(中国)最大的港口。"——De Goeje]广府也读作Khâncu。De Goeje, p. 49写道:"这就是广东港(香港)。"9世纪就有香港,真是异想天开!]

⑤ Janfu大概为其他记载中的Janku,应即扬州(下文II, p. 208)。Kantu应为上海或黄河口附近——如果那里有港口的话,因为下文提到,它的对面是Sila即日本山。[根本不可能是黄河口;它可能指上海,因为上海曾是市舶司之驻地。赵汝适曾在福建任市舶司。11世纪"华亭(今松江。——译者)置一官员,专理商船,征收货税,因成上海市。"此为上海首次见于史册;1156年上海商船监察司取消。(*Desc. Of Shanghai, Chinese Miscel.* iv, 1850.)不过,应该指出,从上海或中国的任何港口都不可能看见新罗(朝鲜)的山峦;伯希和教授写信给我说:市舶司之成立是在宋代,蒙古人仍之,元代有变化,但根据1293年的诏令,有七处市舶司,即泉州、上海、澉浦、温州、广州、杭州和庆元。应注意的是,所有这些地点均在长江以南,且其中四处位于浙江。]

至康都（Kantu），康都的出产亦如广府①。在所有这些中国港口上都可以看到一条受潮汐影响的交通河道②。在康都港栖息着天鹅、鸭子和其他野禽。从阿尔梅德（Al-Maid）③到中国另一端点，海岸线最大长度为两个月航程。中国有300座繁华的大城邑④。毗邻大海、吐蕃和突厥国⑤。从印度来的商贾游客定居在中国的东部诸省……

"中国更远处为何，不得而知。但康都与位于新罗国（Sila）⑥内的崇山峻岭遥遥相对。新罗国饶黄金。到访该国的穆斯林常因其国具有的各种便利而在此永久定居。输出的产品有高莱泊（ghoraib，一种植物）、桉树胶、芦荟、樟脑、帆布、马鞍、瓷器、锦缎、肉桂和良姜⑦⑧。

---

① ［Khândjou。De Goeje将此地比对为杭州。"从Khândjou到Kânçou走20日。在Kânçou可以看到同样的物产。"］

② ["中国的每一个港口都位于一条可航行的大河的口岸上，这条河要受到海潮的影响。"——De Goeje］

③ 即Armâbyle。——De Goeje

④ ["中国有300座繁荣的大城，其中90座是著名的大城。"——De Goeje］

⑤ ["这片土地的四邻有海、吐蕃、突厥和西边的印度。"——De Goeje

马苏第也说："在中国以外、海的那一边，除新罗及其附属岛屿之外，再没有人谈到过其他王国，也没有提到过其他地区。" i, 346.］

⑥ ［即高丽。］

⑦ ["至于东海所能提供的出口品，我们可以提到中国素丝（haryr）、色丝（firand）和丝锦（Kymkhâw），以及麝香、芦荟、马鞍、瓷器、cylbandj、肉桂和良姜。"——De Goeje］

⑧ ［我参照莱顿的著名阿拉伯学者De Goeje的译文修改了胡尔达兹巴赫的提要。译文见De Goeje, Kitâb-al-Masâlik Wa'l-Mamâlik (Liber Viarum et Regnorum) auctore Abu'l-Kâsim Obaidallah ibn Abdallah Ibn Khordâdhbah et excerpta e Kitâb al-Kharâdj auctore Kodâma ibn Dja'far quae cum versione gallica edidit, incicibus et glossario instruxit M. J. Goeje. ——Lugduni-Batavorum, E. J. Brill, 1889, 8vo.］

[伊本·鲁世德(Ibn Rosteh)大约于903年写成著作《珍宝志》(Al-A'lāk al-Nafisa)。此人见闻不如马苏第广博;他认为从巴士拉到中国只有一个海,印度海岸和中国海岸同受这一个海的冲击:但他声称听到的消息是:严格地说,从巴士拉到中国有七个海,每个海各有特点,风向、气味、颜色和水中动物群均不相同⑨。]

83*马苏第的《黄金草原》。

马苏第是我们要讨论的另一位作者。他在《黄金草原》(Meadows of Gold)⑩中研究了自然和历史中的所有事物;而且是同时探讨所有事物,不是依此进行探讨。他讨论其他国家也讨论中国。马苏第很早即开始游历,游迹广泛;早在912年他还是一个懵懂青年时就到过信德地区,此后——依他个人的记述——又游历过桑给巴尔、甘巴鲁岛(Kanbalu)⑪、占婆和中国,以及三佛齐(见上文, p. 127),另外还到突厥斯坦做过长途旅行。如果他确实到过中国,那么在中国的游历也只是走马观花,匆匆而过。我没有发现任何关于中国的有趣的报道,同样不见于《见闻录》一书,尤

---

⑨ [Hartmann, p. 861, *Chine, Encycl. Islam.*]

⑩ *Les Prairies d'Or*, trans. By MM. Barbier de Meynard and Pavet de Courteille, Paris 1861-1877. [在 *Collection d'Ouvrages Orientaux publiée par la Société Asiatique* 中以九卷八开本印出。从第四卷始,译者中只有 Barbier de Meynard 的名字。]按:中译本有耿昇译本,青海人民出版社,1998年。——译者

⑪ 两位法文译者认为此即马达加斯加。马苏第说它是桑给海中的一个岛屿,操桑给语的伊斯兰教徒居此耕作。大约在阿拔斯王朝初期,穆斯林占领该岛屿,俘获整个岛屿上的居民。(这一点不符合马达加斯加的情况)航海者估算该岛距阿曼约为500法尔桑。我认为此岛必为桑给巴尔岛或大科摩罗岛(Great Comoros),该岛名称与之约略相似,且由阿拉伯后裔占领。

## 第七章 蒙古时代以前有关中国的文献资料

其是阿布·赛义德自称为其作者的那一部分。莱诺已经探讨过这些巧合现象,但我认为他并没有非常圆满地解释之①。

84.《伊本·穆哈利尔游记》。

10世纪另一位阿拉伯旅行家自称游历过中国,此人即伊本·穆哈利尔(Abū Dulaf Mis'ar Ibn Muhalhil)。据其自述,他在布哈拉的萨曼王朝的伊斯梅尔汗(Nasri Bin Ahmed Bin Ismail)宫廷中供职时,"中国国王沙黑尔(Kalatin-bin-ul Shakhir)②遣使布哈拉,商量中国公主和纳斯里(Nasri)之子诺亚(Noah)的婚事(诺亚后来在布哈拉登基,继承王位)。大约在941年,穆哈利尔护送中国使团回国。这位旅行家的全部记述已佚失,但亚库特(Yākūt,在伊斯兰纪元617年即公元1220年)、夸兹维尼(Qazwini,在伊斯兰纪元667年即公元1268年)对著作颇加引用,保存了许多内容,一位德国编者将这些段落引出,辍成尚可连贯的叙述,并将它们译成拉丁文③。

很难说这一叙述是否属于原貌,也很难判断将松散的片断如此缀连起来会使记述损失多少内容④。如果作者确实陪同中国

---

① *Discours Préliminaire* to *Relation*, pp. viii, xviii 以下。

② [或作 Kalin bin-Shakhbar。[*Qālin b. aš Sachir*. ——Marquart.]

③ *Abu Dolif Misaris Ben Mohalhel de Itinere Asiatico commentarius—Studio Kurd de Schloezer*, Berolini, 1845.[J. Marquart, *Osteuropäische und ostasiatische Streifzüge*, Leipzig, 1903, 8vo. pp. 74-95; *Das Itinerar des Mi'sar b. al Muhalhil nach der chinesischen Hauptstadt* 中所做的注释更好。——又见 G. Ferrand, *Relat. de Voyages... arabes, persans et turks*, i, Paris, 1913法译本第208页以下。

④ ["每一个研究者从旅行图上看,就很快发现其踪迹纵横不定,时而吐蕃,时而中国边界,忽而鄂尔齐斯河流域,忽而塔里木盆河流域。" Marquart, p. 75.]

使节从布哈拉返回中国,那么何以要绕一个大弯,穿行从黑海岸边到阿穆尔(Amur)河畔的所有突厥和鞑靼之地,则不易理解。他称中国的首都为信达比尔(Sindabil),这个名称不像是中国名,而更似印度名,或者说,更像一个讹化的阿拉伯语的印度名称(请比较Kandābil、Sandābūr)。与之最相近的中国名称是成都府(Cheng du fu)①,即马可·波罗所称的Sindífu。成都府是四川省的省府,在10世纪的一个时期是蜀国的首都②。在中国帝王中难以找到一个与沙哈巴尔(即沙黑尔)之子卡拉丁相似的名称。在本书附录中,我们将这一游记主要内容的摘要列出,不管它属真还是伪造③。

84*. 伽尔德兹所记中亚至中国内地的道程。

〔"现在我们应该说明,伊本·杜哈克·伽尔德兹(Abū Saïd Abd al-Haiy Ibn Duhāk Gardēzi)④的一本著作中,含有关于河中地区与中国陆上交通的内容。巴托尔德(Bartold)慧眼不凡,

---

① Marquart, 前引书, pp. 86—87指出,Sindabil不可能是成都;他认为是甘州。穆哈利尔提到的Sindabil大寺无疑就是沙哈鲁使节记载的甘州寺,该寺方500腕尺。将Sindabil考为甘州亦为夸兹维尼著作所证实。见 *Marco Polo*, i, pp, 220—221.〕

② 〔第一个蜀中王朝是汉代小国,国祚从221年延续到263年;定都成都,为三国之一;与定都洛阳的魏国(220—264年)和定都建康(南京)的吴国(222—277年)三足鼎立。第二个蜀中王朝是前蜀。891年王建取得对四川的统治,907年建前蜀,国祚持续到925年,被后唐取代;933年后唐被迫将蜀(后蜀)王称号让与西川节度使孟知祥,孟知祥死后,其子孟昶立,965年被废。这两个王朝均以成都为都城。〕德经著作所列各王朝国王之名均与文中提及的中国王无相似处。(Deguignes, i, 124—129.)

③ 见附录十二。

④ Marquart, *Streifzüge* 作 Gūrdezī。但请参阅 Rieu, *Cat. Pers. Brit. Mus.*, 1071a; Raverty, *Tabakāt-i Nāsiri*, p. 901 的写法。

认识到伽尔德兹著作的价值,从他的重要著作 *Zain al-Akhbár*（写于1050年）中辑出一个片段（*Otčet o po'ezdk$^i$ e v Sredniuiu Aziiu*, 1893-1894 Pet. 1897）。伽尔德兹在著作92$^{17}$—94$^5$页对中国有所描述。最重要的段落（92$^{9-16}$）记载的是吐鲁番到库姆丹（Turfān-Khamdān）的行程：从九姓乌古斯（Toghuzghuz）① 的希南吉克特（Činandjket, 即吐鲁番–哈拉和卓）到哈密（Kumul）②为时八天；在巴格舒拉（Bagh Shūrā③, bagh即波斯字bāgh〈花园〉；Shūrā与突厥名称中的čura相对应；伏尔加突厥最重要的一支即阿舒拉兀谷利〈Akčura Oghli〉）需乘舟渡过一条河；然后行七天跨越水草丰盛的草原，到达沙州。作者解释说，沙州在7世纪初之前一直被称作敦煌；现今这条道经安西府到沙州西北；然后行三天至一石碛（Senglākh）；行七天至肃州（Sukhchau, Sukh为古音，阿布尔菲达写作Sūkdjū）；三天至甘州（Khamčau=Khanchau）；八天至库萨（Kuča?）；十五天至吉延河（Kiyān=黄河?），该河可渡。从巴格舒拉到中国首都库姆丹，行程为时一月（此与总历程天数43不符）。道路上有驿馆。"哈特曼（Hartmann）君说，这条道路一直是中国通往西方的主要干线。以上所述取自哈特曼君的著述（*Encyclop. de l'Islam, s.v. Chine*）。]

---

① 即高昌回鹘。——译者
② 即哈密，《马可·波罗游记》作Kamul（Camul）。——译者
③ 似即焉耆之古都员渠，地在新疆焉耆县治南18里。今地名黑格达。见冯承钧：《西域地名》，第9页。——译者

85. 埃德里西记载的中国。

埃德里西受西西里国王罗杰二世之命,于1153—1154年完成《地理志》。关于中国的记述,一如有关东南亚、包括印度的全部记述,内容贫乏而杂乱。所记各地间距离,往往均做过低估计。所以,若以他推算的距离绘制地图,亚洲所占的面积将被大为缩小。由于埃德里西将世界划分为依次排列的气候带,他的著作中关于中国的文字几乎分散在书中各个部分,其总内容大致如下:

中国幅员辽阔、人口众多,国王称作巴格布尔(Baghbugh)[①]。这位君主公正、威严、睿哲、为政深谋远虑,平易而又儒雅,施赠慷慨,关心外国事务,且非常关心臣民福祉,人民很容易受到他的接见,不需要经过下级官员的介入。宗教上国王崇奉偶像,与印度宗教稍有差异;信仰笃诚,对穷人慷慨施济。

中国人皮肤为深色,类似印度人。食大米、椰子果、牛奶、糖和摩克尔(mokl,据说是上埃及的棕榈树果)。国人中最重设计和制陶技术。

---

① 此字有Baghbúgh、Baghbúr和Faghfúr多种形式,古代阿拉伯和波斯作家以此称呼中国皇帝。《马可·波罗游记》作Facfur (ii, p. 148),用以称宋朝被废皇帝。[Baghbūr、Faghfūr是波斯文Baghpūr的阿拉伯文写法,意为"神之子",汉文"天子"之译义。见Ferrand, *Textes*, p. 2.] 根据纽曼(Neumann)的见解,这个词是汉文"天子"的古波斯文译称,其中Bak意为"神"(梵文作Bhaga,印地语为Bhagwán),Fur意为"儿子"(梵文作putra)。这个名称的构成因素仍见于现代波斯文词典:"Bagh,指一个偶像名","Púr,意为儿子"。所以,Sháh Púr(罗马人唤作Sapor)意为"王之子"。(见Bürch, *Polo*, p. 629; Pauthier, *Polo*, 453; F. Johnson, *Dict.*)["宋末帝(Facfur)于1276年以颈负索牵羊,屈节向忽必烈投降,忽必烈从和阗下令释放之,以公称之;1288年宋末帝去吐蕃习佛,1296年与其母谢太后出家为僧、尼,以当时之法持免税田360顷(合5000英亩)。"(E. H. Paker, *China Review*, Feb.-March, 1901, p.195.)]

第七章 蒙古时代以前有关中国的文献资料

巴格布尔治下有300座繁荣城市和许多良港。这些港口一般都位于河口,船只可由海沿河上行一段路程进入港口。港口上生机盎然、生意兴隆,财产十分安全。最大港口是广府①,乃西方贸易的终点。广府位于(或接近)中国的大河库姆丹河畔,库姆丹是中国的大河,也是世界上最重要、最著名的河流之一,据说恒河乃其支流②。两岸人口稠密,许多大城巍然屹立,鳞次栉比。苏萨城(Susah)③即其中之一。该城以其独特的建筑、贸易的繁荣和居民的富庶而闻名遐迩。它良好的商业信誉远播全世界。这里出产中国质地精良、无与伦比的瓷器和中国的"哈扎尔"(Ghazár),和以结实耐用、设计优雅而著称的丝绸制品。建府(Janku)也位于库姆丹河畔,距广府约三日行程,盛产玻璃和丝制品。沿库姆丹上溯行两月,到达中国君主巴格布尔所在都城巴佳(Bajah)④。皇宫、卫队、财库、后宫妻妾和佣奴皆集于此。巴格布尔有100位嫔妃和1000头大象。另外一座城市称作辛尼亚乌尔辛(Sinia-ul-sin),伊本·白图泰的记述使我们知道此即广州(见下文,卷四)。从占婆(Sanfi, Champa)来的船只驶入的第一个中国港口是鲁金(Lukin,见上文,p. 135),此地亦出产华美的丝绸和其他商货,其中一种叫作哈扎尔秦尼(Ghazár-

---

① 乔伯特(Jaubert)写作Khanku,但正确的读法无疑为Khanfu,不过一点差别而已。
② 弗拉·毛罗(Fra Mauro)地图亦如此描述。
③ 杭州的著名竞争对手,江南的苏州?
④ 乔伯特本作Bájah或Nájah。不过,正确的读法可能为Tájah。试比较下文引述阿布尔菲达的记载及本书前文p. 114的Taiuna、Thajuye。

sini）①的物品出口远近各国。

除了上述地名外，书中还提到很多地名，但似乎均不可辨。如印度-中国边境的塔里库尔干（Tarighurghan）和喀提戈拉（Katighora）。喀提戈拉似借自托勒密的喀提卡拉（Kattigara,见附录二注）。还有开袭（Khaighun）、阿斯菲里亚（Asfiria）②、布拉（Bura）、卡那布尔（Karnabul）、阿斯克拉（Askhra）、沙尔胡（Sharkhu）又称撒珠（Sadchu）、巴夏尔（Bashiar）、"桃花石"（Taugha，似西摩卡塔记载中的Taugas），等等。Kasghara显然即Kashgar（喀什噶尔），但作者认为它距中国海之滨的喀提戈拉仅四天里程。

埃德里西提到的"外中国"（Exterior China），显然大致相当于后来的唐兀惕。它西部毗邻九姓乌古斯，南界吐蕃，北邻克兹尔吉突厥（Khizilji Turks）。

86. 本杰明之记载。

图德拉的本杰明比埃德里西稍晚几年，他在1159—1173年间曾做过游行，梅杰君为《15世纪的印度》（*India in the Fifteenth Century*）一书所作的引言中曾记述其经历，这里无须重复。这位旅行家提到广第岛（Khandy）——可能为锡兰岛，然后说道：

"从这里航行40日到中国。中国地处东方，据说为大海环绕。

---

① 我在阿拉伯字典中没有查到这个字。能否是英文Gauze（薄纱）的原形？英文中Gauze指的是巴勒斯坦的加沙（Gaza）。

② Asfiria可能表示托勒密记载中的Aspithra，其他名称也可能来自托勒密的著作，但讹读太多，无法考辨出其希腊文读法。

## 第七章 蒙古时代以前有关中国的文献资料

大海称尼克法海（Nikpha），猎户星座居大海上空。尼克法海有时风暴汹涌，出海者难以控驭船只；风暴兴时船员和乘客只好听天由命，在耗尽所有给养后悲惨死去，但人们已学得一种方法来挽救自己的生命，不被大海吞没。"于是他又讲述船员们怎样将自己缝入牛皮中，漂流于海上，被大鹰发现后衔到岸边，等等。这些（即一只公鸡和一匹牛的故事）就是本杰明讲述的与中国相关的全部内容①。

本杰明游记的英文版编者评论说，本杰明是第一位以China之名提到中国的欧洲人。但是至少埃德里西在他之前已经以此名提到中国，一位在西西里出生的阿拉伯人在巴勒莫写作时以阿拉伯文提到Sin，至少也有资格被视为以China提到中国的欧洲作家。图德拉的一位西班牙籍犹太人以Tsin提到中国，也应作是观。本杰明似乎是在基什（Kish）岛听到有关航行中国的故事，他本人的旅程似乎以基什岛为限，未及更远地区②。其有关印度的叙述显然也同样是道听途说。11、12世纪对中国各西方各国交往的见闻，较之公元初期以后的任何时代确乎贫乏得多。

---

① Bohn's ed. (in *Early Travellers in Palestine*), pp. 116-117.
② Kais（或作Kish）曾长期是印度贸易的真正终点，一个公国的中心。《马可·波罗游记》作Quisci，其记载说明，Quisci真正的大致位置是在过霍尔木兹海峡上溯海湾200哩。我眼前的地图（*Stieler's Hand-Atlas*）上，Kish被称作Guase或Kena。［Kish（或作Kais）岛和Kish城距波斯湾口200哩，曾长期是印度和东方贸易的主要港口之一。Kish岛——阿里安记作Cataea——现在称作Ghes或Kenn，在波斯湾诸岛中，基什岛树木葱郁，淡水充足，独具特色。根据柯曾（Curzon）的记载，一座称作Harira的城市的遗址，存在于波斯湾北岸。见Yule-Cordier, *Marco Polo*, I, p. 64 n. —— 本书前文p. 85, n.1.］

87.阿布尔菲达之记载。

阿布尔菲达(1273—1331年)的著作完成于蒙古兴起后某个时期,我们把它视作这一主题的分界线,但是将他关于中国的见闻与我们已提及的其他阿拉伯作家的见闻放到一起论述较为方便。虽然当时他已有条件获得关于中国的准确知识,但他似乎没有从中大受其益。正如他本人所做的慨叹,他对远东地区的知识是非常有限的。他的记述主要得自很久以前及蒙古时代的书籍,虽然其中并非完全没有新的内容。我们将其中国见闻的核心部分附于书后[①],从中可以看到,10、11世纪地理学家过时的记述与当时的知识被有趣地混杂在一起;其情形颇类似于16、17世纪绘制的地图:在东亚的位置上新的发现有时被莫名其妙地与托勒密、马可·波罗的记载混杂起来。

---

[①] 见附录十三。

# 第八章 蒙古统治下中国以"契丹"之名见称

88.中国向西方开放。契丹。89."契丹"一名的起源。90.金朝。91.成吉思汗的崛起；对中国的征服。92.窝阔台对中国的征服。93.蒙古西征；入侵欧洲。94.征服波斯和阿拉伯。蒙古帝国的分裂。95.欧洲向蒙古汗遣使之发端。欧洲人何以期望蒙古人对基督教网开一面。蒙古之征服夷平政治堡垒。96.给欧洲带来契丹新消息的第一批游历家。柏朗嘉宾。97.柏朗嘉宾记契丹。98.鲁布鲁克东游。99.鲁布鲁克记契丹。100.亚美尼亚诸王游记。森帕德和海屯王。101.波罗家族。波迪埃注《马可·波罗游记》。102.统治波斯的蒙古汗和欧洲王公的外交往来。蒙古征服引起的民族融合。103.《海屯行记》。高里古亲王。104.罗马教会遣使契丹。孟高维诺、安德鲁、科拉、鄂多立克、乔达努斯、马黎诺利。105.14世纪与印度和契丹频繁的商业往来。106.裴戈罗提的《经商指南》。107.伊本·白图泰海上东游中国。蒙古统治的崩溃，东西交流的中止。

88.中国向西方开放。契丹。

现在我们的讨论转向蒙古时代。蒙古统治的极盛时期,中国与西方各国的交流,较之历史上的任何其他时期,更少受阻于人为的障碍。时至今日,虽然我们的炮舰已进入长江,达于汉口,从北京到彼得堡已有通邮,但是除面向俄罗斯的边境外,中国所有陆地边境仍如历史上最黑暗的时代一样,封闭不可逾越①。

正是在蒙古时代,中国才第一次真正地为欧洲所了解。欧洲所知道的这个名称——契丹,虽是特指中国北部各省,但它逐渐变成了一个更宽泛的称呼②。

89."契丹"一名的起源。

迄至今日,从陆地方向获知中国的所有或几乎所有国家,仍以契丹(Khitai)之名称呼中国,如俄罗斯人称中国为Китáй,[希腊人为Κιτάϊα],波斯人和突厥斯坦各国称中国为Khitaï,不过,从起源上,这一名称并不属于中国人。契丹人属满洲族,数世纪居住于中国东北,建国于兴安岭以东,西拉河(Sira)以北,时而效忠于突厥可汗,时而效忠于中国皇帝,立场摇摆不定。10世纪初,其中一部族首领先统一契丹全部,然后征服从朝鲜海边到阿尔泰山的亚洲邻国。这位征服者的儿子将短命的后晋王朝

---

① [应该记住,这段话写于近半个世纪以前。]

② 古代地理家著作中有几个名称颇似契丹,不过均非指中国。托勒密著作中的Χαῖται斯基泰人可能指和阗(vi, 15)。斯特拉波的Καθέα,从他的叙述看,显然位于旁遮普,包括索尔特岭(Bk. xv)。阿里安记载中的Kataia指的是波斯湾中的基什岛。[契丹国内南方的中国人称北方的中国人为Pe tai(北呆?),意为"北方傻瓜";作为报复,契丹人称南方人为"蛮子",意即野蛮人;中世纪旅行家著作中的Manzi或Mangi由此而来。]

## 第八章 蒙古统治下中国以"契丹"之名见称

的高祖①扶上皇位,而这位被扶上皇位的皇帝不仅将中国北部大块领土割让给这些鞑靼人,而且同意向他们称臣纳贡作为回报。继任的中国皇帝②拒绝承认这种屈辱条件,契丹人占领了黄河以北诸省,在占领的土地上建立了契丹帝国,国号辽。契丹帝国在中国北部③和毗邻的鞑靼地区存在二百年,于是就发生了鞑靼征服者入侵中国后总是随之而来的奇妙过程。这一过程与罗马诸帝定居拜占庭帝国以后发生的变化极为相似,入侵者本身采用了中国人的风俗、仪式、文字和文明,逐渐丧失了充沛精力和好战性格。契丹一名与中国密不可分地联系在一起,一定是发生在1125年契丹王朝被推翻之前的这个时期,此时这个北方王朝是天朝帝国朝向亚洲内陆的脸面④。

---

① 指五代时期后晋王朝的高祖石敬瑭(936—944年)。——译者
② 指石敬瑭之子石重贵。——译者
③ [通古斯源的契丹人属于东鞑靼人,在中国北部建立国家,历九世:1.高祖=耶律阿保机,907;2.太宗=耶律德光,927;3.世宗=耶律阮,947;4.穆宗=耶律璟,951;5.景宗=耶律贤,968;6.圣宗=耶律隆绪,983;7.兴宗=耶律宗真,1031;8.道宗=耶律洪基,1055;9.天祚帝=耶律延禧,1101—1125。

937年(应为947年。——译者),太宗耶律德光取年号为汇同(应为大同。——译者),国号为辽。辽的首都原在辽东的辽阳,阿保机迁往燕京(北京)。契丹为女真(金)所灭。]
④ [辽被金所逐,退向西方,到达喀什噶尔,取代喀喇汗王朝(Kara-Khanids, Ileks或称Al-i-Afrasyab),建立新的喀喇契丹王朝,即西辽,共历五世:

德宗,1125 = 耶律大石
感天皇后,1136 = 塔不烟(摄政皇后)
仁宗,1142 = 耶律夷列
承天(皇后),1154 = 耶律诗(摄政)
末主,1168 = 耶律直鲁古

仁宗次子直鲁古时,皇位被他的女婿、突厥乃蛮部的首领屈出律篡夺。屈出律后

90.金朝。

1125年,契丹末代皇帝被反叛的女真族首领俘获,女真首领自称皇帝,建立金朝。

金朝也像辽朝一样,采用了中国文明,国力强盛,繁荣一时。女真帝国定都中都,即现在的北京,领土包有中国本土的北直隶、山西、山东、河南诸省及陕西南部,但长城以北的整个鞑靼地区均承认其势力。不过,女真人很快即由盛转衰,12世纪中叶它对蒙古地区的统治已经衰微。①

91.成吉思汗的崛起。

铁木真于1162年出生在斡难河畔的一个蒙古部落。后来以成吉思汗著称。铁木真崛起后,成功地击败了鞑靼地区各部,1206年他被蒙古王公大会推为成吉思汗②。

---

被成吉思汗统治下的蒙古人征服。见 E. Bretshneider, *Notice of Kara Khitai or Si Liao in Mediaeval Researches from Eastern Asiatic Sources*, i.]

① [女真为另一通古斯部落,它于1125年驱除了辽国,政权维持到蒙古西征(1234年)时。臣属于高丽的函普最早宣布独立;不过金朝真正的首领是函普的第六位继承人乌古乃。他的第五位继承人阿骨达建立金朝(1136年),庙号太祖。]

② 根据夸铁摩尔的观点,成吉思汗没有使用更高一级的称呼"可汗"(Káan,更确切为 Qáan)。"可汗"称号为他的儿子窝阔台及其继承者采用,作为他们的独特称号。可汗即 Kháqán,与拜占庭历史家记载中的 Χαγάνος 是一致的。所以,确切地说,应该区别"汗"这个普通鞑靼首领的称号与"可汗"这个蒙古最高首领的称号。此后,"汗"这一称号已经传给有教养的波斯人,逐渐成为兴都斯坦(Hindustan)所有阶层人名的后缀。蒙古宗藩之国察合台帝国、波斯帝国和钦察帝国的君主,在名称前只能冠以前一个称号"汗",虽然"可汗"称号有时被谄媚性地用到他们头上。成吉思汗的继承者窝阔台、贵由、蒙哥、忽必烈和忽必烈之后在汗八里践祚的皇帝,即我们西方教会旅行家记载中的 Magni Canes(大汗)才应该被称为"可汗"。但我不敢对如此细致的区分妄加评论。(见 Quatremère on Rashid, pp. 10以下;Yule-Cordier, *Marco Polo*, i, p. 10.)

[*Rockhill, Rubruck*, p. 108注写道:"汗这个称号,在鲁布鲁克的记载中作 Cham,它

## 第八章 蒙古统治下中国以"契丹"之名见称

对中国的征服始自成吉思汗,但历经几代人方告完成。早在1205年,成吉思汗就入侵唐兀惕国①。唐兀惕国地处中国西北边陲,领土向西北方向扩展到中国的境域之外,由吐蕃族建立的王朝控制,当时是或曾经是金朝的属国。此后蒙古人数次入侵唐兀惕。1211年成吉思汗开始进攻金国本土。1214年蹂躏黄河以北金国所属各省,次年攻克中都(北京)。1219年成吉思汗挥师西向,进攻西亚,征服从勃律到里海、印度河以北的所有国家,同时他的将军们深入到俄罗斯、亚美尼亚和格鲁吉亚;他留在东方的副手继续进行对中国北部的征服。西征归来时成吉思汗重新发动对唐兀惕的进攻,1227年8月18日死于军旅中。

---

虽然起源很古,但只是在560年以后才为突厥人使用,当时'哈吞'(Khatun)一词用以指汗的妻子,而汗本人则称为伊利可汗(Il Khan),不过,旧称'单于'在突厥人中并未完全消失,比鲁尼说,在他生活的时代,古兹突厥人(Ghuz Turks,即Turkomans)的首领仍拥有Jenuyeh的称号。劳灵逊(H. Rawlingson, *Proc. Roy. Geog. Soc.*, v, 15)认为,Jenuyeh与中国记载中的'单于'为同一个字。(见《前汉书》94,《周书》50,2)虽然弥南德记蔡马库斯出使西突厥史料中有'可汗'(Khakhan)一词,但我发现,最早提到它的西方作家是芬提乌姆(Albericus Trium Fontium);他在《编年史》中记1239年事,以Cacanus的形式提到这个名称。"芬提乌姆:"cepit unum Regem eorum nomine Cacanum cutanum."(*Chronicon*, 1698, p. 571)——拉古伯里(Lacouperie, *Khan, Khakan, and other Tartar Titles*, *Bab. and Orient. Record*, Nov. 1888, p. 272)写道:"可汗这个鞑靼最高权威称号,第一次出现于402年。柔然汗吐伦确立了对整个鞑靼地区的最高统治权之后,使用了这个称号。他蔑视此前鞑靼地区的最高统治者一直采用的'单于'旧称,为自己及其继承者创造了一个新的称号'可汗',……声明其意如同'皇帝'……喀喇契丹的统治者开始称'古尔汗'(Gurkhan)。"关于铁木真,拉古伯里(Lacouperie, *ibid*., p. 274)补充说,他在1206年接受了成吉思汗的称号,意为"强大的汗",因为他已经征服了许多"古尔汗",他不能采用那样低微的称号。]

① 即党项人建立的西夏。——译者

## 92. 窝阔台对中国的征服。

成吉思汗的儿子和继承人窝阔台继续进行对中国的征服活动,于1234年消灭金朝,巩固了他对长江以北各省的统治。南方各省仍为中国的宋王朝所掌握,以"行在"(杭州)为都城。南宋王朝被蒙古人称为"南家子"(Nangkias),同样还有一个半中国化的称号"蛮子"(Mangi, manzi)。"蛮子"一名由于马可·波罗和下一个时期游行家们的记述而大放异彩,西方的伊斯兰教徒不知不觉地将这个名称和马秦(Machin)一名混淆起来,以为二者是同一个国家。但马秦一名起源不同,确切说,所指范围也更为广泛[①]。

---

① 马秦(Máchín)只是摩诃秦那(Mahachina)的缩写,古代印度人以这个名称指中国(见前文,p. 68),我曾听到,印度土语中仍然使用这个名称。旧时见识广泛的伊斯兰教徒似乎也作此理解。比鲁尼提到喜马拉雅山时说,过此山就是摩诃秦那。这位地理学家的同代人费尔杜西(Firdusi)也使用过这个名称(见 *Journ. As.*, ser. iv, tom. iv, 259; Klaproth, *Mém.*, iii, 257以下)。但大多数不识其意的人,将它与秦(Chin)冗繁地搭配在一起使用,以"秦和马秦"(Chin and Machin)表示同一事物。这一短语与用来表示整个印度的短语"Sind and Hind"有相似之处,但较之用来表示亚洲北方民族的"Gog and Magog"这一短语似色彩较重,因为Sind和Hind可以分开使用。最后人们发现,Chin是雅弗的长子,(按:雅弗是圣经故事中诺亚三子中的幼子。——译者)而马秦则是他的孙子,这情形在很大程度上就像是说,不列颠(Britain)是特洛耶人布鲁图(Brut the Trojan)的长子,大不列颠(Great Britain)是他的孙子。蒙古时代,中国情势一度为西亚较为熟悉,表示中国南部的"蛮子"常为人们说起,这个名称似乎与马秦混淆起来,于是"马秦"一词获得一种特别意义——一种错讹意义。虽然马秦偶尔获得特别意义,但我没有发现Chin获得过类似的特别意义。克拉普罗特引述的一位16世纪的作者确曾明确指出,中国北部和南部即是印度人所说的"秦"和"马秦"(*Journ. As.*, ser., ii, tom., i, 115),但没有证据说明,印度人做过这种区分。据我所知,也没有人引用一个例证说明"秦"特指中国北部。相反,伊本·白图泰有时以"秦"指中国南部,"契丹"指中国北部,将二者区别开来。

## 第八章 蒙古统治下中国以"契丹"之名见称

**93. 蒙古西征；入侵欧洲。**

在中国广阔领土上建立了统治之后，窝阔台征募起庞大的军队，挥师西向。一部指向亚美尼亚、格鲁吉亚和小亚细亚，而另一大部在大汗的侄子拔都的指挥下，征服高加索以北各国，占领俄罗斯，使之成为蒙古属国，并继续将兵燹向西推进。拔都手下的副将率领一队人马侵入波兰，焚毁了克拉科夫，发现布雷斯劳早已成为废墟，居民逃之夭夭。这支军队于1241年月9日在

---

蒙古统治垮台以后，中国与外部的交流停止，这个双元素合成的中国称号，似乎又像以前一样变得晦暗不明。所以，巴巴洛（Barbaro）提到Cini和Macini，尼克丁（Nikitin）提到Chin和Macini，派往印度的叙利亚主教代表团（见前文，p. 127）提到Sin和Masin。所有这些用法显然不再具有复合意义。同时也表明，Máchin有一种新的用法，指印度-支那国家。例如，康蒂（Conti）用它称呼阿瓦或暹罗，弗拉·毛罗追随之，而 *Ayin Akbari* 一书，如我记忆正确，则以此名称勃古。

东方人习惯使用双协韵名称，它有时用来表达一个双重意义的概念，但通常表达一个单一意义的概念。从希罗多德起，我们也有Crophi和Mophi，Thyni和Bithyni；阿拉伯人将Cain和Abel转换为Kabil和Habil，Saul和Goliah转换为Taiut和Jalut，把法老的魔法师转为Risam和Rejam，而犹太传说则将他们转为Jannes和Jambres；基督教传说则将福音书中那两个有时神通广大、有时愚蠢无能的贼人称作Dismas和Jesmas。在蒙古人的行猎比赛中，帮助驱赶野兽的人则被称为Targa和Nargah。在地理学中，我们也有大量类似的事例，如Zabulistan和Kabulistan，Koli和Akoli，Longa和Solanga，Ibir和Sibir，Kessair和Owair，Kuria和Muria，Ghuz和Maghuz，Mastra和Castra（*Edrisi*），Artag和Kartag（*Abulghazi*），Khanzi和Manzi（*Rashid*），Iran和Turan，Crit和Mecrit（*Rubruquis*），Sondor和Condor（*Marco Polo*），等等。（Quatremère, *Rashid*, pp. 243-246; D'Avezac, p. 534; *Prairies d'Or*, i, p. 399.）

苏门答腊的Achin（阿钦）似乎也是由于这种习惯而被伊斯兰教徒水手变成同韵的Machin；但真正的名称是Alcheh。

在印度，这种音律对偶不限于专用名词，一定程度上口语中可随意用到各种名称上。Chauki-auki有时只是表示"椅子"（Chauki），有时表示"桌子和椅子"；lakri-akri，意为"棍和木桩"。也许正是在这样的意义上生出了"秦-马秦"（Chin-Machin）的用法，表示中国和它的附属国。

列格尼兹（Liegnitz）附近的瓦尔斯塔特（Wahlstatt）展开大规模杀戮，打败西里西亚①公爵亨利二世统率下迎击蒙古异教洪流的波兰、摩拉维亚和西里西亚联军。此时拔都率主力部队正在蹂躏匈牙利。匈牙利国王在准备抗击来犯之敌时，已患重病，当他最后率军抵抗时，他的军队大输溃败，损失惨重，他本人勉强逃脱。佩斯被攻占、焚毁，所有居民遭屠杀。

关于鞑靼人及其可怕蹂躏的种种传言，使欧洲人惊恐万状，欧洲联军在列格尼兹的溃败，使这种恐惧感达到顶点。孱弱不堪、内讧不止的基督教世界似乎确已躺在蒙古蛮人的铁蹄下。教皇肯定宣布过十字军讨伐，并向各地致函呼吁，但是他与腓特烈二世②的争斗致使任何联合均告无望，他们对匈牙利国王发出的最迫切的求救呼吁，充其量不过是报以口头声援。鞑靼军队突然东撤，欧洲人闻之如释重负。此时没有人因伸出援手而值得人们表示谢意。窝阔台大汗在亚洲腹地死去，一位廷臣前来欧洲召回蒙古军队③。

94. 征服波斯和阿拉伯。蒙古帝国的分裂。

1225年蒙古的征服活动自蒙古高原向西方再次展开，此次兵锋指向里海以南的伊斯玛仪派（Ismaelians），或称"刺客

---

① 西里西亚（Silesia），斯拉夫人地区，位于欧洲奥得河的中上游，从10世纪以后，其归属问题即存在争议。——译者

② 神圣罗马帝国皇帝（1215—1250年）。——译者

③ 此为旧说。据研究，早在窝阔台死之前，蒙古军队已开始东撤。此大约与东欧的贫瘠对蒙古人缺乏吸引力以及东欧林区和沼泽地带的险阻有关。见（英）赫德逊：《欧洲与中国》，王遵仲等译，中华书局1995年版，第113、116—117页。——译者

派"①,然后是巴格达和叙利亚的哈里发②。旭烈兀指挥下的这次远征的结束,标志着蒙古势力达于高峰。当时君临天下的蒙哥汗是最后一位几乎统治了全世界的君主,1259年死于进军中国[四川]的远征中。他的继承者忽必烈大大扩展了蒙古在中国的统治范围,除在名义上征服了南部和东南边境地区外,他已将全中国置于统治之下,但他的有效统治仅限于这个庞大帝国的东部地区。这个幅员辽阔的帝国现在分成四个部分:(1)大汗直接统辖的最终以汗八里(北京)为中心的国家,包括中国、朝鲜、蒙古和满洲、吐蕃,并声称对东京和阿瓦边境地区享有统治权;(2)察合台汗国,或称中部鞑靼国,以阿里麻里(Almaliq)为首都,包括现代的准噶尔地区,"中国新疆"一部分地区,河中地区和阿富汗斯坦;(3)钦察汗国,或称北鞑靼国,以拔都征服地区为基础,以伏尔加河畔的萨莱为都城,包括俄罗斯的广大地区、高加索北部地区、花剌子模和现代西伯利亚部分地区;(4)波斯,最终以桃里寺为都城,囊括了格鲁吉亚、亚美尼亚、阿塞拜疆和小亚一部、波斯全境、阿拉伯伊拉克和呼罗珊。

---

① [刺客派于1256年底被旭烈兀击败,阿拉木特的第八王储Roen uddin Khurshah被杀。*Marco Polo*, i, 145; 法文版 *Odoric*, pp. 473-483.]
按:元代译为"亦思马因派",伊斯兰教什叶派的一支,源于阿里后裔,第六代教长长子叫作亦思马因,故称亦思马因派。这一派别热衷于培养刺客刺杀敌对方的领导人,故称"刺客派"。刘郁:《西使记》:"其国兵皆刺客……潜令使未服之国,必刺其主而后已,虽夫人亦然。"——译者
② [穆斯塔辛·比拉(Mostasim Billah)是阿拔斯王朝最后一位哈里发;参见 *Marco Polo*, i, pp. 63-64, 67。Rashiduddin说:"(伊斯兰教纪元)656年2月4日(公元1258年2月20日)礼拜三晚上,哈里发(和他的长子及五位贴身太监)在瓦克夫村庄被处死。]

95. 欧洲向蒙古汗遣使之发端。欧洲人何以期望蒙古人对基督教网开一面。蒙古之征服夷平政治堡垒。

在欧洲似已成为引颈待屠的猎物之际,蒙古军队撤走了,但对它发动新的进攻的恐惧却长年萦绕在西方世界。1245年,继格里高利九世之后出任教皇的英诺森四世,在里昂召开会议,讨论如何保护基督教世界、抗击蒙古人的进攻。此前,教皇已采取了行动。这一行动不是勠力同心抵抗共同敌人,而是派遣使者到鞑靼首领那里劝说他们停止屠戮基督教徒,皈依基督教信仰。的确,甚至在鞑靼人大规模暴虐行动引起的最初的恐慌刚刚过去之际,(这种恐惧感在许多年不是减少而是增加)欧洲就流传着一种预言:这些蒙古蛮人皈依基督教的时机已经成熟。此后教廷和欧洲王公们向蒙古人派遣使节的行动,大部分或多或少都有这种情愫。我们已经谈到,蒙古鼎盛时期,大汗的统治几乎从东京湾延伸到波罗的海。这一时期蒙古王公中没有或几乎没有一位是伊斯兰教徒。伊斯兰强权对亚洲广大地区的统治一时间被打倒了。蒙古人对伊斯兰教敌人的沉重打击;早期谣传中将古老的约翰长老故事中的约翰混同于成吉思汗;蒙古各汗及其部属对宗教职业的暧昧不清,很容易使人们把他们划为基督教徒;蒙古汗治下的一些部落首领确实信仰基督教;在一些征服地区,蒙古人在某些情况下对基督教徒实行宽容和保护政策——所有这一些都可能促成和加强了欧洲人所持有的可以促使蒙古人皈依基督教的印象。

由于鞑靼人的洪流冲垮了从黄河到多瑙河之间广阔范围内的人为障碍,所以教廷向蒙古人遣使传教事业变得容易实现。通

第八章　蒙古统治下中国以"契丹"之名见称

畅的道路不仅向传教士和使节们开放,也向那些到大汗脚下表示效忠的执政国王们敞开;漩动的潮流展向更深层,战争、商业和偶然机遇将欧洲各阶层的各种人,带到了遥远的亚洲地区。

96.给欧洲带来新消息的第一批游历家。柏朗嘉宾。

里科尔德·孟特克洛思(Ricold Montecroce)说:"所有的基督教徒应该以感激之情铭记,上帝派遣鞑靼人到世界的东方杀人和被人杀戮的时候,他也将其忠诚而高尚的仆人多米尼克派和方济各派教士派遣到西方启迪心灵,教化善事,建立基督教信仰。"不管在整体上我们怎样评价多米尼克教派对世界所尽的义务,我们对鞑靼人和契丹国的许多有趣的知识,是得益于多米尼克会的修士们,尤其是方济各派修士。许多远涉蒙古腹地大汗营帐的远游者,没有给后人留下记载,但是约翰·柏朗嘉宾和威廉·鲁布鲁克这两位才华超群的方济各派修士,在游历蒙古后却留下了见闻记录。据我所知,是他们最早将复兴起来的关于远东大洋岸边那个文明发达的伟大民族的知识带给西欧。他们以契丹称呼中国:这在当时的欧洲是第一次听到。

约翰·柏朗嘉宾(John Plano Carpini)的名字取自佩鲁贾地区的一个地方①。他是方济各派教团创始人的嫡传弟子,教皇英诺森派遣他担任使团首领出使蒙古,劝戒鞑靼人及其首领弃恶从善。1245年4月16日他从里昂出发,随行的有波希米亚

---

① [*Analecta Franciscana*(iii, 266)的编者们评论说,Plano Carpinis 或 Plano de Carpine 更为正确,Planum Carpinis 或 Planum Carpi 即意大利文 Pian de Carpina 的拉丁文写法,Pian di Carpina 即现代的 Pian la Magione 或 Magione,距佩鲁贾大约14哩。Rockhill, p. xxii, n.]

人斯蒂芬（Stephen）修士，但他不久即病倒，退出使团；在布雷斯劳有本尼迪克派修士波尔（Pole）加入使团队伍，充当译员。1246年2月，使团到达伏尔加河畔的拔都营帐。在此滞留数日后，拔都将他们遣往喀喇和林附近的大汗廷，（三个半月疲惫艰难的历程，对一个年事已高、身体肥胖如柏朗嘉宾的人，不啻为一场严酷的考验。）7月22日到达目的地。对于柏朗嘉宾的行纪，我们不做进一步的叙述，因为达维扎克（M. D'Avezac）已对它做过恰如其分的评论和编辑①。只需说明这一点就够了：11月13日他从贵由汗那里领命，带着大汗对教皇所做的简短而傲慢的复函安全回国，大约在1247年秋天，向教皇复命②。

97. 柏朗嘉宾记契丹。

在叙述了成吉思汗对契丹人的战争后，他对契丹人做了如下的描述：

"契丹国近海的一部分领土迄今尚未被鞑靼人征服。我们提

---

① 参阅见识不凡、令人称羡的论文 "Notice sur les Anciens Voyageurs en Tartarie en général, et sur celui de Jean du Plan de Carpin en particulier," *Recueil de Voyages et de Mémoires*, iv, 399.

[行纪的最好版本有：*The Journey of William of Rubruck to the Eastern Parts of the World, 1253-5, as narrated by himself, with two accounts of the earlier journey of John of Pian de Carpine. Translated from the Latin, and Edited with an Introductory Notice,* by William Woodville... London, Hakluyt Society, M.DCCC.—— *The Texts and Versions of John de Plano Carpini and William de Rubruquis as printed for the first time by Hakluyt in 1598 together with some shorter pieces.* Edited by C. Raymond Beazley, London, Hakluyt Society, 1903. G. Pullé, *Historia Mongalorum. Viaggio di F. Giovanni da Pian del Carpine ai Tartari nel 1245-7.* Firenze, 1913, 8vo.]

② 行程的最后一天到达基辅，这一天正是圣约翰领洗节前两个星期（即1247年6月9日）。

第八章　蒙古统治下中国以"契丹"之名见称

到的这些契丹人信奉异教,自有书写文字。据称,他们有《旧约圣经》和《新约圣经》及《使徒行传》,也有宗教隐士和用作教堂的房舍,于教堂内按时祈祷:据说他们有自己的圣徒。契丹人崇拜唯一的上帝,礼敬耶稣基督,相信永世生活,但全无洗礼。契丹人尊敬我们的圣经,善待基督教徒,乐善好施。温文敦厚、彬彬有礼。没有胡须,相貌颇似蒙古人,只是脸面不甚宽大。自有语言,于人类所习之工艺无不精通,水准之高,举世无匹。国中谷物、酒、金、银、丝绸及人类所需之物产,无不丰裕。"

98.鲁布鲁克东游。

威廉·鲁布鲁克(Willian Rubruquis)是法国佛兰德尔人,奉圣路易之命出使蒙古王公,但出使的目的则难以判断。不过,他的报道说,驻守顿河河畔的拔都之子撒里达为基督教徒,以此判断,他出使蒙古的目的既是为了传播宗教,也有侦测政治形势的性质。这位教士虽然携有法国国王的信件,但显然奉命掩饰其使者身份,而佯装以传播福音为游历之使命。他的游记读来饶有趣味,显示出作者是一位聪慧不凡、善于观察的人;他对一些事物的观察,尤其是对契丹人语言特点的观察,显示出他目光敏锐、犀利。从游记中难以看清楚他经过鞑靼地区时所走的路线。这个问题讨论起来很有意思,但在这里展开讨论则不合适[①]。所以,说明这一点就够了:他于1253年5月7日进入黑海地区,访

---

[①] 关于这个问题,我们将在附录十七做一些评论。

[见裕尔爵士在 *Encycl. Britanica*, xxi, pp. 46-47 所写的 "Rubruquis" 条。Franz Max Schmidt: *Uber Rubruk's Reise von 1253-5...von Franz Max Schmidt*, Berlin, 1885. (*Zeit. Ges. Erdk.* xx.)

问了撒里达、拔都和蒙哥大汗在喀喇和林的汗廷之后,于1255年6月底返回安条克。

99.鲁布鲁克记契丹。

鲁布鲁克叙述了远东几个民族后说:"更远处是大契丹国,我认为即古代所称的赛里斯国,因为最好的丝料仍出自他们之手,其人称之为赛里克(Seric)①;赛里斯国之名得自他们的一座城市。有人告诉我,契丹国有一城市为银墙金堞②。契丹国分为许多省份,其中数省尚未被蒙古人征服。契丹和印度中间以大海相隔。其人身材短小,说话带有浓重的鼻音,同所有东方人一样,眼睛狭促;于各类工艺,无不精通。医师识草药本性,了如指掌,按脉诊断,堪为奇术③;不检验尿便,也不知道这种技术。这都是我亲眼目睹。喀喇和林人数众多,其俗子承父业,不得或改。所以他们被迫交纳沉重赋税;每日付给蒙古人1500亚斯考特(iascot)或称考斯米(cosmi)④;亚斯考尔是银币,重为10马克,

① 此可能指蒙古字Sirkek(见前文, p. 20)。如此,则鲁布鲁克已先于克拉普罗特追溯了这一词汇的东方语源。我不知鲁布鲁克指的是哪个城市,应注意亚美尼亚的摩西所说的西乌尔夏(Siurhia)和西安景教碑中的萨拉格(Saragh, 见上文, pp. 93, 108, 110)。

② 卫匡国(Martini)提到一句流行的关于西安城的中国成语。(按:此大约指"金城汤池"。——译者)参照托勒密对秦奈都城有过论及,认为所谓其城由黄铜所制的各种说法,均失其真。参照托勒密的说法,这几段记载值得注意。

③ 卫匡国论述过中国医师按脉诊断的著名技艺,杜哈尔德对此做过长篇大论的研究。[对于把脉诊断术,中国人曾写过很多论文,见H. Cordier, *Bib. Sinica*, col. 1470-1473。]

④ 我无从知道iascot是什么货币;但cosmi可能与裴戈罗提所说的sommi为同一个字(见下文,卷III, p. 148)。不过,以马克为三分之二英镑计,这里的cosmi的价值约为sommi的十倍。(Rockhill, Rubruck, pp.156–157n.)

## 第八章　蒙古统治下中国以"契丹"之名见称

所以计为日付15 000马克,此中并不包括向他们征收的丝绢和食物,以及强迫从事的其他役务[①]……我向来自契丹的教士们询问,他们告诉我,从我见到蒙哥汗的地方到契丹,去东南方向计20日里程……某日,一位来自契丹的教士身着鲜艳的深红色服装[②],与我并坐而谈,我问他从哪里得到这种颜色。他回答说,在契丹东部地区的悬崖峻岭上有一种动物,身体各部分俱呈人形,只是不能屈膝,须跳跃行走。这种动物身高约一腕尺,全身生毛,居于人类无法进入的穴洞中。猎人们携带酿制得很烈的酒前往,将酒倾倒于岩石上凿出的酒杯状的穴窝中。(契丹人无葡萄酒,虽然他们已开始种植葡萄,但以米造酒[③]。)猎人隐身他处,这种动物钻出洞穴,饮用猎人为它们准备的烈酒,发出'清、清'的叫声。这些动物因这种叫声而得名,被称为'清清'(猩猩)。这些动物大量聚拢过来,共饮烈酒,因酩酊大醉而睡过去。此时猎人走出来而将它们的手脚缚住,割开其脖颈子上的血管取三四滴血,然后将它们放走。这位教士告诉我,这种极为贵重的紫色染料乃取自猩猩血中[④]。他们还告诉我一件事,尽管言之凿凿,但我

---

① pp. 291-292.

② [Rochhill, *L. C.*, p. 199 n. 说:"这位僧人肯定是一位访问中国的吐蕃喇嘛,中国的僧人(无论佛教徒还是道士)从不穿红袍,鲁布鲁克修士告诉我们,蒙古人中的道人均着黄袍。"]

③ [Rochhill,前引书,p. 199 n. 说:"虽然中国人从未以葡萄酿酒,但从公元前2世纪伟大的旅行家张骞从突厥斯坦带回葡萄种子后,中国人就开始种植葡萄了。"]

④ 此确为中国故事。[此处所述故事见于太原王纲所著《猩猩传》(按:考迪埃此注作 *Chu Ch'uan* or *Record of Notes by* Wang kang。经王永平教授帮助复原。——译者),但我不能确知这本书的成书年代。威廉修士所述故事的其他细节见于另一著作《华阳国志》。华阳国包括现今四川省一部。这部书记载,猩猩见于掸国(哀牢)、永昌

绝不相信。这就是：契丹国远边有一省区，无论何种年龄之人，进其境则永不再增老。契丹毗邻大洋……通用之钱为棉纸币，长宽约如手掌，其上印有几行字，似蒙哥汗的印玺；契丹以刷子书写，如画师以画笔作画，一字由数个字母组成全字①。"

100. 亚美尼亚诸王游记。森帕德和海屯王。

鲁布鲁克蒙古之行不久，另一位旅行家访问了蒙哥汗廷，并留下了旅行记录。此人即是小亚美尼亚国王海屯（Hethum，或作Hayton）。这位定居在西里西亚的锡斯（Sis）地方的国王，在初期即认识到蒙古人势不可挡，遂与之议和，甘为大汗之附臣。贵由汗登基时（1246年），海屯王派他的兄弟、王室总管森帕德（Sempad，或作Sinibald）前往汗廷，以求续结良好。这位王子去国达四年之久，途中写回一信函，其中提到唐兀惕和契丹，也提到，所谓这些国家信奉基督教之说全为谬见②。

----

郡；其血可制红色染料。马端临《文献通考》卷329引其文。Rochhill, *L. C.*, p. 200 n. 裕尔（Yule, *Hobson-Jobson*, p. 154）提到鲁布鲁克的这个故事，写道："同样值得注意的是，三百五十年后（1600年）Francesco Carletti, *The Chinese books of geography* 中也讲述了同样的故事，内容极为相似。他把这种动物称为'猩猩'。(*Ragionamenti di F. C.*, pp. 138–139.)"]

按：唐李肇《唐国史补》卷下："猩猩者好酒与屐，人取之者，置二物以诱之。猩猩始见，必大骂曰：'诱我也！'乃绝走远去，久而复来，稍稍相劝，俄顷俱醉，因遂获之。"——译者

① pp. 327–329. 我相信，无论是马可·波罗还是16世纪以前的任何其他旅行家，均未有鲁布鲁克锐敏的观察力，识辨出中国书法文字的这个显著特点。

② 这封信是写给塞浦路斯国王、王后和宫廷中其他人的，写作地点显然是撒马尔罕。节录如下："我们已知道，现在在位大汗的父亲（窝阔台）已在五年前驾崩，鞑靼王公贵族和士兵分布在世界各地，在五年内不可能聚拢在一地拥立新大汗登基，因为他们有的驻扎在印度，有的在契丹，还有些在可失哈尔（caschar）和唐兀惕。从唐兀

## 第八章 蒙古统治下中国以"契丹"之名见称

蒙哥汗继位不久,海屯即前往汗廷拜见大汗,以稳固与蒙哥汗的关系,并为其本人及其国家争得利益。他在1254年初动身,首先拜见驻卡尔斯(Kars)鞑靼军队的将军拜住那颜(Bachu Noian),然后通过亚美尼亚本土和德尔本特(Derbend)关口到达伏尔加河畔,在那里见到拔都及其子撒里达。海屯在游记中称撒里达是基督教徒,这与鲁布鲁克的说法正相反,鲁布鲁克认为此类故事纯属无稽之谈①。拔都和撒里达盛情款待海屯,然后将

---

惕曾有三位国王来伯利恒朝拜基督耶稣。其国人民深知基督过去和现在的崇高与伟大,所以皈依基督;契丹全国人民信仰这三位国王。我曾亲临契丹人的教堂,目睹基督耶稣和这三位国王的画像;画像上,一位国王捐奉黄金,第二位呈献乳香,第三位呈献没药。通过对这三位国王的信仰,汗和他的人民已经成为基督教徒。三王在宫门前设有教堂,他们在教堂前撞钟击木……我告诉你们,我们发现,东方各地都有基督教徒,很多优雅、华贵、历史悠久而又精致的教堂,这些教堂遭突厥人的抢劫和破坏,该国的基督教徒投奔现在临政大汗的祖父麾下,他以最大的诚意接纳了他们,准许他们信仰自由,颁令宣布禁止引起他们口头上的抱怨和行动上的不满。所以,曾对他们轻侮傲慢的伊斯兰教徒,现在对他们采取两面手段……我告诉你们,在我看来,那些(在基督教徒中)以传教士自居、装腔作势的人,应该受到惩罚。我还告诉你们,在圣托马斯传播基督教的印度国,有一位基督教国王在伊斯兰教国王的包围中饱受磨难。这些伊斯兰教国王曾从四面八方骚扰他,直到鞑靼人到达印度,他归顺鞑靼人。随后他以自己的军队和鞑靼人提供的军队,向伊斯兰教徒发动进攻;他在印度获得大量战利品,以致整个东方都有印度奴隶;我目睹过这位国王俘获并出售的 50 000 印度人。"(Mosheim, *App.*, p. 49.)

[我在附录中从 *Recueil des Historiens des Gaules et de la France*, 1840, Vol. xx 之 *Vie de Saint Louis par Guillaume de Nangis*, pp. 361—363 中录出这封信的全文。]

作者写此封信的动机也许是为了证明,其兄弟海屯如同这位印度国王一样,归附鞑靼人是正确的。1276年,这位作者在追击入侵的突厥曼人时,于马拉什附近的西里西亚脚部负伤,死于锡斯,享年68岁。见 *Historiens des Croisades*,——*Documents Arméniens*, i, 1869, p. 606。]

① 见卷Ⅲ, p. 19。鲁布鲁克修士离开撒里达营帐时,一位鞑靼军官对他说:"你不要说我们的头领是基督徒,他根本不是基督徒,只是一个蒙古人!" (p. 107) 这情形正像瓦尔特·斯各特爵士 (Sir Walter Scott) 讲述的一个故事:旧时一位思想陈旧的苏格兰

他遣往喀喇和林。海屯东行路线远在柏朗嘉宾和鲁布鲁克东行所取路线之北。海屯一行于5月13日离开拔都汗帐,9月13日到达大汗营帐,14日觐见大汗并呈献礼品,受到大汗礼遇。11月1日海屯动身回国,经别失八里,[阿里麻里、亦剌巴里]、现在的准噶尔至讹答剌、撒马尔罕、布哈拉,又经呼罗珊、马赞德兰到桃里寺,于1255年7月回到他的祖国亚美尼亚。

海屯王讲述了很多耳闻目睹的关于蛮族的新奇事物,其中就有契丹人的新奇事。契丹国许多人是偶像崇拜者,信奉叫作释迦牟尼的泥土制成的偶像。这个人物在过去3040年里被奉为造物主;他将统治世界35万年,然后脱去神性。契丹人还信仰另一位叫作Madri的神祇,为这个神制造了一个极大的塑像。海屯的这些叙述,大体上指佛教及佛陀,即最后的圣人释迦牟尼,以及未来佛弥勒(Maitreya, Maidari)。海屯王还听说过契丹以远的一个国家,其国女性富有理性,如同男人,但男人却是一些长毛的大狗。柏朗嘉宾也听说过这个故事。克拉普罗特在这个时期的汉文典籍中找到了这个故事[1]。半个世纪以后,海屯王的同

---

旅行家,想在英格兰和苏格兰边界的某个城镇里找一处住宿,但一无所获,绝望中大喊:"难道没有一位善良的基督徒为我提供住宿吗?"一位老夫人闻此回答:"基督徒?不,不,我们这儿是贾斯丁家族和庄士敦家族。"

[1] 见 *Plani Carpini*, pp. 12, 36。海屯王在晚年逊位出家。他的儿子海屯二世在晚年亦如此;他的族人历史家海屯在晚年亦出家。

[《海屯行记》原由基拉科斯·冈萨克奇(Kirakos Gandsaketsi)以亚美尼亚文写成。基拉科斯是海屯王的随员。阿古廷斯基(Argutinsky)将《行记》译为俄文,克拉普罗特又译作法文。(*Nouv. Journ. Asiatique*, 2 sér., xii, pp. 273 seq.)1870年,布罗塞(Brosset)再译为法文。(*Mém. Acad. Des Sciences, St. Péterb*, July, 1870.)1874年帕特卡诺夫(K. P. Patkanov)译成俄文。见H. Cordier, *Bib. Sinica*, col. 1898-1899。1876年布列施乃德(E.

第八章 蒙古统治下中国以"契丹"之名见称

名亲属小海屯写成的历史中,也有关于契丹和其他远东国家的知识,一部分可能也取自海屯游记或海屯同行者的记载。

101.波罗家族。波迪埃注《马可·波罗游记》。

在这里我们不打算详述威尼斯的那个著名家族。从鲁布鲁克和海屯王的东方之行到13世纪末,威尼斯波罗家族成员的游历在这个历史阶段上占据着重要位置。波罗家族的游记,使欧洲熟悉了契丹之名及其新鲜事物。在这方面波罗家族的游记,比所有其他游记发挥了更大作用。的确,在马可·波罗光芒四射的星空旁,到达契丹的所有其他旅行家只是黯然失色的星星。马可·波罗的真实性曾一度受到怀疑[1],但这种怀疑久已过去。马可·波罗的真实存在和他所做的正确观察,由于重新获得失去的或被遗忘的知识而变得更为明朗。五十年前《观察家旬刊》收到一份《马可·波罗游记》新意大利文版出版的声明[2],以轻蔑的态度预言,对这位旅游家的研究,除马斯登(Marsden)完成

---

Bretschneider)译成英文。(*Journ. North China B. R. AS, Soc.*, x, 1876, pp. 297 seq.; rep. *Medieval Researches*, i. 1883, pp. 164 seq.)有意思的是,"中世纪的作者提到[亦剌巴里]这个城市,似乎仅此一例。很显然,该城坐落在伊犁河畔,大概在固勒扎(Kuldia)到塔什干邮道跨越伊犁河处。伊犁河左岸有一个城镇叫作Iliskoye。"(Bretschneider, *Med. Res.*, ii, p. 44.)]

按:Kuldia或作Kulja,《西域图志》作固勒扎,一名金顶寺,清置宁远县,属伊犁府,为今伊宁市,昔阿里麻里及亦剌巴里(Ilibaliq)均在其境内。见冯承钧:《西域地名》,第56页。——译者

[1] *Histoire Générale des Voyages*(这恐怕是自英文译出的版本)的编者们对马可·波罗是否到过中国表示怀疑,因为他在书中未谈及中国长城、茶和女人裹脚等。(Baddelli Boni, *Il Milione*, p. lxxv.)[见 *Marco Polo*, i, p., 292 n.。]

[2] Baddelli Boni, *Il Milione*, p. civ. 不过,这些话也许只是说明不可能从意大利文档案中发现新的内容。

的研究之外，很少有可为之处。在马斯登出色的版本中，他确实做了很多工作，但毫不夸张地说，自马斯登之后，由于从中国、蒙古和波斯的历史中得到补充，对《马可·波罗游记》的研究成果增加了一倍多。由于克拉普罗特、雷慕沙、夸铁摩尔和其他许多学者——主要是法国学者——的工作，中国、蒙古和波斯历史已被介绍给欧洲读者，或直接用于对马可·波罗的诠释。去年巴黎推出了波迪埃编注的《马可·波罗游记》，远远超出了先前人们试图研究的所有内容，在注释中不仅集中了先前注解者提出的许多最合理的见解，而且采纳了波迪埃本人汉学研究的大量全新的内容[①]。

102.统治波斯的蒙古汗和欧洲王公的外交往来。蒙古征服引起的民族融合。

在13世纪最后三十年和14世纪最初数年间，统治波斯的蒙古汗和基督教世界的君主之间有过多次外交往来；在这些交往中，我们发现蒙古王公的语气已不像前一时代鲁莽蛮横。他们不再持有那种居高临下、盛气凌人的霸气，他们现在的大目标是与基督教世界结成联盟，对付其死敌埃及苏丹们。但这些外交交往，除在一个有趣的次要方面外，与我们的主题无关涉。波斯各汗作为大汗的臣民，仍然接受大汗国玺，法国档案馆保存两封带有古汉语铭文的波斯汗书函，展示出波斯汗所受国玺的印章；其较早一封大概是传入欧洲的最初的汉文书函[②]。

---

① ［无须说，当时 Yule, *The Book of Ser Marco Polo* 还没有出版；该书第一版于1871年，第二版于1875年，第三版由我修订，出版于1903年。］

② Rémusat, *Mém. de l'Acad. des Inscript.*, vii, 367, 391. 较早的一封信是阿鲁浑于

## 第八章 蒙古统治下中国以"契丹"之名见称

蒙古征服者在中国和西亚之间所造成的这种特别关系，不仅将陌生人从遥远的西方输送到中国及其边境，而且也将中国人从中央王国传输到遥远的地方。人们不仅看到由阿兰人和钦察人组成的军队在东京作战，而且也可以看到中国工程师受雇在底格里斯河畔工作，中国的占星术士、医师和技师在桃里寺接受人们咨询①。忽必烈使团的足迹扩展到马达加斯加。

---

1289年所写，以蒙古-畏兀儿文书写在长六呎半、宽十吋的棉纸上，加盖红印玺三次，印方五吋半，含六字："辅国安邦之宝"。第二封信由合尔班达（Khodabandah）即完者都写于1305年，盖章上有："奉天承运，受命征服蛮夷万邦大汗之胄印"。（大意。——译者）这封信可能是他致爱德华二世的复函，1307年10月16日到达北安普敦。其副件收入 Rymer, *Faedera*（Rémusat，上引文）。

［致法王美男子腓力普的这两封信现存巴黎法国国家档案馆；Prince Roland Bonaparte ed., *Documents de l'époque mongole*, Pl. xiv 有这两封信的摹本。］

据波斯阿鲁浑汗即位第一年5月致教皇的一封信，第一个使团很可能是在即位第一年（1285年）派往洪诺里乌斯四世的。（见 *Annales Ecclesiat.*, 1285, p. 619, Chabot, *Mar Jabalaha*, pp. 188以下。）第二个使团则是巴·扫马所派（1287—1288年，上文，p. 120）。教皇尼古拉四世给巴·扫马的复函及其致阿鲁浑的信收入 Chabot, *Mar Jabalaha*, pp. 195, 200。阿鲁浑派出的第三个使团（1289—1290年）以热纳亚的基督徒卜斯卡莱尔（Buscarel）为团长；他带给法王美男子腓力普的信函原件，现存巴黎法国国家档案馆；信件以畏兀儿文写成，Prince Roland Bonaparte ed., *Documents de l'époque mongole* 有这两封信的摹本。他还访问了英王爱德华一世，于1290年1月5日到达伦敦。见 T. Hudson Turner *Unpublished Notices of the Times of Edward I, especially of his relations with the Moghul Sovereigns of Persia.*（*Archaeological Journal*, viii, 1852, pp. 45-51.）阿鲁浑派往罗马的第四个使团（1290—1291年）以查甘（Chagan）为团长。（见 Chabot, p. 235以下。）

① 见 *Polo*, iii, 35; D'Ohsson, ii, 611; iii, 265; Quatremère, *Rashid*, pp. 195, 417；以及 Rashid 本人夸张的说法（p. 39）。马可·波罗返回家乡三十年后，立下遗嘱，允许他的蒙古仆人自由，并留给他一笔财产。

［同样，我还要让我的仆人蒙古人彼得解除一切束缚，获得完全自由，就像我祈祷上帝免除所有罪孽，拯救我的灵魂一样，而且我还要给予他在自己家中以劳动可能获得的一切财富，除此之外，我留给他100里拉的威尼斯银币。"（*Marco Polo*, i, p. 72.）

103.《海屯行记》。高里古亲王。

马可·波罗时代,一定还有其他的法郎机(Frank)旅游者到过中国,如马可·波罗提到的德国工程师,曾在马可·波罗的父亲、叔叔和马可本人监督下,建造机械炮,帮助忽必烈攻击湖广地区的襄阳府(Saianfu),但波罗一家居留中国期间,没有其他的记载流传下来。①

前已提到的高里古(Gorigos)王子海屯的游记中,记述地理的部分有一章记契丹趣事。这位王爷经历了长期的东部战争和政治事件,〔1305年他被逐出小亚美尼亚后,去了塞浦路斯,在塞浦路斯的拉帕伊斯(Lapaïs)修道院出家,做了普瑞芒斯特兰会(Praemonstrants)的一名修士。1306年末,他来到法国。1307年8月,他接受克里门五世②的旨意,在普瓦提埃以法语向图尔的尼古拉·富尔康(Nicholas Faulkon)口授其历史。后来富尔康将它译成拉丁文③。这部历史共分六十章,记载了亚洲地理、蒙古汗史以及对圣地〔耶路撒冷〕和东方基督教徒的见闻。

---

① 〔参见 *Marco Polo*, ii, pp. 158-169。〕
〔*Marco Polo*, ii, p. 159说:"大汗命令他们全力以赴尽快制造这种抛石机,尼可洛和他的兄弟及儿子命人将木材依工作需要运来。他们的随从中有一位是日耳曼人,一人是景教徒,他们指导这二人制造二至三门能抛出重300磅石块的抛石机。"裕尔(Yule, *Marco Polo*, ii, p. 167)说得对:"由于年代上涉及的难题,这一章是全书中最令人困惑不解的。"蒙古人围攻襄阳发生在1268年的下半年。制造抛石机之事只能符合于1273年3月围攻樊阳。围攻襄阳时,马可·波罗尚未到达中国。(*Marco Polo*, ii, pp. 167-169.)
② 即教皇克里门五世(1305—1314年)。——译者
③ 《海屯行记》的法文本结尾说:"我,尼古拉·富尔康,最初以法文写成此书,是根据海屯修士口述写成,没有注释,也没有解说。我将它译为拉丁文。由教皇阁下在1307年8月出版。阿门。"

## 第八章 蒙古统治下中国以"契丹"之名见称

这部历史的前十五章以次记述亚洲各主要国家,可能是迄至当时为止编成的最出色的亚洲地理著作。本书附录中可以看到有关契丹的一章①。

[海屯携带着教皇致提尔(Tyre)王子关于圣殿骑士团的信件,于1308年5月6日抵达塞浦路斯。然后返回祖国,被任命为王室总管,大约于1314年后死于亚美尼亚,并非于普瓦提埃终老。]

**104.罗马教会遣使契丹。孟高维诺、安德鲁、科拉、鄂多立克、乔丹努斯、马黎诺利。**

就在波罗家族三人返抵家乡之际,新的旅行家队伍中,一位先行者正进入中国南部,此人就是约翰·孟高维诺(John Monte Corvino)。这位已年近五十的方济各教士,独身一人投入了异教和他蔑视的景教的汪洋大海,去传布上帝的福音。在他艰辛而孤独地奋斗数年之后,其他教士加入了他的传教队伍。教廷醒悟过来后看到了正在发生的一切,遂任命孟高维诺为汗八里即北京地区的大主教,行主教之职,并不时地向他派遣出主教和修士。罗马教会的势力扩展开来;教堂和方济各修道院在汗八里、刺桐(泉州)、扬州和其他城市修建起来;在大汗本人的直接庇护下,传教团得以发展壮大。1328年孟高维诺去世,众多异教和基督教悼念者为他送葬。14世纪初到1328年间,在中国传教的修士中,有数人留下了信函或更长篇的记载,讲述他们在契丹的经历。可以提到的有:刺桐主教波鲁吉亚地方的安德鲁(Andrew of Perugia),苏丹国大主教约翰·戴科拉(John de

---

① 附录十四。

Cora)(不知道他的记载是否出自个人的亲身经历),尤其是波德诺内地方的鄂多立克修士。乔达努斯修士《东方奇闻录》中,有段关于中国的简短有趣的记载,乃采自他人的著作,也属于这一时期的作品。①

约翰大主教之后,教会方面的唯一记载是约翰·马黎诺利的回忆录。马黎诺利作为教皇的使节,在北京元朝宫廷中度过了四年(1342—1346年)时光。

105. 14世纪与印度和契丹频繁的商业往来。

这一时期,除了教会派出的教士外,还有使节交往。这类记载是非常零碎和不完全的,但许多事例和一些偶然记载下来的见闻说明,14世纪上半叶欧洲商人何等频繁地前往远东。这种形势是两个世纪后很难想象的,那时所有这些地区重新开放,几乎完全被视为新开发的土地,就像同一时期科泰斯②和皮萨罗③正在西方吞并的各国一样。

频繁的商业交往——至少与中国的商业交往——大概直到14世纪初以后才开始。孟高维诺在1305年写信说,他当时已十二年未闻罗马教廷的消息,也不知欧洲的政治形势。当时已在中国的一位西方客是伦巴第的外科医生,他散布了恶毒攻

---

① 这一时期(1309年左右)最博学的教士旅行家之一里科尔特·孟特科罗克所做的游历在范围上显然不超过巴格达。他只是记述成吉思汗的征服活动时提到契丹一次。(Pereg. Quat., 120.)

② 赫尔南·科泰斯(Hernan Cortes, 1845—1547年),西班牙殖民者,探险家,中美洲征服者。——译者

③ 弗朗西斯科·皮萨罗(Francisco Pizarro, 1504—1548年),西班牙殖民者,探险家,秘鲁征服者。——译者

## 第八章 蒙古统治下中国以"契丹"之名见称

击教皇的流言蜚语。不过,在约翰修士初次前往契丹时,有一位来自鲁卡郎哥(Lucalongo)地方的彼特师傅从桃里寺起就与他结伴而行。彼特是一位虔诚的基督徒、善于经营的商人,[在汗八里他出资修建了一座基督教堂]。下面我们要提到的刺桐主教安德鲁,在信中引用了他在这个海港大城结识的热那亚商人们的意见,谈到了人们的各类交往。威尼斯人马里诺·萨奴托(Marino Sanuto)于1306年左右写信建议推翻伊斯兰教政权,提到许多前往印度贩货的商人安全返回。大约在1322年,多米尼克派的乔达努斯修士,在孟买附近的塔那(Tana)遭遇到灾厄,他的四名教友被穆斯林杀害。这时他遇到一位热那亚年轻人援助了他;他自古吉拉特发出过几封信,其中一封信中提到他从"拉丁商人们"那里获得的消息。我们发现,四名殉难修士的故事中,提到一位皮萨商人在印度海域拥有一条船。曼德维尔也提到,威尼斯和热那亚的商人经常到霍尔木兹海峡贩货①。1330年鄂多立克写作其游记时,为了肯定他所讲述的著名的"行在"即杭州城的新奇事物的真实存在,提到自己回国后在威尼斯遇到的许多人,这些人曾亲眼目睹过他游记中所说的事物。几年之后(1339年),我们发现商人摩德纳地方的威廉(William of Modena)在伊犁河畔的阿力麻里克城与几位修士正在为基督教信仰而献身。约翰·马黎诺利提到,1347—1348年他在马拉巴尔时,为他做翻译的年轻人,在印度

---

① 关于曼德维尔游记的价值,或者说它的无价值,我们请读者参阅 *Marco Polo*, ii, pp.598—605我们所作的注释。

海得到一名热那亚商人的拯救才逃脱海盗之手。我们从马黎诺利的记载中还发现，刺桐的一所圣方济各修道院拥有一座工场，还有供基督教商人使用的仓栈。

106. 裴戈罗提的《经商指南》。

欧洲与契丹之间重要而频繁的贸易，以丝绸和丝制品为大宗。最清晰显著的例证，见之于巴尔杜奇·裴戈罗提（F. Balducci Pegolotti）的著作。裴戈罗提著作的说明和节录收入本汇编。作者在举例说明前往契丹途中所需费用时说，一个商人携带货物的价值可达12 000镑。这项贸易投机的重要性于此可以显见。

107. 伊本·白图泰海上东游中国。蒙古统治的崩溃，东西交流的中止。

大约于1347年，摩尔人伊本·白图泰从海上到达中国。他的中国之行也发生在蒙古统治时代和东西方商贸繁荣的时期。伊本·白图泰的游记是本书内容的一部分。

但是，14世纪中叶蒙古王朝倾颓瓦解之后，基督教使团和商人活动很快就从欧洲与中国的交流中退出。阿维农教廷确曾派出修士和主教，但这些人一去杳然，不知所踪。统治中国的新掌权者重归于中国固有的政策，将外国人控于掌握之中；而伊斯兰教已经恢复了元气，将其势力扩展到中亚，在中亚一度盛行的基督教景教派迅速消失，仅在一些似是而非的与土蕃喇嘛教礼拜式纠缠在一起的教会仪式上留下些许蛛丝马迹，其情形就像波利尼亚岛屿上的一位首领的草棚上装饰着一些取自一条沉船上的镀金的船舱部件和玻璃镜一样。浓雾已降临到远东的上空,覆盖了"蛮子"和契丹及其城市,如汗八里、行在、刺桐和秦喀兰(Chinkalan),而过去的旅行家曾谈到过这些城市中的奇妙事物。一个半世纪以后,当笼罩着的纱幕在葡萄牙和西班牙探险家面前揭去的时候,这些名字再也听不到了。取而代之的是中国、北京、杭州、泉州和广州这些名称。不仅这些旧名称被忘记,而且这些地方曾为人所知这一事实本身也被人们完全忘记了。岁月推移,耶稣会教团再次从罗马出发前往中国。新的信众出现了,新的教区建立起来了,旧的方济各教团和景教组织——方济各教团曾与之斗争——淹没在异教思想的汪洋大海中。我们看到,经过一段时间之后,人们注意到先前存在的基督教会的纤微遗迹,重新忆起马可·波罗的记载,便纷纷开始猜测,中国和契丹是否是一个国家。

# 第九章　契丹演变为中国。结束

108.蒙古垮台后一个半世纪中对中国的少数见闻。克拉维约和施尔特伯格。109.尼科罗·康蒂游记；他可能访问过中国。110.世界志研究者对康蒂见闻的利用。弗拉·毛罗。帕拉丁图书馆所藏《世界志》。111.波吉奥记载一位来自契丹边境的基督教使者到访教皇尤金乌斯四世。112.约萨法·巴巴洛搜集的见闻。113.帖木儿之子沙哈鲁遣使记。114.哥伦布寻找契丹国。115.葡萄牙船只首次到访中国。116.契丹在地理学史上仍占有独立地位。自北方寻求通往契丹的道路。安东尼·金肯森的游历。117.拉姆希奥和布斯伯克保存的16世纪契丹游记。118.鄂本笃寻求契丹，最终证实契丹即中国。我们的考察结束。

## 第九章 契丹演变为中国。结束

**108. 蒙古垮台后一个半世纪中对中国的少数见闻。克拉维约和施尔特伯格。**

但我们在这一方面的探讨进行得过于急促了,我们必须回到已谈到的这个不为人熟知的阶段,即元朝覆亡到葡萄牙人初次出现于虎门的这个时期。契丹这一名称没有被忘记;诗人和传奇故事作家还记得它[1],地理学家们还在地图上标出它的突出位置。但情形不完全是如此。东亚的上空此时已笼罩上一层纱幕,从纱幕的背后不时闪出一些飘忽不定的微光。鲁伊·冈萨勒兹·德·克拉维约(Ruy Gonzalez de Clavijo)曾出使撒马尔罕的帖木儿朝廷(1403—1405年)[2],巴伐利亚人约翰·施尔特

---

[1] 例如,薄伽丘著作中米特里丹尼(Mitridanes)和纳丹(Nathan)的故事就发生在契丹。

[2] 克拉维约提到契丹国君派往帖木儿王催索未付年贡的使者。当帖木儿看到西班牙人坐于契丹大使之下时,便传下命令:西班牙人应坐于契丹大使之上;帖木儿视西班牙国王为其子,与之亲善,视契丹国君为奸恶贼人,为其仇雠,故西班牙国王所派遣的人不应坐于契丹大使之下座。此时帖木儿正谋划远征中国,刚刚将计划付诸实施即死于讹答剌(1405年2月17日)。

克拉维约说:契丹皇帝名九邑斯汗(Chuyscan),意为"九邦之帝"。但察合台人(帖木儿治下之民)称之为通古斯(Tangus),意为"猪皇帝"(Pig Emperor)。(译按:后文节录十四作Taugus("桃花石")。——译者)运到撒马尔罕的所有商货中,最好的商货来自中国(不知克拉维约是否知道契丹和中国是同一个国家),特别是丝绸、丝缎、麝香、红玉、钻石、珍珠和大黄为最优。据称,中国人是世界上最灵巧的工匠。他们自称有两只眼睛,佛郎机人(Franks)只有一只眼睛,而摩尔人(穆斯林)则为瞽目(我们发现这种说法被不同作者频繁引述)。契丹的首都汗八里距撒马尔罕有六个月的路程,其中有两个月须跨越草原。在西班牙使团出使帖木儿朝廷的这一年,800头骆驼满载货物,从汗八里来到撒马尔罕。随驼队来的人说,汗八里近海,其规模相当于桃里寺的20倍。现在桃里寺长有一里格多,所以汗八里的长度一定是20里格(糟糕的几何计算,鲁伊先生!)。契丹皇帝本是异教徒,但已皈依基督。(Markham, *Trans.*, pp. 133 seq., 171, 173 seq.)

柏格（John Schiltberger）曾在巴耶塞特（Bajazet）和帖木儿的军队中服役多年，1427年才返回其祖国[①]。他们对契丹的肤浅的记载，就属于这种纱幕后迸出的微光。

109. 尼科罗·康蒂游记；他可能访问过中国。

尼科罗·康蒂（Nicolo Conti）的游记中包含着更多有关契丹的详情。游记约在1440年由波吉奥·布拉西奥利尼（Poggio Bracciolini）用拉丁文记载下来，《15世纪的印度》一书中载有译文。康蒂的叙述中没有明确说他是否曾亲到过契丹[②]；但我认为，其内在的证据说明他一定到过中国。他简略地提到汗八里（Cambaleschia）和临朝契丹皇帝所建的另一座大城，他称这座城市为"南台"（Nemptai），说它人口众多，为诸城之冠[③]。他提

---

[①] 施尔特柏格与克拉维约似乎在同一时期都居于撒马尔罕。他关于中国的全部论述，就是提及克拉维约所记载的契丹派往帖木儿宫廷的使节，和帖木儿准备入侵中国的计划："这时契丹大汗遣使携400匹马到帖木儿朝廷，向帖木儿索贡，因为他疏于贡献、据为己有已达五年。帖木儿引使者至首都撒马尔罕。随后遣回使者，令其回告他的主子，帖木儿不再向契丹大汗称臣纳贡，而且他还想使契丹皇帝向他称臣纳贡。他将亲自会见契丹皇帝。于是他传令全国做好出征契丹的准备。当他募集起180万人时，便率军（向契丹）进发达一整月。"等等。（*Reisen des Johannes Schiltberger*, etc., München, 1859, p. 81.）

[②] ［我认为康蒂实际上没有到访中国。设若他真的到过中国，那么他就不会使用马可·波罗所使用的过时的地理词汇，即外国人使用的词汇，而是使用真正的中国地名，就像16世纪上半叶葡萄牙人到达中国时所做的那样。］

[③] 我认为这个城市即南京。"ab imperatore condita"（由皇帝所建）似乎指城市的新建或重建，这一点恰好适于蒙古人被驱逐后（1367—1368年）作为明朝首都的南京。拉姆希奥的意大利文康蒂游记中确有这样的文字："la quale da poco tempo in qua è stata fatta di novo di questo rè."康蒂说南台城周边长为30哩（miles），虽言过其实，但较之晚些时期的旅行家们所说的长度，更接近事实（见下文，p. 205）。我对这个名称不能做出解释，但我相信该名称为蒙古人对南京的称呼，此大概与明朝定都南京后称之为"应天府"（*Martini*）有关，沙里夫丁（Sharifuddin）的帖木儿传中也存在同样的情形，这本书中提

第九章　契丹演变为中国。结束

到这个国家非常富庶，人民的儒雅、文明，可与意大利人相媲美。契丹国商人极为富有，其船舶之大，远过于欧洲的船只，船体呈三边结构，为安全之故分成不透水的隔水舱。他说："契丹人称我们为佛郎机人（Franks），其他民族是瞽目人，我们佛郎机人是独目人，只有他们以双目观看事物。"在东方诸民族中，唯有契丹人进餐时使用桌子和银制碟具。女人们化妆饰面。在山侧凿穴为墓，上方起拱门，外边围以漂亮的墙壁。所有这些细节都完全准确，除非亲身经历，几乎不可能获得[①]。

110.世界志研究者对康蒂见闻的利用。弗拉·毛罗。帕拉丁图书馆所藏《世界志》。

康蒂带回家乡的新知识被当时满怀求知欲的世界志研究

---

到，从陕西边境的长城关口Tetcaul（引述沙哈鲁使者的Karaul？见下文）到Kenjanfu（即西安府，见下文，p. 246），是51天的行程，从Tetcaul到汗八里和Nemnai均为40天里程。这个字大概也应与康蒂的记载一样读作Nemtai。一个符号之差，情况异然。（Pétis de la Croix, iii, 218.）[文中所指的城市可能是南京，不像温特·约翰所译波吉奥本的一个注释中所认为的杭州；但是，Nemptai或Nemtai是Nam tai的音写。Nam tai是闽江中的岛屿，1842年的条约签订后，在福州的外国人在此建房定居。]

[①] *India in the XV[th] cent.*, pp. 14, 21, 23, 27. 关于墓穴的这段记载，在现印本中确实用于描写"前印度"（*Anterior India*），但我相信，这肯定是"内印度"（*Interior India*）之讹。"内印度"是康蒂用来称中国的词语，他在引述佛郎机人一只眼的谚语时，用的是*Interiores Indi*。温特·约翰将这个词语误译为"The native of *Central* India"（中印度人）；但这个字指的是"更远处"（remoter），如科斯马斯说锡兰输入的丝绸"来自更远的地区（ἀπὸ τῶν ἐνδοτέρων，我指的是秦尼斯达和那一地区的其他市场"，他再次提到中国时说，"ἧς ἐνδοτέρων（意为'更远处的内地'，其用法如苏格兰人一样）没有其他国家"。托勒密使用了相似的词语来表示remoter。关于墓穴的描述，用于中国人的墓穴非常准确，但不适合于其他人民。

波吉奥显然没有深刻领悟康蒂的地理，于是将东方不同民族的特征混淆了。所以这段从垂直方向写到的、用于印度各族的文字，可能只适合于中国人。

者获得，这些新知识的很多内容被收进佛罗伦萨帕拉丁图书馆所存的《世界志》①，也收进了更为重要的弗拉·毛罗（Fra Mauro）的地图中，该地图现存威尼斯公爵宫。弗拉·毛罗的地图的确包含了比波吉奥的记述更多的内容，特别是关于恒河流域和伊洛瓦底江流域的知识，已大为增加。毫无疑问，康蒂在威尼斯时，曾接受过这位研究世界志的修士非常认真的反复询问②。

---

① 祖尔拉（Zurla）认定这幅地图为1417年所绘（Dissert., ii, 379）。如果我没有搞错的话，该地图就以这个年代列入帕拉丁图书馆目录，但是该地图与康蒂记述在很多细微处，如他所记载的大小爪哇、桑代（Sandai）和邦丹（Bandan）诸岛、锡兰的湖等多方面的巧合一致，使人无法对它们的来由产生怀疑。这个日期的第三个数字的半边已模糊不清，4很可能读作1。所绘日期的上限当然是1447年。

我对原文进行考察后作上述注解，后来我读到Prof. Kunstmann, *Die Kenntniss im 15<sup>ten</sup> Jahrhunderte*（p. 33）中的一段文字，才知道内格保尔（Neigebauer）——一位我不认识的作者——已经对此做了改正。

② 所以，正如波吉奥所记，我们在（地图的）缅甸的位置上不仅可以看到阿瓦和勃固（Pegu，波吉奥转作Pancovia，在温特·约翰的版本中被印成Panconia），而且也可以看到Chesmi（Cosmin，直到上个世纪初仍表示近代的勃生港，但确切位置似不可考），马达班，伊洛瓦底江上的卑谬（Perhé，即Prome，地道的缅甸文为Pré）、蒲甘（Pochang，即Pagán，古代都城），郎角（Capelang，阿瓦以北的宝石国，这个名称保持到很晚一个时期，但现在已不可考），莫关（Moquan，即孟拱Mogoung）。在伊洛瓦底江头即八莫处标有："从这里商货由河流转运，辗转达于契丹。"在孟加拉国的位置上，我们可以看到奥里萨（Oriça），孟加拉（Bengalla，见Ibn Batuta，下文），Sonargauam（同上），Satgauam（Satganw，可能即吉大港Chittagong，内陆的Scieerno（在波吉奥记载中为Cernoue但以Shahr-i-nau之名见称的瓜里Guar，见上文），Zuanapur（即Jaunpur，江普尔）。但在弗拉·毛罗的印度河流观念中存在着极大的、根本性的混乱，如印度河在很大程度上代替了恒河，而恒河又与长江混为一谈。又将孟加拉的一些城市置于印度，另一些则转移到孟加拉以东。

## 第九章　契丹演变为中国。结束

**111. 波吉奥记载一位来自契丹边境的基督教使者到访教皇尤金乌斯四世。**

波吉奥在康蒂游记的末尾所添加的见闻，使我们看到对契丹所做的另一次非常模糊的一瞥。他说，正当他准备出版康蒂游记时，一位自"北方上印度"来的人，受其国主教的委派，前来拜访教皇，并了解西方基督教的情况。其国信仰聂斯托里教，距契丹20日里程。翻译官拙劣的译述使人很难从这位到访者身上获得有趣的消息。不过，他谈到大汗及其对九大国王的统治[①]。意大利哲学家和数学家保罗·波佐·托斯堪内里（Paolo de Pozzo Toscanelli）在1474年致其友、里斯本教士费尔南多·马丁斯（Fernando Martinez）的一封信中提到的使者，似乎与这位使者同为一人。后来，托斯堪内里与哥伦布（Columbus）通信，回答哥伦布所谈的宏伟规划时，曾将这封信的抄件寄给他。波吉奥说这位使节是由一个基督教会所派遣，而托斯堪内里认为系由大汗本人所派。波吉奥的说法比托斯堪内里的说法可能性大些。但使节确系来自何处，仍为难题。蒙古克烈部或畏兀儿人直到15世纪中叶，似仍信奉基督教[②]。

---

① 参见前克拉维约文摘要。这一观念也许来自某种传统说法，指大禹（公元前2286年）统治下，中国分为九州（*Chine Moderne*, p. 37）；同样，在蒙古统治下元帝国分为12个省（本书，卷Ⅲ, p. 128），其中的三省：色楞格河畔，朝鲜和云南被认为是外围，其他九省是中国本土（D'Ohsson, ii, 478）。"九州"在古代专指中国。（*Chine Moderne*, 211; *Vie de Hiouen Thsang*, p. 298.）

② 这封信见附录十五。这里使人想到瓦塞玛关于与中国近邻暹罗国（Sarnau）基督教徒的有趣记述。瓦塞玛与这些基督教徒一起共同游历过马来半岛。我想，巴杰君已提到波吉奥的这段记载；但我现在还无法读到他的译本。托斯堪内里的信摘自"*Del*

## 112.约萨法·巴巴洛搜集的见闻。

在这一阶段,约萨法·巴巴洛(Josafat Barbaro)也搜集到有关契丹的见闻,这些见闻详载于他的《出使波斯记》中。在他出使波斯期间,阿桑贝王(Lord Assambei,即突克曼头领乌尊·哈桑〈Uzun Hassan〉,他在帖木儿王朝衰落后的内战中,获得了波斯西部的全部领土),某日大悦于巴巴洛在鉴别一块红宝石时显露的才智,大喊道:"啊!契丹人!(你们不应说)人类有三年时间,你们享有其二,而佛郎机人享其一!"巴巴洛明白这位头领的意思,因为他早已从一位服务于伏尔加河畔的蒙古汗的使臣那里听到过这个谚语(正如我们在前面已见过三次)[①]。这位供职蒙古的使臣于1436年从契丹来,巴巴洛在位于塔那(Tana,即Azov)的家中款待过他,"希望从他那里弄到一些宝石"。他从这位使臣那里听到了许多关于契丹的详细情况,将它记录在著作的稍后部分[②]。

## 113.帖木儿之子沙哈鲁遣使记。

在这个世纪的早期,帖木儿之子沙哈鲁遣使到明朝第三位

---

*Vecchio e Nuovo Gnomene Fiorentino, etc., di Lionardo Ximenes della Comp. di Gesú, Geografo di sua Maestá Imp.* Firenze, 1757," pp. lxxxi-xcviii。

按:瓦塞玛(Ludovico di Varthema),意大利旅行家,16世纪初曾游历东南亚,著有《行程记》(*Itinerary*),由巴杰整理,1863年路克哈特协会出版。——译者

另外,一位名叫巴托罗缪·费奥林提诺(Bartolomeo Fiorentino)的旅行家,在印度游历二十四年后于1424年返回欧洲,在威尼斯向教皇尤金努斯讲述了所目睹的事物;但不幸的是,他的叙述似乎没有保存下来。(见 Humboldt, *Examen Critique, etc.*, i, 260。)

① 见海屯(附录十四)、克拉维约和康蒂的游记。
② Ramusio, ii ff. 106.107. 节要见附录十六。

皇帝成祖朝廷。关于这次遣使，使团成员之一火者·盖耶苏丁（Khwája Ghaiassuddin）——姓纳卡什（Nakkásh），意为"画家"——做过记述，保存在阿布杜尔·拉扎克（Abdur Razzak）的《沙哈鲁史》中，夸铁摩尔对它做过翻译①。这次遣使发生在伊斯兰教纪元823—825年（公元1420—1422年），是两国朝廷几次通使中的一次，这几次通使在《沙哈鲁史》都被提到②。有趣的是，人们看到，中国皇帝在他的一个使团所携带的国书中，提到沙哈鲁的父亲帖木儿对中国朝廷坚定不移的忠诚③。火者所做记述的概要及注释见后文④。

114.哥伦布寻找契丹国。

除了阿萨纳修斯·尼基丁（Athanasius Nikitin）在印度西部港口（1468—1474年）听到的关于秦和马秦的简短而具有传说性质的故事外，我不知道在哥伦布和达伽马开通新航路之前是否还有欧洲人记述过有关中国的见闻。无须说，哥伦布在他的伟大探险中所寻求的并不是新大陆，而是通达马可·波罗游记所记载的契丹和日本国（Cipangu）的捷径，他至死仍坚信他所发

---

① *Noticeset et Extraits*, xiv, pt. i. pp. 387 以下。*Astley's Voyages* 中有稍加改编的译文。夸铁摩尔认为有关这次通使的记述在 *Chambers's Asiatic Miscellany* 中有译文，这是错误的。关于两国宫廷的上次通使的记载，只有一摘要。

② 见前引书，pp. 213 以下，216 以下，pp. 304-306。关于这次通使的确切日期，似乎有不同说法。这里无须就此讨论，关于这次通使，阿布杜尔·拉扎克在其历史著作的概论（p. 306）与专述（p. 387）中都有涉及；对它们进行比较，就会发现其中存在不一致。

③ p. 214。

④ 见附录十七。

现的国家就是亚洲的东海岸。这种信念在哥伦布死后二十余年仍未销声匿迹①。

115.葡萄牙船只首次到访中国。

1514年,葡萄牙人首次访问了中国的一个港口,虽然这些冒险家此次未获准登陆,但他们却卖掉了货物,获利甚丰。1517年,葡萄牙商业远征队在安德拉德(Andrade)率领下到达广州,倒霉的皮雷兹(Piréz)大使与之同行。这位大使死于中国的缧绁之中②。

116.契丹在地理学史上仍占有独立地位。自北方寻求通往契丹的道路。安东尼·金肯森的游历。

我们的论述也许应该到此结束。人们从海路方向上熟悉中国,还需要很多年的时间。由于人们重新燃起从事探险活动和

---

① 一位方济各派修士法兰西斯给巴勒莫大主教写过一封信 *De Orbis ac Descriptione*(论世界),这封信附在 *Peregrinatio Joannis Hesei*(Antewerp, 1565)的一些抄本后面。信中将塞米斯台坦城(Themistetan)即墨西哥认定为《马可·波罗游记》中的"行在",西印度群岛(Hispaniola)为日本国。

② 1517年的商业远征通常被认为是第一支到达中国的葡萄牙远征队。但是安德鲁·科萨利(Andrew Corsali)在1515年1月6日致洛伦佐·梅第奇公爵的信中已注意到1514年的商业远征(Ramusio, i, ff, 180, 181):"中国的商人也跨过大海湾(Great Gulf)航行至马六甲,购置香料货物,他们从本国携带的是麝香、大黄、珍珠、锡、陶瓷、丝绸和各类纺织品,如极为华丽的丝缎、锦绸。中国人是极为工巧的民族,可与我们相媲美(di nostra qualità),但容貌丑陋,眼睛狭小。衣饰颇类吾俗,鞋袜(?Scarpe e calciamenti)亦似我状。我相信他们是异教徒,虽然许多人说他们尊奉我们的信仰,或部分信仰我们的教义。去年我们一些葡萄牙人到达了中国,中国人不允许他们登陆,因为中国人说,允许外国人进入他们的住地,有违祖制。但葡萄牙人卖掉了货物,大获其利,他们说把香料卖到中国如同带回葡萄牙,均可获得丰厚利润,因为中国气候寒冷,香料用量很大。自马六甲向北航行500里格可至中国。"〔H. Cordier, *L'Arrivée des Portugais en Chine, T'oung pao*, xii, 1911.〕

第九章　契丹演变为中国。结束

研读旧游记的兴趣，人们的注意力再次转向了契丹，将它视为与新发现的东印度群岛迥然不同的地区，所以，契丹在地理学史上仍占有独立的地位。1496年，卡博特父子①向西北方向所做的初次航行，其目标即为契丹。在下个世纪中，许多英国探险家向西北和东北远处所做的航行，仍然以契丹为目标，尽管在这些探险航行的晚些时候，中国（China）无疑已在目标中占有位置。至少英国人做过的一次重大的陆上旅行，主要目的即为探查与契丹的通商：我指的是1558—1559年安东尼·金肯森（Anthony Jenkinson）和两位约翰逊（Johnsons）从俄国到布哈拉的旅行。在布哈拉他们所要了解的国家仍然只是契丹，而契丹的伟大首都仍如马可·波罗时代一样，是汗八里，而不是北京②。

117.拉姆希奥和布斯伯克保存的16世纪契丹游记。

拉姆希奥（Ramusio）和布斯伯克（Auger Gilsen de Busbeck）保存了通往契丹的亚洲之旅的其他游记。拉姆希奥是威尼斯的地理学家，这一时期最初的游记，是他在威尼斯邂逅一位聪明的波斯商人哈吉·马哈迈德（Hajji Mahomed）后，根据后者的口述记载下来的③。第二部游记是布斯伯克作为查理五世使臣出使

---

① 即约翰·卡博特（John Cabot，1450—1498年）和塞巴斯提安·卡博特（Sebastian Cabot，1476—1557年）。约翰·卡博特为热那亚航海家，1490年携家属迁居英国。1496年自英国布列斯托尔出发，向西航行一个半月，可能到达靠近北美东北岸的地方。1498年4月再次组织通向"中国"的航海探险，可能死于途中。其子塞巴斯提安指挥到达北美大陆，同年返回英国。——译者

② 1653年俄国大使费奥多·伊斯科维奇·白科夫的游记仍是如此（*Voyages au Noed*, iv, 150.）。

③ *Navigationi*, Vol. 2, Preface.

奥斯曼土耳其帝国时（1555—1562年），根据一位土耳其漫游僧的记述写下的[①]。这两部契丹游记的长篇概要见本书附录[②]。

118. 鄂本笃寻求契丹，最终证实契丹即中国。我们的考察结果。

鄂本笃（Benedict Goës）的契丹之行是我们主题的终结点。1603年鄂本笃的契丹之行，其特殊目的是为了探索先前欧洲旅行家和近时伊斯兰教徒所记载的契丹和中国是否为不同的地区，对二者同时并行的赞美在当时已传诵多年。正如鄂本笃的一位教友为其所作的墓志铭所说，鄂本笃"探寻契丹却发现了天堂"；但不久他就确知中国和契丹实为一个国家。我们选择鄂本笃的契丹之行作为我们这本汇编的结束是合适的。在他的游记发表之后，莫名其妙的无知状态使人们继续把契丹和中国当作两个国家。虽然这种愚昧无知状态又持续多年，但是，我们的考察应该在这里结束[③]。

---

[①] *Busbequii Epistole*, Amsterd., 1660, pp. 326-330. 包括这个游记的信件是这位使臣回国后于1562年12月16日在法兰克福写成的。

[②] 见附录十八、十九。

[③] 我们已经看到，早在鄂本笃的契丹之行前，利玛窦及其伙伴们已满意地将契丹和中国等同起来。在更早些时候，意大利地理学家马格尼（Magni）似乎也是如此。普尔查斯（Purchas）也持同样态度。耶稣会士卫匡国在他的《中国地图》（Martini, *Atlas Sinensis*）中对"契丹-中国统一论"详加阐释。但是鲍德兰（Baudrand）在1677年修订后的《地理辞典》（*Geographical Lexicon*）中，却把中国和契丹分离开来，并评论说："有些人将契丹和中国混淆了。"我无法读到穆勒的《契丹记》（Müller, *Disquisitio de Chataja*），这本书中大概会有关于这一问题的有趣材料。

［穆勒的书于1670年在柏林出版，其标题全称为：Andreae Mülleri, Greiffenhagii, Disquisitio Geographica & Historica, De Chataja, In Quâ 1. Praecipuè Geographorum nobilis illa Controversia: Quaenam *Chataja* sit, & an sit idem ille terrarum tractus, quem Sinas, & vulgò

第九章　契丹演变为中国。结束　　　　　　　　　　　　　　　　　　　　*195*

---

*Chinam* vocant, aut pars ejus aliqua? latissimè tractatur; 2. Eâdem verò operâ pleraque rerum, quae unquam de *Chataja*. dequé Sinis *memorabilia* fuerunt, atque etiam nune sunt, compendiosè narrantur。所有作者的观点均被列出，但现在我看不出有何令人感兴趣的内容。]

　　许多年之后，耶稣会士艾梅·柴桑（Aimé Chesand）从伊斯法罕出发试图追寻鄂本笃的历程，但他显然不知道鄂本笃所做的游历。如果说他到达了巴里黑的话，那么也没有再往前行进。他仍然坚持说："到达契丹后，从那里前往中国。"他也没有说明其游历的时间。见 Kircher, *China Illustrata*, 1667, p. 86 艾梅的信件。

# 附　　录

## 一、《厄立特里亚海周航记》节录
## （约公元80—89年）[①]

"在该国以远[②]，大海止于秦国（Thin）的某处，在秦国内地颇近北方处有一大城，称为秦奈（Thinae），从那里生丝、丝线和丝料沿陆路通过巴克特里亚运到婆卢羯车（Barygaza）[③]，另一方面，这些货物由恒河水路运至利穆里斯（Limyrice）[④]。不过，要进入秦国并非易事，从秦国来的人也很稀少。秦国处于小熊星座的正下方，据说其国疆境毗邻滂都斯（Pontus）和里海的较远的岸边，在里海旁，迈奥提斯（Maeotis）湖与大洋相通。

---

[①] 这是穆勒的观点，见Müller, *Geog. Graeci Minores*, i, xcvi-vii 穆勒所作的前言。

[②] 即"金国"（Chryse）。此显指勃固及其周围地区，也即古代印度佛教徒所称的金国（Suvaarna Bhumi）。类似的词语Sonaparanta现在仍作为一个神圣、传统的名称，表示阿瓦中心地区。[关于"金国"问题，参阅p. 201, Dionusius Periergetes, Rufus Festus Avienus and Priscianus记载的概要。

[③] Mülleri, i, p. 303.

[④] 其意大约与托勒密所述相同。托勒密的记述见下一个附录。它说明不仅有一条道路从秦奈和赛里斯经石塔至大夏，而且另有一条道路通向恒河边华氏国（Palibothra）。

按：Palibothra，又作Pataliputra，《继业行记》作花氏城，《佛国记》作巴连弗邑；古希腊记载中的Patalibothra，今印度北境之巴特那（Patna）。——译者

"每年都有一些人前往秦国边境,这些人身材矮小,脸庞宽大,几与野兽相似,但不伤人,他们被称为塞萨德人(Sesadae)[①]。他们挈妇将雏,以篮子[②]带着大量的物品。这些篮子似乎是由绿树藤织成。他们在本国与秦国边界的某个地方停留几天,举行一个庆典,在这段时间里,他们将筐篮(里的物料)铺在地上,随后离去,返回在内地的家中。其他人知其离开,便来到这些人滞留过的地方,捡取铺散于地方上的枝条[③]。人们称这些枝条为贝特里(Petri)[④]。他们清除了梗杆和纤维,留下叶子,将它们折为小球,以枝条纤维将其缀起来。这些人把小球分为三等,大叶制成大香叶球(Malabathrum),其次为中香叶球,最小者为小香

---

[①] 由穆勒编辑出版的 Pseudo-Callisthenes, *Script. de Alex. Magno*, pp. 103-104 收录了名为 *Palladius on the Brahmans* 的著作,其中有一段记载比萨德人(Bisades),显然指的是同一群胡椒采摘者。这些人被描述成"侏儒般的低能儿,居住在岩洞里,由于其家园的自然状态,他们精于攀登峭壁悬崖,因而能够从山间灌木丛中采摘到胡椒……这些比萨德人身材短小,脑袋胖大,长发直立而不事修剪"。坦南特认为这族人是锡兰的维达人(Veddahs)。但我认为,这段记载中没有内容使人们认定这族人在锡兰。这种看法的依据来自底比斯(Thebes)的斯科拉斯提库(Scholasticus)的记载,这位斯科拉斯提库在阿克苏姆的一个港口遇见印度船只,借机访问了远方之地。这个故事大概不真实。如穆勒所指出,托勒密(vii, i)所提到的比萨德人称号有别,作提拉德(Tilade),这族人居于迈安德鲁斯(Maeandros,位于孟加拉东部的山脉)之北,"身材如侏儒而肥胖,脸庞宽大,但皮肤白皙"。拉森认位这些人是喜马拉雅山中大吉岭(Darjiling)附近的鲍提亚人(Bhotiya);他的地图上定为锡尔赫特(Silhet)以北的卡鲁和卡西亚山(Caro, Kasia)。

[②] 原文作 ταρπόνας,其意不明。["Nagnas portantes sarcinas et sirpeas viridis vitis foliis comparandas", Müller, p. 304.]

[③] 该字作 καλάμοι,通常意为芦秆或藤茎。但把前文所说的东西描绘成绿藤枝,似不合理。

[④] 如拉森所说,不应是藤枝,而是藤叶。梵文 patra 意为"叶子";现代印度语为 patti。

叶球。于是就形成三种香叶球,这些人制成香叶球后,远至印度出售①。

---

① 普林尼以同样的名词(hadrospherum, mesospherum, microspherum)称呼各种甘松香。大概是他弄错了。狄奥斯可里德斯(Dioscorides)说,有些人视malabathrum为印度甘松香,这也是错误的。

葡萄牙人发现通达印度的航路之后,早期的一些作家认为古代作家笔下的malabathrum即是蒌叶或蒟酱叶,但是迦西亚·达霍塔(Garcia Da Horta)医生在他论印度香料的著作(1563年首次在果阿出版)中指出,malabathrum即Tamālapattra,是一种肉桂,虽然级别很低,但仍很值钱。(ch. xiv. 我引用的是意大利译文,1589年威尼斯版)有趣的是,拉姆希奥对"蒟酱叶"(Betelle)做过绘描,其图像确实很类似通常(至少在孟加拉)称为Tejpāt的Tamālapattra。林霍滕(Linschoten)对它的描述十分准确,注意到它有丁香似的馨香,并且说,它作为一种利尿剂在印度享有盛名,等等,并能保护衣物不受虫蚀,狄奥斯可里德斯和普林尼明确提到malabathrum有两种用途。他还注意到当地人认为它敌得上各种质量的甘松香油。林霍滕著作的注释者帕鲁达努斯(Paludanus)说,他生活的时代这种东西被大量输入威尼斯,阿拉伯人称之为Cadegi Indi(读若sadegi)。我发现在F. Johnson, *Persian Dictionary*中,Sàdaj被定义为"印度甘松香油",Sádhaji Hindi为"印度叶子",说明这两样东西一直被混为一谈。这种叶子在卡西亚山林中极多。我早年在印度服役时曾在卡西亚山中度过一段时光。出产粗糙桂皮的肉桂就是这样,这种桂皮被大量输送到平原区。如果我没有弄错,桂树则不同,虽然属于同种。蒟酱叶窄狭,类似葡萄牙月桂树的叶子,其他的树叶则宽大得多,两种叶子都明显地有三条纵向的叶脉,就像半球地图上的径线。卡西亚人的形体特征与比萨德人即塞萨德人颇为符合,但他们不是侏儒,而喜马拉雅山中的西藏人身材很短。这种价格曾很昂贵的malabathrum,罗马人曾以一磅300第纳尔的价格购买;据我所知,在英国治下的印度人中,也只用于馅饼、蛋糕和咖哩饭菜的调味。除了林霍滕所谈到的一切,雷德(Rheede)提到,在他生活时期的马拉巴尔,医学上要求很高的油料,是从马拉巴尔海岸边上的karua即野生肉桂的茎和叶子中提取的,野生肉桂无疑是一种非常相近的同类植物。从野生肉桂茎中提取而成的樟脑,具有真正樟脑的几种性质,并且更为芳香。

克劳福德君认为,较好的malabathrum是安息香(benzoin)。但我认为,这个问题的所有根据都说明它来自一种叶子;狄奥斯可里德斯和《周航记》作者一样,都说把叶子缝串起来。狄奥斯可里德斯的某些话似确指一种固体提取物,但也许是雷德所说的樟脑。见Pliny, xii, 25, 26, 59; xiii, 2; xxxiii, 48; Dioscorides, *loc. cit.*; Linschoten, Latin version, Hague, 1599, p. 84; Rheede, *Hortus Malabaricus*, i, 107; Crawf., *Dict. Indian Islands*, p. 50;

"但是对于这些地区以远的地区,实际上人们从未考察过,或者是由于冬天般气候和极度寒冷,使人们无法深入这些地区,或者是因为来自神的超自然力量。"(Müller, *Geogr. Gr. Minores*, i, pp. 303-305.)

---

关于malabathrum,参见Lassen, i, 283; ii, 37, 154 seq.[在 *Hobson-Jobson* 中,裕尔提到malabathrum:"毫无疑问,古代印度的这种植物,是各种肉桂晒干的叶子,这种叶子在梵文中称作tamāla-pattra。"格拉西亚(Garcia, ff. 95ᵛ, 96)写道:"folium indu被印度人称为tamalapattra, 希腊文和拉丁文错写为malabathrum。"]

## 二、托勒密《地理志》节录
### （约公元150年）

"大地之上有人居住的地区,东部毗邻未知地;未知地旁有极东的大亚细亚（Asia Major）各族,即秦奈（Sinae）和赛里斯国（Serice）;其南也是未知地,包围印度海,并将埃塞俄比亚包括在内,直至利比亚以南被称作阿吉辛巴（Agisymba）的地区;其西也是未知地,环绕利比亚的埃塞俄比亚湾,然后是西大洋（Western Ocean）,西大洋沿利比亚和欧洲之最西境延伸;其北为同一个大洋的延伸部分,环绕不列颠群岛和欧洲最北部的地区——称作杜卡利多尼亚（Duecalydonia）和萨尔马提亚（Sarmatia）——又有未知地沿大亚细亚的最北部地区,即萨尔马提亚、斯基泰和赛里斯等延伸。

"希尔坎尼亚海（Hyrcanian Sea）又称里海,四周为陆地环绕,与一岛屿四周环水适成相反情形。囊括印度海及其诸海湾、阿拉伯湾、波斯湾、恒河湾和大湾的海域,属于同样情形,这片海域四周均为陆地所围绕。可见,三大洲中,亚洲由阿拉伯地颈（Arabian Isthmus）与利比亚相接,又以环绕印度海的未知地与利比亚相接;阿拉伯地颈将我们的海和阿拉伯湾分隔开。……

"已知世界的东极,以经过秦奈都城的子午线为限,距亚历山大里亚为119½度,以赤道上的时间计算,约为8小时……"（Book vii, ch. 5.）

在《地理志》第一卷中,托勒密称马林努斯是最后一位献身于地理学研究的学者。托勒密对马林努斯地理表的修正不胜枚举，但他的论述也颇需矫正，他对有人居住世界的估计，在长宽两方面均失之过大。托勒密批评马林努斯根据当时一些旅行报告，将有人居住世界的纬度，划到埃塞俄比亚极南的阿吉辛巴地区。按照这些旅行报告计算，有人居住的世界大约应在赤道之南24 680节（stadia），如托勒密所说，这几乎到达南极冰霜覆盖的地方。（Bk. i, ch. 8）马林努斯简单地将这个数字缩小到12 000节，将它置于南回归线。托勒密又以各种动物属性等作通观，将距离缩小至8000节。托勒密还说，马林努斯夸大了人类居住地所处的经度范围，马林努斯认为西部的福运群岛（Fortuate Islands）和赛拉（Sera）、秦奈和喀提卡拉（Cattigara）诸极东地区之间的距离为15个小时，其实不到12个小时。关于赛拉的位置，马林努斯利用了到那里经商的某些商人的纪行报告。托勒密对此做了批判。他同意马林努斯推算的福运群岛至希拉波力斯城（Hierapolis）处幼发拉底河渡口①之间的经度，又写道（Bk. i, ch. 11）：

"马林努斯估算，幼发拉底河渡口至石塔间的距离为876雪尼（shaeni）即26 280节；从石塔至赛里斯都城赛拉②之间的距离为七个月的行程，他推算沿同一纬度（即正东）行走，这七个月的行程为36 200节。这两段距离的里程数量宜做折扣，因为行程的迂回曲折，导致距离估算上的夸大，马林努斯在计算这两段路程时均没有考虑及此而缩小里程数；而在计算这一路线的

---

① 在阿勒颇东北处。

② 我相信大多数版本读作"秦奈都城"，不过，以文中所清楚表明的托勒密的观点，"秦奈都城"不可能是原来的读法。

第二段行程时所犯的错误,与计算加腊曼特(Garamantes)到阿吉辛巴地区之间的行程所犯的错误,是相同的。从格拉曼特到阿吉辛巴的行程被推算为四个月又十四天,因为这段时间中不可能不做休歇停顿,所以行程所需时间须减过半。对于从石塔至赛拉之间的需数七个月行程,较之从格拉曼特到阿吉辛巴的行程,更宜做减过半计。因为在后一种情况下,行动是受国王之命而进行,我们可以设想,必为有备而为,且沿途为晴爽天气。但从石塔至赛拉途中,想必天气恶劣。据马林努斯本人认为,这条道路与赫勒斯滂(Hellespont)和拜占庭(Byzantium)处同一纬度。因此,行途中必做多次停留。必须记住,关于这条道路的知识乃是得自前往那里经商的商人。

"马林努斯说过,以上道路里程是一位叫梅斯(Maës),又名蒂蒂亚奴斯(Titianus)的人记载下来的。梅斯是马其顿人,承其父经商之业而从商;他本人并未前往赛里斯,但派代理人去过那里。一些情况说明,马林努斯对商人们讲的内容并未尽信。譬如,斐勒芒(Philemon)根据一些商人的讲述称,优沃尼亚(Iuvernia)岛从东及西长可20日行;马林努斯不相信这种法说。他说,那些商人并不用心探求事实真相,他们所关注的是经商逐利,故其所言道路里程往往虚浮夸大。关于这七个月的旅程,他们似想不出其他东西值得记忆或告之他人,所以便想在这一旅程所用时间上让人感到惊异。

## 第十二章

"由于这种种原因,也因为所经路程并非直线(石塔与拜占庭处于同一纬度,而赛拉处于赫勒斯滂之南),马林努斯记载的七个月旅程即36 200节至少似宜减半。让我们以一半以内的减除率,将这段距离计为22 625节即45¼度……从幼发拉底河到石塔的这第一段路程,因其迂回曲折,由876雪尼减至800雪尼即24 000节……从希拉波里斯附近的幼发拉底河渡口发端,经美索不达米亚至底格里斯河,又经亚述[①]境内的格拉梅人(Garamaeans)地区和米底,到达埃克巴坦那(Ecbatana)和里海关(Caspian Gates)[②],经帕提亚(Parthia)至赫卡桐皮洛斯(Hecatompylos)[③]。马林努斯认为这条道路与罗德岛处于同

---

① 在摩苏尔(Mosul)东南;见本书卷III, p. 22b表中的Beth-Garma。
② 厄尔布尔士山(Elburz)关口,在德马文德(Demawend)东。
③ 位于达姆干(Damghan)附近。["我们从昆塔斯·柯提乌斯(Quintus Curtius)和狄奥多鲁斯(Diodorus)的记载知道,赫卡桐皮洛斯是亚历山大东征时长期驻军停留的地方。此名称不见于阿里安的记载。它的位置无疑是非常重要的,但至今尚不明确,令人遗憾;很清楚的是,它位于厄尔布尔士山余脉之南,处于里海关去迈谢德(Meshed)和哈烈的路线上。"(Bunbary, *Ancient Geog.*, i, p. 479.)

"从希拉波里斯附近的幼发拉底河渡口发端,经美索不达米亚至底格里斯河,又经亚述境内的格拉梅人地区和米底,到达埃克巴坦那和里海关,经帕提亚至赫卡桐皮洛斯。马林努斯认为这条道路与罗德岛处于同一纬度,他所划出的一条纬线穿过所有这些地方" (Ptolem., i, c. 12.)

"所以,从里海关到帕提亚王国的赫卡桐皮洛斯计1260节。"(Strabo, xi, c. 9.)

"达姆干距里海关太近,由全面分析来看,赫卡桐皮洛斯故址应在现今Jah Jirm地方附近求之。"(W. Smith, *Dict. Greek and Roman Geog.*)

"我希望证明的是,赫卡桐皮洛斯位于现今沙阿鲁德(Shah-rood)和博斯塔姆(Bostam)的位置,此地曾是古代帕提亚王朝都城的边缘之一,除此之外,归之于任何其他地点,均不合理。"(Ferrier, *Caravan Journeys*, p. 70.)

柯曾(Curzon)赞同赫卡桐皮洛斯即达姆干说,写道:"弗里叶(Ferrier)说,百门关城(即赫卡桐皮洛斯。——译者)必为许多道路汇集之城,而达姆干只有两条道路在此相汇,所以他主张沙阿鲁德-博斯塔姆所处的位置即赫卡桐皮洛斯。我认为,他以

一纬度，他所划出的一条纬线穿过所有这些地方。但从赫卡桐皮洛斯至希尔坎尼亚①的道路倾向北方，因为希尔坎尼亚位于斯麦尔纳（Smyrna）所处的纬度和赫勒斯滂所处的纬度中间……接下来道路经阿里亚（Aria）②至极边的安条基亚（Margiana Antiochia）③，其间先倾向南（阿里亚与里海关位于同一纬度），后倾向北，因安条基亚位近赫勒斯滂所处的纬度。自此道路通往东方至巴克特拉（Bactra）④，又自此向北爬升到山国科迈第（Comedi），再向南经山国而下，至高原边缘上的谷口。按马林努斯的说法，此山国的西端偏向北，与拜占庭处于同纬度，东端偏向南，与赫勒斯滂处于同纬度。所以，山脉走向为东南而西北，而道路则相反，由西北向东南；由高原谷道向石塔的长50雪尼的路程似向北行。石塔位于爬上山谷经过的路上，由这里山脉东展，与伊穆斯（Imaus）山脉相接。伊穆斯山脉由帕林波特拉（Palimbothra）国向北延伸至此⑤。"……

此反对'达姆干说'是错误的。事实上，不止两条道路在达姆干相汇，除此之外，无法肯定希腊人在使用这个描述性的名称时，指的就是各城门。希腊人同样将这个名字称埃及境内的底比斯（Thebes），据认为，在埃及这个称号表示 Pylons，即装点拉美西斯都城的许多辉煌壮丽的寺宇的入口；对于帕提亚王朝的这个城市，它可能具有同样的意义。"（Persia, i, p. 287.）人们可以考虑在达姆干说和沙阿鲁德说之间决定取舍，但我认为弗里叶是正确的。]

① 即约延（Jorjan），位于阿斯特拉巴德（Astrabad）西北。
② 即哈烈境。
③ 据认为即木鹿（Marv）。
④ 即巴里黑。
⑤ 我可能没有将这段描述文字译得通畅易懂。几个旧拉丁文版本和阿贝·哈尔马（Abbe Halma）的法文译本似都简单地避开了这段文字中的难点。我还没有读到其他著作，也没有读到 Hambold, *Asie Centrale*，我相信这部著作中会有关于这条道路的论文。

如果我们对于喀剌特金（Karategin）附近地区的地理了解更多，那么这段文字可能更易理解。我认为山国科迈第必当在这一地区内。[Stein, *Ancient Khotan*, p. 54写道："在《东域纪程录丛》卷一中，裕尔爵士对托勒密这段记载的讨论仍有其价值，他以一系列严密而深刻的论证，甚至在伊斯兰时代记载该地名的资料公布以前，就考证出喀剌特金可能为科迈第所处的位置。"]主要的难点来自"至高原边缘上的谷口"这一表述，以及到达石塔前向北有50雪尼（150哩?）路程的说法。如果像赖特（Ritter）那样，将伊穆斯山的通道理解为，由浩罕（Kokand）沿药杀河河谷上溯至俺的干（Andijan，今称安集延，在费尔干纳西北。——译者），越捷列克达旺（Terek Dawan）至喀什噶尔，那么，"至高原边缘上的谷口"则可明了，但是这样一来，道路怎能向北趋往石塔？他将石塔置于奥什（Ush）——据说此处有重要的古代遗迹。（见Ritter, vii, 483, 563; viii, 693）7世纪初，隋朝的中国人获知通往西域三道的交通状况，我们可从中寻找梅斯·蒂蒂亚奴斯东行的道路。三道中，第一道即北道，似经天山之北，这条道路根本不可能是梅斯所走的道路；第二道即中道经喀什噶尔去往费尔干纳，无疑是经过捷列克达旺的道路；第三道即南道经于阗、朱俱波（据认为即Yangihissar。按：Yangihissar，《西域图志》作英噶萨尔，今新疆英吉沙尔县。见冯承钧：《西域地名》，第105页。——译者）[参见Yule, *Notes on Hwen Thsang's Account of Tokháristan*, p. 119, 120]、喝槃陀（据认为即Sarikul（色勒库尔），见*N. Ann. des Voy.* 1846, iii, 47。按：Sarikul，今之新疆蒲犁县。——译者）。赖特认为第二道即蒂蒂亚奴斯所记载的道路，第三道乃是取色勒库尔进入巴达赫尚之路。[坎宁安（Cunningham）将军将Sarikal考订为玄奘《大唐西域记》中的喝槃陀国（Khavanda，塔什库尔干为其旧都。参见Yule, *Notes on Hwen Thsang's Account of Tokharistan*, p. 119.) 此说当然与托勒密的记载不相符。但是，从前道路开放时，从费尔干纳到巴达赫尚即从塔什巴里克（Tashbaliq）去往喀剌特金就一定没有居间道路吗？俱密可能是托勒密记载中的科迈第国，雷慕沙著作中将它归于唐时中国的属国，称该国位于"吐火罗斯坦山中，阿姆河之南，近巴里黑和铁尔梅兹（Termedh）"，但"阿姆河以北"与记载更相符合；玄奘提到的拘谜陀位于阿姆河以北。拘谜陀无疑与科迈第为同一国。（见*Mém. de l'Acad. R. des Inscr.*, viii, 92-93; *Vie de Hiouen Thsang*, p. 464; Klaproth, *Mémoires*, tom. ii 中的《中国-日本古地图》。）我注意到，基波特（Kiepert）在他的《亚洲地图》上（1864年）将Kumid置于喀剌特金的位置上，并加注问号（?）。不过，科迈第一名可能又作Kawadián或Kabadián，埃德里西以此名称呼铁尔梅兹和希萨尔（Hissar）之间的地区，且至今仍有一城镇或村庄保留这一名称。[Yule, *Netes on Hwen Thsang's Account of Principalities of Tokharistán*, (*Journ. Roy. As. Soc.* N. S., vi, 1873, pp. 97-98) 注"科迈第"：拘谜陀即Kumidha。此国东西可20日行（2000里），南北可2日行，居葱岭中。西南毗邻阿姆河；南接尸弃尼国。在雷慕沙的《历史文献集录》中，俱密（Kiumi）与尸弃尼国和护密国

191 　　于是，从福运群岛至赛拉城计有177¼度。在第十三、十四章，托勒密试图估算出印度南部科里角（Cape Cory）经海至秦奈港口

相提并论，同归于7世纪向中国进贡的国家。[*Extension de l'Empire chinois du côté de l'Occident; Mém, Acad. Insc*, viii, p. 93]坎宁安将军虽未指出此国在今何处，但极乐于将它与托勒密记载的科迈第联系起来。科迈第位于巴克特里亚以东的山上，沿科迈第山谷上升是由巴克特拉跨伊穆斯或葱岭前往赛里斯的商路。拘谜陀国土长宽比例为20∶2，说明其国土为一峡谷。托勒密著作中的这段记载，是古代文献中留传下来的有关亚洲内陆地理的最著名的记载之一。毫无疑问，坎宁安将军将拘谜陀比对科迈第，持之有故、言之成理。对该国的具体位置，玄奘已有叙述，我们就不作详论了。玄奘说："拘谜陀国东西二千余里，南北二百余里。据大葱岭中。国大都城，周二十余里。西南邻缚刍河，南接尸弃尼国。""阿咄罗……东接葱岭，至拘谜陀国。" Stein, *Ancient Khotan*, p. 54写道："将科迈第山区比对玄奘记载中的拘谜陀，及伊斯兰早期作家记载中的Kumēdh国，并将所有问题加以澄清，这是裕尔爵士和劳灵逊爵士二人的功劳。这样我们就能够有把握地将科迈第山谷的方位确定在将瓦克沙比河（Wakhshab）和邻近的喀剌特金山地间阿姆河河道分隔开来的山脉中。从喀剌特金有一条直捷而较为坦荡的交通线，沿瓦克沙比河通往宽阔的阿赖高原水草丰美的牧场。登上阿赖高原，到达其东端，然后穿过高原的最低点阿姆河和塔里木河的分水岭Taun-murun关；向下走一段路程，在喀什噶尔河源头附近，这条路和大道路相汇，大道路经捷列克达旺将喀什噶尔和费尔干纳联结起来。"]

　　过石塔后，伊穆斯有前往赛里斯国经商的贸易者的一个驻足地（Bk, vi, ch, 13）。这个驻足地可能在塔什巴里克周围。Smith, *Dict. of Gr. and Roman Geography*中的"Serica"条说，古代丝绸贸易中，赛里斯人将丝绸捆放置在石塔附近，标好价格，退到一旁，来自西方的商人便走上前查看。此说根据何在？如果事实真正这样，为何梅斯要派其代理人继续前行七个月的里程？或者说，史密斯是否从普林尼和托勒密关于石塔的记载中发现了哑市贸易，并像狄更斯小说中一位著名人物一样"将信息综合起来"？[ "要弄清楚著名的'石塔'的准确位置，目前是不可能办到的，只能寄希望于实地考古调查。不过，关于梅斯说过的位于石塔之东、前往赛拉道程起点的商人驻足地，我认为，不变的地理状态可以为我们提供某种线索。李希霍芬正确地指出，这个驻足地必须在前往赛拉道程所跨越的分水岭附近求之，因为托勒密将它置于伊穆斯岭中，伊穆斯岭无疑相当于东部帕米尔地区的山脊背，将阿姆河和塔里木河排水区分隔开来的地方。他还正确地说，从费尔干纳而来、穿过捷列克达旺的繁荣道路，与瓦克沙布河谷的道路交汇的地方，极有可能成为这样一个驻足地的所在。"Stein, *Ancient Khotan*, pp. 54-55. 托勒密笔下石塔不能与塔什库尔干相混淆。]

喀提卡拉所跨的经度,断定喀提卡拉位于177度;因所有资料均称秦奈都城位于更东处,所以托勒密置之于更东处的180度。托勒密的整个推算是基于可读到的极不严谨的材料,所以才有上述结论。以下材料可以为证:

"马林努斯没有说明从黄金半岛（Golden Chersonese）到喀提卡拉的距离。不过,他说一位名叫亚历山大的人曾记载,黄金半岛以远的地区面向南,过此航行20天可到达扎拜（Zabai）城①,然后再向南偏左航行若干天可至喀提卡拉②。马林努斯夸大了这段路程,因为他用的是'若干日'（some days）而不是'多

---

① ["古代扎拜即占婆港的位置,大概应在柬埔寨西岸、贡布或戈公岛（Kang kao）附近求之"。Yule, *Notes on the Oldest Records of the Sea-Route to China*, *Proc R. Geog. Soc.*, 1882, p. 657.]

② 关于喀提卡拉,见赫尔曼博士（Dr. A. Hermann）在柏林地理学会 *Zeitschrift*, n. 10, 1913 和 *Geographical Journal*, May 1914, p. 579 上的文章。他将喀提卡拉置于安南（Annam）的北部边境上,这个地点也就是李希霍芬和夏德研究中国史料后所考定的当时中华帝国的南部边境上的一个地点。["我的朋友李希霍芬主张喀提卡拉的位置即在东京湾内,我认为他的论辩是绝对令人信服的。这个位置似符合一切条件。因为:

第一,东京在当时（公元前111—公元263年）数世纪内确为中国邻土的一部分。

第二,交趾是当时中国史书提到的唯一向外国开放的港口,与现代的越南首都河内完全相合。虽然没有外国人从其他路线而来的记载,但却不断有外国人循交趾郡前来的记载,包括大秦王安敦即马尔库斯·奥勒斯·安东尼努斯（161—180年）于166年所派遣的著名使团。

第三,交趾郡当时称日南,"秦奈"可能由日南而来。此名远播遐迩,为众多典籍记载。中国史家记载安敦王遣使后,又说:"其（大秦,即罗马帝国）国人行贾,往往至扶南,日南交趾。"（按:见《南史》卷78《夷貊使》;《梁史》卷54《诸夷使》。——译者）。扶南即占婆。我们可以有把握地说,日南的主要港口交趾,就是"秦奈的港口喀提卡拉"。Yule, *Notes on the Oldest Records of the Sea-Route to China*, *Proc. R. Geog. Soc.*, 1882, pp. 658-659.]

日'(many days)。他确实说,无法说出天数,因为天数太多;我认为这种说法滑稽可笑。"等等。

在第十七章中,托勒密谈到一些人曾航行到印度,并在那里居住很久,接下来写道:

"从这些人,我们也获得一些更准确的消息,涉及印度及境内各国,以及更远①处直至黄金半岛、黄金半岛至喀提卡拉的地区。众人都说,为前往这个地方须东行;从该处返回须西行。他们还说,完成这段航程所需时间不固定,依天时而定。赛里斯国和它的都城在秦奈国的北方,赛里斯国和秦奈国的东方是未知地,遍布沼泽泥潭,生长着大藤,大藤极密实,人们能凭密藤而跨越沼泽泥潭。他们还说,从赛里斯和秦奈诸国不仅有一条道路经石塔去往巴克特里亚,还有一条道路经帕林波特拉去印度。从秦奈都城至喀提卡拉港口的道路向西南方向行,所以,秦奈都城似不像马林努斯所说,与赛拉和喀提卡拉处于同一纬度线上,而在其更东处。"

## 赛里斯国

"赛里斯国西接伊穆斯山外的斯基泰,分界线已如上述(该分界线北部端点为经度150度、北纬63度,南部端点为经度160度、北纬35度);北接未知地,与图勒岛(Thule)位于同一纬度;东接东未知地,界线为经180度,纬度为63度至3度;南部为恒河以远的印度边缘地,沿纬度35度至东经173度印度边缘

---

① "remoter",字面意义为"内地的"(interior)。

地终端为止,然后是秦奈,沿同一纬度至未知地的边缘①。

"赛里斯四周为群山环绕,有安尼巴山(Anniba)②,奥克萨西亚山(Auxacia)的最东段,阿斯米赖山(Asmiraean),卡西亚山(Kasian)最东段,塔古鲁山(Thagurus),海模杜山(Hemodus)和赛里库山(Sericus)的最东段,及奥托罗科拉斯山(Ottarocorrhas)。两条河流流贯赛里斯境内大部分地区;一是奥伊科达斯河(Oechordas),其源头一出自奥克萨西亚山,一出自阿斯米赖山……另一条叫作包泰斯(Bautes)河,其源头一在卡西亚山,一在奥托罗科拉斯山③。

"赛里斯国最北部地区居住着食人的野人部落④。其下邻是安尼巴国(Annibi),人居于同名山脉之北。在安尼巴山和奥克萨

---

① 人们好似读出美国或澳大利亚一个州的法定边界线。从这里我们可以看出,托勒密的亚洲地理图是怎样编绘出来的。很显然,他首先绘出诸地图,表现他已获得的知识——不管这些知识是多么晦暗不明,然后从这些地图上推算出各经纬度表和系统的物产分布图,结果是所有内容在表面上都获得了精确的限定。地图上每个标志充其量只不过表示"此国大约在此附近",但在一个国会法案中却变成了有精确度的作品。

② 这一章中提到的山脉、河流和城镇的经纬度,我均略去。

③ 我相信,这里所描述的赛里斯,毫无疑问主要指三面环高山的"新疆地区"(Chines Turkestan)盆地。从奥克萨西亚中我们可能辨识出阿克苏(Aqsu)一名的痕迹(德经和丹维尔说);卡西亚(Kasia)一名大约看到喀什噶尔的影子(丹维尔说)。奥伊科达斯(Oikhardais)河可能是塔里木河,此名可能代表回纥(Uighurs)的音读。[此论无疑错误,当时回纥人尚未出现。]

④ 迟至13世纪中叶,亚美尼亚的海屯王提到,在别失八里附近的沙漠中有野人全身赤裸,仅有头发遮体,他说:"这是些野兽般的人。"我不知是否有其他记载,提到此种野蛮的鞑靼部落。(*Jour. Asiat*, sér ii, tom. xii, pp. 273 以下。)

西亚山之间有希乞吉斯国（Sizyjes）[①]；与之毗邻的是达姆奈国（Damnae）；然后是皮阿代国（Piaddae），延伸至奥伊科达斯河；与之相邻的是与河流同名的奥伊科达斯人。

"安尼巴人之东是加林奈人（Garenaei）和纳巴奈人（Nabannae）[②]。阿斯米赖国位于阿斯米赖山之北，山南至卡西亚山有大伊塞顿国（Issedones），伊塞顿国以东有特罗阿尼国（Throani）。过此国，东至艾塔古里（Ethaguri），有艾塔古里国；伊塞顿之南有阿斯巴卡利国（Aspacarae），然后是巴塔国（Batae）；再向南，近海模杜山与赛里古斯山，有奥托罗科拉斯国[③]。"

被提到的赛里斯国的城市有："达姆纳（Damna）、皮阿达（Piada）、阿斯米赖（Asmiraea）、塔尔哈纳（Tharrhana）、伊塞顿赛里卡（Issedon Serica）、阿斯帕卡拉（Aspacara）、德罗萨克（Drosache）、帕利阿纳（Paliana）、阿布拉加纳（Abragana）、吐加拉（Thogara）、达克萨塔（Daxata）、奥罗萨纳（Orosana）、奥托罗科拉（Ottarocorrha）、索拉纳（Solana）、都城赛拉（Sera Metropolis）。"（Bk. vi, ch.16.）

## 秦奈国

"秦奈国之北毗邻赛里斯国部分地区，已见前述；东和南

---

[①] 希乞吉斯一名在词源上似指这个民族驾车的习俗。这个地区有一回纥部被中国人称为"车师"，即"御车人"。（Rémusat, *Acad*, viii, 112.）

[②] 可能指蒙古历史上著名的乃蛮部。

[③] 即印度河流域的 Utara Kuru 国。见 Lassen, i, 846。

为未知地；西部接恒海外的印度，沿我们已经叙述过的分界线延至大海湾，以及顺次与之相连的诸海湾、赛利奥德斯海湾（Theriodes）和秦奈湾的一部分。秦奈海湾岸边居住着以鱼为食的埃塞俄比亚人①。"

托勒密于是列举了秦奈国海岸各地的经纬度；包括阿斯辟特拉河（Aspithra）、布拉马城（Bramma）、阿姆巴斯特河（Ambastes）、拉巴纳城（Rhabana）、赛奴斯河（Senus）、诺雄角（Cape Notion）、萨特尔角（Satyr's Cape）、科提亚里斯河（Cottiaris）、喀提卡拉（Cattigara）和秦奈港。内地城市有：阿卡德拉城（Akadra）、阿斯辟特拉、科科拉—那加拉城（Coccora-Nagara）、萨拉加（Saraga）和秦奈都城。

"据称，秦奈都城实际上既没有铜墙，也没有任何值得称述的东西②"。（Bk. Vii, ch. 3）

---

① 马希阿努斯·赫拉克利亚在其著作相应段落中记为"伊塞奥法吉·秦奈"（Ichthyophagi Sinae），这种用法可能表示，他所引述的托勒密的著作内容并不包含埃塞俄拜斯（Aethiopes）这个复杂的名称。这个名称（Ichthyophagi Aethiopes）具有更独特的用法（Bk. iv, chap. 9），指的是遥远的非洲西岸的一个部落，所以，此处采用这个名称，可能是誊写者自作主张或无意识的窜改。

② 见本书p. 159注。

## 三、梅拉《世界志》节录
### （约公元50年）

"居于亚洲最东端的是印度人、赛里斯人和斯基泰人。印度人和斯基泰人居两端,赛里斯人居中间。"(i, 2.)[①]

在另一段文字中,梅拉谈到了里海之中和斯基泰沿岸的一些岛屿,然后写道:

"从这些地方,海岸线转了一个弯,折向面对东方的海岸线。斯基泰海角附近地区,由于积雪封锁根本无法进入;接下来是野蛮人占据的未开垦地带。这些部落就是食人的斯基泰人和塞迦人,他们中间有一地区相隔,这里因野兽群集,无人居住。此后是另一片野兽成群的旷野,一直绵延到俯瞰大海的塔比斯山(Thabis)。距塔比斯人很远处是陶鲁斯山(Taurus)。赛里斯人就居住在这两座山之间。赛里斯人以诚实著称,也以其贸易方式而闻名。他们的贸易方式是,把商货放在无人的地方,然后躲避起来等待买卖成交。"(iii, 7.)[②]

---

[①] Pomponius Mela, Lib. I, c. 2.
[②] Pomponius Mela, Lib. III, c. 7.

# 四、普林尼《自然史》节录

## （公元23—79年）

"从里海和斯基泰洋，海岸线转弯折向面朝东方的海岸。这一地区的第一部分开始于斯基泰岬角，因常年的寒冬气候无人居住；接下来的地区是未开垦的土地，居住着一些野蛮人部落，其中有食人肉的斯基泰人；依旁着这些野蛮人部落的是广袤的旷野，麇集着成群结队的野兽，将几乎同样凶暴的人群包围着。接下来又是斯基泰部落，然后又是只有野兽出没的荒芜不毛之地，一直到达俯瞰大海被称为塔比斯的山脉。沿海岸线行约一半，到达面向东北方的海岸处，才有人类居住。①

"在那里首先遇到的一族人是赛里斯人，他们以其树木中出产的羊毛而闻名遐迩。赛里斯人将树叶上生长出来的白色绒毛用水弄湿，然后加以梳理，于是就为我们的女人们提供了双重任务：先是将羊毛织成线，然后再将线织成丝匹。它需要付出如此多的辛劳，而取回它则需要从地球的一端翻越到另一端：这就是一位罗马贵夫人身着透明薄纱展示其魅力时，需要人们付出的一切②。

---

① 对这一段文字和前一节梅拉的记载进行比较，可以清楚地看到，这两位作者的材料同出一源。

② 塞尼加措辞更犀利："我看这种赛里斯衣服，穿来极不庄重。如果坚持说是衣服，它既不能保持妇女的体温，有不能掩护妇女的羞耻，如裸体一般。" De Beneficiis, vii, 9. [参见 Hirth, China and the Roman Orient, p. 259。]

从这些文字来看，当时罗马人喜爱的并不像后来从中国进口的锦、缎之类我们称为豪华丝绸的东西，而是丝纱（gauzes）。丝纱的价值在于它无与伦比的精致。数世纪之后人们对中国丝绸最普遍的评价，仍以精致为其特点，这一点可由阿布·赛义德的著作看出。赛义德说中国主事官员穿着"质量最优的丝服，这种丝绸从未输入阿拉伯"。为了说明丝服的质量，他讲到一个故事：一位皇宫官员的胸膛上生长着的斑痣，引起一位阿拉伯商人的好奇心，这颗斑痣透过他穿的数层丝服仍清晰可见；事实上这位官员身上穿着五件此种质料的丝袍（Relation, i, p. 76）。在印度也有关于达卡妇女的类似故事。一个故事说的是，阿克巴责难一位宫女，因她穿的衣服透明而显得猥亵。为了替自己辩护，这位宫女向阿克巴证明，她穿了九件被称作"风织成"的衣裳。

这里译出的普林尼的这段文字，加上另一段将要提到的文字，使许多作者从令人敬重的著作中做出一种论断（但我认为完全没有凭据），认为希腊人、罗马人将中国厚实的丝绸拆开，用这种材料织成轻丝纱。譬如，Lardner, *Cyclopaedia*, pp. 5, 6 和 *Encydopaedia Brtanica*，(7<sup>th</sup> ed., "silk")中对丝绸生产的论述中即有此种论断。Smith, *Dictionary of Greek and Roman Geography*, "Serica" 条说："普林尼记载，科斯岛（Cos）一位名叫潘菲拉（Pamphila）的希腊妇女，首先发明了拆开坚实的丝料、加工成精细如蛛网般轻盈的衣服的方法，这种衣服以'科斯衣'（Coae Vestes）而闻名于世。"

这里提及的普林尼的记述，全文如下（xi, 25）：

"此外还有第四种蚕（Bombyx），产于亚述，体积比我们已经谈及的那些蚕大些。这种蚕以泥土造巢，巢的表面有一层盐渍，巢体粘固于石头上；巢体坚硬，用带尖的工具几乎也难以戳破。它们在巢中产出的蜜比蜜蜂多，巢的蛹蠕分布均匀，体积也较蜂蠕为大。

"26. 还有一种蚕以另一种方式从一种更大的蛹蠕中产生、发育出来，这种蛹蠕有两只特殊的角。从这种蛹蠕中，它首先演变为一种毛虫，然后变成叫作bombylius的动物，再变为necydalus，六个月时变成蚕。这种蚕像蜘蛛一样织出丝网，这种丝网被利用来制作女性服装，并以'秦那丝'（bombycina）之名显示奢华。将这种丝网拆开后再加工成布匹的方法，是由凯奥斯岛（Ceos）拉图斯（Latous）的女儿、一位名叫潘菲拉的妇女首先发明的。让我们不要埋没了她的功绩，是她发明了一种方法，让女人们虽穿着衣服但仍为裸体！

"27. 据说，在科斯岛上，由于大地温暖的气候对柏树、松树、梣树或栎树花的作用，当它们被雨水冲落时，也生出一些蚕。这种生灵的最初形状似蝴蝶，形态小、裸露；由于冷温的影响，它长出一片粗糙的皮；为了抵御冬天的寒冷，它用脚从树叶上采集软毛为自己建造起一个厚厚的外壳，这个外壳能够保护它渡冬。它以爪子对这种材料进行梳理并把它拉成细丝，将细丝从一条树枝扯到另一条树枝上，然后抓住这条丝将它绕身体盘缠，直到身体完全裹卷在缠成的巢内。人们将这些动物采集起来，放置于盛有暖糠的陶器，暖糠促使这些动物生出新的羽毛，长满羽毛的动物将从事其他活动。这些动物织成的毛绒状的网用水濡湿，便容易拆开并缠在芦苇秆上。以这种原料织成的纺织品，甚至被男人们毫无廉耻地用来制作夏日轻盈的衣衫。过去我们曾身披锁子胸甲，现在我们却是如此堕落，甚至穿一件外衣都成为大负担！不过，现在我们把亚述蚕丝产品留给了女人们。"

对于这些文字，我们可做一些评论：

（1）§25中关于蚕的记述似乎主要取自亚里士多德的《动物史》(De Animal Hist. v. 24)，指的是某种石蜂。普林尼文中的"亚述出产的"（in Assyria proveniens），全然不见于亚里士多德著作。上文末尾再次提到的"亚述蚕丝"（Bombyx Assyria），似乎与某种纺织品有关。普林尼对亚述蚕丝为何物，未做解释。

（2）在§26中，潘菲拉的发明和某种丝网的蚕被归于凯俄斯岛；在§27中另一种可以纺织的丝（其历史也颇异常）则被归于科斯岛；如下所述，亚里士多德说潘菲拉属于科斯岛。难道普林尼所记述的内容不仅仅是同一事件的两个独立说法？

（3）在§26中，普林尼的话 redordiri rursusque texere 与文中译出的有关赛里斯人段落中使用的词语完全一致，似乎只是矫饰之词，只不过表示将 sericum 和 bombycinum 从自然结成的网结中梳理出来，并缠卷在卷轴上（普林尼想象如此），然后再将它们缠在织布机上。此点无疑可由一个事实加以说明，即§26只是译释亚里士多德（De Ani.Hist., v, 19）的记载。亚里士多德在谈到各种昆虫的变化过程时说："(这种昆虫）生自一种大蛴螬，这种蛴螬好像有几个形态各异的角，由于这种蛴螬的变形，（昆虫）首先变成毛虫，然后变成蚕（bombylius），最后变成 necydalus。六个月中它经历所有这些变化。从这种生灵身上女人们剥解并缫出'秦那丝'，然后将丝织成布。据说第一个用这种原料织布的人是科斯岛上普拉特（Plates）的女儿潘菲拉。"不管"秦那丝"意为何物，这里显然提到对外国纺织品拆开（进行加工）的问题。普林尼的说法似乎完全是以雄辩术为依据的虚构。["必须承认，只要我们没有弄清普林尼所说的 talae araneorum modo textae 是何种织物，我们就可以假定'拆开重织'的原料可为蚕茧，也可为压成束的生丝。不过，在我看来，《魏略》中的记载和马端临对它的补充，已充分肯定了普林尼所的记载。看起来，两处记载中提到的'胡绫'所代表的纺织物与塞尼加所说（见前文）的薄纱是同一事物。"Hirth，前引书，p. 259。]但库维尔（Cuvier）认为，§27中所作的描述是错误的，它显然指的是某类蚕，这种蚕由于中国蚕的引进而被取代（见 Didot 编辑普林尼记载时引用的库维尔的注释）。的确，关于这种亚述蚕（Assyrian Bombyx），我们从泰勒（Consul Taylor）的记述中了解到，底格里斯河畔贾齐拉（Jazirah）地方的妇女仍然在采集野蚕丝用以制作衣服（见 J. R. G. S., xxxv, p. 51）。

198 　"赛里斯人举止温文敦厚,但就像其树林中的动物一样,不愿与人交往,虽然乐于经商,但坐等生意上门而绝不求售。"(vi, 20)

　　接下来讲到塔普罗巴奈(Taprobane),他说:"以上所述是我们从古人那里了解到的情况。克劳狄乌斯(Claudius)执政时,
199 该岛使节到达罗马,我们有机会获得更准确的消息。一位名叫安尼乌斯·普洛卡穆斯(Annius Plocamus)的获释奴被帝国财室派往红海地区征收海关税,航绕阿拉伯半岛后,被风暴吹过了喀尔曼尼亚(Carmania),第十五日时停泊在希布里(Hippuri)①。在这里,他受到该岛国王的盛情款待,逗留六个月。他学会当地语言回答国王的提问,向国王讲述了凯撒和罗马人的所有故事。国王看到带到该岛的罗马钱币,上面的头像显示,它们是由不同的君主所铸造,但却为同一重量,由此他知道我们做交易时的准确性。在国王从罗马人听到的所有事物中,这一点给他的印象最为奇妙。这位罗马人极力劝促国王与罗马人建立友好关系,国王
200 派出四名使节前往罗马,为首者名叫拉齐阿斯(Rachias)②……这些使节还说,该岛面对印度的一侧,向东南方向延伸达10 000节(stadium)。赛里斯人居于伊摩都斯(Emodus)山以外,该岛上的人曾见过他们,以通商之故为我们所了解。拉奇阿斯的父亲曾到访过赛里斯国,而这些使节也曾在游历中遇见过赛里斯人。使节们描述说,赛里斯人身材高大,超乎常人,红发碧眼,说话声

---

① 坦南特说,此即锡兰西北部、现今的库德拉马利(Kudra-mali),距马纳尔(Manaar)珍珠河畔不远(i, 532)。[见普林尼和托勒密关于锡兰的记述。Donald Ferguson, *Journ. R. As. Soc.*, July, 1904, pp. 539—541.]

② 有关这个名字的解释,见Tennent, *Ceylon*, i, 532—533。

音沙哑，没有共同的语言与之沟通。使者所述其他情况，与我国商人所述完全相合。运往彼处的商货放置到一条河流的岸边，与赛里斯人出售的商货并列；赛里斯人如对交易感到满意，则携走货物。事实上，赛里斯人做生意时似乎对出售的奢侈品并不重视，他们对商货流通之对象、目的地和结果似已了然于心。"①（vi, 24）

在稍后的一段文字中，普林尼讲到古代风习的简朴，然后说：

"因此，人们愈益诧异，（现在）何以与初始如此殊异。现在我们已经看到，人们凿开整个山峦以挖取大理石，远赴赛里斯国以寻取衣料，深入红海渊底探寻珍珠，钻入大地深处挖取宝玉！不仅如此，人们又萌生出穿耳悬宝的念头，似乎以宝石制作项链头冠乃区区小事，必至穿皮凿肉置宝石于其内方为惬意！"（xii, 1）

又说：

"阿拉伯海更为幸运，它向我们提供珍珠。以最低的估算，从我帝国每年流入印度、赛里斯和阿拉伯半岛的财富，合计达一亿赛斯特（sesterces）。这就是我们的奢侈风气和女人行为让我们付出的代价！"（xii, 41）

---

① 我无法解答这段文字中的各种难题，目前我还没有看到令人满意的解释。撇开"红发碧眼"不谈，很难想象中国人进行过这类哑市贸易。就所知的其他事例论，哑市贸易只存在于参加贸易的一方文明程度极低的情况下。亚洲的大多数国家包括蒙古（Huc and Gabet, 112），可能还有中国，都确曾或多或少地盛行过哑市贸易，我指的是，买卖双方的交易方式是，围巾下彼此拉拉指头而一言不发。关于赛里斯贸易的各种故事是源于这种习惯吗？

# 五、包撒尼亚斯《希腊道程》节录

## （约公元174年）

"艾利斯国（Elis）不仅物产富饶，而且盛产卑苏斯（Byssus）[①]。大麻、亚麻和卑苏斯皆有种植，其地壤适于这些植物生长。但是赛里斯人用来作衣料的丝线，不是长自植物，而用其他方法获取。在赛里斯国有一种虫子，希腊人称之为'赛儿'（Sér），但赛里斯人不称之为'赛儿'，而另有他名。这种虫子的体积相当于最大甲虫两倍之大，但在其他方面，则类似于树上织网的蜘蛛；且像蜘蛛一样拥有八只足。赛里斯人喂养这些小动物，为它们建造了分别于夏、冬两季居住的房舍。这些虫子生产的细丝缠绕于它们的腿上。赛里斯人先以小米喂养它们四年，第五年（赛里斯人知道这些小动物寿命不会更长了）便喂它们一种绿芦苇饲料。这种绿芦苇是这些虫子最喜欢吃的食料；它们食绿芦苇过量，饱胀身裂。赛里斯人便从这些虫子的体内得到丝线[②]。

"据说赛里亚（Seria）是厄立特里亚海（Erythraean Sea）凹处的一个岛屿，但有人告诉我，不是厄立特里亚海，而是一条叫作赛儿的河流造就了这个岛屿，其情形正如埃及三角洲处于尼罗河

---

[①] 棉花？
[②] 这一记载虽然有错误，但似乎出自真实的报道，不过后来又被误解和歪曲。"夏、冬两季居住的房舍"似乎是指中国人在调节育蚕房舍温度所进行的管理；而"五年"的说法是五期之意，是对丝蚕一生四次蜕变的误解；吐丝季节喂养丝蚕的芦苇可能指灯芯草条，中国人以此作为蚕茧作丝的凭托。（Lardner, *Cyc. Silk Manufacture*, p.126.）

而非由海所包围一样。赛里斯人为埃塞俄比亚种,占据了邻近的阿巴萨(Abasa)和萨卡亚(Sakaia)岛。但也有人说,他们根本不是埃塞俄比亚人,而是斯基泰人和印度人的混血种。这就是人们告诉我的事情。"(vi, 26)

# 六、马赛利努斯《历史》节录
## （约公元380年）

"在斯基泰两部落以远、向东的地区，赛里斯国为高山所环绕，形成连绵不断的屏障。赛里斯人就安居于这块富饶而广阔的平原上。西与斯基泰人接壤，北和东部毗邻人迹罕至的莽莽雪野，南部疆界则延伸至印度和恒河。环绕赛里斯国的高山称作安尼瓦山（Anniva）、纳扎威修姆山（Nazavicium）、阿斯米拉山（Asmira）、伊模敦山（Emodon）和奥普罗卡拉山（Opurocarra）。四周为陡峭悬崖所环绕的赛里斯平原，有奥恰尔德斯（Oechardes）和鲍提斯（Bautis）两条河流贯流其上，河流平阔，水流潺潺，河道蜿蜒。赛里斯人于极为安宁静谧的生活中度日，甚至不动用武器、诉诸战争。性喜安静平和，以恬静的生活为最大的乐趣，所以从不扰挠邻国。赛里斯国气候迷人，空气清新健康；天空晴朗，和风习习；森林广袤，人行其中，仰视不见天日。

"赛里斯国森林中出产一种毛，其人经常在这种毛上洒水，然后梳理成精细丝线。这种线半似羊毛纤维，半似黏质细丝。将这种纤维加以纺织即成丝绸。从前丝绸仅限于贵族穿用，现在所有人等，甚至最为卑贱之人，也毫无分别地穿用了。赛里斯人性习俭约，于平和中读书度日，避免与他人接触。外国人渡过河去，到他们那里购买丝绸或其他商货时，仅以目光议定价格，并不交谈。赛里斯人生活中无所缺乏，所以他们愿意卖掉自己的产品，但并不向他人购买东西。"（xxiii, 6）

# 七、普罗可比《哥特战争》记蚕种传入罗马帝国

（公元500—565年）

"大约在同一个时候，几位来自印度人（居住区）的修士到达这里，获悉查士丁尼皇帝心中很渴望使罗马人此后不再从波斯人手中购买丝绸，便前来拜见皇帝，许诺说他们可设法弄到丝绸，使罗马人不再受制于波斯人或其他民族，被迫从他们那里购买丝货；他们自称曾长期居住在一个有很多印度人、名叫赛林达（Σηρίνδα, Serinda）的地区。在此期间他们完全弄懂了用何种方法可使罗马国土上生产出丝绸。查士丁尼皇帝细加追寻，问他们如何保证办成此事。修士们告诉皇帝，产丝者是一种虫子，天性教它们工作，不断地促使它们产丝。从那个国家将活虫带来是不可能的，但可以很容易很迅捷地设法孵化出活虫，因为一个丝蚕一次可产下无数蚕卵；蚕卵产出后很长时期，以厩粪覆盖，使之孵化——厩粪产生足够热量，促成孵化。修士们做如是解释后，皇帝向他们承诺，如果他们以行动证明其言不妄，必将酬以重赏。于是，教士们返回印度，将蚕卵带回了拜占庭。他们以上述方法培植蚕卵，成功地孵化出蚕虫，并以桑叶加以饲养。从此以后，养蚕制丝业在罗马领土上建立起来。"[1]（iv, 17）

佐纳拉（Zonaras, *Annals*, xiv, vol. ii, p. 69, Paris, 1687）

---

[1] Προκόπιος, *Ιστορία των πολέμων*, Αθήνα, 1996, VII, xviii, 1-7. ——译者

继普罗可比之后记述此事,说,在此之前罗马人不知蚕丝如何生产,甚至不知丝乃蚕所吐。

赛奥凡尼斯记载同一事件(6世纪末)

"查士丁尼执政时,某一位波斯人在拜占庭展示了(丝)蚕孵化之法。此前罗马人对这件事一无所知。这位波斯人离开赛里斯国时,以手杖盛蚕卵,将它们带走,安全地携至拜占庭。春天告始,他将蚕卵置于桑叶上。蚕以桑叶为食。蚕虫食桑叶后长成带翅的昆虫,并完成其他任务。后来查士丁尼皇帝[①]让突厥人观看育蚕吐丝之法,突厥人大为吃惊,因为当时突厥人控制着赛里斯人经常出入的市场和港口,这些市场和港口从前曾为波斯人所控制。呹哒(Ephthalites)王爱甫萨拉奴斯(Ephthalanus)(呹哒族名实由该王名字转来)征服卑路斯和波斯人。波斯人丢城失地,呹哒人攘而夺之[②]。但稍后突厥人又征服呹哒人,夺取这些地方。"见 Müller, *Fragmenta Histor. Graec.*, iv, 270。

---

① 按:误。此事发生在568—569年,当时在位皇帝是查士丁二世(565—578年),非查士丁尼一世(527—565年)。——译者

② Perozes(Firoz)458—484年在位。从其他希腊作家搜集到这些事件。见 Lassen, ii, 773。

这里提到"赛里斯人经常出入的港口",是非常引人注目的,我相信,这是说明赛里斯人为航海民族的唯一证据。如果这种表述可以信赖的话,那么,其中提到的港口必定位于信德(Sind)地区。我们已经看到,有记载证明稍后一些时候,中国人已到信德经商(前文,p. 87)。所以这段记载就成了考定赛里斯人和中国人为同一民族的最后一个环节。

# 八、弥南德《希腊史残卷》所记突厥可汗和拜占庭皇帝之间的交往[1]

## （公元6世纪末）

### [残卷10,1]

"查士丁皇帝在位第四年初[2]，突厥使团抵达拜占庭。随着突厥势力日益强大，原为哦哒[3]臣属、现转归突厥统治的粟特人（Sogdians），请求突厥王派遣一个使团到波斯，要求波斯人准许粟特人在波斯境内通行，将生丝卖给米底人[4]。西扎布鲁（Sizabulus）[5]同意这一请求，派出以马尼亚克（Maniakh）为首

---

[1] 此译文参酌 R. C. Blockley, *The History of Menander the Guardman*, Liverpool, 1985 一书中最新英译及希腊文原文，根据需要补充了一部分注释，裕尔原注悉数保留。——译者

[2] 即568年末至569年初。Blockley, ibid., p. 262. ——译者

[3] [哦哒（Hephthalites 或作 Ephthalites）以白匈奴见称，其王曰厌带夷粟陀，族名由此而来，516年曾遣使中国献方物。中国史家称，哦哒属大月氏，来自金山（阿尔泰山），居于于阗之西。是否为大月氏支系，颇可疑。初曰滑国，属蠕蠕；5世纪势力渐强，成为波斯邻国；500年两国以巴里黑之西的Talikhan为边界，都城在哈烈附近的Badhaghis。563—567年哦哒亡于西突厥。[见前文, p. 59]—— Specht, *Études Sur l'Asie centrale, J. As.*, 1883. Chavannes, *Tou-kiue*.]

[4] 裕尔本作 Persia，原文作 Μήδοις（Medes）；米底位于波斯帝国西北部。——译者

[5] 根据中国史书记载，此时的这位突厥大可汗是木杆可汗。还有一位被中国史书称作Titeupuli的大首领，据称此前几年他曾随木杆可汗出征中国。很难不将这个名称与Dizabulus联系起来，但是史书又清楚地说后者是最高首领，所以，将他考定为木杆还是Titeupuli，德经有些犹豫不定（ii, 380—385）。[沙畹教授在 *Tou-kiue*, pp. 227-228 中有一段文字论述Silzabulu（Dizabul）之名。他认为此名来自专用名词Sin和一个称号

的粟特使团前往波斯,拜见波斯王,请求准许粟特人在波斯自由贩卖生丝。波斯王对此要求极感不快,不愿意让突厥人自由进入波斯境内,所以拖至次日不做答复,并一拖再拖。数度拖延后,

---

Jabg,即Sinjabgu;Marquart, Êranšahr, p. 216认为,Sizibul即Syr-jabgu,意为"锡尔河地区的人民"。]

弥南德《希腊史残卷》又记载十二年后提比里乌斯二世遣瓦伦丁出使突厥。这段记载中出现Tardu和Bochanos之名。在汉文资料中,这两位突厥首领作"达头可汗"和"阿波可汗"。(Deguignes, i. 226, 227, ii, 395, 463.) [西突厥先祖是讷都陆(Na-tu-lu)之孙吐务(见前文, p. 58),讷都陆有两子,曰土门和室点密:达头是室点密之子,木杆乃土门之子。木杆在位二十年,于572年死;木杆之子是大逻便,即阿波可汗。见Chanannes, Tou-kiue, p. 47以下。]

按:Sizabulus,希腊文Σιζάβουλος,又作Silzibul,讹作Dizabul,即阿拉伯史料中的Sinjibu。现在学界一般认为即突厥可汗Istämi,汉文史籍称为室点密。见G. Moravcsik, Byzantinoturcica, vol. 2, Berlin, 1958, p. 275以下。旧注释者将此名考为木可汗,非是。沙畹《西突厥史料》,中华书局,1958年,第201—202页所论颇详:"此可汗初视之似为木杆可汗,缘其人为553年至572年间之可汗,且《隋书》卷84亦有'木杆勇而多智,遂击茹茹(蠕蠕),灭之,西破挹怛(嚈哒)'之语也,第木杆为东突厥可汗,又为西突厥之最高可汗,则得以其在位时之胜利属之,而不必为木杆本人。吾人对于Silziboul一名,尚有法确定其为何人。弥南德《希腊史残卷》三记有Dilziboul之名。当576年Valentin奉使之时,Tourxanth之父Dilziboul死,则其人不得为木杆,盖木杆殁于572年也。此外又谓Tourxanth为Tardou之异母兄弟,此Tardou必为中国载籍之达头,由是观之,并为达头之父之Dilziboul,应为室点密矣,试再进而考究此Dilziboul或Silziboul之名,可以证明其适宜于室点密。按弥南德之Silziboul与陀拔纪年之Sindjibou两名之后半Ziboul或Djibou者,应为Theophanes所志627年共东罗马帝Heraclius同盟之突厥曷萨(Turcs Khazars)首领Ziebel、亚美尼亚史家(Moise de Caghan Kaitouk)之Djebou、与夫谷儿只(Georgia)纪年中Djibghou诸名之同名异译,显为突厥之叶护(jabgou)官号,则627年之Ziebel、562年至576年之Ziboul,乃二叶护也。故室点密为562年至576年间之西突厥首领,而叶护又为西突厥诸可汗之世袭官长,其为东罗马人与大食人所知,是又无足异也,由是观之,弥南德之Silziboul、陀拔纪年之Sinduibou,皆为室点密矣。所余者,Silziboul可Sindjibou二名前半之sil或sin之解说而已。吾人于此只能设为假定,意者sil或sin,如同统叶护一名中之统,皆为人名,则Silziboul得为Sinjabgou矣。"——译者

粟特人仍坚持要求给与答复,库斯老(Khosroes)[①]召集臣僚讨论此事。哎哒人喀图尔富(Katulphus)因哎哒王奸污其妻而背叛其族人投向突厥人,不久又离开突厥人投往米底人,此时他劝波斯王决不可使粟特丝绸自由出入,而应将它买下,付给公平的价钱,当着突厥使团的面将它焚毁,以示波斯王行事公正,同时表明波斯王不愿使用来自突厥的生丝。于是生丝被烧掉,粟特使团回国,对出使波斯间发生之事怏怏不快。

"粟特人告知西扎布鲁波斯人所为,西扎布鲁又向波斯派出第二个使团,因为他极欲在波斯和本国之间建立友好关系。第二个突厥使团到达波斯,波斯王与高级官员及喀图尔富讨论后认定,斯基泰人生性不仁不义[②],与突厥人建立友好关系,完全违背波斯的利益。波斯王遂命令毒死一些使团成员,以阻止他们此后不再前来。除三四人幸免外,突厥使团大多数成员被鸩杀,因食物中掺入致命毒药;同时波斯王又让人在波斯人中散布消息,说突厥使者不适应波斯燥热气候,窒息而死,因为突厥国土常年为冰雪覆盖,所以远离寒冷气候即无法生存。虽然幸免者难免怀疑其中别有原因,但回国后仍像波斯人一样散布同样的消息。然而,西扎布鲁精明聪慧,明白发生的一切,意识到使者乃死于阴谋的真相。于是波斯和突厥人之间衔恨交恶。

"粟特首领马尼亚克趁机向西扎布鲁进言,建议他为突厥利益计而与罗马人建立友好关系,将生丝售给他们,因为罗马人对生丝

---

[①] 即库斯老一世(531—579年),绰号"高贵的灵魂"。——译者
[②] 这里的"斯基泰人"并非特指突厥人,而泛指斯基泰地区所有的游牧民族。见 Blockley, p. 262 n.116。——译者

的消费多于他国。马尼亚克又说,他本人非常愿意随突厥使者一同前往罗马帝国,以促成罗马人和突厥人建立友好关系。西扎布鲁赞同这一建议,遣马尼亚克及其他一些人作为使者,携带珍贵生丝并国书前往罗马帝国,拜见罗马皇帝,传达问候和致意。

"马尼亚克携突厥王信函一路长途跋涉,翻越崇山峻岭,跨过平原、草地、沼泽和河流,穿过高加索山,最后到达拜占庭。他进入宫殿,拜见皇帝,一切依友好礼节行事;向受命迎接他们的官员呈上国书与礼品,恳求勿使此行徒费辛劳。

"突厥国书以斯基泰文字写成①,罗马皇帝通过译官读过国书后,盛情款待突厥使团,然后询问使者:突厥人之政府如何组织、其国位于何处。突厥使者告诉皇帝,其国分为四部,但统治全国之权为西扎布鲁一人独揽②。又告诉皇帝,突厥已征服㘱哒,使之臣服。皇帝于是发问:'那么,你们已经征服㘱哒全国了吗?'使者回答:'已全部征服。'皇帝又问:'㘱哒人居住于城市还是乡村?'回答:'陛下,㘱哒人居于城市。''那么,'皇帝说,'你们显然已占领那些城市啦!'回答:'确实如此。'皇帝说:'告诉我们,有多少阿瓦尔人(Avars)叛离突厥,是否还有阿瓦尔人归突厥

---

① 这里的斯基泰文字究为何种文字很难确定。有人以为即古突厥文字(E. Cahun, *Introduction à l'histoire de l'Asie*, Paris, 1896, p. 112),但弥南德从未以"斯基泰"专指突厥,且东罗马帝国中能找到精通突厥语的译员,也是异乎寻常。"斯基泰文字"可能泛指中亚的某一种语言文字,果如是,则可能是粟特语。参见Blockley, *The History of Menander the Guardman*, p. 263。——译者

② 其意指西扎布鲁为西突厥四部之最高可汗。J. B. Bury, *The Turks in the Sixth Century*, E. H. R. 12(1897), pp. 417-426认为,四部为Kipchakh, Kalakh, Kanki和Karluk。另参见Cahun,前引文,pp. 112以下;Blockley,前引文,p. 263。——译者

统治。''陛下,还有一些仍然依附于我们。逃跑的阿瓦尔人大约有两万人。'于是使者详列归属突厥统治的部落,请求罗马皇帝为罗马人与突厥缔结和平,建立两国防守联盟,并称突厥人愿意为罗马帝国效力,击退入侵罗马帝国领土的敌人。说这些话时,马尼亚克和他的同伴们举起手,庄严宣誓,称所说一切均为真情实言,如果所言虚妄,灾难将降临到他们,乃至西扎布鲁及整个突厥人身上。如此,突厥人成了罗马人的朋友,与我国家建立了友好关系。"

[残卷,10,2]

"突厥人从前被称为塞迦人(Sacae)①。他们派遣使团前来缔结条约时,查士丁皇帝决定派一个使团到突厥去。他命当时帝国东部诸城的总督西里西亚人蔡马库斯(Zemarchus the Cilician)前往,完成此项使命。查士丁在位的第四年末、十五年纪期中的第二年,八月初,长途旅行所需要的准备工作已经就绪,蔡马库斯与马尼亚克及其同伴从拜占庭动身前往突厥②。"

[残卷10,3]

"蔡马库斯和他的同伴经过多日长途跋涉,到达粟特境内。使团成员下马处,一些突厥人持铁前来出售。其人此举显系受命

---

① 塞迦一名,见于希罗多德《历史》中,是波斯人对居于绿洲以后的中亚游牧民族的泛称。——译者
② 即569年8月。"十五年纪期"指罗马帝国君士坦丁皇帝以后实行的以十五年为一期的财政税定额征收制度。——译者

而为,我认为,其目的是显示其国富有铁矿。据说其人得铁并非易事。故可推见,向人售铁是为了炫耀其国产铁。①

"突厥部落中又有一些人前来,他们宣称自己是驱魔之人。这些人走近蔡马库斯及其同伴,将所有行李拿起,置于地中央,然后点燃香树枝,以斯基泰语诵起野蛮人的咒语,同时摇铃击鼓,造成鼎沸喧天之势,在行李上方挥舞着燃烧的香树枝,发出噼啪的爆烈声;其人陷于一种癫狂状态,形似疯狂,表示他们正在驱逐恶魔。他们认为,经过这种仪式,人们就避开了魔鬼,不再为魔鬼所附。驱魔仪式完成后,他们让蔡马库斯从燃烧的火堆走过,驱魔之人也如此行事,认为这样自己也被净化②。

"驱魔仪式完毕,使团随奉命前来迎接的人员前往可汗的住处。可汗居于一座名为艾克塔(Ektag)的山上,希腊语意为'金

---

① 这种行动也许有另外不同的含义。根据德经发现的汉文史料,此前不久建立突厥汗国的部落曾长期居于阿尔泰山,为蠕蠕汗之锻奴;突厥诸汗命令每年举行锻铁仪式,以示不忘突厥本源。突厥人向拜占庭使节献铁,可能含有同样的意思(Deguignes, ii, 350, 375)。[5世纪时,极为强大的蠕蠕于552年被突厥击败,其中一部逃到中国的魏朝,另一部逃往拜占庭。在西方历史中蠕蠕以阿瓦尔人见称。见Chavannes, *Tou-kiue*, p. 230.]

② 柏朗嘉宾及其伙伴出使拔都帐廷时,蒙古人告诉他们必须自两堆火中间走过,因为这可以驱除其心中的恶念,或使其可能携带的毒药无效。在另一处,柏朗嘉宾写道:"简言之,他们(蒙古人)相信,火可以净化一切东西,所以,当使者来到他们中间,或拜见其首领或其他人时,使节们及其所带礼品都必须自两堆火中间通过,以驱除带来的妖魅或毒物。"(pp. 744, 627)1289年波斯阿鲁浑汗的大使布斯卡莱尔(Buscarel)出使法国,向法王递呈的阿鲁浑汗的信函及法文照会(二件均藏法国档案馆),其中曰:"你读完此信或其他文件时,请你下令,以你们朝廷的风俗习惯所要求的尊敬心情读完它,不要付之以炬。"(Rémusat, *Mém de l'Acad. Insc.*, vii, 432.)

山'。蔡马库斯一行发现,西扎布鲁当时的庭帐坐落'金山'①河谷中。使团到达后,立即被召唤拜会西扎布鲁。西扎布鲁居于帐中,坐于两轮金椅上,金椅在必要时可由一匹马拉动。蔡马库斯依突厥礼仪向这位蛮人致礼,向他献上礼品,司礼官接受礼品。

"蔡马库斯致辞说:'万民之主、吾皇陛下,通过我,他的使者,向您致意:愿我们的朋友、对罗马帝国友善的大汗陛下福运永久,万事亨通;愿陛下对敌战无不胜,所向克捷;愿毁坏友情的嫉妒之火远离我们。我视突厥及其属民为友朋,愿突厥亦视我为友邦。'蔡马库斯做如是说,西扎布鲁亦做相似的答复。

"宾主双方入席,欢宴竟日。西扎布鲁所居帐中悬饰各色丝绸。所饮用的酒不似我们以葡萄酿造,因其地不出产葡萄,亦不饮葡萄酒。他们饮用野蛮人制造的一种甜酒②。欢宴完毕,使团成员回到突厥人为他们安排的住处。

"第二天又在另一帐相聚,此处同样饰以五颜六色的丝绸,内有不同形态的雕像,西扎布鲁坐于黄金制造的床上③,中央有

---

① Ek-tag 或作 Ak-tagh,应为"白山",可能指阿尔泰山;蒙古人称阿尔泰山为金山。阿尔泰山是突厥人祖地,但阿尔泰山的位置距此太远。[见 Chavannes, *Tou-kiue*, p. 236] 由此记述可推论,西扎布鲁汗廷位于怛逻斯以远地区,因为使团随西扎布鲁出征波斯时路经此地(见下文)。西摩卡塔说,突厥人古法规定,突厥可汗中势力最雄壮者掌控金山(vii, 8)。[见 p. 201.]

② 无疑即 Darassun;见附录十七《沙哈鲁出使记》。按:Darassun 即中国米酒。——译者

③ 鲁布鲁克也记载,拔都"坐于宽大、镀金、状若睡床"的宝座上(p. 268)。

金制瓶、壶、罐①，其人再设宴席，宴间吵闹嬉说，如此方罢②。

"第二日又换一帐聚会。内有饰金木柱，一金床以四孔雀负载③。帐前有一大排马车，满载银器、银盘、银碗，及大量银制动物肖像，其质量不在我们制造的器具之下；突厥统治者竟如此富有！

"蔡马库斯一行在突厥驻留时，西扎布鲁决定让蔡马库斯率20人随他出征波斯，其他人返回货利泰（Kholiatai）④，等待蔡马库斯返回。西扎布鲁厚赠返程的罗马人，将他们送走；又将俘获的一位Kherkhis⑤女奴送与蔡马库斯。于是蔡马库斯随西扎布鲁往征波斯。

"西扎布鲁率军队向前进发，宿营于怛逻斯（Talas），逢波斯

---

① "营帐的入口处有一长凳，上有忽迷思（Kumis，一种发酵的马奶），及金、银制的大高脚杯，与一些宝石放在一起"（同上）。又见《沙哈鲁出使记》。

② 这种连续宴饮的习惯恰与柏朗嘉宾和鲁布鲁克记载的蒙古宫廷习俗相符。柏朗嘉宾记述贵由汗正式登基时的情形说，登基宣誓仪式完毕，"蒙古人便开始饮酒，按照他们的习惯，一直宴饮到傍晚时分才罢"（p. 758）。鲁布鲁克对他留居蒙哥汗廷的记述，也以浓笔重彩回忆当时的宴饮。人们看到苏丹巴伯尔（Sultan Baber）如何嗜酒如命。

③ 大概是德里孔雀宝座的先驱。

④ 或作Chliatae。Kallats、Kanklis、Kipchaks和Kharliks被认为是突厥四部落，其祖先为乌古斯汗（Oguz Khan）。（Deguignes, ii, 9.）

这四个部落是马尼亚克向罗马皇帝所介绍的突厥四部吗？

不过，德经将Chliatae考订为里海和咸海中间地区北部的康格里（Kangli）(ii, 388)。St. Martin评Lebeau, *History*说，10、11世纪时俄罗斯称里海附近的突厥与芬（Fin）族人为Khwalis人，称里海为Khwalis海。（*Hist. du Bas. Empire*, 1828, x, 61.）

⑤ 此女人可能是Kirghiz（黠戛斯人）或Cirassian（色尔克斯人）。圣·马丁认为后者为是。（同上）

使者前来求见，西扎布鲁邀波斯使者并蔡马库斯同进宴席①。宴席之上，西扎布鲁对罗马使者优礼有加，使其坐于上位；历数波斯人的过错及对自己的伤害，因此对波斯兴师问罪②。西扎布鲁情绪激昂，声色俱厉，波斯使者亦不顾宴会上保持沉默的礼俗，奋起抗辩，力驳西扎布鲁的指责，全无惧色。在场之人对于波斯使者动怒无不震惊，因其不顾礼节，用辞激烈。事态至此，彼此离去，西扎布鲁准备进攻波斯。

"西扎布鲁召来蔡马库斯一行，重申愿与罗马人修好，然后遣罗马使团回国，又遣另一使者随罗马人一并前往。前次出使罗马的使节马尼亚克已经去世。马尼亚克的继任者名叫达格玛（Tagma），官职为达干（Tarkhan）③。西扎布鲁派他为使节出使罗马，随行者有已故马尼亚克的儿子。虽然他还很年轻，但已承袭其父称号，位置仅次于达格玛达干之后。在我看来，这位年轻人之所以能承继他父亲的称号，是因为其父马尼亚克一直对西扎布鲁忠心耿耿。

"蔡马库斯一行离开西扎布鲁，追上先期动身并在约定地点等待他们的罗马使团成员，两部分人马汇齐，踏上回国路程。他

---

① 约六十年之后，自中国去印度朝圣的玄奘和尚在怛逻斯遇到突厥大可汗，即西扎布鲁的继承人肆叶护（Shehu）。玄奘的记载与蔡马库斯的记载颇为相似："可汗居一大帐。帐以金华装之，烂眩人目。诸达官于前列长筵两行侍坐，皆锦服赫然。余仗卫立于帐后观之。虽穹庐之君，亦为尊美矣。"（《大慈恩寺三藏法师传》）

② 此情景与克拉维约所述发生在撒马尔罕的一幕有同曲之妙。（前文，p. 174）在撒马尔罕发生的这一幕中，处在西扎布鲁位置上的是帖木儿，处在蔡马库斯位置上的是西班牙使节，而中国使节则处在波斯使节的位置。

③ 见卷III, pp. 146-147 注。[参见 Chavannes, *Tou kiue*, p. 239。]

们离开货利泰的第一座城市后,穿越要塞前行。"

## [残卷10,4]

"突厥统治区附近的部落,从突厥人那里[1]听说访问突厥的罗马使团已经到达此境,并由突厥使团陪同返回拜占庭。得此消息后,这些部落的首领请求西扎布鲁,允许他们派遣自己的使者往观罗马帝国,西扎布鲁允其请求。其他部落首领也做此请求时,西扎布鲁均不允,唯同意货利泰部落首领随罗马使团前往。罗马使团接纳之,越奥伊赫(Oech)河前行,跋涉长途后抵达一大湖[2];蔡马库斯一行在此地休整三日,遣乔治(George)先行,向皇帝报告访突厥使团正在返回途中。

"乔治与12名突厥人向拜占庭进发,所经行程全为沙漠,无水供给,但为捷径。蔡马库斯沿大湖有沙渍的岸边前行12日,跨过一些极为难行的地方[3],来到艾赫(Ikh)河[4],又进至达伊赫(Daikh)河[5],行经一些湖泊地带后,到达阿提拉(Attila)河[6],

---

[1] "Κατὰ τὴν Τουρκίαν."

[2] 如果这个湖泊是咸海,那么我们就可以认定奥伊赫河就是锡尔河或药杀河。但这与文中所说的货利泰的位置不符。——译者

[3] 如果蔡马库斯文中所说的"大湖"是咸海,那么这段文字似乎指的是乌斯特乌尔特(Ust-Urt)高原北部的这段路程。见 Blockley, *The History of Menander the Guardsman*, p. 266, n. 142。——译者

[4] 可能是恩巴(Emba)河。沙拉夫丁(Sharifuddin)似称之为Tic河。(*Pétis de la Croix*, ii, 95, 129.)

[5] 即乌拉尔河,康士坦丁七世称之为Iaik(*De Administ. Imper.*, cap. xxxvii.)

[6] 即Athil,伏尔加河。按:这些河流已被确切地考证为恩巴河、乌拉尔和伏尔加河(Moravcsik, *Byzantioturcica*, Vol. II, Berlin 1958, pp. 78, 116, 143)。Blockey, p. 266, n.143。——译者

此后行至乌古尔族（Ugurs）领地①，其人告诉罗马使团，在科芬（Kophen）②河畔丛树地带4000名波斯人正设伏以待，准备在他们路过此地时将其擒获。乌古尔首领在这里仍然服从西扎布鲁的统治。他灌满水囊交给蔡马库斯一行，以便他们穿越沙漠时不致受渴。罗马使团渡过这一大片水域后来到一湖边，然后来到科芬河注入的湖区。从这里派人察看是否有波斯人伏击他们。侦察人员搜索观察后，报告没有发现任何波斯伏兵。使团向阿兰人领地行进，胆战心惊、小心翼翼，因为他们非常害怕奥罗穆斯基（Oromuski）部落③。"

[残卷10,5]

"蔡马库斯一行来到阿兰人居地，希望与随行的突厥人一起觐见阿兰首领萨罗修斯（Sarosius），萨罗修斯愉快地接见了蔡马库斯及其随员，但拒绝接见突厥使者，除非突厥人解除武装④。双方争执达三日，直至蔡马库斯出面调停，突厥人同意萨罗修斯

---

① 关于Ugurs，见St. Martin, *N. Annales des Voyages*, 1848, iv。按：此部落显然位于伏尔加河之西，考之为Uighurs 或 Utigurs 似均误。是否是Urogi人？ Blockley, p. 266, n. 144。——译者

② 我认为当为Kuban河。按：Kuban河发源于高加索山，流入亚速海；Blockley, p. 266, n.145："此河必在伏尔加河之西，通常考为Kuma河。"Kuma河流入里海西北部，与Kuban河流向相反。以下文判断，裕尔注非是。——译者

③ 此部落不可考。——译者

④ 很明显，萨罗修斯鉴于突厥人在Kuma河对岸Ugurs人中的势力，对突厥人的行动充满戒备心。John of Epiphania 说："波斯人曾试图收买阿兰人，让他们杀死蔡马库斯和突厥人，萨罗修斯已将此事告知罗马人，即使如此，他仍然保持警惕。见Blockley, p. 266, n. 148。——译者

的要求，不带武器拜见这位阿兰首领。萨罗修斯劝蔡马库斯一行不要取道缪西米亚人（Miusimians）居地，因为波斯人在苏安尼亚（Suania）设有埋伏，准备截击他们；所以最好是迂回达莱因（Dareine）路回国。蔡马库斯闻此，遣十名运输工携丝绸往经缪西米亚而行，以便迷惑波斯人，使其误以为丝绸运输队既在前行，则使者必在第二天到达。运输工离去后，蔡马库斯一行经达莱因前行，将波斯人可能设有埋伏的缪西米亚撇在自己的左侧，抵达阿坡西利（Apsilii）。抵达罗戈托里乌姆城（Rogatorium）后，又进至黑海岸边，乘船抵达法思河（Phasis）[1]，换船抵特拉比宗（Trabizond）。自此乘驿站的马匹返回拜占庭，晋见皇帝复命，完成了出使突厥的任务[2]。"（Müller, *Fragmenta Histor. Graec.*, iv, p. 235; R. C. Blockley, *The History of Menander the Guardman*, Liverpool 1985, pp. 111–127.）

按：弥南德《希腊史残卷》还记载拜占庭帝国与突厥的最后一次通使。《东域纪程录丛》未收录，今据R. C. Blockley上引书一并译出补入。

## [残卷19, 1]

"提比利乌斯（Tiberius）皇帝即位第二年[3]，与波斯国王库斯老达成和平协议前不久，向突厥人派遣另一使团，为首者是皇室侍卫瓦伦丁。瓦伦丁受命与他的随从启程，随行者还有106位

---

[1] 位于黑海东岸。——译者
[2] 蔡马库斯此次出使历时两年，返回时间应在571年末。——译者
[3] 即575年12月7日至576年12月7日之间。Blockley, p. 275, n. 215.

突厥人。当时突厥各部落先后派出的使者,在拜占庭已居留相当长时间。其中一些是阿南卡斯特(Anankhast)出使拜占庭时带来的,有一些是随优提齐乌斯(Eutychius)来到罗马帝国首都的;另一些则是在瓦伦丁上次出使突厥时随他来拜占庭的。瓦伦丁曾两度出使突厥。还有一些人则是随赫罗第安(Herodian)和西里西亚人保罗(Paul)来到拜占庭的。由于这些使节交往,在拜占庭聚集了106位突厥人。瓦伦丁从帝国首都出发时,将所有这些人一并带走。

"瓦伦丁经西诺普(Sinope)乘快船到达赫尔松(Cherson,位于克米亚半岛西岸),经阿帕图拉(Apatura)和富里(Phouloi)、跨过沙漠……过蜿蜒向南的陶里斯山(Taurice)而行[①],骑马跨过沼泽遍布的平原,穿过苇草、丛树和沼泽密布的地带,通过阿卡加斯(Akkagas)地区。阿卡加斯是一位妇女的名字,她受乌提古尔(Utigurs)部落首领阿纳盖(Anagai)之命执掌政权,统治该地区斯基泰人[②]。一句话,瓦伦丁远涉长途,历尽艰辛,到达了突厥首领之一咄陆设(Turxanthus)的营

---

[①] 这段文字因原文的错讹令人费解。Blockley解读为:瓦伦丁经赫尔松至Eupatoria,然后经克里米亚中部到富里,此后沿亚速海南岸陶里斯山北缘东行。Blockley, pp. 276-277.

[②] Chavannes(p. 240)认为,Akkagas地区位于咸海之北。但是,如此则亚速海东部Utigurs部落的首领Anagai就不可能在这里任命一位统治者。况且,这样也使咄陆设的领地移到了咸海以东。这是极不可能的事,因为这段文字的末尾说,咄陆设准备进攻博斯普鲁斯城。Akkagas应位于距Utigurs部落不远的地区,并在瓦伦丁经博斯普鲁斯城东行的路线上。综合这些因素,该地应在库班(Kuban)河下流塔曼(Tamen)半岛的东部。Blockley, p. 276, n. 220.

帐①。突厥首领将其辖地分为八部分,最高统治者名叫阿尔西拉(Arsilas)。

"咄陆设是行至此地的人们见到的第一位突厥首领。瓦伦丁见到咄陆设,请他分享罗马皇帝的喜悦(因为瓦伦丁来见诸突厥首领,是向他们通告提比利乌斯已登帝位);还要求诸突厥首领重申罗马人和突厥人之友好关系,以及西扎布鲁和查士丁皇帝——在蔡马库斯出使突厥时——所议定的旧约。当时西扎布鲁宣布,罗马人的朋友即是他的朋友,罗马人的敌人即是他西扎布鲁的敌人,这种关系将千秋万代永不背弃。所以,瓦伦丁在致辞中说,罗马人正在与波斯交战,咄陆设应即刻对波斯发动进攻。

"瓦伦丁发言完毕,咄陆设说:'你们不是用十条舌头说谎的罗马人吗?'他说着,将十个指头放进嘴里,说道:'现在我的嘴里有十根指头,你们已经可以用很多舌头说话了。你们有时欺骗我,有时又欺骗我的奴隶瓦尔高尼泰(Uarkhonitai)。一句话,你们用花言巧语和阴谋诡计欺骗所有部落,当灾难降临到他们头上,你们便抛弃他们,从中大赚便宜。你们这些使节前来觐见我,向我说谎,而派你们来的人也同样欺骗我。我将马上处死你们。突厥人不懂得说谎。你们的皇帝应受惩罚,他向我大谈友谊的同时,却与我逃跑的奴隶瓦尔高尼泰(他指的是阿瓦尔人)签订条约。如果我愿意做的话,瓦尔高尼泰将成

---

① Turxanthus 显然不是人名,而是可汗之下的官职名(Turk-sad)。Moravvcsik, *Byzantinoturcica*, II, p. 328. ——译者

为突厥人的属民。如果他们看到我派出的军队,将会逃入大地的最底层。如果胆敢抗拒我的命令,他们将被消灭,不是被剑杀死,而是像蚂蚁一样被我的战马踏灭。我向你保证,瓦尔高尼泰会得到这样的下场。'

"'罗马人,你们为何引导我的使者穿越高加索山至拜占庭,同时声称没有其他道路可以通达?你们这样做,为的是想以高加索的险要地带阻止我进攻罗马帝国。但我很清楚达纳普里斯河(Danapris,即第聂伯河。——译者)流经何处,也知道我的奴隶瓦尔高尼泰人从哪里进入罗马帝国境内[①]。我知道你们有多大能为。整个世界从远东至西极都在我的掌握中。你们这些卑鄙的家伙,想一想阿兰人和乌尼古尔人(Unigurs)的下场吧![②] 面对战无不胜的突厥军队,他们曾对自己的力量充满信心,但是他们的希望被碾得粉碎,成了我们的属民和奴隶。'

"咄陆设就这样大吹大擂,因为他喜欢吹牛、傲慢不驯。瓦伦丁听他说完,开言道:'啊,突厥首领!如果我们死于你手中不是一桩极为残酷、极为悲惨、极为恐怖的事;如果这种丑行不会流布于全人类,遗臭万年;如果你的这种亘古未有的发明不会明证你杀害使者;如果这种行为——说起来就使人为之战栗——实行起来不是令人毛骨悚然,那么,我情愿死于你的剑下,因为我已经听到你说吾皇陛下喜欢骗人,而他的使者是一伙骗子。请

---

① Danapris(第聂伯河)、Danube(多瑙河)、Hebrus(艾布鲁河,在色雷斯)是蛮族入侵君士坦丁堡的道路。Blockley, *ibid.*, p. 276, n. 224.
② 突厥人征服阿兰人是在572年以后。Unigurs居于黑海以东,560年左右被阿瓦尔人击败。

你稍微温和地看待我们,熄灭雷霆之怒,以仁慈之心缓和满腹怨气,遵守保护使者的公则。我们是和平使者,神圣的外交使节。更何况,你既继承了你父亲的领土和遗产,那么,就应该接纳他的朋友并视之为他的遗产。你父亲西扎布鲁以其独立意志选择了我们的国家,自愿做罗马人的朋友而不做波斯人的朋友,所以,你父亲所确立的与我国的关系迄今仍是完好无损、神圣不可侵犯的权利,而且我们现在仍保持着这种友好情感。我们也深知道,你对我们的关系也将会同样坚定不移。一个思维缜密,希望接近其近邻[①]并公正行事的人,决不会因感情上的某种莫名其妙的变化而举措失当。'

"瓦伦丁言毕,咄陆设答道:'罗马人,你既到这里,看到我处于极度悲伤中(因我的父亲西扎布鲁刚刚故去),你就应按照我们的习俗对死者劙面致哀。'瓦伦丁及其随员当即以匕首劙面表示哀悼。哀丧期中某日,咄陆设带来四名缚绑着的匈人(Hunnic)俘虏,为他死去的父亲作祭奠。他们称这种祭献死者的仪式为道吉雅(dogia)。咄陆设将这几个可怜的人和他父亲生前用过的几匹马置于中间,以蛮族的语言命令他们到死者那里,并告诉其父亲西扎布鲁这对他是何等好事[②]……

"咄陆设完成其父丧葬仪式后,与瓦伦丁又多次晤谈,然后派他去见内地的突厥其他首领,特别是他的兄弟达头(Tardu)。

---

① 由于突厥势力向黑海沿岸的推进,突厥和拜占庭帝国已成为邻国。——译者
② 关于dogia一词,见Moravvcsik, *Byzantinoturcica*, II, p. 119。突厥人中的人殉风俗在14—15世纪奥斯曼突厥时期仍然存在。Blockley, p. 276, n. 230.

达头居于艾克特尔山（Ektel,意为'金山'）[①]。

"瓦伦丁动身前往艾克特尔山后,咄陆设发誓说,他将马上围攻博斯普鲁斯城（Bosporus）[②]。当阿那盖（Anagai）已经行动时,咄陆设即派波罕（Bokhan）率一支庞大的队伍围攻博斯普鲁斯城。此时阿那盖已率另一支突厥军队屯驻在这一地区。"

[残卷19,2]

"突厥人攻取博斯普鲁斯城时,罗马使团正在突厥人中间。突厥人攻取博斯普鲁斯城清楚表明,突厥人已挑起对罗马人的战争。咄陆设羁留瓦伦丁一行,极尽侮辱、嘲弄和虐待之后,始见放行。"（R. C. Blockley, *The History of Menander the Guardman*, Liverpool, 1985, pp. 171-179.）

---

① Ektel被认为是《残卷》10,3中提到的Ektag的不同写法，一般认为二者实为一地。但Bury, *The Turks in the 6th Century*, E. H. R., 12 (1897), p. 418以下，认为二者为不同地方：蔡马库斯访问的是阿尔泰山，而瓦伦丁到达的是天山。这一观点恰好佐证了《残卷》这一部分中关于突厥帝国分为八部分，而569年出使拜占庭帝国的突厥使者称突厥分为四部的说法；突厥使者所言及的仅为西突厥，而瓦伦丁还访问了东突厥。另一种可能是西扎布鲁死后，突厥帝国分裂了。参见Blockley, p. 277, n. 232。

② 这里的博斯普鲁斯城即潘提卡佩（Panticapaeum），现代的刻赤，位于刻赤海峡的西岸。——译者

# 九、科斯马斯《基督教风土志》节录[①]
## （约公元545年）

1. "正如异教徒[②]在讨论这个问题时所说——在这里他们讲出了事实真相——大地上有四个海湾从海洋突入陆地，即：我们这一地区的海湾，这个海湾从西边伸入陆地，从伽第斯（Gades）[③]开始，穿过罗马统治区[④]；然后是阿拉伯湾——又称厄立特里亚湾[⑤]——和波斯湾，这两个海湾是僧给（Zinj）[⑥]湾的分支，向南方和东方突入陆地，对面是巴巴利（Barbary）地区。巴巴利地区位于埃塞俄比亚（Ethiopia）的边极[⑦]。在印度洋航行的人知道，僧给位于出产香料的巴巴利国以远[⑧]，为印度

---

① 本译文参酌 The Christian Topography of Cosmas, An Egyptian Monk, Translated from the Greek, and Edited with Notes and Introduction by J. W. McCrindle, The Hukluyt Society, New York, 1897。——译者

② Oi ἔξωθεν, 意为非基督徒。应说明的是，该书配有示意图与图解，其原作似为科斯马斯本人完成。

③ 又作 Gadeira, McCrindle。

④ [Romania = Rome, McCrindle, p. 38.]

⑤ [广义上，厄里特里亚海包括非洲和印度间的海洋，此外还包括阿拉伯湾和波斯湾。（McCrindle, p. 38 n.）]

⑥ 亦作 Zingium。——译者

⑦ ["在这点上，科斯马斯和《航海记》的作者的观点是一致的：后者认定香料角（瓜达富伊角）为巴巴利的终点：τελευτοῖον τῆς βαρβαρικῆς ἠπείρον。但托勒密认定巴巴利的领土从这里始，延伸到桑给巴尔湾的拉普特（Rhaptum）。"（McCrindle, pp. 38—39 n.）]

⑧ [关于 Zinj, 见 Reports of Miss. Friars, p. 183 note; Marignoli, p. 324 int.——Montfaucon, ii, p. 132 注："科斯马斯以当时的习惯，不仅以 Zinj 称阿拉伯海峡（曼德海峡），而且以之称曼德海峡以远的海岸以及近海区；这一名称现在仍然存在，因为从阿

洋所环绕,因为印度洋注入阿拉伯湾和波斯湾。第四个海湾自北方突入大地,转向东方,称作里海(Caspian)或希尔坎尼亚海(Hircanian Sea)①。船舶航行限于这些海湾中进行。大洋中有无数湍流,海雾升腾蔽日,不辨方向,大海茫茫无涯,所以海中航行是不可能的。如已所述,我从神人基督获得这些知识,或者应该说是我的亲身经历。我个人为经商之故曾游航其中三个海湾,即罗马湾、阿拉伯湾和波斯湾;从当地人和海员那里,获得这些海湾各地方的准确知识。

"有一次,我们的船只驰向'内印度'②,船只即将驰入巴巴利——巴巴利以远就是僧给(人们以该名称呼大洋的嘴角)——在这里我们看到大群的苏斯法鸟(Souspha)在我们航船的右侧翱翔。这些鸟形状似鸢,但有鸢的两倍大,有的更大些③。据我观察,这一区域的天气似要变化,船上所有富有航海经验的人,不论是海员还是游客,都纷言我们已走近大洋,向舵手大喊:'将

---

拉伯海峡到好望角的桑给巴尔海岸经常有欧洲船只到访,其居民称作桑给(Zangui),桑给巴尔(Zanguebar)的意思是'桑给海'。"]

① ["科斯马斯也持有古代流行的错误观点,即认为里海不是陆地封闭的内海,而是大洋的一个海湾。不过,希罗多德没有持此种谬见。"(McCrindle, p. 39 n.)]

② "Further India"字面上意为"内印度"(Inner India)。["这个名称一般指科摩林角或锡兰——印度大陆海峡以远的印度部分。但是由于'印度'之名有时用于阿拉伯半岛南部、甚至东非,所以,这里的'印度'可能指阿拉伯南部和东非以远地区。科斯马斯之后不久的拜占庭历史家约翰·马拉拉(John Malala)称这两部分地区为印度:'此时印度人——那些阿克苏姆人和那些希米雅特人——发生战争,相互攻杀……罗马商人通过希米雅特国到达阿克姆国,并进入内地的印度国家,因为在那里有七个印度和埃塞俄比亚国家。'传教士乔南德斯称东非为'India Tertia'(第三印度)。" McCrindle, p. 39 n.]

③ ["这些鸟的体积大小,以及后面提到的保持高空飞翔的事实,说明可能是信天翁鸟。"(McCrindle, p. 40 n.)]

船驶向港口,驶进海湾,否则急流将把我们卷入大洋,我们就完蛋了!'涌向海湾的波涛汹涌澎湃,而海湾冲出的湍流又将船只推向大洋,其情其景极为可怕,我们处于极度的恐惧中。这时候大群的苏斯法鸟一直跟随着我们,在我们的头顶上高高地飞翔。这种鸟在近旁飞翔说明大洋即在近前。"① ( Book, ii, p. 132, McCrindle ed. Book ii, pp. 37-40 )

2. "如果世上真有天堂,那么在那些渴望知道并找到所有东西的人中间,难道不会有很多人排除万难、勇往天堂吗? 我们既已看到,有些人为可鄙之利不惮千难万险到大地的尽头去寻找丝绸②,那么,怎能相信何物可以阻止他们奔向可以看到天堂本身的地方呢? 我可以提一下,产丝之国位于印度诸邦中最遥远的地方,当人们进入印度洋时,它位于左侧,但远在波斯湾和印度人称为赛勒第巴(Selediba)③——希腊人称为塔普罗巴奈(Taprobane)——的岛屿以远的地区。这个国家叫秦尼扎(Tzinitza),其左侧为海洋所环绕,正如巴巴利的右侧被同一海洋所环绕一样。被称为婆罗门的印度哲学家们说,如果从秦尼扎

---

① 关于南大洋的可怕,见本书卷II, p.160 n。埃德里西说:"大洋海(Ocean Sea),被称作黑暗海,因其呈黑色,且几乎总是因烈风而掀起滔天波浪,黑雾笼罩。"( i, 87.)

② [μετάξιον=丝绸,"有时写作ματάξιον;这是一外来词,仅见诸晚期希腊语。古希腊语中丝绸称作βόμβυξ,也称σηρικόν,我们使用的silk即从此变化而来, r 转为1,屡见不鲜。"( McCrindle, p. 47 n.)]

③ [Montfaucon, 前引书, p. 137 n.: "Selediba 后作Sielediba, 即锡兰岛。此岛至今仍称锡兰。Diba或diva意为'岛',故有Maldive(马尔代夫)。Sielediva意为Siele岛。Tzinitza, 梵蒂冈藏本读作Tzkne(Tzine)即Tsina(Sina,即秦奈国。如科斯马斯所说,秦奈国东接海洋。"]

扯一条绳子,经波斯到罗马领土,那么大地恰好被分成两半。他们也许是对的[①]。

"秦尼扎国向左方偏斜相当严重,所以丝绸商队从陆地上经各国辗转到达波斯,所需时间比较短,而由海路到达波斯,其距离却大得多。首先,从海上去秦尼扎的人,从塔普罗巴奈所在纬度及以远地区驰向其目的地,需要穿越很长的路程,其距离犹如波斯湾进入波斯,甚至更大些;其次,从波斯湾到塔普罗巴奈及其以远地区(从那里人们左转往到秦尼扎)[②],需要穿越整个印度洋,其距离也是非常大的。所以,经陆路从秦尼扎到波斯,其旅程就会大大缩短。这可以解释波斯何以总是积储大量丝绸。秦尼扎以远既不能航行,也没人居住。

"如果有人从秦尼扎向西用一条直线来测量大地的长度,那么他将发现有400站(marches)左右,每站以30哩

---

① [Beazley, *Dawn of Modern Geography*, i, p. 193 n. 认为,秦尼斯达"大概只是含糊地指马来亚或交趾支那;科斯马斯所说的向北转弯的地方可能指暹罗湾;这段朦胧暧昧的文字绝不意味着,马可·波罗为欧洲,阿拉伯人为伊斯兰世界发现这些地区之前,已经有人真正发现了这些地区。"]

② 我相信其意如此,但这一段略去的内容太多。[McCrindle, p. 49将这一段译为:"前往秦尼扎的人,需自塔普罗巴奈向东航行很长一段里程,其距离就如同波斯湾伸入波斯,甚至更大;此外,从波斯湾口到塔普罗巴奈及以远地区,跨越整个印度洋的距离也是相当大的。"他在注释中写道:"波斯湾的长度是650哩,而只是从锡兰到马六甲半岛的距离就近乎波斯湾长度的两倍。"]

[Robert Gauthiot说,斯坦因爵士从中亚带回的公元初期的一封粟特文书中,有Čynstn一词,意指中国。Čynstn显然是Činastān,即"Čina国";在粟特文中,stan中的"a"没有标出来;在西安景教碑的叙利亚文部分,也存在同样的写法,没有标记"a"。这种缺略如果不见于中国一名中,至少见于Tokharestan一名中。伯希和教授补充说,Čin似确为公元初中国之名称,很有可能是秦国、秦国诸君之名。*T'oung Pao*, 1913, p. 428.]

（miles）计。其测计方法是：从秦尼扎到波斯边境，包括翁尼亚（Unnia）①，印度和巴克特里亚国，约为150站；波斯全境为80站；从尼西比（Nisibis）②到塞琉西亚（Seleucia）③为13站；从塞琉西亚经罗马、高卢和伊比利亚（Iberia）（其居民现称西班牙人），到位于大洋边的外伽第斯（Outer Gades），计150余站。全部距离共计400站左右。

"关于大地的宽度：从极北地区到拜占庭的距离不会超过50站。④有人和无人居住地区的广度范围，我们可以从里海（它是海洋的一个港湾）北部做出估计⑤。从拜占庭到亚历山大里亚50

---

① [Unnia。Montfaucon本作Juvia；McCrindle本作Iouvia，"这个名称指匈奴人国家。"p.49.]

② [现在的Nisibin即建于尼西比旧址。Nisibin是Nissibin地带的首府，位于马尔丁（Mardin）高地，Diabekir行政区，Massius山下Jaghjagha（Mygdonius）河畔。塞琉古时期，尼西比称为马其顿的安条基亚（Antiochia）；希腊人因其繁花盛开的原野上弥漫芳香而称之为Anthumusia（鲜花博物馆）。曾隶属于亚美尼亚诸王，提格兰（Tigranes I, 公元前96—前55年在位。——译者）定为首都，被卢库卢斯（即Lucullus Liunius，约公元前117—前56年，罗马将军。——译者）攻取，又为帕提亚人占领，图拉真（Trajan, 98—117年在位的罗马帝国皇帝。——译者）时并入罗马帝国版图；约维安（Jovian）皇帝将它割让给萨珊国王沙普尔二世（Sapur）。迦勒底里安（Chaldrian）战役（1514年）波斯国王伊斯米尔（Ismeal Shah）被苏丹谢里姆一世（Sultan Selim I, 1512—1520年在位）击败，成为奥斯曼帝国的部分。]

③ [塞琉西亚位于底格里斯河右岸，由塞琉古一世所建，所用材料主要来自巴比伦；帕提亚战争时泰西丰建立，所用材料取自毁废的塞琉西亚。]

④ Montfaucon. p. 138.

⑤ 我想，这里应理解为，作者将里海视为一个海湾，将它与红海和波斯湾进行比较，推断出海洋不可能位于里海最内端的更北处，而是位于其中一海湾最内角以南。

站，从亚历山大里亚到大瀑布群（Cataracts）30站①；从瀑布群到阿克苏姆30站②；从阿克苏姆到埃塞俄比亚凸出地，大约为50

---

① ［McCrindle, p. 50注："希腊文 μοναι λ'。这里的数字λ'=30，必定是 κ'=20之讹，因为从亚历山大里亚到大瀑布附近的Syene大约为600罗马里；而且文中总数超出原定数10个数字。蒙特福康没有注意到这个差别。"］

② 对阿克苏姆人及其都城的记载最早见于《厄立特里亚周航记》，这部作品在公元80年左右编成于亚历山大城。由于位置接近，埃及的希腊人在埃塞俄比亚边境以南地区建立商业定居点，随后形成的经常性联系促成内地各地区间的重大社会与政治变化，以阿克苏姆为首都的国家形成与内地深处。……此外，许多人所熟知的事件证明，埃及的希腊文化对于阿克苏姆文化的发展具有直接的影响。《周航记》的作者还说，阿克苏姆国王佐卡勒斯（Zoskalès）熟悉希腊文字；可以说明这种长期影响的是，两个半世纪以后，在阿克苏姆，希腊语与埃塞俄比亚语被一并用来书写碑铭。阿克苏姆的古物，特别是方尖碑，仍然保留着希腊风格，虽然人们能辨识出其埃及印迹。最后，埃及的希腊人所持有的宗教与语言、艺术同时渗透到了阿克苏姆王国，埃塞俄比亚国王在铭文上自称"无往不胜的战神（Ares）之子"（Vivien de Saint-Martin, *Inscription d'Adulis, Jour. Asiat.*, Oct., 1863, pp. 332-334.）

在奥瑞奈（Oreine）岛对面的陆地上，距海岸20程（stadia）的阿杜里，是一个不大的村庄，从阿杜里行三日路程，可达另一内地城镇科牢伊（Coloe），这是第一个象牙市场；从此地再行五日可达阿克苏姆城，尼罗河以远地区的象牙经过凯依农（Cyeneum）地区抵达此地，从这里运到阿杜里。全部的大象与犀牛都是在内地活着宰杀，虽然在阿杜里周围的海边也能见到。（*Periplus Maris Erythraei, Geographi Graeci Minores...* illust. Carolus Müllerus, i, Parisiis, 1855, §4, pp. 260-261.）

［"现时整个埃塞俄比亚都没有定居城市；从前阿克苏姆城在阿比西尼亚人中是很著名的，现在仍然有些名声。这个地方似曾是一个城市，至少人们非常肯定地视之为希巴女王的王廷所在地，以及后世许多时代皇帝们的驻地，直至今天也是皇帝们登基的地方……；目前它只是一个100户人家左右的村庄。"（*The Travels of the Jesuits in Ethiopia*, by F. Balthazar Tellez, 1710, p. 59.）

阿克苏姆"距位于安奈斯雷（Annesley）湾的海港阿杜里大约有120英里，商队需行八天。阿杜里是与非洲内地进行贸易的主要中心。"……"4世纪基督教由埃第修斯（Edisius）和弗鲁门提乌斯（Frumentius）传入阿克苏姆，弗鲁门提乌斯后来被任命为该区首任主教。萨斯靠近海岸，赤道北5度。"（McCrindle, pp. 50-501 n.）——阿克苏姆遗址在现今提格雷（Tigre）首府阿杜瓦的西部。

站。埃塞俄比亚凸出地,即是出产香料的巴巴利地区[①]。它沿大洋伸展,包括埃塞俄比亚最远的地区萨斯(Sas),绝不是一块狭促地带,而是一开阔地区。如此,总宽度大约为200站。所以我们可以看到圣经讲述的真理,即大地的长度是宽度的两倍:'你制造一张桌子,其长二尺,其宽一尺。'[②]

"香料产区位于埃塞俄比亚的凸出地,本身是内陆地,但另一侧为海洋。由于这里距内地不远,巴巴利人便前往内地经商,带回许多种香料,如乳香、肉桂、菖蒲[③],以及其他许多商货,此后又将这些商货从海路运往阿杜里(Adule)[④]、希米雅提国、内印度和波斯。此一事实亦见于《诸王记》。《诸王记》中记载,希巴国——即希米雅提国——的女王(《福音书》中基督称之为'南方女王')带给所罗门巴巴利香料,还带给他埃塞俄比亚檀木、猿猴和黄金。巴巴利国就在希巴国对岸。实际上,整个埃塞俄比亚与希米雅提国相距很近,只是隔阿拉伯湾相望。我主基督称这些地区为大地的尽头,还是再让我们看一下他的话吧!他说,'南方女王从大地的尽头前来聆听所罗门的金玉良言,她将做出判断,与这代人奋起而谴责之。'(Matt. xii, 42.)事实上,希米雅提国距巴巴利国不远,横在它们之间的大海只需航行二

---

[①] 现代的索马里。巴巴利一名现在仍然保留在亚丁对岸的柏培拉(Berberah)的名称中。Ptolemy, i, 17.

[②] [*Exodus*, xxxvii, 10.]

[③] ["*Exouds*, xxx. 23中提到甜菖蒲。" McCrindle, p. 51.]

[④] ["Ἀδύλη, Adule, ex qua mare adjacens, sinus Adulitanus appellabatur, vide Ptolemaeum." (Montfaucon, p. 140 n.)]

天左右的时间即可通过,过巴巴利以远即是僧给(Zinj)海①。正如香料国靠近大洋,产黄金的萨斯国(Sas)也近海。阿克苏姆(Axumites)国王每年都通过阿古(Agau)总督②派他的手下人到萨斯购买黄金,还有其他很多人随他们一同前往做生意,前往者多达500余人。他们携带着牛、盐块和铁前往,临近萨斯国时便在一地停下来,用荆棘丛在周围扎起一道篱笆墙安营扎寨,然后宰牛割肉,将牛肉片、盐块和铁放置到篱笆墙上。当地人望见,便携带状若豌豆、称为'坦哈兰'(Tancharan)③的金块走上前来。当地人将一两块金块放到他喜欢的东西上:或牛肉,或盐块,或铁块,然后站到远处一旁。牛肉等货物的主人走上前来,如感到满意就取走黄金,而买方则前来取走牛肉或盐、铁。倘若卖方不满意,则将黄金留置原处,当地人走上来见黄金未被取走,或者放置更多的黄金,或者收起黄金走开。这就是该地区人们以物易物的交换方式,因为他们操不同语言,又没有译员可资利用④。

---

① ["那里的大洋叫作僧给洋(Zingion)。" McCrindle,p. 52.]

② 拉姆希奥引阿尔瓦莱斯(Alvares)的话谈到阿比西尼亚的几块领地,"这些领地的人民被称作'阿古'",是异教徒和基督教徒的混血儿。阿古人在阿比西尼亚的分布似很广泛。萨尔特说他们分布在塔卡则(Takazzé)人至贡德尔(Gondar)以东的地区;彼特曼的一幅地图上也标明阿古位于塔纳(Tzana)湖西南,而塔纳湖又在贡德尔西南。包括这两个地点的地区位于阿克苏姆以南和稍西的位置上。(Ramusio, i, f. 250; Salt, *Second Travels*, French transl., 1816, ii, 21以下; Petermann, *Mitteilungen*. 1857, pl. 23.)

③ [Montfaucon, p. 139作Tancharan; McCrindle, p. 53作Tancharas。]

④ McCrindle, p. 52注:"阿古人是土著居民,分布于塔纳湖东西两侧的阿比西尼亚高原。Montfacon注曰:'时至今日,在阿比西尼亚的埃塞俄比亚人国家中,仍有一地区称阿古,那里有著名的尼罗河喷泉。科斯马斯所讲述的盛行于操不用语言的埃塞俄比亚人和巴巴利人中的奇特贸易方式……仍在非洲许多地区流行,人们可以在关于非洲的游记中,以及在这些书对这个地区的描述中看到。'像非洲大西洋沿岸进行过的这

他们在此地做生意逗留五天左右的时间,或长或短,决定于当地顾客的多寡和货物售出的速度。返回途中所有人结伙武装起来,因为在其必经之地,有来自当地的匪徒伺机抢劫他们的黄金。完成这次交易,包括往返路程需要六个月;往程比返程速度缓慢些,主要是因为驱牛群而往,也因为返途行速加快,以免在途中遇上冬雨季节。尼罗河源头就在这一地区,注入尼罗河的许多河流冬季因雨多而上涨,堵塞行人道路。我们这里春光明媚的时候,那里却是寒冷的冬天;彼处之冬天从埃及人的'艾比菲'(Epiphi)月持续到'托斯'(Thoth)月[①]:这三个月中大雨倾泻,山洪迸发,无数河流水位上涨,将洪水倾泻于尼罗河中。"[②](Book, ii, pp. 138-140; McCrindle, pp. 47-54)。

科斯马斯继而记述他在阿杜里——阿比西尼亚的一个港口,位于马萨瓦(Massawah)稍南处——所目睹的一块刻有希腊文的大理石古碑。他照录了碑文。我不打算对此进行讨论,其

---

种'哑市贸易',希罗多德在他著作的第四卷中有记载。这种贸易方式不止在非洲有过,在其他方地方,如在中国也曾有过。"见 Priplus of the Eryghrean Sea, Ch. lxv。——译者

① Epiphi(6月25日—7月25日)在埃及历法中是第11月,Thoth(8月29日—9月28日)为第1月;在现代哥普特(Coptic)历法中分别为Ebib和Tut。(见Nicolas, Chron. of Hist., pp. 13, 15。)

② 阿威斯·卡达莫托(Alvise Cadamostos)对来自廷巴克图(Timbuktu)和梅利(Melli)的黑人商贾与遥远的内地人进行的以盐易金的哑市贸易,也有近似的记载。
科斯马斯记载中的萨斯,一定是位于非洲大陆的中心及阿比西尼亚的西南方。这可由阿古相对于阿克苏姆的位置说明,也可由这事实说明,即经商的道路所穿越的尼罗河众多支流,显然就是地图上所显示的密集分布于北纬7—10度之间的那些河流;还有,文中下一段提到的阿杜里的碑铭中说,征服活动向东扩展到了图里非罗(Thuriferous)国,向西扩展到萨斯。科斯马斯确实说到萨斯离海洋不远,但他设想海洋在赤道附近穿越非洲。[见前文注释,p. 217。]

他注释家对此已有研究①。(Book, ii, pp. 140-143)

3.在后面的一段文字中,他说福音已传遍全世界:

"这样,我可以自信地讲出事实真相,说一下在我亲自游历的许多地方的亲身见闻。

"甚至在位于内印度的塔普罗巴奈岛——那里是印度海——也有一座基督教教堂,有教士也有信众,但我不知道在这个方向上更远地区是否还有基督教徒。在胡椒产地没来国(Malé)②有基督教徒。卡利亚那(Kalliana)③地区有一位波斯任命的主教,在印度海中的迪奥斯科里(Dioscoris)④岛上也有主教。这个岛上的居民讲希腊语。马其顿·亚历山大之后托勒密王朝诸王迁最初的居民来此。该岛也有波斯委派的教士管理居民事务,亦有大批基督徒⑤。我们曾航经该岛,但没有在此登陆。不过我曾遇到从该岛前往埃塞俄比亚的人,他们讲希腊语。在巴克特里人、匈奴人、波斯人和其他印度人、波斯阿美尼亚人(Perarmenians)、希腊人、埃兰人(Elamites)中以及整个波斯

---

① Salt, *Travels*; De Sacy, *Annales des Voyages*, xii, 350.

② 即马拉巴尔。

③ 可能是《厄立特里亚海周航记》中的Kalliena,拉森考其为孟买附近仍然存在的Kalyáni。鲍利诺(Paolino)神甫认为它是位于曼加洛尔以北两英里处一条河流岸边的某地,现在仍称作Kalŷanapúri,但并不合理。(*Viag. alle Indie Orientali*, p. 100.)按:又见McCrindle, p. 366 n.。——译者

④ [Dioscoris或作Dioscorides = Socotra,见Yule-Cordier, *Marco Polo*, ii, p. 408。]

⑤ *On the Christianity of Socotra*, III, p. 7以下,可能提到科斯马斯的这段记载。关于这个主题的详情,显然来自弗朗西斯·克扎维埃(Francis Xavier)的信,对此Du Jarric, *Thesaurus Rerum Indicarum*, i, pp. 108-109有记载。关于阿比西尼亚和努比亚使用希腊语的情况,见Letronne, *Mém. de l'Acad.* (New), ix, 170以下。

地区,都有无数的教堂、主教和大量基督徒,殉教者为数很多,禁欲弃世之隐士亦不乏其人。埃塞俄比亚、阿克苏姆及其周围地区、阿拉伯福地——现称作希米雅提——、阿拉伯半岛、巴勒斯坦、腓尼基、叙利亚、安条克和美索不达米亚、努比亚、加腊曼特(Garamantes)[①]、埃及、利比亚、潘塔波利斯[②],以及从毛里塔尼亚到伽第斯南部[③]的非洲地区,都发现有基督教教堂、主教、殉教者、教士和隐士。实际上,福音泽被之地都是如此。还有西里西亚、亚洲、卡帕多西亚(Cappadacia)、拉泽卡(Lazika)、滂都斯、斯基泰北部地区、希尔坎尼亚、赫鲁里(Heruli)以及保加尔人(Bulgarians)、希腊人、伊利里亚人(Illyrians)、达尔马提亚人(Dalmatians)、哥特人、西班牙人、罗马人、法兰克人直到大洋边的伽第斯人中,都有基督教教徒。"(Book iii, p.178; McCrindle, pp. 118-121.)

4. 科斯马斯说,红海地区埃及人消失的地方是"在克利斯马(Klysma)[④],位于前往西奈山(Mount Sinai)旅行的人们的

---

[①] ["加腊曼特人是利比亚费赞大沙漠的居民,但这个名称往往包含更宽泛的意义,指西尔特以南的北非居民。"(McCrindle, p. 120.)

[②] ["Pentapolis 为五城之总称,这里指北方昔兰尼加省的五个主要城市,即:昔兰尼、贝雷尼斯、阿尔辛诺、普托莱梅和昔兰尼的港口阿波罗尼亚。"(McCrindle, p. 120.)]

[③] "ἕως Γαδείρων, τὰ πρὸς νότον",此句语法结构有点奇怪,但其意似乎在区别于下文的"Γαδείρων τοῦ Ὠκανοῦ",表示非洲某地,也许是廷吉斯(Tingis),即斯帕特尔角(Cape Spartel),斯特拉波称之为 Κώτεις。不知是否有其他作家提到这个南伽第斯,本书卷III,p. 219 所引述的文字中有一些与之相似的东西,伽第斯被当作世界东西方的终点。

[④] 位于苏伊士地区或在苏伊士地区附近,阿拉伯人的 Kolzum 由此名而来,红海被称作 Bahr-Kolzum。[赫罗波里坦(Heroöpolitan)即红海北端的西部湾,被富塞比乌斯(Fusebius)称作克利斯马。据说克利斯马得名于西部湾北端的一个城市,它位于苏伊

右侧;通往海边的狭长地带上,马车轮迹仍清晰可见。这些痕迹保留至今,不是为(基督教)信众之故,而为不信教者之故。"(Book v, p. 194; McCrindle, p. 142.)

5. "埃利姆(Elim)现名赖图,那里有12口泉井,至今仍存[①]……拉菲丁(Raphidin)现称法兰(Pharan),从这里摩西率长者们到达柯赖布山(M. Choreb)即西奈山,西奈山距法兰约六哩。"(Book v, pp. 195, 196; McCrindle, p. 144.)

6. "他们(以色列人)从上帝接受成文法以后,在那里首先学会了文字。上帝利用这一沉寂的荒野作为他们的学校,使他们在此练习文字达四十年。所以,在西奈荒漠,无论你在何处驻足,都可以看到,从山上滚下的所有石头上都刻有希伯来文字。我因身历其地,对这一点可以作证。一些懂得希伯来文的犹太人向我们解释这些铭文,其内容是:'某部落的某人,于某年某月去世',其情形就像你经常看到的我们有些人在旅馆墙壁上的涂抹。刚刚学会书写的孩童,总喜欢书写。以色列人学会了文字,所以总是不断地使用他们学到的本领。因此这一地区的所有地方大多都写上了希伯来文字。这些文字保持至今,我认为是向不信教者留下启示。任何人去那里亲眼目睹一下,或问一下去过那里的人,就会知道我所言不妄。"(Book v, pp. 205-206; McCrindle,

士地区或在苏伊士地区附近,奥罗修斯(Orosius)提到科斯马斯书中所说的车轮痕迹,在Photius, *Ecclesiastical History*, III, c. 6 的节录中费罗斯托吉乌斯(Philostorgius)也提到这些车轮痕迹。不过,阿萨那修斯(Athanasius)和其他人认为克利斯马在阿拉伯半岛。位于埃及主教费罗(Philo)被君士坦丁驱逐后活动的克利斯马山附近。"McCrindle, p. 142 n.]

① 赖图(Raithu)是一座寺院的所在地,科斯马斯本人也提到这一点。(p. 141.)

pp. 159-160.）

科斯马斯著作第11卷的几乎全部内容都值得译出来，这一卷包含"印度动物和塔普罗巴奈岛的详情"。

## 犀牛

"这种动物被称作犀牛，是因为它的鼻孔上方长有触角；犀牛走动时触角也随之摇动，但为眼前的事物激怒时，它便将触角竖起；触角变得十分坚硬，用触角可将树连根拔起，特别是这些树就在它眼前的时候[①]。它的眼睛长得很低、常近双颚。犀牛是一种可怕的动物，对大象尤为敌视，但它的脚和皮很像大象。它的皮干后有四指厚，有的人用它代铁置于犁上耕地！埃塞俄比亚人以其方言呼之，称作阿鲁哈里西（Arue Harisi），第二个字是以送气音a加rhisi组成。'阿鲁'一字表示动物，'哈里西'意为'犁地'。人们以其鼻子形状奇特，皮可用来犁地，为犀牛取此绰号[②]。我在埃塞俄比亚时曾见过这种活动物一次，不过是从很远处看到的。我也看到一个被剥皮充草、立于国王宫殿中的死犀

---

① τὰ ἐναύτο ἴϛμ ἄλιστα τὸ ἔμπροσθεν. Salt也证实，这种动物不被激怒时，其触角是松弛的。（2d *Travels*, French Trans, 1816, ii, 191.）

② 鲁道夫提到，Arweharis是一种体大而凶猛的动物。对此他的朋友格里高里经常提及。他征引的阿拉伯字是Hharash, Hharshan, "独角兽"，但我在各辞典中均未找到这些字。萨尔特也说："在整个阿比西尼亚犀牛（两角）之名传称至今，与科斯马斯给犀牛的称呼是完全一致的。在Gheez语中写作Arue Haris，以强发气音作Ha...Arue，表示一般的野兽（fera, bestia）；这种异乎寻常的一致性使我坚信，阿克苏姆宫廷中所讲的语言是Gheez语。"（Ludolf, i, 10, 78；Salt, 上引书。）

Hhars在阿拉伯语中意为"犁地"，这也许可说明科斯马斯词语的来源。

牛,所以我能够准地刻画出犀牛的样子。"

**牛形鹿**

"这种动物见于印度和埃塞俄比亚。印度的牛形鹿为驯化的动物,可用搬运胡椒和其他成捆的货物;也产奶,可制成黄油。这种动物的肉可食,基督教徒屠宰这种动物时是割断其喉管,而异教徒则是将其砍倒。埃塞俄比亚的牛形鹿为野生动物,尚未驯化[①]。"

**长颈鹿**

"长颈鹿仅见于埃塞俄比亚,仍为野生动物,尚未驯养。阿克苏姆宫殿[②]中饲养的一两只已被驯化。它们是国王命人在它们很幼小时捕获,加以驯养,用来表演供国王消遣的。国王曾亲至鹿厩,观其喂食,所饮奶或水均置于盆中,这些动物除非叉开前腿,就无法触及地上的饮器,喝到盆里面的水,这是因为它们的腿太长,胸和颈离地太高。所以长颈鹿要喝到水,必须将前腿叉开。我亲见这种动物,作此画。"

**野牛**

"野牛是印度的大动物,从它身上可以得到'吐发',战场上的军官用它装饰坐骑和旗帜。据说,如果野牛的牛尾挂在树上,

---

[①] 似为水牛。所描述都很准确,只是名称似不相符。图画上的形象是长着长牙的瘦细牛。

[②] 此处科斯马斯使用拉丁字:Παλατlw(MaCrindle)。

它会站着纹丝不动,因为它害怕失掉一根尾巴毛。当地人便前来砍掉它的尾巴,野牛才得以逃脱。这种动物的本性就是如此[①]。"

## 麝

"麝是一种小动物,当地人称之为喀斯杜里(Kasturi)[②]。猎人以箭射麝,待其血集结在肚脐时,将肚脐割取。这一部分中存储着我们称之为麝香的香料。麝体的其他部分被抛掉。"

## 独角兽

"这种独角兽[③]我未曾见过,但我在埃塞俄比亚国王的四塔宫中目睹过独角兽铜像,所以我能够将它描绘出来[④]。据说它是一种可怕的动物,难以为人捉捕到;它的全身力量系于它的独角。当它被众多猎手团团围住,难以逃脱时,则纵身跳到一峭壁

---

① 很显然此即牦牛,科斯马斯对此只是得自远东的传说而已。Tulpha大概为Tugh或Tau,依雷慕沙的观点,即马尾旗的突厥语称呼,也合乎中国人的描述。马尾旗在突厥和中国人中是军队最高指挥官的标志。(*Rech. sur les langues Tartares*, 303; D'ohsson, i, 40.)

② Kasturi是麝香的梵文名称(见Lassen, i, 316; iii, 45)。拉森说,喜马拉雅山地区,Kastúri一名也用于麝这种动物,他说:"科斯马斯是提到麝这种动物、并说麝香为印度产品的第一人,但他说这种动物生活于塔普罗巴奈,是错误的。"科斯马斯未做此类解说。

③ 第一位描述独角兽的作者,是克尼多(Cnides)的克特西阿斯(Ctesias)。克特西阿斯在阿塔薛西斯·奈蒙(Artaxerxes Mnemon)宫廷中担任医生十七年,闻听过有关印度的各种奇闻轶事,他描述过独角兽,称之为"印度野驴",而亚里士多德称之为印度驴。这种动物大可考定为犀牛,虽然描述上有各种错误。McCrindle, p. 360 n. ——译者

④ Lobo, *History of Abyssinia* 中对独角兽的描绘状若骏马,在科斯马斯的绘图中,其躯体亦颇似马。关于这种绘图的评注,见 Yule, *Marco Polo*, vol. ii, 273; McCrindle, p. 361 n. ——译者

上，再从峭壁上跳下。下跳时，翻一个筋斗，使其独角承受落地时的全部重量，然后安全无恙地逃走[1]。圣经也以同样的笔触描述这种动物：'把我从狮子口中拯救出来吧！把我的谦恭从独角兽的角下拯救出来吧！'[2]圣经又云：'他像独角兽之子一样受到爱戴'；又，巴兰（Balaam）[3]在祝福以色列人的敬辞中两次说道：'上帝引导他出埃及，似具有独角兽的力量'[4]。所有这些话都证明这种动物的强壮、勇敢和它获得的荣耀[5]。"

## 野猪和河马

"野猪这种动物我曾亲眼见，也吃过它的肉。河马这种动物，我确实未曾见过，但我曾获得过河马的几枚大牙，每枚重达13磅，在这里（亚历山大里亚）我将它们卖掉了。我在埃塞俄比亚和埃及见过许多河马牙齿[6]。"

---

[1] 这段故事可能指的某种野山羊或大羚羊。在世界上彼此相隔如此遥远的地区传诵此类动物的习性，说明它的真实存在。

[2] "救我脱离狮子的口；您已经应允我，使我脱离独角兽的角。"（*Ps.* xxii, 21.）

[3] 巴兰（Balaam），圣经人物，据说是幼发拉底河边的一位术士。摩押王巴勒率军同以色列人对阵，知不能以武力取胜，乃以重金聘巴兰前去诅咒以色列人。巴兰骑驴南下时，上帝使驴说人话阻止，并差天使在路上，手执宝剑阻其前行。天使命他不得乱说，应按上帝的旨意说话。巴兰未诅咒以色列人，而遵上帝之命，为以色列人祝福。——译者

[4] "神领他们出埃及，他们似乎有独角兽的力量。"（*Number*, xxiii, 22; xxiv, 8.）

[5] ［独角麒麟，参见克尼多的克特西阿斯，Yule-Cordier, *Polo*, ii, 291.］

[6] 在科斯马斯的绘图中Chærelaphus被画成长有长牙的长腿猪。这种动物肯定与印度的所谓豚鹿无关，豚鹿与猪无相似之处。它很像马来野猪，我相信这是马业半岛上特有的动物。不过普林尼所描述的一种印度猪与这种动物极为相像。（viii, 78.）

## 胡椒

"此图所绘为胡椒树。每一株胡椒都缠绕在一棵高高的树上,因为胡椒脆弱、纤细,犹如葡萄的细干。胡椒树的每一串果实都有一双瓣叶屏护[①];呈深绿色,似芸香。"

## 椰子树

"另一种树结出硕大的印度果,称作'阿吉尔'(argell)[②]。与枣椰树(date-palm)颇似,只是更为高大、粗壮,叶子更宽。每棵树生长二三枝干,每条枝干能结出三个果实[③]。果实甘美,味似绿坚果。椰果初多甘汁,印度人饮其汁代酒。这种饮料被称作龙柯苏拉(Rhoncosura)[④],味极鲜美。如果将此果采撷后存储,则其汁逐渐凝结壳上,少量果汁仍存其核心,随时推移则核心中的果汁亦将干涸。如存储时间过长,则凝聚果汁之果体亦腐败不可食。"

---

① 在当代文献记载中我没有找到根据,肯定这种说法。Ibn Khardádhbah,前文,p.135说:"航海者说,每一串胡椒上方都有一个叶子保护它不受雨淋,雨停后叶子移向一边;如果雨水再次侵袭,叶子再转到果实上面。"(*Journ. As.* sér. vi, tom. v, p. 284)。[见 *Chau Ju-Kua,* pp, 222−223。]

② 波斯文作Nárgil。

③ οὐ βίλλα δέ καρπὸν εἰ μή δύο ἢ τρία σπάθια ἀπὸ τριῶν ἀργελλίων. 原文意义含糊,但科斯马斯的插图说明有两枝干,每条枝干有三个果实。科斯马斯一定只见过低产量的椰树。

④ 科斯马斯可能将椰子汁和今天的椰果混为一谈了。因为Sura一名在马拉巴尔海岸指椰果。Roncho可能代表Lanha,在马拉巴尔海岸指已经成熟但仍柔软的果实,实质上这是产汁的状态。(见 *Garcia dall'Orto*, Venice, 1589, p. 114; Rheede, Vol. 1.)

## 海豹、海豚和乌龟

"如果我们在海中捉到海豹、海豚和乌龟,就捕而食之。食海豚和乌龟时,割其喉管以屠宰之;但不以这种方式屠宰海豹,而是像宰杀大鱼一样击其脑袋,将其杀死。乌龟肉似羊肉,色黑;海豚肉似猪肉,色黑,味恶;海豹肉亦类似猪肉,但色白无味。"

## 关于塔普罗巴奈(Taprobane)岛[①]

"此岛为印度洋中的大岛,印度人称之为赛勒第巴(Sielediba)[②],

---

[①] 锡兰名称很多。在梵文著作中它被称作兰卡(Lankâ),这一名称不为希腊人所知。大约在公元前300年完成论印度著作的墨伽斯底涅(Megasthenes)称之为Taprobanê。这是一个合成词,通常被认为是Tâmraparnî("铜色树叶")的译音。Tâmraparnî是征服该岛的印度人维奢耶(Vijaya)对它的称呼。在吉尔纳尔(Girnâr)石碑的阿育王(Asôka,公元前268—前231年在位)碑铭上,其巴利文形式写作Tambaparni。不过有些人认为,Taprobané是婆罗门作家对这个岛国的称呼——Dwîpa-Râvana(即Râvana岛)——的变形。从《厄里特里亚海周航记》和托勒密的著作中,我们知道,Taprobané在古代被称作Simoundou,但在托勒密时代称作Salike,即Salai国。在这里,我们可以看到形式稍有变动的科斯马斯记载的Siele-diva,因为diva只是Dwîpa的一种形式,该词在梵文中意为"岛"。Salai和siele来源于共同的词Sihalam(读作Silam),该词是梵文Sinhala("狮子")的巴利文写法。该岛名称的其他写法如Serendivus、sirlediba、serendib、Zeilan、Sailan和Ceylon可能出此共同的来源。因为锡兰没有狮子,所以,Sinhala一定是指狮子一般的人,一位英雄,即英雄维奢耶。McCrindle, p. 363 n. ——译者

[②] 此名颇合巴利文名称Sihaladipa。Sihala即梵文Sinhala,意为"狮子国",或解作"杀狮者"。Taprobane来自巴利文Tambapanni、梵文Tamrapani,这是一个城市的名字,该城由维奢耶——僧诃巴忽(Sihabahu)之子——建于普特兰(Putlam)附近。维奢耶是第一位国王和殖民者。《大史》(Mahawanso)中对这些名字有以下解释:

"国王(指维奢耶。——译者)率领的700人,由于海上晕船而精疲力竭,虚弱无力,他们从这里走出船舱,以手紧握土地,在岛上定居下来。由此这些人获得檀巴潘尼(Tambapanniyo,'铜色手掌',由土地的颜色而来)的名字。从此这片荒野也获得檀巴潘尼(Tambapanni)的称号。也由于同样的原因,这个著名的岛屿也以此名闻名遐迩。

但希腊人称之为塔普罗巴奈。岛内多红锆石①。赛勒第巴岛位于胡椒国②的另一侧。岛之周围有众多小岛,均有淡水和椰树;众岛屿彼此相距很近③。当地居民说,这个大岛长达300高迪亚(gaudia),即900哩④,其宽约略相当,即900哩。岛内有二王主政,彼此为敌⑤。一王主产宝石的地区⑥,一王主其他地区,有良港,乃商贸中心。此岛是这一地域的重要商业中心。岛上还有一座由定居该岛的波斯基督教徒建立的教堂,以及一位由波斯任命的长老和副长老,以及一整套举行宗教仪式的设施。但当地居民及其国王则是另一类人⑦。岛上庙宇很多,在一座耸立

---

"僧诃巴忽杀死了狮子。由于他的功绩,他的儿子们和后代们被称作Sihala(杀狮者)。由于兰卡被一位僧伽罗征服,也由于它被一位僧伽罗殖民化,所以兰卡被称作sihala。"(Turner, *Epitome*, p. 55)关于这些名称的更令人满意的语源解释,见Lassen, i, 200以下; Tennent, *Ceylon*, i, 525; *Hobson-Jobson*。

① [一些人认为这不是我们所知的红锆石,而是蓝宝石(sapphire);另外一些人认为是紫晶。(McCrindle, p. 364.)]

② 即马拉巴尔,阿拉伯人称之为胡椒国(Balad-ul-Falfal);见Ibn Batuta,本书卷IV。

③ ἀσσοβαθαὶ,也许是ἀσσόταται之误。此处科斯马斯似指马尔代夫群岛。[拉克代夫群岛,意为"千万岛"。(McCrindle, p. 364.)]

④ "科斯马斯用来表示该岛面使用了一个奇特的字gaou,这个字直到今天在锡兰仍然使用,它表示一个人在一小时内走过的距离。"(Tennent, i, 543)

⑤ 坦南特译作"处在岛的两端"。

⑥ 有人认为这里的意思是指锡兰岛拥有红宝石矿的地区;但坦南特认为其意即下面提到的红宝石(见*Ceylon*, i, 543)。不过,以the Hyacinth这一短语表示"产红锆石的地区"似乎颇合科斯马斯的原意。他在下文以καρυόφυλλον表示"丁香国",也是如此用法。坦南特认为文中提到的港口即加勒(Galle)港,这一点我在其他地方已经注意到(附录十二)。

⑦ ἀλλόφυλοι,据我理解,即"异教徒"之意;无论如何不是波斯的基督教徒。但是坦南特爵士译作:"当地居民和他们的国王们是不同种族的人。"

在高处的庙宇上,有一颗硕大如松果的红锆石,色彩红艳,远远望去,熠熠生辉;当太阳光照耀到上面时,更是光彩夺目,景色壮观绝伦①。

"该岛地处中心位置,从印度、波斯和埃塞俄比亚各地很多船只经常访问该岛,同样它自己的很多船只也远航他方。从遥远的地区②——我指的是秦尼斯达(Tzinista)和其他输出地——输入塔普罗巴奈岛的是丝绸③、沉香、丁香④、檀香木⑤和其他产品。这些产品又从该岛运往这一边的其他市场,如没来、卡利安那、信德、波斯、希米雅提和阿杜里。没来出产胡椒;卡利安那出口黄铜、胡麻木⑥和布匹,亦为一大贸易市场;信德出产麝香、

---

① 比科斯马斯晚一个世纪的中国朝圣僧玄奘述说道,在阿努拉达普拉(Anurajapura)的佛牙寺顶端上,放着一颗红宝石,光泽照彻天空。在皎洁的静夜中,万里之外可以睹见。(*Vie de H. T.*, p. 199, 371-372.)

按:马可·波罗也叙述说锡兰国王拥有世上最大的红宝石,完美无瑕,灿烂无及,难以描述。坦南特引用 Dana, *Mineralogy*, Vol. ii, p. 196 的话说:"马可·波罗描述的这块宝石很可能不是红宝石,而是一块紫晶,紫晶在锡兰的大水晶中可以找到,现代矿物学家认为红宝石即是古代所称的'红锆石'。"对于这一著名的宝石,现在没有可靠的记录说明它最终的结局,除非它就是14世纪早期中国皇帝购买的能产生不同寻常的光芒的"红玉"。Tennent, *Ceylon*, Vol. i, pp. 543-544 n; McCrindle, p. 365.——译者

② 科摩林角(Cape Comorin)以东各国。McCrindle, p. 366 n.——译者

③ 希腊文 μετάξιν,一般作 μετάξα。Metaxa 是一个拉丁字,也是一个希腊字,其确切的意思是"纱线"。但中世纪的希腊人用它泛指丝绸。科斯马斯同时代的作家普罗可比说,丝绸被用来制作衣裳,古希腊人称之为 médiké,但在他的时代称为 Sériké。McCrindle, p. 366 n.——译者

④ 坦南特在此处根据 Thévenot 的版本译作"丁香木",但这种译法不见于 Montfaucon 版本。关于丁香木,见本书,卷III,p. 168 及 Ibn Batura。

⑤ 希腊文 τζάνδανη,梵文 Chandana。

⑥ 《厄里特里亚海周航记》提到,从婆卢羯车(即布罗奇)输出的货物中有黄铜、

海狸皮及甘松香（Androstachyn）①。该岛也输入上述各地的物产，转而输往更遥远的港市；同时该岛向两个方面输出自己的物产。

"信德位于印度边境。印度河即菲逊（Phison）河，河水注入波斯湾，是波斯和印度的边界②。印度最著名的商埠有：信德、奥尔霍萨（Orrhotha）、卡利安那、西博尔（Sibor）③，然后是输出胡椒的没来地区的五商市，即帕尔蒂（Parti）、门格鲁瑟（Mangaruth）、萨罗帕塔纳（Salopatana）、纳罗帕塔纳

---

檀香木、栋梁、兽角、檀木板和乌木。我以前曾提出过一种看法，即这种胡麻木（sisam logs）就是印度的珍贵木材黄檀（sissu, shisham）。不过，我现在找不到我在何处提出这一看法了。我相信，印度西部出产的广泛用于雕刻家俱的黑木是一种檀木。黄铜可能用来制造锅和容器，这在印度各城仍是很重要的行业。

① 信德（Sindu），无疑是印度河口的一港口，可能是第乌尔（Diul, Daibul）。（*Hobson-Jobson*, p. 247）Androstachyn 也许如拉森所说，是 Nardostachys（甘松〈spikenard〉）之讹。甘松是印度河上游各支流沿岸各国的主要物产之一。（Lassen, iii, 41, 42, 288—289.）

② 波斯帝国在被亚历山大大帝征服时，其版图扩展到印度河，甚至囊括了印度河东岸信德地区的领土。（McCrindle, p. 366.）——译者

③ Sibor 可能是乔丹努斯记载中的 supera，托勒密记载中的 suppara。（本书卷 III, p. 76）[Sibor，托勒密作 Symulla 或 Timulla，阿拉伯旅行家作 Saimur、Jaimur，可能是印度西岸孟买以南 30 英里处的 Chaul（cheul）。拉森认为，Orrhotha 是托勒密记载中的 Soratha，位于古吉拉特半岛；玄奘记载中的苏剌诧（Surata）不应与现代的苏拉特（surat）混同。（Reinaud, *Mém. sur Inde, Acad.* p. 155.）

按：McCrindle, p. 367 注："普林尼在列举出的印度种族中，提到一个称作 Horatae 的种族，居于坎贝湾附近。其名乃 Sorath 之讹，通俗化的形式为 Saurâshtra，《厄立特里亚海周航记》的作者和托勒密作 Surastréné，即古吉拉特。所以，一些人将 Orrhotha 考为 Surat，但是葡萄牙人到达印度之前，Surat 并非重要地点，所以这种观点不能接受。裕尔认为该地应在古吉拉特北半岛的西岸某处。——译者

（Nalopatana）和普道帕塔纳（Pudopatana）[①]。接下来赛勒第巴，即塔普罗巴奈岛；从印度大陆前往该岛须航行五天五夜；然后又是印度大陆，再往后行便是马拉洛（Marallo），该市场输出贝壳[②]；卡伯尔（Kaber）输出alabandinum[③]；更远处便是丁香国；此后是秦尼斯达，此国出产丝绸。秦尼斯达以远再没有其他国家，因为大洋从东方环绕秦尼斯达国[④]。

"由于赛勒第巴国地处印度各国的中心，盛产红锆石，输入各商区的商货，又向各商区输出商货，所以它本身就是一重要的商贸中心。这里让我讲述一位经常到这个国家经商的商人的故事。这位商人名叫索帕特鲁斯（Sopatrus），就我所知，三十五年前他已去世。他曾前往塔普罗巴奈岛经商，碰巧一只波斯船只也同时到达。索帕特鲁斯所乘坐的是阿杜里的商船，其船靠岸时，

---

① 在马拉巴尔的这五个港市中，门格鲁瑟无疑就是曼加洛尔（Mangalore），而普道帕塔纳则是直到最近一个世纪中仍保持同一名称的港市（见下文，Ibn Batuta）；其他三名，我无从考出。

按：McCrindle, p. 367："这三个港市（Salopatana, Nalopatana, Pudopatana）似位于Cottonariké即胡椒国海岸、曼加洛尔和卡利库特之间的某处。字尾Patana意为"城"，Pudopatana意为"新城"，该城可能是托勒密记载中的Podoperoura。——译者

② 就方位和名称论，可能就是锡兰对面的马拉瓦（Marava，或作Marawar）。此地的贝壳捕捞业直到最近仍同珍珠捕捞业一样，为政府垄断行业。Walcknar说马拉洛即"Morilloum, 位于锡兰对面"。有这样一个地方吗？

③ 从名称和位置上，卡伯尔可能是托勒密记载中的Chabēris（Kâvêrîpattam）[位于特兰克巴尔（Tranquebar）稍北处，普杜-高韦里（Podu-kaveri，即新高韦里）河口。Kâvêra为梵文，意为"番红花"，McCrindle, p. 367 n.] 但我对alabandinum无从考稽。普林尼提到一种alabandic红玉和一种alabandic黑理石，称二者均以Caria城而得名。法文中almandine或作albandin指一种红宝石。(Pliny, xxxvii, 25; xxxvi, 13; Dict. de Trevoux) 如果它指的是红宝石类，那么，产地可能是勃固。

④ McCrindle, p. 367注："科斯马斯是确知中国东界为大洋的第一人。"——译者

波斯人也靠了岸，与波斯人同来的还有一位显要人物。依照该岛的规矩，地方官员和海关官员接待了他们，并带他们觐见国王。国王接见他们，接受礼敬，请他们入座，然后询问其国势如何？他们个人情况如何？来客们回答一切均好，此后谈话中国王问："你们两国的国君哪个更伟大？"这位波斯要人抢过话头，答曰："吾王更伟大、雄壮、富有，乃王中之王；无论欲行何事，均无不能。"索帕特鲁斯一言不发，于是国王问："啊，罗马人[⑤]！难道你无话可说吗？"索帕特鲁斯回答："此人既出此言，我还有什么话可说？但是陛下欲知事实真相的话，两国国王就在您这里，陛下您只需对他们加以考察，就会明白哪一位更为尊荣、强盛。"国王闻听此话，大为惊讶，问："你说两位国王就在这里，何意？"索帕特鲁斯回答："啊！陛下这里有两位国王的钱币：一为诺米斯玛（nomisna），一为迪海姆（dirhem，即米列雷什miliaresion）；考察一下每种钱币上的肖像，真相将告大白。"国王认为这个建议不错，点头称是，命取两种钱币。诺米斯玛周边浑圆、金色纯正、色彩明快、造型美观，因为此金币是选定用于与该岛进行交易的；而米列雷什则是银币，自然无法与诺米斯玛金币相提并论。国王取两种钱币，仔细加以观察后，对诺米斯玛大加赞赏[⑥]，称赞

---

⑤ McCrindle, p. 369注："温森特（Vincent）注意到一个事实：锡兰王在会见这位希腊人时，呼他为'罗马人'，在印度，这个名称从远古时代起就被用于称呼控制君士坦丁堡的各政权，不管它是罗马人、基督教还是伊斯兰教徒。"（Tennent, *Ceylon*, Vol. 1, p. 542, n. 2.）——译者

⑥ 诺米斯玛通常指金索里达（solidus）。[这里的钱币是奥赖乌斯（aureus）。君士坦丁大帝铸造的钱币为一磅金价值72个金奥赖乌斯，这个标准一直持续到帝国末期。McCrindle, p. 369] 米列雷什（miliaresion，或作miliarense）为银币，相当于索里达的

罗马人为杰出、伟大、睿智的民族①。于是锡兰王对索帕特鲁斯优渥有加,让他乘上大象绕城巡礼,鼓乐齐鸣,风光无限。这些事情是索帕特鲁斯本人和随他自阿杜里去锡兰岛的人告诉我的。据他们说,波斯人对这一切深感羞愧。(p.338)

"沿着上述著名的商业中心,海岸边和内地还有众多其他(不太重要的)商业中心,以及一个幅员广大的国家。印度北部是白匈奴(White Huns)②。据说,一位名叫高拉斯(Gollas)的

---

1/12。(Ducange, *de Inf. Aevi Numism.*)索里达金币大约直到拜占庭帝国末期,在地中海地区仍负盛名。大约在1340年,裴戈罗第时常提到米列雷什(migliaresi)。[米列雷什是一种银德拉克玛(drachma)。20米列雷什=1达里克(Daric),1达里克=1斯塔特(stater),McCrindle, p.369 n ][大约在312年,君士坦丁发行奥赖乌斯金币,一镑金制造72枚,每枚相当于4.55克,新金币名为索里达-奥赖乌斯,简称索里达;米列雷什为索里达-奥赖乌斯的1/14,重4.55克。君士坦丁铸造金索里达币时,也铸造了一种新银币,每镑72枚,故重量亦如金币,为4.55克;这种银币即米列雷什。Babelon, *Traité des Monnaies grecques et romaines*, I, 1901, pp. 532-533, 570.]

① Tennent, *Ceylon*, Vol. i, p. 542说:"这个故事似乎由来已久,普林尼也讲述过类似的插曲;克劳狄乌斯统治时期,锡兰使团看到罗马的第纳里(denarii),内心深为敬佩。"McCrindle, p. 370.——译者

② 关于月氏,或称白匈奴,也作嚈哒(Ephthalites),见Lassen, ii, 771以下,以及iii, 584以下。[Saint Martin, *Les Huns Blancs ou Ephthalites des Historiens byzantins*. Paris, Thunot, 1849, 8 vol.]

按:McCrindle, p.370注:"希腊文作λευκοί Οὔννοι。这个名字中显然缺乏粗破音,因为它又可作Χούνοι。大约在公元100年,好战的匈奴(Huns)部落,由于不堪中国人的压力,向西迁徙,跨越伊穆斯山后,一部分迁往阿姆河,其余的人迁往伏尔加河。吉本在著作的第26章中说,'这些殖民团体的第一批人在粟戈第安纳(Sogdiana)肥沃而广袤的平原和里海东岸建立起统治,在这里他们保留着匈奴之名,称作Euthalites,或Nephthalites。由于气候温和,又长期居住在一个繁荣昌盛的地区——这个地区可能还存留着希腊艺术的微弱痕迹,他们的生活方式也变得温和起来,甚至其容貌也悄然发生了变化。这些'白色'匈奴人——其名得自他们肤色的变化——很快就放弃了斯基泰地区的游牧生活。"Sir William Hunter, *The Indian Empire*, p. 170说:"对这个问题,即印度北部

人,作战时有1000头战象和一支庞大的骑兵队伍。他统治着整个印度,向人们横征暴敛。据说,他曾围攻印度内地的一座城市;但这座城市四周有护城河。于是他在城前安营扎寨,长期围困该城,直到他的象群、马队和士兵将城周围的水全部喝干,他最终得以渡过护城河,占领这座城市。这里的人们非常喜欢绿宝石,国王所戴的王冠上镶嵌着这种宝石①。埃塞俄比亚人从其境内的布莱梅斯人(Blemmyes)手中购得这种宝石,将它贩往印度,用所得之利购买极贵重的物品。我所讲述的所有这些事情,一部分得自我亲身的经历,一部分得自我在各地区所做的准确调查。

"印度诸王都驯养大象②,如奥尔霍萨王、卡利安那王、信德王、西博尔王和没来王都驯养大象。他们每人驯养500—600头不等。锡兰(赛勒第巴)王出高价购买印度王的大象和马匹。锡兰王购买大象,以高度付钱,大象的高度是从平地量起。每腕

---

的斯基泰即鞑靼族的命运问题,这最后一位作者相信,在465—470年推翻笈多王朝的是白匈奴。佛固森(J. Ferguson)博士认定,'将印度从塞迦人和匈奴人(Hunas)手中解放出来'的科罗尔(Korur)战役和毛沙里(Maushari)战役发生在524—544年。科斯马斯于535年左右在红海经商。他曾提到匈奴人是当时印度北部的强大国家。——译者

① [裕尔在附加的注释中说:"马苏第曾提到Bejah(Blemmyes?)国的一种绿宝石叫作巴赫里(Bahri),因为海岸诸国如Hind、Sind、Zinj和Sin的国王极为珍视这种宝石,他们苦寻这种宝石'以装在他们的冠冕上'。等等。(*Prairies d'Or*, iii, 44.)

"布莱梅斯人是努比亚荒原及周围地区从事劫掠的暴烈的游牧民。绿宝石出产于上埃及的矿中,埃塞俄比亚商人从布莱梅斯人手中购得绿宝石,然后从阿杜里运往印度出售。如果绿宝石运到婆卢羯车,那么它们就能从这里经一条畅通的商路运往乌贾因(Ujjain),从乌贾因再运往喀布尔,然后通过兴都库什到达阿姆河地区。"McCrindle, p. 371.]

② 按:McCrindle, p. 371注:"普林尼从墨伽斯底涅的著作中摘录了他关于印度的一节,其中讲述了当时每个印度国王拥有的大象数量。——译者

尺计价50—100诺米斯玛或更多①。印度人为锡兰王从波斯购买马匹，锡兰王将马匹买下，免除马匹商人的海关税。

"印度大陆诸王驯养野外捕获的大象，利用它们作战。通常还让大象彼此搏斗，以供欣赏。斗象时，印度人在两头象中间立起两根木头，将一个巨大的横梁系在两根木头上，横梁高及大象的胸膛；每一头象都安排一些人监护，使之不能接近，同时又诱逗它们，使之发怒。发怒的两头大象便以长鼻为武器相互打斗起来，直到最终一方败阵认输。

"印度象没有硕大的牙齿②，即使自然生长出来，印度人也会把它们锯掉，为的是便于作战。埃塞俄比亚人不懂得驯养大象，如果国王需要一两头象用于表演，他们就捕捉一两头幼象加以圈养。埃塞俄比亚大象多至不可胜计，均有硕大的牙齿。象牙从埃塞俄比亚由海路输往波斯、希米雅提和罗马帝国，甚至印度。这些情况是我听来的。"( p. 339; McCrindle, pp. 358-373.)

---

① 32—65镑。孟加拉大象的价格可能比这个数字高出两三倍。在估计一头象的价格时，象的高度总是一个因素。埃德里西说："印度和中国国王极为重视大象的高度；大象越高，他们给出的价格也越高。"

② 众所周知，大部分的印度公象如同母象一般，只有很小的象牙。这种象在孟加拉称为Makhna。

## 九\*、赵汝适《诸蕃志》记大秦国

"大秦国一名犁靬,西天诸国之都会,大食番商所萃之地也。其王号麻啰弗,理安都城,以帛织出金字缠头,所坐之物则织以丝罽。有城市里巷,王所居舍,以水精为柱,以石灰代瓦,多设帘帏,四围开七门,置守者各三十人。有他国进贡者,拜于阶室之下,祝寿而退。其人长大美皙,颇类中国,故谓之大秦。有官曹簿领,而文字习胡。人皆髡头,而衣文绣,亦有白盖小车旌旗之属,及十里一亭,三十里一堠。地多狮子,遮害行旅,不百人持兵器偕行,易为所食。宫室下凿地道往礼拜堂一里许。王少出,惟诵经礼佛,遇七日即由地道往礼拜堂拜佛,从者五十余人。国人罕识王面。若出游则骑马,用伞,马之头顶皆饰以金玉珠宝。递年大食国王有号素丹者,遣人进贡。如国内有警,即令大食措置兵甲抚定。所食之物,多饭饼肉,不饮酒,用金银器以匙挑之,食已即以金盘贮水濯手。土产琉璃、珊瑚、生金、花锦、缦布、红玛瑙、真珠,又出骇鸡犀,骇鸡犀即通天犀也。汉延熹初,其国主遣使自日南缴外来献犀、象玳瑁,始通中国,所供无他珍异,或疑使人隐之。晋太康中又来贡。或云其国西有弱水、流沙,近西王母所处,几于日所入也。按杜还《经行记》云:拂菻国在苫国西,亦名大秦。其人颜色红白,男子悉着素衣,妇人皆服珠锦。好饮酒,尚干饼,多工巧,善织络。地方千里,胜兵万余,与大食相御。西海中有市,客主同和,我往则彼去,彼来则我归。卖者陈之于前,买者酬之于后,皆以其直置诸物旁,待领直然后收物,名曰'鬼市'。"(《诸蕃志》卷上)

## 十、西安叙利亚文-汉文景教碑之发现

P. Alvarez Semedo, *Relazione della Cina*, Rome, 1643

"1625年,陕西省首府西安近郊建屋挖地基时,施工人员挖出一石碑,长九掌尺余,宽四掌尺,厚一掌尺余。石碑顶端呈金字塔形,高两掌尺余,底座一掌尺余,金字塔上镌刻有美观大方的十字,带有花卉装饰,颇似马拉巴尔圣托马斯墓上雕刻的那些十字,也类似欧洲曾一度使用的十字。从迄今保存下来的一些例证,我们可以看到这种形式的十字。

"十字周围刻有一些云状符号,其下三行横向文字(注:此误。文字顺序应为纵向句读。——译者),每行有三个清晰的中国通用的大字。石碑其余部分全部刻有同样风格的汉字,碑的侧面也刻有文字,但文字的最后部分与其他部分不同,其中一些颇为怪异,石碑发现时不知其为何种文字。

"中国人怀着强烈的好奇心将此罕见的古物加以清理,看清楚为何物后,迅速报告西安府台。府台急忙赶来察看,当即下令建一漂亮的基座将石碑立起,上方一拱洞,三面封闭,前方开敞,使石碑不受风吹雨淋,又能使人们欣赏到这一珍贵古迹,大饱眼福。石碑矗立处位于一寺院内,距石碑发现的地点不远。

"前来参观石碑的人络绎不绝,一方面是因为石碑年代悠久,另一方面则是对碑文上奇怪文字感兴趣。现在中国境内我基督圣教已广为人知。有一异教徒与一位信仰基督教的显赫官员利奥(Leo)友善,因机缘参观石碑,目睹碑文中的神秘文字后,

认为最能使朋友欢愉者,莫过于将碑文拓摹后送他观赏。尽管这位官员居于杭州,将拓片送到他手中要走六个月的路程,但这位异教徒还是将碑文拓片送到了朋友手中。在杭州,由于那里发生宗教迫害,大多数传教士已离去。关于这一点,我们将在他处谈到。这位基督教官员收到拓片,看到碑文包含古代基督教流行于中国的无可辩驳的证据,(在过去这一直是人们极为渴慕追求的事情,这一点我们还将述及)为自己的信仰高兴,笑逐颜开①。

"三年后,即1628年,一些传教士陪同一名叫腓力普(Philip)的信仰基督教的中国官员去陕西执行公务,遂得机会游访陕西。西安建起一座教堂并成立一(基督教)团体;神圣的上帝以其神圣的法律让人们发现了一块如此峻拔的石碑,证明了古代基督教在这个国家的流行,同样愿意促进基督教在这一地区的复兴。我作为最先到达彼处者之一,感到幸运;而有机会目睹这块石碑,我感到幸福。我到达西安后,对诸事皆无兴致,直到我参观石碑、阅读了碑文,心情方告释然。此后我重返石碑安置处重读碑文,对碑文从容不迫、慎重仔细地加以考察。在如此悠远的古代,石碑制造得如此完美,文字镌刻得如此清晰、准

---

① 此段文字所说的"异教徒"指歧阳(今陕西扶风县西北)人张赓虞,"显赫官员"指李之藻。李之藻得景教碑拓片后,作《读圣教碑书后》一文,其中有:"此教未之前闻,其即利氏(利玛窦)西泰所传圣教乎?"又。耶稣会士阳玛诺(Emmanuel Diaz)于崇祯十四年(1641年)著《景教流行中国碑颂正诠序》写道:"是碑也,大明天启三年,关中官命启土,于败墙基下获之。奇文古篆,度越近代,置廊外金城寺中。歧阳张公赓虞揭得一纸,读完踊跃,即遗同志我存李公之藻,云:'长安掘地所得,名《景教流行中国碑颂》,殆与西学弗异乎?'李公披勘良然,色喜曰'今而后,中土弗得咎圣教来何暮矣。'"——译者

确,我不能不为之赞叹。

"碑文边缘有许多中国字,其中包括当时许多教士和主教的名字。还有许多当时不认识的字,因为既非希伯来文,亦非希腊文,但就我理解,这些文字中包含的名字与汉文中的名字是相同的。其目的是,如有外国人来此,虽看不懂汉文,也许可以读懂碑文上的这些外国字。

"此后我经科钦(Cochin)去克兰加努尔。这里是印度西岸大主教住地。在这里就这些文字向我们教会的安东尼奥·费南德斯(Antonio Fernandez)教士请教;这位精通圣托马斯基督教文献的教士告诉我,这些文字乃叙利亚文,与圣托马斯教会使用的文字是同一种文字。"(p.197以下)

\* \* \* \* \* \* \* \* \*

林侗《来斋金石刻考略》下记载:

"景教碑今在西安城金胜寺内,明崇祯间(1628—1644年)西安守晋陵邹静长先生有幼子化生,生而隽慧,甫能行,便解作合掌礼佛,二六时中,略为疲懈,居无何而病,微瞑笑视,翕然长逝,卜葬于长安崇仁寺南,掘数尺得一石,乃景教流行碑也。此碑沉埋千年,而今始出,质之三世因缘,此儿其净头陀再来耶?"(Pauthier, *L' Inscription Chrétienne de Singanfou*, pp.70-71.)

# 十一、《中国印度见闻录》所载阿拉伯作家笔下的9世纪印度各国
## （莱诺译文）

书中提及的第一位国王叫作巴尔哈拉（Balhara），被认为是最显赫的印度君主，印度人和中国人将他与哈里发、中国皇帝和罗马国王相提并论，誉为世界四大君主。不过，对于这位君主，书中几乎没有谈到任何具体内容，只是提到他的国家始自海滨的孔坎地区（Komkam，又作Konkan）。

拉森认为，Balhara 一名即 Ballabhiráa，即Raja的讹写，在古吉拉特半岛的巴拉希朴拉（Ballabhipura）行使统治的著名王朝的称号[1]，但这个王朝在此前很久早已瓦解。9世纪这一地区似乎没有非常强大的国家[2]。比鲁尼对于印度事物所谈甚多，所知远过于旧时其他的阿拉伯作家，但他对巴尔哈拉未有只言片语[3]。他提到一个以塔拉（Talah，读若Tanah）为都城的孔坎国[4]。

---

[1] 马苏第称之为Manekir，拉森考之为托勒密记载中的Minnagara。

[2] 见Lassen, iii, 533以下；iv, 917以下。对于伊斯兰教势力范围之大和穆斯林分布之广，这是一个有趣的例证；这位印度君主巴尔哈拉的名字用到了巴勒莫附近的一个村庄上，现在这个村庄就是著名的蒙瑞尔（Monreale），从这个村庄此名又被用到巴勒莫山中的一个市场Suk-Balhara，现在称作Pizza Ballaro。类似的例证见于科列奥奈（Corleone）附近的Manzil-sindi，吉尔金提（Girgenti）附近的Jibal-Sindi和位于巴勒莫市郊区的Ain-sindi，所有这些名称由中世纪的文献保存下来，其中最后一个名称以讹变的形式Fonte Dennisinni存在至今。（Amari, *St. dei Musulm. di Sicilia*, i, 84; ii, 33, 34, 300.）

[3] Reinaud, *Mém. sur l'Inde*, 见 *Mém. de. l'Acad.*

[4] Reinaud, *J. As*, sér. iv, tom. iv, p. 251.

巴尔哈拉时常与之交战的国王中,有一位国王名叫朱尔斯(Jurz),以其雄壮的骑兵而闻名遐迩,他拥有众多的财富,大量的骆驼和马匹。据说他的国家版图呈舌形,我猜想,其意是指位于海岸边。不过阿布·赛义德说曲女城也是其国领土。莱诺持此论。马苏第对朱尔斯(现在出版的马苏第著作作Juzr)同样的记述全然不同于曲女城国王;马苏第称曲女城国王为巴勿拉(Bawurah)[①]。拉森和马苏第著作的编者[②]以为这个国家即古吉拉特,其原因显然是因二者略似。但更有可能是比鲁尼记载中的焦尔(Jor)国王,比鲁尼说焦尔王统治印度半岛东部,其领土在坦乔尔(Tanjore)国或特仑干(Telinga),或囊括二者。从玄奘的记载中我们知道有一国叫 Juri 或 Jurya,位于达罗毗荼(Dravida)国北约三百哩(Jurya 国都城即今之康契普腊姆Konjeveram),这两个国家也许为同一国[③]。

然后是塔法国(Tháfak),马苏第作Tháfan,此国妇人皮肤白皙,在印度最为美貌,该国以此闻名。《见闻录》的作者说该国在朱尔斯国旁,但对于作者明显知之甚微的地方,不能过于重

---

[①] 或作Baurawa。Gildemeister对此说:"Paurau [in Nagari letters] esse puto, nameo nomine Reges Kanyakubgense gloriati sunt",但没有说明依据何在(p. 160)。马苏第也提到一个Bawurah城,位于旁遮普地区之一河上,这个城市可能是玄奘记载中的钵伐多(Parvata)国。(Pr. d'Or, i, 371; Vie de H. T., p. 210.)

[②] Lassen, iv, 921; Praires d'Or, i, 383, 384. 在最后一段中,这位法译者直接以le Guzerat代表Al-Jurz或Juzr。如此翻译一个疑点,是没有道理的。

[③] 见 Vie de H. T., pp. 189, 190, 453; Lassen, iii, 205n。《见闻录》中的Jurz显然指埃德里西记载中的Malik-al-Jizr。他将Malik-al-Jizr置于去中国途中经过的麻代岛(Madai),但埃德里西关于印度东南部的记载混乱不堪,令人茫然无所适从(i, 86, 98)。

视。伊本·白图泰赞美过马腊塔（Mahratta）的女人，莱诺因此认为塔法国在德堪（Kekkan）地区，而且认定它位于"当今之奥兰加巴德省"，拉森也如法炮制，认定其在巴格拉那（Baglana），此地当时为马腊塔国[①]。但伊本·白图泰肯定没有说马腊塔的女人皮肤白皙——我想这一特点应是他们持论的最后理由；我们发现，马苏第将塔法国与克什米尔和坎大哈（Kandahar 即 Gandara，白沙瓦和阿托克附近的健驮逻国）联系起来，将它视作印度河源头的国家之一[②]。旅行家伊本·穆哈利尔说塔法是迦布罗国（Kabul）的都城；不管这是否指同一个地点，这个塔法国应在印度西北部寻找，皮肤白皙的女人很有可能是现在卡菲尔族（Kafirs）女人，她们的美丽和白皙肤色仍然受到人们很高赞誉[③]。

按照这位阿拉伯作家的记载，与这些国家毗邻的是鲁赫米（Ruhmi, Rahma 或 Rahman）统治的国家[④]，鲁赫米与朱尔斯国和巴尔哈拉进行过战争。虽然他拥有最庞大的军队，50 000 头

---

[①] Lassen, iv, 921.

[②] *Prairies d'Or*, i, 207.

[③] 见下文卷 IV 所引鄂本笃关于卡菲尔女人的记载。卡兹维尼（Kazwini）提到一座被称为泰坊（Thaifand）的坚固的印度要塞，这个要塞位于一座难以逾越的山顶上，但上面有水可用，可以耕作，驻防所需之物一应俱全。卡兹维尼说，旧历 414 年（公元 1023 年）这座要塞被马哈穆德·萨巴塔勤（Mahmud Sabaktagin）攻占，发现要塞中有 500 头大象。这段记载很像对于印度河西岸马哈班（Mahaban）地区一座堡垒的描述；阿波特（James Abbott）上校将这座堡垒考定为阿奥诺斯（Aornos），令人叹服。这个名称可能与我们讨论的塔凡（Tháfan）有联系。（Gildem., p. 208.）

[④] 马苏第著作原本中作 Wahman，这个写法似说明 Rahman 是一专用名词（见 Reinaud, *Relations*, i, cii）。埃德里西作 Dumi。（Jaubert, i, 173.）

大象和15 000名洗衣工,但其影响不大。其国所产棉布能穿过一个指环。金、银、沉香和蝇拂在其国也有出产。玛瑙贝作钱使用;林中有犀牛,记载中称犀牛为卡尔卡丹(karkadan),对它有详细的描述①。马苏第补充说,鲁赫米国版图掩及内陆和海域。

关于这段记载,莱诺说:"这段文字在我看来描述的是古代威希亚普尔(Visiapur)国";而拉森则认为它涉及的是(德堪地区的)卡利亚那地方查鲁基亚国(Chalukyas of Kalliani)。何以有这样的结论,不易断言。在这些地区无疑有从事洗涤业的人员,而且也有大象,但是记载中提到的其他物产则没有。金、银、沉香、蝇拂、犀牛和神奇的种象,所有这一切都指向印度恒河以远地区,也许包括阿萨姆(Assam)地区,而能穿过指环的棉布则是孟加拉东部的产品(达卡棉布)。在佛教经典中,缅甸的勃固以拉玛尼耶(Rahmaniya)见称②,我相信这就是所涉及的名称,不过遗憾的是,我将这位阿拉伯作家所指地区的范围限定得更具体了③。

---

① 这大概是阿艾莲(Aelian)用来描述印度独角兽的词汇;他称独角兽为καρταζώνον。(*De Nat. Animalium*, xvi, 20.)

② 阿瓦附近有著名的恭马都(Kaungmúdhan)宝塔,塔上的缅甸文铭文这样写道:"在Hanzawadi(即勃固城)属下的各重要管区中,仰光、大叨(仰光对面)、Kothian、Youngmyo 和马大班,属于著名的拉玛尼耶(Ramaniya)国。"(*Mission to Ava*, p. 351)。锡兰编年史也用阿拉曼尼亚(Arramaniya)指恒河以远半岛上的某个国家。(Turnour, *Epitome*, p. 41.)在印度支那许多君主动听的称号中,都提到拥有众多大象。

③ 根据伊本·胡尔达兹巴赫(上文,p. 135)的记载,印度诸王是Balhara、Jábah、Táfan、Juzr、Ghanah(或作Anah)、Rahma 和 Kámrún。Ghanah 似不见于其他文献,我也不知其意为何。

接下来是内地的一族人,这族人皮肤白皙,穿耳,容颜美丽,记载中称他们为卡什宾人(Kashibin),马苏第称之为卡曼人(Kaman)。莱诺认为是迈所尔人(Mysore),只是因为他上面提到了威希亚普尔国。他根本不能认为迈所尔人为白皮肤。人们所能知道的全部内容是,这个国家和后面提及的其他国家,似乎都位于"内印度"(Farther India)①。这些国家是:凯兰吉国(Kairanj),据称此国位于海上——此海大约就是卡德兰吉海(Kadranj),见于记载所提到的从阿曼(Oman)至中国之间的海域;然后是穆加国(Mujah)——穆加国多优质麝香,雪山绵长逶迤——与马巴德国(Mabad 或作 Mayad),这两国的民众类似中国人,而马巴德国地接中国边界。这些国家应在云南附近寻找,云南境中有优质麝香和蜿蜒的雪山②。

---

① Farther India 即 Ultraindia,是欧洲殖民时代所用的旧名称,现已不使用,其意指印度次大陆以远、中国以南的东南亚地区,相当于"印度支那"。——译者

② 杜劳里尔(Dulaurier)论述樟脑时引述一位阿拉伯作家 Ishak Bin Amram 的一段文字,说质量最佳的樟脑出自"Herenj,此称'小中国'"。"小中国"一名似指婆罗洲(Borneo)或交趾支那(Cochin-china)。(*Jour. Asiat.*, sér. iv, tom. viii, p. 218.)

## 十二、《伊本·穆哈利尔游记》节录

离开呼罗珊和河中地区（Mâ-warâ-un-Nahr）的伊斯兰教城市，使团随中国使节首先到达哈尔卡（Harkah，或作Harkat）境内①。穿越这一地区须历时一月②。然后行20日③至塔塔（Thatháh）④境内。塔塔国人与哈尔卡国人组成联盟，以抵抗异教徒入侵；这两个国家都臣属于中国皇帝。哈尔卡国位居塔塔人和穆斯林国家之间，塔塔人欲往穆斯林国家经商，所以塔塔人也向哈尔卡国进贡。使团又到达塔塔人的属国纳伽（Naja）⑤，此地产葡萄、无花果、黑枸杞（Meddlars）⑥，和火焰不能烧毁的木头。基督教徒将此木取走，相信基督是被钉死在这种木头上⑦。使团又至拔吉纳克（Bajnak）⑧，其人须髯甚

---

① [Marquart作Chargāh；Ferrand作Kharkāh。]
② ["此间我们以小麦和大麦为食。"Ferrand, p. 210。]
③ ["途中平安无事。"Ferrand。]
④ [Marquart作Tachtāch；Ferrand作Takhtākh。]
⑤ 或作Baja，[Marguat作Bağā；Ferrand作Bodja。]
⑥ 此物不可考。——译者
⑦ ["那片土地盛开无花果、葡萄、黑枸杞，还特产一种不怕火烧的木材。当地人用这种木材雕塑神像。经过此地的基督教曾经取走这种木材，并认为它源于耶稣受难十字架的横梁。"Marquart, p. 76. 这种木头可能是柚木。]
⑧ 关于前述哈尔卡人[Yarkand]、塔塔人和纳伽人三个民族和国家，我不能提供任何解释。拔吉纳克[Marquart作Bağnāk]即佩彻涅格人（Pechinegs），希腊人记载中作Πατζινακίται（突厥族，匈奴裔），Constantine Porphyrogenitus, De Administrando Imperio对这个民族记述甚详，显然对他们十分惧怕。君士坦丁（Constantine）时代，佩彻涅格人居于第聂伯河和德涅斯特河之上；五十年前居于伏尔加河与乌拉尔河之上，被乌斯人（Uz，

245 茂,过其境须行22日①,北邻斯克拉夫国(Sclaves)②。又至吉
克尔(Jikil)国③,其人不养家畜;与女儿及姐妹婚媾,不以为
246 违法;其国为突厥臣属④。国人采集名为喀尔堪(Kalkan)的药

---

Ghuz)和可萨人逐走。一位阿拉伯作家记其原居地,北邻钦察人(Kipchak),南界可萨人(Khazars),东接乌斯人(Us, Ghuz),西邻斯拉夫人。(Banduri, *Imper. Orientale*, vol. i; Defrémery, *Fragments de Géographes,* etc., *Journ. As.*, sér. iv, tom, xiii, 446; Mus'ūdī, *Prairies d'Or*, i, 262.)[1123年被约翰·科穆宁击灭。]

[Klaproth, *Mémoire sur les Khazars, Journal Asiatique*, iii, 1823, pp. 153-160]:"拜占庭作家最早提到可萨人是在626年,他们称其为突厥人或东突厥人。" p. 155。

Ibn Hhauqual说:"真正的可萨人的语言不同于突厥人和波斯人。" p. 158。——"保加尔人(Bulgares)的语言也是可萨语,而伯尔达斯人(Berthas)的语言则是另一种语言,罗斯人的语言完全不同于可萨人和伯尔达斯人的惯用语汇。" p. 158。

Constantine Porphyrogenitus说:"在多瑙河下游,德里斯特拉(Dristra)的对面,佩彻涅格人的领土延伸开来,其占据的领土远及可萨人的撒可尔(Sarkel)城堡。在这里有设防兵驻防,每年轮换。在这些人中,'撒可尔'的意思是'白房子'。" p. 159。

克拉普罗特的结论是,西伯利亚西部的窝古尔人(Wogouls)、可萨人和保加尔人均属于东部芬族人……这个事实说明,"Schloezter和Thunmann的看法不错,他们认为,奈斯特尔(Nestor)的罗斯编年史提到的白匈牙利人(Hongrois blancs)并非另人,就是拜占庭人提到的可萨人"。p. 160。

从体质上,保加尔人大部分为芬兰—乌戈尔人(Fino-Ugrians),但混有斯拉夫血统;其语言、风习受斯拉夫影响,以西里尔字母书写。]

① [Ferrand本作12日。]

② ["我们在这里来到称作拔吉纳克人(佩彻涅格人)的另外一族人中,他们有长胡子、络腮胡子和红胡子,彼此间相互攻击。只吃小米。他们的妇女在光天化日之下与人交媾。我们骑马走12天经过他们的地域。他们告诉我们说,他们北边的土地和斯拉夫的土地,就没有危险了。"Marquart, p. 75。]

③ [Marquart作Čikil。——Ferrand]

④ ["当地人只以大麦、蚕豆和羊肉为食物。该部落不宰杀骆驼,不饲养奶牛,而且也没有奶牛。居民之服装乃毛和皮,除此两种,没有其他衣着。在该部落,有一些基督教徒(摩尼教)。他们相貌美丽。在该部落中,男人娶其女为妻,娶其姐妹为妻,或娶那些(伊斯兰教)禁止嫁娶之女人为妻。他们不是祆教徒,然而,其婚姻宗旨却是这样

草①,用以煮食肉类。地产毛粪石,初冬季节,毒蛇出没。房屋以土木筑造②。又至巴格拉吉(Baghraj);其王为阿里后裔,国人善于制造武器③。又至吐巴特(Tobbat)。过其境须行40日。境内有一座大城,建筑以苇草为之;一座庙宇以牛皮建造,以漆覆盖;庙中有一偶像,以麝牛角做成④。又至吉马克(Kimak)⑤,其地房屋以兽皮造成,种植葡萄树,果色半黑半白。地有一石,其人常用之祈雨⑥。地面上有黄金,河水冲刷处可见钻石。国无君

---

的。他们崇拜老人星、土星、双子星、熊星、小山羊星等,他们称之为天狼星,即天主。在此地,一片太平气氛,没有人做任何坏事;但周围的突厥诸部落则时刻寻机袭击并掠夺这一部落。" Ferrand, p. 211.]

① Kalank 即波斯文厨房调料草 purslain。Ashkal 人、Szekely(即 Siculi)人无疑与吉克尔人为同样的人,Defrémery, 前引书, p. 473 提到,它们位于马扎尔人(Majgars)以南,而马扎尔人又位于拔吉纳克以南。[Kalkan 读作 Kīlkan, 即韭菜;生长于 Rey 和呼罗珊。*Notice et Ext.*, xxvi, 1883, p. 162; Ferrand, p. 211.]

② [Ferrand, p. 212:"这里没有国王。我们以40天时间穿过此地,一切顺利,平安无事。"]

③ 格鲁吉亚人?(其王是 Bagratidae 人);还是(伏尔加河的)保加尔人?["他们在扎伊德(Zayd)后代中挑选出有奇妙特征的人为国王,其特征乃长胡须,高鼻梁,大眼睛。当地人以小米和公羊肉为食。该国没有母牛,也没有山羊。衣服用毡,此外没有其他衣着。我们提心吊胆,惴惴不安,在这里旅行了一个月,我们不得不把所带的一切拿出十分之一交给他们。" Ferrand, p. 212. H. H. Howorth, *The Northern Frontagers of China* (*Jour. Roy. Asiat. Soc.*, 1893, pp. 467-502) 一文中以数页篇幅论述布格拉汗(Boghra Khan)。巴格拉吉人可能是布格拉汗的臣属。

④ 西伯利亚的某些地区?[Tobbat 即阿拉伯文的 Tübät, 而不是 Tubbat……"该城中有伊斯兰教徒、犹太人、基督教徒、祆教徒和印度人;整个部落向巴格拉吉王交纳赋税。吐巴特部落用抽签的方法决定其国王人选。那里有一座监狱,专门用于惩处罪犯和罚款。吐巴特人祈祷时面朝麦加所在的方向。" Ferrand, 213.]

⑤ [Marquart 作 Kaimāk; Ferrand 作 Kaymāk。]

⑥ 突厥和鞑靼部落所用的这种祈雨石,至今仍为卡尔梅克人(Kalmaks)所用。见 Quatremère, *Rashiduddin*, p. 428 以下所作长篇有趣的注释。又见 Hammer, *Golden Horde*,

247 长,亦无庙宇。寿享八十年岁而无疾病之人,最受人敬重。使团行35日而过其境①。至古斯国(Ghuz),其城由石块、木料和芦苇三料组成,有一寺宇,但没有塑像;其王有威势,与印度和中国通商;以亚麻和驼毛为料制衣服,国无羊毛。有一种白石可医治疝痛,还有一种红石②,以其触碰利剑,则剑失其锋利;其国境内行程有一个月时间③,路途安全。使团又至九姓乌古斯国(Taghazghaz)④,其人生熟肉皆食,衣羊毛及棉花,无寺宇,珍爱马匹;国中有一种石头可止鼻出血;看到彩虹出现,则举宴庆祭;面西而拜。国王强大,宫殿顶端,有圆形建筑,以金制

pp. 42, 436。这种石头突厥人称为 Jadah,(波斯语作 Yadah)。这是否为我们所称的"玉石"的雏形? 这个与波斯字 Jádú 相联的字(意为祈求)在印度也广为使用吗? ["大家都知道,祈雨石乃是和阗南部山崩时造成的,而从和阗叶尔羌河、克里雅河和鄯善河将祈雨石冲刷掉了。"Marquart, p. 79.]

① ["他们有文字书写。"Ferrand, p. 213.] 埃德里西称吉马克为突厥(或鞑靼)族中势力最大者。南部毗邻九姓乌古斯,西南为 Khiziljis(Kharlikhs?),西接 Khilkhis,东接黑暗海(Dark Sea)。吉马克人多城市,皆位于一东流之大河上。瓦尔第(El-Wardi)称之为东突厥族,与中国北部接邻。我们看到,中国史书中经常提到,库莫奚与契丹人一起向5世纪的北魏朝廷遣使。(Edrisi, i, 25; ii, 217-223; Ibn Khaurdádhbah, *Jour. As.*, sér, vi, tom. v, 268; D'Herbelot, v; Deguignes, i, 183, 184)这条河流大概是额尔齐斯河,马苏第提到"黑、白额尔沙特河(Irshat)(不过法文译本印作 Arasht),河两岸是吉马克巴古尔国(Keimark-Baigur)。这是一个源自季浑河以远地区的突厥部落。(*Praires d'Or*, i, 230, 288.)

按:季浑河(Jihun)即乌浒水(Oxus)。——译者

② [Ferrand, p. 214作绿色石。]

③ Ghuz 即 Uzes,其地在咸海及其以东地区。君士坦丁·杜卡斯(Constantine Ducas)执政时,古斯人侵入马其顿,受杜卡斯皇帝大量赂金而与之订立合约。返回途中遭佩彻涅格人袭击而溃散。古斯人被认为即土库曼人。(Edrisi, i, 7; ii, 339以下; Deguignes, ii, 522; Mas'ūdī, *Prairies d'Or*, i, 212。["他们以小麦为主食,没有蔬菜;他们吃各种羊肉,而且不分雌雄。"Ferrand, p. 214。

④ [Marquart, p. 80 作 Toγuzγuz(Uiguren)。Ferrand, p. 214 作 Toguzoguz。]

成,可容纳百人,于500法拉桑(parasangs)之外可以望见;国旗为黑色;使团于其境内行20日,途中颇感惊恐①。又至吉尔吉

---

① 根据早期阿拉伯地理家的记载,九姓乌古斯汗国(埃德里西著作中印作Bagharghar)是突厥最强大的部落之一。其国后来似以回鹘(Uighúr)见称,不知二者是否为同一民族。(见 Edrisi, i, p. 490 以下; Ibn Khurdádhbah, 前引书, p. 268)。马苏第说其人占据呼罗珊和中国间的库山城(Kushan),有人认为即中国记载中的高昌,现在的吐鲁番。马苏第提到,其族在当时突厥人中最为雄健、强大,国政最善。(Prairies d'Or, i, 288.) 文中所提到的圆形金质建筑大概是一座镀金舍利塔。["莱诺在为阿布尔菲达著作所作的前言中(p. 360 以下)证明,9、10 世纪阿拉伯地理家称为九姓乌古斯国的突厥人就是回鹘人。马苏第说,在他所处的时代(马苏第死于 956 年),九姓乌古斯国势力最为雄壮,人口众多,国政最善。其版图从呼罗珊展至秦(中国)。都城称为库山,王称"依儿汗"(Irkhan)。马苏第又说,九姓乌古斯国是唯一信仰摩尼教的突厥部落。莱诺认为库山城是中国新疆的库车;梅纳尔(Meynard)考此名称为中国史籍中的高昌。关于摩尼教,应说明的是,《王延德行记》提到,高昌有一摩尼寺,波斯僧人主持教务,其律独特,视佛教典籍为异端。" Bretschneider, Mediaeval Researches, i, p. 252.]

["九姓乌古斯占据了高昌城,那里是呼罗珊和中国间一个王国的都城。这些居民现时(332 年)仍属于突厥各族和部落,是最勇敢、强大而治理最善的一个民族。国王享有'依儿汗'(Irkhan)的称号,为唯一拥有国王的民族。其人信仰摩尼教。"(Mas'ūdī, i, p. 288.) ······"他们(中国人)的国家与九姓乌古斯王国为邻。正如我们已经指出,九姓乌古斯人是摩尼教徒,宣扬存在光明和黑暗的二元论教义。"(同上书, pp. 299-300。)]

[马苏第(i, 288, 299)说,九姓乌古斯是突厥人中唯一信奉摩尼教的国家。根据埃德里西的记载,其人为拜火教徒。九姓乌古斯自然是回鹘人,鄂尔浑碑称之为九姓回鹘(Toquz Oguz)。参见 Vilh Thomsen, Insc, de l'Orkhon, 1896, pp. 112, 147, Monument I; Chavannes, Journ. As., i, 1897, p. 80。]

["其次就要数突厥国王的地位了,他占据着高昌城,统治着九姓乌古斯。人们尊称其为'猛兽之王'和'马匹之王',因为世界上没有任何一个国王统率如此勇敢的士兵,也没有任何一个国王拥有数目更多的马匹。呼罗珊沙漠将其国与中国内地相隔开来。他本人享有'依儿汗'的称号。虽然突厥人中有不归附国王的王子和众多部族,但任何人都不敢奢望与他相争。" Mas'ūdī, i, p. 358.]

斯（Khirkhiz）国[1]，国中有寺宇举行祭拜式，有书面文字，人民非常聪慧；灯火常明不熄[2]；有小麝；一年中举行三次庆典；旗帜尚绿；面南而拜；祭拜土星和金星，根据火星预测未来。有夜光石，其人用之作灯盏照明。40岁以下的人不得在国王面前坐下[3]。又至哈兹拉克（Hazlakh）国[4]，其人嗜赌，甚至以妻、母、女为赌注。游客至，主妇或主人的姐妹或女儿前来为之洗濯。如果其中的一位女人钟意于某位游客，则带他到家中，盛意款待之，使其丈夫、儿子或兄弟提供一切方便；只要客人与女人在一

---

① ［Ferrand, p. 214作Kirgiz；汉文作"结骨"。］按：冯承钧：《西域地名》, p. 53："亦作Qirghiz,《魏略》为坚昆，后有居勿、结骨、契骨、纥扢斯诸称，《新唐书》为黠戛斯，又作戛戛斯,《王延德行记》为黠戛斯,《辽史》为辖戛斯,《北使记》为迄里迄斯,《西使记》为乞里乞四,《新征录》为乞力吉思，又作乞儿乞里,《元史》有吉利吉思、乞力吉思、乞里吉思、乞儿吉思、乞儿乞思诸译，突厥民族之一支，在叶尼塞（Yenisei）河一带。"——译者

② 乌德（Wood）提到这种禁止吹灭灯火的习俗，但并非在吉尔吉斯人中，而是在帕米尔地区吉尔吉斯人的近邻瓦罕和巴达赫尚地区的民众中；"瓦罕人认为吹灭灯火会带来恶运，所以他宁愿在松枝的焰火下用手扇达几分钟，也不愿用这种可靠但为他讨厌的办法来熄灭灯火。"（Oxus, p. 333；同样见p. 274.）

③ ［"我们在［黠戛斯］部落平安无事地旅行了一个月。"Ferrand, p. 215.］

④ ［"随后我们到达哈刺鲁克部落，其居民以蚕豆、扁豆之类为食，米制造饮料。只吃咸肉，用羊毛做衣服；他们有供祈祷的寺庙，寺庙的墙壁上，有该部诸先王的画像；其住宅乃用不燃烧的木头建造，此地有大量这种木头。该部落的人相互为敌，暴力行为到处可见，叛乱盛行，接连不断；淫荡行为司空见惯，而且合理合法。"Ferrend, p. 215.］

我猜想此即葛逻禄（Kharlikh），不过这只是一种看法。［阿拉伯语作al-kharlokh］——突厥最强大的部落之一，有时写作Carligh，其领土似在费尔干纳之北。大概是埃德里西著作法译本的Khizilji，马苏第著作中作Khuzluj,"其人俊美，身材伟岸，行为优雅。从前曾统治其他所有部落。统一突厥各部、号令突厥诸王的众汗之汗出自该部。"（Ferrand, p. 288）

起,则其丈夫除非有要务,不能走近他们①。使团又到达卡特拉克

---

① 马可·波罗提到哈密(Qamul)人中这种丢人风俗。["千真万确的是,如果陌生人来到哈密人家中寄宿,男主人是很高兴的,并愿意让妻子完全听从客人指使,他本人却躲开,客人离去之前,并不返回。客人可随意居留与主人之妻为伴,这位丈夫并不以此为耻辱,相反视之为一种荣耀。这个地区的所有男人就这样被他们的妻子戴上了绿帽子。这些女人既漂亮又淫荡。"Yule-Cordier, Marco Polo, i, p. 210; p. 212. note 3. 我们发现,在建都(Caindu)国也有这种风俗,上引书, ii, pp. 53-54:"我要告诉你这个国家女人们的事情。如果一位陌生人或任何其他男人玷辱了他的妻子、女儿或姐妹,或其家族中的任何女人,这个男人并不认为自己受到伤害,相反,他认为这种交合是一桩幸事。他们说这样做会使其神灵和他们崇拜的偶像高兴,带来俗世的昌盛。所以他们允许其妻子陪陌生人或其他人过夜。

"当他们遇到陌生人寄宿时,很愿意将他们带回家中。一俟陌生人投宿,主人便近前告诉他一切随便,此后他便去葡萄园或田地里,客人不走则不返回。投宿人住在这鄙汉家中三四天,享受着这家伙的妻子、女儿、姐妹或其家族中他最喜欢的女人;只要他住宿在那里,他便将帽子或其他标志性物件挂在门上,让这家主人知道他仍在这里。这可怜虫看见物件,便不闯入。这个地区的风俗就是如此。"

按:建都即建昌,亦即罗罗之地(Lolotie),地在今四川境内的宁远府,汉代名邛都,元代名建昌。见冯承钧译《马可·波罗游记》,河北人民出版社,1999年,第422—427页。——译者

兴都库什山间的哈扎拉斯人(Hazaras)至今仍有同样的风俗,这是人所共知的。(Wood, p. 201; Burnes)但是要指出的是,如果我们相信康拉德·克劳塞(Conrad Clauser)的拉丁文译本,那么,15世纪一位拜占庭历史家也提到,西欧的一个岛国(都城是伦敦 Λούνδρας)也有这种风俗。其希腊文为:"对于他们的妻子儿女,他们都很随便。在整个岛上,一个人去拜访他的朋友,进门时可以亲吻漂亮的女主人。如果朋友们在路上相遇,通行的风俗是彼此拥吻对方的妻子……对于其妻子、女儿被人亲吻,他们并不认为耻辱。"(Laonicus Chalcondylas, Paris, 1650, pp. 48-49.)。克劳塞的译文表达的内容与穆华利尔关于 Kharlikh 人风俗基本相同,只是表达更为粗俗。"我们没有必要为我们男人祖先辩护,而贬低这位拜占庭历史家,拉丁文的翻译者认为他是一个轻信传言的人。事情真是这样吗?我不敢断言。但这些话是否另有含义?"

["(哈剌鲁克部落)有一节日,在此期间,所有人都穿上花绸衣服;没有这种衣服的人,也要在身上别上一块花绸布。这里有一银矿,矿里有汞。该部落有一种树木,其形状似诃子,如大腿般粗细,将其树汁涂在烫肿处,肿状迅速消失。他们还有一块巨石,向它祈祷问事,还为它宰杀牺牲,巨石呈绿色。我们在哈剌鲁克部落走了25天,一切平安无事。"Ferrand, p. 216.]

(Khathlakh)国①,其人在突厥中最为勇敢。其俗允许与姐妹结婚;女人准许结婚一次,除非违背结婚誓言,不得离婚;有违者,双方被处焚毙。妻子有权继承丈夫的财产,男人娶妻须侍奉岳父一年。其俗规定,杀人征收偿命金;国王不得结婚,否则处死。使团又至卡梯延(Khatiyan)国②,其人不食生肉,吃熟肉;婚律开化,社会制度昌明;国无君长,于外来之人无虐行。衣服不染色;有麝香。有一种石头,可医治毒虫所咬之伤③等,还有毛粪石。又至巴希(Bahi)国,有一大城也称为巴希,国土广阔,有棕榈树、葡萄树等。在城中有穆斯林,犹太人,基督教徒,祆教徒和偶像崇拜者。地产一种绿石可治眼疾,一种红石可治脾脏病,还出产优质靛青染料④。使团行40日过其境。⑤至卡利布(Kalib)⑥,境内有来自也门的阿拉伯人建立的殖民地,陀拔(Tobba)军队入侵中国,留其人于此地。其人讲话用古代阿拉伯语,书写用希米雅提(Himyaritic)文字。崇拜偶像。以枣类酿制饮料,其王

---

① [Ferrand, p. 216作Khutlukh。]
② 我在其他地方(Benedict Goës,下文)曾推想这就是于阗。其人的文明进化,所建庙宇、拥有麝香以及所处与拜城并列的位置,都符合这一观点。[Marquart, p. 83.]
③ "这里有一种石头,能止烧退热,这种石头在别处是没有的。"Ferrand, p. 217.]
④ "这里有一种红色靛蓝,质量极好,放在水上,轻而不沉。"Ferrand, p. 218.]
⑤ [Ferrand, p. 217作"Pima"]可能是媲摩(Pein)城,在《马可·波罗游记》中列于阗之后,即现代阿克苏和库车间的拜城地区(见Benedict Goës,下文)。[Pein城与拜城无涉。斯坦因爵士正确地将它考为扞罙(Uzun Tati),位于于阗至尼雅途中,克里雅河北。见 Marco Polo, i, p. 192; ii, p. 595.] 按:又见冯承钧:《西域地名》,第101页。——译者
⑥ [Ferrand, p. 218作Kulaybu。]

向中国君主贡献①。使团行一月过其境,至位于沙碛地区的马坎乌尔巴布(Makám ul Báb,意为"关口驻足地")。中国君主遣一军官驻守于此地,从突厥诸国或其他地区而欲进入中国的任何人,都必须从这里得到准许。进入中国的人在此驻留三日,费用由中国国王供给,然后获准动身登程。在最初一段路上,使团遇到一些牲口为其驮运给养,随后到达瓦第乌尔马坎(Wadi ul-Makám,意为驻足之谷地),使团在这里需请求入境许可,由国王供给。在谷地驻留三日,始见放行。驻足的谷地是世界上最优美、最宜人生活的地区之一②。离开谷地后,使团旅行整整一天时间,到达中国首都信达毕尔(Sindabil)③。国王的宫殿就在这里。使团夜宿城外,距城尚有一哩路程。清晨早起动身,一整天奋力赶路,在日落西山时抵达城中④。城市规模宏大,其长可行一日,有60条笔直的大街以王宫为中心辐射开来。(王宫?)城墙高90骨尺,厚90骨尺;墙顶上有流水,分60条支渠传达到各城门。每

---

① 此国名似为错讹,大概指吐蕃,马苏第说,"其国人大半为希雅提人,混杂有陀拔后裔"等。(*Prairies d'Or*, i, p. 350.)马苏第记载也门诸王时提到,陀拔·阿克兰王(Tobba al Akrán)之子马尔克卡里布(Malkikarib)"征服东方各国,如呼罗珊、吐蕃(Tibet)、中国(China)和锡斯坦"。(iii, 154)陀拔是也门诸王的世袭称号。对于阿拉伯嗜古者,古代也门就像腓尼基人对于我们一样有用。撒马尔罕据说由也门诸王所建,其中一门口上的希米雅提文铭文可以为证(d'Herbelot)。[我们在 p. 246 已看到此非吐蕃。]

② 这段记述具有一定的真实性,可与沙哈鲁使团行记比较。沙哈鲁使团被中国官员滞留且招待一二日后继续前进,穿过沙漠至长城,所有给养由中国官员供给,等等。(见附录十七)

③ [又作 Sandābil, Marquart, p. 85;Ferrand, p. 219。]

④ "Per totam diem contendimus"我不明白,除非穿过拥挤的人群,一哩路程何需使团走一整天?

一支渠流及街道,返回王宫,所以每一街道有两渠水逆向而流。其一供水,另一条将水排出①。城内有一座大庙宇,围墙很大,比耶路撒冷城的城墙还高大,内有雕像和宝塔②。政府组织极为严密,法律严明。禁止杀生为食,杀生为大罪③。国王学识渊博,聪明智慧,待人仁惠。伊本·穆哈利尔受到国王的友好接待,直到婚约订立妥当;随公主同行相伴的有200名奴仆和300名侍女,这些人随公主前往呼罗珊,与诺亚王子成婚。

离开信达毕尔,伊本·穆哈利尔行至海边,在喀拉(Kalah)驻足停留。喀拉是从东方来首先到达的印度城市,也是沿此方向来的船只至达的极点。如果船只驰过此点,则必迷失。喀拉城很大,墙壁高耸,花园、河渠相间。有铅矿④,称作喀莱(Qalai),这种铅矿仅见于喀拉,世界其他地区没有⑤。此地产喀拉剑,驰名

---

① 此处拉丁文内容非常含糊。我已经将它做了连贯性解释。[ "在城墙顶上,有一条河,分成60股水,每股水流向一座城门,每股水经过一个磨房,在磨房下面,流水绕弯而出,再进入另一个磨房,该磨房出来,水就流向地面,其中的一半流出墙外浇灌花园;另一半则流向城里,供城中居民用水。这股水(经一条街流向宫廷),之后,再经过对面的一条街,流到城外去,这样一来,每条街道便有两股水,流向恰好相反:一股从城外流向城里,供给饮水;一股从城里流向城外,带走(居民)的垃圾废物。" Ferrand, p. 219. ]

② [一座大佛像。Ferrand, p. 219. ]

③ [ "(该城)是印度的首府,同时也是突厥人的首府。" Ferrand, p. 220. ]

④ [ Ferrand, p. 221作"锡"。]

⑤ 原文作此种不同拼法。根据《中国印度见闻录》两位作者的说法,喀拉或喀拉巴(kalah-bar)距故临(kaulam)一月航程,处于阿曼和中国之间,为一大商埠,商货有芦荟、樟脑、檀香、象牙、喀拉铅、乌木、苏木和香料等,皆产自马来半岛。莱诺对喀拉方位的观点极为迷乱,很难断言其意指科罗曼德尔海岸之一港,即科斯马斯书中之卡利亚那(意指印度西部之一港),还是指锡兰岛的加勒港(Galle)。在我看来,此肯定为马来半岛上的一个港口,大致相当于今之新加坡或马六甲,很有可能如莫里(Maury)所

印度。民众遵从国王，或起而反叛，悉随心所欲。习俗如中国人，不杀生（也就是说，他们是佛教徒）。中国边境距离此地为300法尔桑。国用银币，每枚银币价值为三个第尔汗（dirhem），人称银币为法赫里（Fahri）。其王臣属于中国国王，国民为中国王祈祷，为中国王建立一座庙宇。

伊本·穆哈利尔从喀拉行至胡椒国。胡椒国通常指马拉巴尔[①]。从胡椒国穆哈利尔又到达喀富尔（Káfúr）山麓。喀富尔山上有数座大城，其一名为喀姆岚（Kamrun）[②]，一种称为曼达尔喀姆鲁（Mandal Kamruni）的绿木就产于此地[③]。还有一城名为三福（Sanf），三福沉香木之名即由此城名而来。此山北麓有一座城市名塞穆尔（Saimur），其民俊美，据说为突厥和中国人之后裔。此地也有一种木材，名塞穆里（saimuri）木，[④]不过这种木头只是从他处运到此地出售而已[⑤]。佳佳利

---

说，为吉达（Quedah）。莱诺反对将"称作喀莱（al-qalai）的铅"译为锡（tin），但他所做的说明显示出，这种物质是铜，科斯马斯说它从卡利亚那出口。不过，喀拉一词在印度语中通常借用锡作的锅盆，F. Johnston, *Persian Dictonary* 明确地解释为"锡"。这种产品足以说明喀拉位于马来半岛上或在其附近。埃德里西也称喀莱矿在这个地方。如果 E. Tennent, *Ceylon* 没有贯彻、引申莱诺主张的 Kalah 即 Pt. de Galle 的说法，则我不会详论之。他参考了 Dulaurier 在 Journ Asiat 文中的观点，但这些观点似乎并不坚实有力。

① 参见 Ibn Batuta, infra, Vol. IV; Cosmas, supra, p. 226。
② ［Ferrand 作 Kámarūb，即梵文 Kámarūpa=阿萨姆。］
③ ［Ferrand, p. 22 2: 绿色芦荟称作 Mandal al-Kámárubī。］
④ ［Ferrand, p. 223 作 Saymūr。］
⑤ 这段文字混乱不堪。节录文字是否将作者的原意表达清楚，大可怀疑。Gildemeister, p. 70 中有一段文字引自 Kazwini 似指同一段文字。这段文字提到的城市是 Kamarún、Kumár 和 Sanf，并未提及 Saimur。一般认为 Kamrún 指 Kamrúp，即阿萨姆，虽然 Abulfeda, 前揭书, p. 191 的记载使这种见解大可怀疑。Sanf 即占婆，关于 Kamar，将

254 (Jajali)[①]位于一座大山上，俯眺大海，穆哈利尔记此城之后，又记述克什米尔（Kashmir）国，此地有一座大望台，乃用中国铁制造，坚固异常，牢不可摧[②]；又至迦布罗（Kabul）国及其都城塔班（Thában，见前文，p. 242）。然后穆哈利尔又迅速返回到印度海洋，记述曼杜拉芬城（Mandurafin，即Kin城）[③]；该城何在，至今不可考。又至库拉姆（Kūlam），此地产柚木、苏木和竹木等；关于这个地区，穆哈利尔还有其他令人费解的记载。由印度海滨的这些城市，穆哈利尔前往慕尔

在本书卷IV伊本·白图泰部分论及。Saimur为一海港，距孟买不远，确切位置至今不明。[此后裕尔（M. Polo, ii, p. 367 n）写道："我认为，Saimur即近代之Chaul。"] 莱诺认为即托勒密著作和《厄立特里亚海周航记》中的Simylla，也可能是玄奘记载的Chimolo（Vie de H.T. p. 420）。比鲁尼似称之为Jaimur，将它置于罗罗国（Laran）之塔那城（Tana）南。（见Reinaud, Mém. sur l'Inde, Mém. Acad., p. 220及J. As., sér. iv, tom. iv, pp. 263–264。）将这个名称的各种形式汇总起来并观其大致方位，其旧称似为Chaimul或Chánwul，即Chaul港。此港在孟买南约三十哩，至17世纪一直是一著名港口。[Chaul是阿里巴格区（Alibāg Tāluka）即科拉巴（Kolāba）区的一个城市，位于孟买城南30哩，Kundalika河右岸即罗哈（Roha）湾中。"Chaul的历史颇为悠久。曾以Champāvati和Revatikshetra见称，印度地方传说将其历史追溯到克里希那（Krishna，传说中印度雅达瓦氏族的英雄，毗湿奴神的化身。——译者）统治古吉拉特时。Chaul或Cheul很有可能即托勒密（公元150年）著作中的Symulla或Timulla商埠；有意思的是，托勒密提到，他关于印度西部的消息来自那些从Symulla到亚历山大里亚的人。约一百年之后（公元247年），《厄立特里亚海周航记》又提到它，称其为卡利亚那之南的第一个地方市场；642年玄奘称之为Chimolo。在第10、11和12世纪的阿拉伯作家的记载中以Saimur和Jaimur见称。14世纪初被称为孔坎地区雅达瓦（Yādava）王朝的统治中心之一。俄国旅行家阿萨内修斯·尼克丁称之为Chivil（1470年）。三十五年后（1505年）葡萄牙人首次出现在Chaul。" Imperial Gazet. India.]

① [Ferrand, p. 223作Jājullā。]
② 试比较本书p. 17普林尼关于赛里斯铁的记载。
③ [Ferrand, p. 225作Mandura-patan。]

坦（Multān），在这里他对该地的一座大雕像做了传奇性的描述。这座大雕像在早期的阿拉伯入侵者中非常有名①。根据阿布·杜利夫（Abu Dulif）的记载，这座雕像高100骨尺，离地100骨尺，高悬于空中，无支撑物顶托。从此地穆哈利尔前往曼苏拉（Mansūra）和达比尔（Dabil）②，等等③。

从整体上，我们的印象是，穆哈利尔的著作像更晚些时候的游历家的著作一样，包含着真实成分，但著作已非原貌④。著作的一些断片保留下来并被补缀在一起。记述中的一些地方令人费解，概因于此。

---

① 埃德里西记载，这座雕像镶嵌在胶泥砖上。庙宇呈圆顶形（可能是印度式的凸形金字塔），外表镀金；墙壁涂以油漆。哈里发瓦利德（Walid）时，慕尔坦被穆罕迈德·宾·哈希姆（Muhammad bin Kāsim）占领（712年），哈希姆没有毁掉这座庙宇，但将一片牛肉缠放在雕像的脖子上。（Edrisi, i, 167; Reinaud, *Mém.*, p. 185.）

② ［Ferrand, p. 229作Daybul。］

③ 关于达比尔，见前文p. 85。曼苏拉是占领印度的穆斯林征服者的首府，距印度古城巴马纳拔（Bahmanabad）2巴拉桑；位于海得拉巴（Haidarabad）西北43哩的旧河道上。（见 *Proc. R. G. S.*, Vol. x, p. 131。）

④ ［Marquart, p. 83 引述这些文字，写道："如上所述，阿布·杜拉夫（穆哈利尔）的报道，首先是根据材料得出来的，而这些材料又是根据这些民族的旅行报道，并不是根据地理实际得出的。"］

# 十三、阿布尔菲达《地理学》节录[①]

（1273—1331年）

"中国西界之地[②]横亘于印度和中国之间；其南傍海；东接东海[③]；北邻高格（Gog，又作Yâdjûdj）和马高格（Magog，又作Mâdjûdj）及其他地区——对于这些地区我们一无所知。作家们论世界各国风俗，提到中国境内气候不同，省区、城市、河川众多，但对于其确切名称，并未有记载传世，对其详情我们更不得而知。故对于中国境内各地实情，我们几乎一无所知。从那里来的游历者很少，没有人向我们提供彼处详情，我们于彼处各地无从详加叙述。

1. "不过，自彼处来的人提到一些城邑，其一叫广府（Khânfû，读作Khânqû）[④]，现在称作翰萨（Khansâ），此城北有一

---

[①] 承我的朋友巴杰君盛情，为我翻译本处节要。在不影响译文宏旨的情况下，我对由阿拉伯文译出的文字稍加润色。

遗憾的是，莱诺译阿布尔菲达《地理志》未竟，搁置达十八年之久。雷斯克（Reiske）在布斯丁（Busding）主编的杂志上发表了拉丁文译文，但我没有读到。[莱诺未竟的译文已由最近逝世的谷雅德（Stanislas Guyard）教授于1883年完成；我根据谷雅德的译文对裕尔摘录的内容做了修改，并增补了阿布尔菲达论中国一章的结尾部分，即关于Sila、Jamkût、Khâju、Saukjû的内容。]

[②] [Guyard作"沙漠"。]

[③] [Guyard作"东方环海"。]

[④] 此字在Jaubert, *Edrisi* 中作Khánkú，但我认为Khânfû为正确写法。见前文，pp. 89, 129, 135。

淡水湖,名作西湖(Sîkhû),方圆可行半日。①

"据称,泉州(Shanjû, Shinjû)——今称刺桐(Zaitûn)——为中国港口之一,广府和泉州皆置海关。②

"广府是中国门户之一,依《喀南》(Qánún)③记载,广府位于河上。伊本·赛义德说,此城见于各著作,位于库姆丹河(Khamdán)之东。伊本·胡尔达兹巴赫称其为中国最大之高埠,多水果、蔬菜、小麦、大麦、大米和甘蔗。

2. "依《喀南》记载,翰州(Khánjû)是中国门户之一,位于河上。伊本·赛义德说,翰州为中国门户之首,筑石为城……其东是塔佳城(Tájah)[台州]。伊本·赛义德补充说,此城④为中国都城,中国大王巴格布尔(Baghbûr)居住于此⑤。

3. "扬州(Yanjû)为王居之地。《喀南》说,中国的法格富尔(Fághfûr)居住于此,人称桃花石汗(Tamgháj Khán),即中

---

① 即杭州西湖。此无疑为阿布尔菲达新获得的少许知识。下一段文字亦为新知识。

② ["(广府和泉州)两地皆为中国之'班达尔'(bandars)。'班达尔'意为中国的港口"。Guyard。]

③ 我相信,《喀南》即佚失的比鲁尼的著作《地理志》。"中国门户"似表示中国主要港口的专门术语,与《中国印度见闻录》和埃德里西著作中表达的经过港口进入中国之意相关联。接近中国的船只会发现一系列多山的岛屿或岬角。在此之间有狭窄的峡道,船只过峡道可达中华帝国各港口。这些峡道称作"中国门户"。(Reinaud, *Relations*, i, 19; Edrisi, i, 90.)

④ 据我理解,此处指Tájah,即Jaubert, *Edrisi*(前文, p. 143.)之Bájah。Khânjû大约即广州。

⑤ [Guyard译本未有此最后一句。]

国大王,云云(见前文,p. 33)[①]。《喀南》还说,中国的卡兹库城(Kazqû)比扬州城更大……亲至扬州的人说,扬州所处位置为世界温和带,有花园和残垣颓壁[②]。距海为两日行程,距翰萨为五日行程。扬州在翰萨西北,较翰萨规模稍小[③]。

4. "刺桐(Zaitûn)即泉州[④],为中国港口,游历彼地的商人说,刺桐为商城。位于沿海港湾,船只自中国海可驰入。港湾延伸15哩,其尽端是一河流。据亲历此地者说,潮汐可流至刺桐。自中国海至刺桐可行半日,自海至刺桐所经过的河道为淡水。刺桐之规模较哈马特(Hamath)为小[⑤],城墙为鞑靼人所毁,断壁残垣犹存。居民饮用河水,也用井水[⑥]。

5. "翰萨即广府。有些游历者说,广府为现时中国最大港口,为我国航海家所建。据亲历者说,广府位于刺桐东南,距海半日行程。城市规模甚大,处世界温带。城中有四座小山。其

---

① ["Al-Niswy (Nasawi), Chronicle 记花剌子密和鞑靼诸王史;以 Chronicle 记载,统治中国的鞑靼王所居都城叫桃花石(Tûghâj)。"Guyard。]

② ["其民汲井水饮用。"Guyard.]

③ 以名字和位置看,Yanjû 显然即扬州(Odoric, ii, p. 209;Marco Polo, ii, pp. 154 以下)。但扬州从未成为中国都城。我不知道 Kazku 为何处;但无疑为讹写,可能为福州(Fuchau)之讹。

④ ["阿布尔菲达说,刺桐就是泉州(Shindjū, chüan 中的 ü 相当于 i 音),他说,在他生活的时代西方人是以其中国名称闻知此城的(我认为,Zaitūn 是这一名称的变形,Zai 或 Zi 相当于 chüan,后来加上 tūn 就构成了每个穆斯林都知道的阿拉伯字)。" (Encyclop. de l'Islam, "Chine", Martin Hartmann.)]

⑤ 哈马特为阿布尔菲达之故乡。他关于刺桐规模的知识是否准确,大可置疑。

⑥ 关于刺桐即泉州,见 Odoric, ii, p. 183;Ibn Batuta, vol. iv。[Ferrand 注曰:刺桐(Tze-tung),阿拉伯文作 Zītūn,讹读为 Zaytūn,因为与同音词"橄榄"(zaytūn)相似。(Relat. de Voy., i, p. 11)]

民汲用井水。城周围有芳香四溢的花园。诸山距广府为两日多行程①。

[6."新罗(Sîlâ)②位于中国东部。由海路前往中国的人并不常至新罗。新罗为东海岛屿之一,与西海中恒久(Eternal)、福运(Fortunate)两岛相对应;西海诸岛宜于耕植,人民富庶;而东海诸岛情形适相反。

7."嘉姆库特(Jamkût)为人居住最东之地,位处东极;恰类恒久岛位处西极。嘉姆库特以东,没有可居之地。波斯人呼之为嘉马库德(Jamâkûd)。此国位于赤道上,无纬度可计。

8."卡州(Khâjû)。有人至卡州,称卡州为大城,中国省会之一,距汗八里15日行程。位于契丹和高丽之间。

9."肃州(Saujû)。有人至肃州,称肃州之规模与艾迈斯

---

① 按:张星烺《中西交通史料汇编》第二册,中华书局,1977年,第244—245页注以上几段文字:"阿布尔菲达完全将广府、广州、澉浦、杭州诸音混乱为一,而又无分解能力,判定孰为广州孰为杭州也。其第一节记述西湖,至为明了。翰萨,人皆认为京师二字讹音。(马可·波罗作Kinsay)杭州为南宋之都城,故有京师之名。其Khanqu必杭州二字讹音也。杭州为喉音,广州亦为上喉音。读不清,或听不清时,两名最易淆混。阿布尔菲达既将杭州与广州混乱为一,于是又将广州府之简名广府(Khanfu)注入杭州之下。遂引起后代莫大疑难,阿拉伯人之Khanfu究为广府抑为澉浦也。元时,广州、广府、杭州、澉浦诸名,西域商贾必皆得闻之也。第一节下段,Khanfu之出产品中,有水果甘蔗诸物,不合于杭州情形,故可必其为广州也。第二节之Khanju,乃完全指杭州。观于所示台州之地位,及巴格布尔建都之事,可以知矣。第五节,阿布尔菲达实言广府,而无意之又增入Khansa之名,自以为增入新知识,而不知其实乃大误也。——译者

② [公元初数世纪,朝鲜分为三国:北部和东北部为高(句)丽,西部为百济,东南为新罗;660年和668年百济和高丽先后被唐朝和新罗攻灭。阿布尔菲达记载中的高丽和新罗即朝鲜半岛的高句丽和新罗两国。]

(Emese)相当;位于平原之上,周围有众小溪,自附近山间涌出;有果园;距甘州(Qamjû)四日行程①。]

---

① ["这里我要说明,阿布尔菲达对中国的另一种报道,有一错误。这就是把广州(Canton)和杭州府(Hang-chou fou)混淆了,因为他把Khansä认作Khānku(读作Khānfū),将二城混为一城。他只是引证'附注'里提到的Khamdān和Khanbālik,不知道他的Khānkū(ii, 122-3)是将这两个城市混淆了:北方的Khānbālik是北京(见Ibn Batuta),而南方的Canton才是真正的Khānfū。"(*Encycl. de l'Islam, "Chine"*, Martin Hartmann.)]

# 十四、《海屯行记》节录

## （写于1307年）

"契丹国记。

"契丹国乃世界上最大之国,人口众多,财富无限。位于海洋岸边,海中岛屿极多,数量不可胜计,因无人敢自夸遍观所有岛屿,但人们能够到达的岛屿均有无限财富。

"契丹国中受人重视的极贵重之物是橄榄油,通过任何渠道到达那里的橄榄油,都被国王和贵族视为宝货,倍加珍惜,好似金贵的膏脂。

"契丹国多奇妙、特异之物,世界各国罕有其匹。契丹人极为聪慧、敏锐,于各类工艺和学问均睥睨其他民族。他们确有谚语说:只有他们以两眼看事物,而拉丁人以独目看事物,而其他诸国之人则是盲人! 由此谚语你也许不难领悟到,他们拿所有其他国家与自己相比,均视之为不开化之人。实际上,契丹所产的大量物品巧夺天工、妙不可言,工艺水准出神入化,确非他国之人可望其项背。

"该国所有人均被称作契丹人,但也依其所属的特定族群而拥有其他名称。你会发现,许多男女都很漂亮,但照例都是小眼睛,天生无胡须。契丹人拥有优雅的书面文字,可与拉丁文字媲美。契丹国的宗教团体不可计数,有的崇拜金属制成的偶像,另一些则崇拜公牛,因为公牛耕耘土地,产出了粮食和水果;一些人崇拜各种树木;一些人则献身于占星术和自然崇拜;一些人崇拜太阳和月亮；而另一些人则既不遵从信仰亦不遵从法律,过着牲畜般的生活。对所有有形事物,契丹人均极为灵慧,但对于灵性事物,其人则一无所知,全无任何概念。

"其国人怯懦胆小,贪生怕死,不堪兵役。但是他们谨慎灵活,故无论在海上还是在陆上,都能克敌制胜。其国兵器种类甚多,均为他国所无。

"其国流通之钱币为纸币,呈方形,上盖王印;币上符号决定币值大小。如果流通过久而受损蚀,主人则持纸币往王室衙门,更换新币。除非制造杯碟和其他装饰品,其人不用黄金和其他金属。

"据称契丹国位于世界东极,更远处无人居住。西与达尔塞(Tarse)国为邻,北有比尔吉亚沙漠(Desert of Belgian),南为海上诸岛,这些前文已经谈及。"

# 十四*、《克拉维约东使记》记契丹节录
## （1403—1406年）

"诸使节被引至主人座位的右方；侍者挽其臂引于契丹使节的下首就座。帖木儿以前曾向契丹君主缴纳贡赋，契丹使节受契丹君主九邑斯汗（Chayscan）皇帝派遣，来帖木儿处催纳未付年贡。帖木儿见西班牙使节坐于契丹使节下位，传令西班牙使节坐于契丹使节上位，契丹使节坐于下位。各使节坐毕，侍者走近契丹使节宣告：帖木儿皇帝有令，他视西班牙国王为儿子，与之友好，令西班牙使团就座于他（契丹使节）之上位；视契丹君主是奸恶贼人，为其仇雠，契丹君主所派使节应就座于下位。自此以后，在他摆设的宴会上，两国使者按此席位顺序就座。然后侍者命译员向使节们宣告帖木儿的命令。

"契丹皇帝名'九邑斯汗'，意为九邦之君；但察合台国人称它作'桃花石'（Taugas），意为'猪皇帝'（pig emperor）。契丹皇帝是大国之君，帖木儿曾向其称臣纳贡，但现在拒绝缴纳。（pp. 133—134）

"撒马尔罕城商货极为丰富，四方货物云集辐辏。俄罗斯和鞑靼输来亚麻和皮货，中国（China）输来世界上最好的丝绸（尤其是丝缎），还有麝香——麝香为中国所仅有，世界他处所无——红宝石、钻石、珍珠、大黄和其他很多货物。在撒马尔罕，中国商货质量最好，价格最贵。人们说，中国人是世界上技艺最为精湛的工匠。中国人自己说他们有两只眼，而佛郎机人有一只

眼,摩尔人则为瞽目,所以他们优越于世界上其他民族。印度输送的是各种香料,如肉蔻、丁香、豆蔻、肉桂、生姜和许多货物,这些货物不输往亚历山大里亚。(p. 171.)

"帖木儿[征讨土耳其]返回撒马尔罕,逢契丹使者与其他人到来,契丹使者告诉帖木儿,他持有隶属契丹皇帝的土地,要求帖木儿每年纳贡,而帖木儿未纳贡已达七年。帖木儿回答说,七年确未纳贡,但他不会再纳贡了。帖木儿不纳贡赋已近八年,契丹皇帝也没有派人催促。原因是这样:

"契丹皇帝死后,国土遗给三个儿子。长兄觊觎二位兄弟的封地,杀死最幼的兄弟,次子奋起反抗,击败长兄。长兄害怕二弟以其道还治其身,绝望中纵火焚毁宫殿,与很多追随者俱没于火中。二弟遂独揽朝纲。稳坐江山之后,他便遣使于帖木儿,催其纳贡,如其父生前所为。帖木儿斥拒之,不知契丹皇帝闻此愤怨与否。

"从撒马尔罕到契丹帝国首都汗八里,须行六个月,其中两月须穿越荒野,人迹罕至,唯有牧人驱其牲畜、遂水草游荡。是年六月,由800匹骆驼组成的一支商队满载货物,从汗八里来到撒马尔罕。帖木儿既知契丹使者的要求,命将驼队悉数扣留。我们见到过这些驾驭驼队的商人。他们讲述了有关契丹君主的一些奇事。其中一人在汗八里居住过六个月,我们特意与之交谈。他说,汗八里城近海,其规模为桃里寺(Tabreez)的20倍,乃世界上最大的城市。桃里寺长1里格余,所以汗八里的长度应有20里格。他还说,契丹皇帝拥有庞大军队,率军队出征境外时,不计随军出征人数,留守后方的骑兵就有40余万;他还说,契丹皇帝规定：除非统率四千部属，否则不准骑马；他还讲述了有关汗八里城和契丹国的其他许多奇事。

"契丹皇帝曾是异教徒，但已皈依基督教。

\* \* \* \*

"由撒马尔罕向中国（China）行15日，有女人国（Amazons），迄今仍保持不与男人相处之俗，只是一年一度与男人交往。她们从首领们那里获得准许，携女儿前往最近的地区与男人交会，每人得一悦己之男人，与之同居住、共饮食，随后返归本土。生女后则留下抚养，生男则送其生父养育。女人国现属帖木儿统治，但曾经归辖于契丹皇帝。信仰基督教，属希腊教会。她们是守防特洛耶城的女战士的后裔，特洛耶城为希腊人所攻破。"[ pp. 172-175, *Narrative of the Embassy of Ruy Gonzalaz de Clavijo to the Court of Timour, at Samarkand*, A.D. 1403-6. Translated... by Clements R. Markham. London, Hakluyt Society, 1859, 8 vo. ]

# 十四**、《尼古拉·康蒂行记》节录

## （1438年）①

"马秦（Macinus）地区以远有一国,富强繁荣,世之无匹,名曰契丹。国王称作大汗,在其国语言中意为皇帝。首都名汗八里（Cambaleschia）,呈四方形,周长28哩。城中心是一城堡,华美坚固,王宫坐落于其中。城之四角建有圆形堡垒,以为防卫之用,每个堡垒周长四哩（mile）。堡垒中备有各种武器与战具,以备战争与御城。从王宫有甬道自城中通往四角之堡垒,若遇民众造反,国王可随意退往堡垒。自此城15日程有另一大城,称南台（Nemptai）,为当今国王所建,周长30哩,人口众多,超乎他城。依尼古拉（Nicolas）所述,这两座城中的房屋、宫殿和装饰与意大利相似;其人风度优雅,谨慎持重,聪明睿智,富庶超越前述各个国家。

"尼古拉后离开阿瓦,向海而行,历17日到达一河口,河不太大,有一港口称黑萨那（Xeythona）;由河口进入河道,前行10日,到达一座人口众多的城市,名潘考尼亚（Panconia）,周长12哩。尼古拉在那里滞留四个月。所经各地中仅此一地出产葡萄,数量亦不多。整个印度均无葡萄,亦无葡萄酒。此地之人不以葡

---

① 15世纪早期尼古拉·康蒂在东方的游历,由波吉奥·布拉西奥利尼（Poggio Bracciolini）载于其著作"Historia de Varietate Fortunae", Lib. IV. (39 pages, *India in the Fifteenth Century*... Edited, with an introduction by R. H. Major... London, Hakluyt Society, 1857, 8vo.)

萄酿酒。人们收获菠萝、橘子、栗子、甜瓜（小而绿）、白色檀木和樟脑。樟脑取自树中，割开树皮获取前，先祀神祉，否则，樟脑便消失不得见。"（pp. 14-15）

# 十五、托斯堪内里致里斯本主教费尔南多·马丁斯信节录

（写于1474年6月25日）

"对于你渴望了解的所有那些地方，现将全部知识悉数奉告。你一定知道，所有那些岛上的居住者和到访者都是商人，其地有众多船只和航海者，还有待售的大量商货，正如世界任何地方一样，虽然其他方面有所不同。有一大港名刺桐（Zaytun），情形尤其如此。每年都有100艘大型胡椒船在这个港市装卸货物，此外还有大量其他船只装运各种香料等①。此国人口稠密，省区、邦国众多，城市不可胜计，均由一君主统辖，名大汗②，其意为"王中之王"。大汗多居住于契丹省。先辈大汗极欲与基督徒交往、友善，二百年前曾遣使于教皇，请求教皇派遣聪慧、博学之士向其传授我们的信仰。但是，使者阻于路途未及达于罗马而折回。后有一位使者往见教皇尤金尼乌斯四世（Eugenius IV）③，向教

---

① 此处托斯堪内里引自《马可·波罗游记》（I, ch. 81），下文谈及"行在"时亦如此。

② ［大汗一名的使用并不否定这封信的真实性。虽然这一名称随着元朝的覆亡（1368年）而消失，但16世纪的外国人仍以此名称中国君主。1515年11月15日乔万尼·达恩波利（Giovanni de Empoli）自交趾写信给洛柏·苏阿莱斯·德·阿伯加里亚（Lopo Soares de Albergaria），其中仍有"大汗"和"契丹"之名，（Spero... fare un salto là a vedere il Grand Cane che è il re, che si chiama il re de Cataio.）］

③ 1431—1447年。［我认为，向教皇尤金尼乌斯四世派遣使者之事，只是回忆尼古拉·康蒂的到达；明朝第三位皇帝向南方派遣的使者从未到达欧洲。］

皇重申各王公及其国人对基督徒的衷心友善。我曾与这位使者亲自详谈,问及许多问题,如其国皇宫建筑规模、江河大小等。他告诉我许多奇妙之事,如其国江河两岸建城甚多,一条河流沿岸竟有两百座;各城均有规模宏大的大理石桥梁,饰以气派非凡的大理石石柱。此国之优良,确为世人所仅见。到该国经商,不仅可以大获其利,大获宝货,而且也可以赚取金、银、宝石,以及大量从未曾贩至我们这一域的香料。事实上,该国还有为数众多的人物,于哲学、占星术造诣深厚,亦有许多精于各类技艺的博巧之士,更有才能非凡、善于统御此幅员辽阔之国家、精通战争韬略的灵秀俊杰。

"我在地图上已经标明,从里斯本城直西航行,可达宏伟壮丽的行在(Quinsai)。两地间有26个空区(spaces),每一空区有250哩。行在城周长100哩,即35里格。"①

---

① [托斯堪内里致马丁内斯的信的真实性受到威格南(Henry Vignand)的质疑。*La Lettre et la Carte de Toscanelli sur la route des Indes par l'Ouest...* Paris, 901, 8vo. 这部著作出版后引发争论,关于争论的书目已由威格南列出,并由G. Uzielli译为意大利文(Napoli, 1905)。参见H. Cordier, *Bibliotheca Sinica*, col. 2054-2057. 我想,在这里讨论威格南君的观点是不合适的。我认为,威格南的讨论持之有故,尽管他的某些观点立论薄弱,如写信者何以在信中使用大汗称号这类问题。]

## 十六、约萨法·巴巴洛契丹闻纪节录
（1436年左右获得消息；1480年成文）

"在察合台之地，有大城撒马尔罕，人口众多，秦（Chini）和马秦（Machini）的商人、行旅往来皆经过此地，契丹人亦如此……我本人没有沿此方向前往，但我听许多人谈过。我想告知的是，秦和马秦是两个大省，其居民崇拜偶像。其国制造瓷器碟具，物产丰裕，尤以珠宝、丝绸和其他织物最为丰饶。由秦与马秦可进入契丹地区。我在塔那（Tana）时遇到从那些地区返回的鞑靼人的使者，从他那里获悉消息。有一天，我们在谈话中谈到了契丹国。他说，过秦与马秦，一俟他进入契丹国，所需费用由各驿站供给，直到汗八里城均如此。他在汗八里受到体面的接待，供给馆舍。又说，沿此路前往的商人亦获得此种供给。此后他被引见契丹君主，在宫门外被令行跪拜礼。此地平坦、开阔；远处有一石台，契丹君主坐于石台的椅子上，背向宫门；两侧坐四人，面向宫门，从宫门至四人座处，两侧有卫士持银杖而立，形成一通道，译员跪坐于道路上，其跪势如我国妇女。使者被引至门前，询问奉使目的。其情形我们已经述及。使者递交国书，国书由译员转呈君主或四大臣，并译述之。君主答礼表示欢迎，示意使者可以回馆舍，正式公文即将传送。使者不需要回见契丹君主，只需与前往使者馆舍传达文书的君主代表协商即可；如有需要，可与馆舍专使交涉。公务办理迅速，令人愉快。使者的仆人和儿子，均随往契丹。他们告诉我，契丹国中行事公道，诸事令人称奇。……游者所访城内外,如果石头底下或其他地方发现游者失落的东西,无人取而据为己有。如果路上行人被问及去往哪里,而行人对发问者心生疑窦或认为发问者用心叵测,可前往法庭诉告,发问者则须做出充分合理解释,否则将受到惩罚。所以,此城之自由与行事之公道,显而易见。

"关于商货处理之法,我闻知,所有至其地交易的商人,均将货物交给某位方特吉(Fonteghi),及负责检查货物的官员。如有契丹君主所喜爱之物,这些官员随意取之,以价格更高之物品交换。其余归商人自行处理。在契丹国,人们以纸币进行小宗交易,纸币每年由新印纸币替换,旧币被收回铸币厂,持有者以银币付2%之费用,换取同等数额的新纸币,旧币则投入火中销毁。其白银以重量出售,但也有一些形质粗糙的金属币。

"我以为,契丹人信奉异教,但察合台人和其他国家的人称契丹人为基督教徒。我问何如此认为,其人回答说,契丹人寺庙中亦如我们一样有偶像。我在塔那时,偶有一次与前面提到的大使并肩而立,见过一位威尼斯老人尼古拉·迪艾多(Nicolas Diedo),此人有时穿开袖的绸布外衣(如过去威尼斯的风格),下面穿皮短衣,头巾垂于背后,头戴约值四索(sou)的草帽,一见之下,这位大使惊讶地说:'契丹人衣着就是如此,他们一定与你拥有同样的宗教,因为衣服与你们完全一样!'

"契丹国天气非常寒冷,所以不产葡萄酒;但其他生活用品,颇为丰赡。"Ramusio, ii, f. 106–107。

# 十七、《沙哈鲁遣使中国记》注释
## （1419—1422年）

据夸铁摩尔[①]译文，见 *Notices et Extraits*, xiv, pt.1, pp. 387以下[②]。

使团中不仅有沙哈鲁（Sháh Rukh）的代表，而且有沙哈鲁族中统治着帖木儿所建帝国各省的几位亲王的代表。这个使团似乎也像访问中国明朝的普通冒牌使团一样，有纯粹以经商为目的商人随行。沙第·火者（Shádi Khwája）任沙哈鲁使团的团长。盖耶苏丁·纳卡什（Ghaiassuddin Nakkásh，"画家"）是

---

[①] 艾蒂安·马克·夸铁摩尔（É. M. Quatremère, 1782—1857年），法国东方学者，出生于巴黎一个富商家庭，接受过完整的古典教育。1815年成为法兰西金石与美文研究院院士，任鲁昂大学希腊文学教授。1819年任法兰西学院闪米特语教授，后任东方语言学院的波斯语教授。夸铁摩尔编辑翻译了伊本·卡勒顿（Ibn Khaldun）、拉施丁（Rashid ad-Din）与麦格里齐（Al-Maqrizi）的著作，获得巨大声誉，他还写了有关历史、历史地理、东方文献的大量著作，尤其是他对埃及象形文字的研究成就，在某些方面可与让-弗朗索瓦·商博良（1790—1832年）比肩。——译者

[②] ［参见《1419年遣使中国记》。爱德华·雷哈采克（Edward Rehatsek）自波斯文译出，*Indian Antiquary*, March 1873, pp. 75-83. 译文开始说："伊斯兰教历820年（公元1419年），已故的虔诚名君沙哈鲁陛下，派遣沙第·火者率使团出使契丹，随员有贝孙勿儿算端阿哈迈德亲王，和杰出的画家火者·盖耶苏丁。沙哈鲁陛下命沙第·火者，自动身从哈烈都城出发之日至完成使命返回之时，记录所经历之一切，如使团所经历的奇遇、道路状况、各国法律、城市位置、建筑特点、国王的习惯以及诸如此类的事情，均须如实加以记述。火者·盖耶苏丁遵命，将目睹的一切事物形诸笔端，归来时将所作记述呈献国王陛下。以下所记使者亲历亲睹之奇事异物，均出自其记载，真假唯使团中人识之。"］

附录

亲王贝孙勿儿（Mirza Baisangar）派出的使节之一，他记述了使团行程——其所作行纪由阿布杜尔·拉扎克（Abdur Razzák）保留下来——其主人对他详记每日行程要事，颇为高兴。

伊斯兰教历822年11月16日（公元1419年12月4日）[①]，使团离开沙哈鲁都城哈烈，经巴里黑向撒马尔罕进发[②]。沙哈鲁长子、精通天文学的米尔扎·兀鲁伯（Mirzá Olugh Beg）统镇撒马尔罕，他的使节算端沙（Sultán Sháh）和穆哈默德·巴哈失（Muhammad Bakhshi）已经出发[③]。其他亲王所遣使节在此汇齐，全体成员于伊斯兰教历823年2月10日（公元1420年2月25日）离开撒马尔罕。

使团经达失干（Tashkand）、赛蓝（Sairam）和阿什巴拉（Ashparah）[④]

---

① ［Rehatsek 作 12 月 3 日。］

② ［"12月9日（公历12月27日）使团抵巴里黑，因降大雪（？），天气极为寒冷，使团滞留于此，至823年1月初。1月22日（公历2月7日）使团到达撒马尔罕。"Rehatsek.］

③ 在我们今代的一些地图上，有一被称作赛蓝（Sairam）的地方，位置在塔什干之北约一度。不过，彼时之赛蓝在更东处，旭烈兀进军波斯时，于但逻斯次日抵赛蓝。拉施德也提及Kari-Sairam，称其位于但逻斯附近，为一大古城，城径长可一日行，有40个门。(Not. et Ex., xiii, 224.)

④ 阿什巴拉（Ashparah）位于蒙古边境某地，在帖木儿时的征战记中被经常提及。其确切位置不可考，但肯定位于但逻斯之东，距伊塞克湖不远。可能是鲁布鲁克游记中的额乞乌思（Equius）。对此地名之考证，争议颇大。Cooley, *Maritime and Inland Discovery* 一书中提出，这个古怪的名称译自某个以 Asp（一匹马）开头的波斯字。Sihun 河（按：即药杀河，阿拉伯人称药杀河为 Sihun 河。——译者）之南有一地称 Asparah，或作 Asfarah，两者不可混淆。(Rémusat, *Nouv. Mélange*, i, 171 seqq.; *Not. et Extraits*, xii, 224, 228; *Hist. Univ. (Modeme)*, iv, 139, 141; *Arabshah*, i, 219.) 关于鲁布鲁克游记所载地理考释，包括对额乞乌思位置的考释，见本书 p. 287。

［"使团过达失干和贝兰（Byrám）进入蒙古阿义尔（A'yl）境。消息传来说，阿维斯汗（A'wys Khan）领兵进攻施尔·穆罕默德·斡格兰（Shir Muhammad Oghllan），因

于4月25日进入蒙古境内①,不久受到德高望重的艾迷尔·库代达德(Amir Khudaidád)的迎接。我们无法确知去往裕勒都斯(Yulduz)的行程,但可能经由伊塞克湖和伊犁河,过天山、裕勒都斯西北而往②。

裕勒都斯使团于7月11日到达吐鲁番(Turfan)。此地居民多信佛,有一个大庙宇,内有释迦牟尼像③。使团于7月13日离开吐鲁番,于7月16日抵达喀喇和卓(Karakhoja)。过此行五日路程,使团遇到中国官员。中国官员登录使节姓名及使团一行人数。此后行七日抵达阿塔苏菲(Atasufi)城——此名似不见于其他记载。前行两站至哈密(Kamul),此地有一座气势宏伟的清真寺,与之并列的是一座豪华的佛教庙宇④。庙宇门上绘两恶魔,似欲行格斗。这段记述非常准确,所绘恶魔通常称为守门

---

此,阿洛斯族(A'los)中大乱,但此后大乱平定……5月18日(公历5月31日),使团抵达穆罕默德伯克所辖下的萨鲁裕(Sāluyú)……22日(公历6月4日),使团自此地起程,跨过朗格尔(Langar)河……同月28日(公历6月10日),进入裕勒都斯境内之甲耳格(Jalgáh)城及施尔拜赫兰(Shir Behrám)之阿乂城,在彼处旷野中,虽太阳正处于巨蟹宫,但使团却见有两指厚的坚冰。"Rehatsek.]

① 张星烺:《汇编》第四册,第297页注:"此处所谓蒙古,乃指蒙古里斯坦(Moghulistan)而言,《明史·西域传》之别失八里也。"——译者

② 文中仅提及阿什巴拉和裕勒都斯之间的比鲁格图(Bilugtu)和康加尔(Kankar,或作Kangar)河;在到达裕勒都斯以前,使团历五个月而过其地,在穿越一旷野时,虽近当夏天,却有厚达两英寸的冰。由这些迹象看,康加尔河似为特克斯河或其支流;可能是Kungis河。寒冷地区必定在天山途中。

③ ["使团发现其国人多为多神教徒,有大寺宇,内有高大的雕像。"Rehatsek.]

④ ["艾米尔法哈鲁丁(Amir Fakhar-ul-din)建造了一座高大、昂贵、装饰华美的清真寺,但在清真寺附近,多神教徒建造了大小寺庙各一所,配有漂亮的图画。"Rehatsek.]

神,在缅甸和其他佛教国家,此守门神两两相对被绘于寺庙大门之上。

此后使团行25日跨越大沙漠。行程中遇到一匹野骆驼和一头野牦牛①。

8月24日,使团抵达中国本土边境,中国官员来迎,再前行一段路程,使团看到沙漠中建起一座高台,台上有帐篷遮蔽烈日风雨,并为使团摆设盛宴,宴席精美,很多城市亦难为之。使团所有成员均获得各种食品,并受诸多礼遇。宴毕,中国官员请诸位使节签注表册,说明使团人数,大人们(Dajis)②声明表册所书全为实情。随行之商人被列入侍役之中。为了使人视之为使节随行人员,这些商人皆自愿于各位使节身边侍奉。使团一行计510人,先行的米尔扎·兀鲁伯的使节和未到的米尔扎·亦布拉辛算端(Mirza Ibrahim)的使节尚不在内。

8月26日,诸使节受邀,参加镇守边关的"将士"(Dangchi, Dangdji)③在营中举行的盛宴④。诸使节于大臣左手落座。契丹国以左手为尊,"因为人之心脏位于左侧"。每位使节的面前陈

---

① ["离开哈密后行25站,每隔一天才能得到饮水;第12日(公历8月22日)使团在无垠的旷野上遇见一头狮子,头上有角(不过这种记载与所谓契丹边境无动物的说法相抵牾)。" Rehatsek.]

② Dájis为何人,不可考,似为汉语"大人"的鞑靼语形式,在鞑靼边境这个称呼仍用来指某些官员。这些官员可能是早些时候遣往贴木儿帝国的中国人。[大人是用于中国官员的称呼,包括最高级到道台一级的官员。]

③ [Rehatsek作Ankjy。]

④ 这个词大概表示汉文的"将士"。波迪埃说它代表汉文的Tangchi(?),但未做进一步阐释(*M. Polo*, 166)。[可能是"统制"。]

列两张桌子，一张放置各种肉食和干果，另一张放置糕点和饼，以及以纸和绢制成的精巧花束。其他客人面前，每人只有一张桌子。诸使节前面有一巨大的帝王鼓，帝王鼓前设一餐台，上有银制和瓷制的酒壶、带柄杯和高足杯①。两侧有装扮华丽的乐队，演奏迷人的戏乐。一位中国达官依次举杯向客人劝酒，每至一客人前，从花篮中取出一枝人造花，置于客人帽中，"这样，招待客人的亭台看上去就像一座花坛"。美丽的孩子们也在宴席中侍酒，他们捧着各种碟盘，盛着美味佳肴，如榛、枣、胡桃、酸菜等，每种菜肴置于单独的碟内。当这位达官为某位显要敬酒时，侍童即献上菜盘，以便此显要挑选所喜欢的菜肴。年轻男子穿着女人服装表演舞蹈②，有人扮作动物状起舞表演；最为精彩的是一只鹳表演的节目，这只鹳随着音乐翩翩起舞，令观者惊叹不已。中国人招待我们的首次宴会可谓大盛会。

次日（8月27日）使团继续越沙漠前行。使团全部人员经道路穿行的峡谷，到达峡谷中的一座坚固的山寨喀拉兀耳（Karaul）③，接受守关者数点并登记在册，然后获允前行。至肃

---

① Menander，上文，p. 209所记载的突厥和鞑靼汗举行的接待仪式中也有这一特点。

② ["还有一些漂亮的青年人装扮成女人，脸面涂成红、白色，耳朵上戴珍珠耳环，似做戏剧表演。" Rehatsek.]

③ Karaul [Qarawul]在波斯语中意为"岗哨"、"哨兵"或"高级哨所"（该词可能起源于突厥语）。此处指长城的入口要塞嘉峪关，7世纪时玄奘提到过它。明代是中国统治范围的实际边界。前文，p. 175.

[西方作家提及这条防线，这是首次。建造这条防线的目的，是"当中国对西方胡人采取传统的闭关政策时，便可封闭通往中亚的商路"。(Stein, *Ruins of Desert Cathay*, ii, p. 282) 针对沙哈鲁使者所作的记载，Stein，上引书，p. 283 写道："1560年一位土耳其漫

州①,使团寄宿于城门口大驿馆。

"肃州是一座大城,城防坚固,呈四方形②。市场无遮幕,宽50厄尔③,均清扫干净,洒水防尘。其人在屋内畜养猪崽,肉店里羊肉和猪肉并列悬挂出售! 每一条街道上都有高大的建筑物,周围是漂亮的尖塔及木制的染漆的城垛④。沿护城墙,每隔二十步⑤即有封顶的高塔。城有四门,四面墙的中央均有一门,两门相对,街道笔直,从一门望另一门时,以为二者相距很近。但从城中央至任何一门实际上都相当远。每个城门之上都有一个两层的中国式的高顶楼亭,与人们在马赞德兰(Mazanderan)所见到的楼亭相同。不过,在马赞德兰城墙以泥浆涂之,而在契丹则以瓷瓦覆盖。在肃州城各种庙宇到处可见,有些占地达十英亩(acres),院内非常干净。以琉璃瓦铺地面,光洁如琢磨过的大理石。"

从此时起,使团所需物用皆由中国官员提供。使团夜宿驿

---

游僧对君士坦丁堡的查理五世派往土耳其的使节布斯伯克也做过非常相似的叙述。他的商队从波斯边境出发,经过许多天疲惫跋涉,到达了一峡谷,此峡谷是进入契丹的门户。崎岖陡峭的群山在这里聚拢,除了一个狭窄的谷口无路可通,在这狭谷口契丹国王命设一关塞。关塞对过往商旅盘问:'持何种商货? 从何而来?'等等。"]

① Sukchau即肃州,见下文,卷III, p. 126;卷IV, Goës;附录十八。[Rehatsek作Bykju。]

② 在中国与包括爪哇在内的所有印度支那国家,方形是国家边防城市的典型形式。我认为方形是佛教的神圣形式。

③ [Rehatsek作50法定腕尺宽。]

④ ["城内有许多市场和宽敞的街道,街道上有极漂亮的契丹式盖顶的亭子。"Rehatsek.]

⑤ Quatremère作"20呎",但这是不可能的事。原文为Kadam,有时意指"呎",有时指"步幅"。

站（Yams），从肃州至汗八里全途有驿站99所，每夜寄宿不仅供给饭食，还有仆侍、床铺、被褥等供其使用①。每一驿站有马驴450匹，鞍辔停当，供旅客驱用，另外还有五六十辆车子。对于这些车子（Arábah）记述有点不太明晰，似为轿子，每辆轿子需12人担荷。"御马之人称作马夫，驾驴之人称作驴夫，管车之人称作车夫。……每一驿站均供给羊、鹅、鸡、米、面、蜂蜜、米酒②、烧酒、大蒜、腌葱、蔬菜食用。每至一城，使者均受邀赴宴。府邸称作'督厅'（Duson），宴会在那里举行。"在这样的宴会上，总有一空着的王座，前悬帘帐，精美地毯铺设于座前。中国诸官员和诸大使坐于地毯上，其余众人排列站于其后，其情形类似于伊斯兰教徒

---

① ["每个驿站都面对一个城或镇；在驿站之间有几个烽燧（kargou）与急递铺（kidi-fou）。烽燧指一种建筑，高达六骨尺，通常住有两人；它能被其他烽燧观察到：当发生诸如外敌入侵的事件时，人们马上点火，告知另一个烽燧，那里也迅疾点火。同样的事情逐次出现，在一个昼夜之内，消息即可传至三个月程之外。一份急件同样无间歇地从一个急递铺传递到另一个急递铺。急递铺指许多人聚会的哨所，当他们收到一个信件或消息，准备好的人立刻出发，将急件送到另一个急递铺，如此前后相继，最终送达御座脚下。急递铺之间的距离是十个程（merch），十六个程（merch）相当于一个法拉桑。坚守烽燧的十个人十天轮值，第二班人到达后，第一班人退休。但急递铺的值守者是常住人口。他们安家落户，开荒种地。"Quatremère, pp. 395-396。

关于驿站和烽火台，见Odoric, pp. 233-334 n。烽火台的使用在中国有悠久的历史。信陵君魏无忌（？—前243年）传记中曾提到烽火台。白昼信号称为"烽"，多烟；夜间信号称为"燧"，为火光；西部边塞兵士须持此种信号。参见Chavannes, *Documents chinois découverts par A. Stein*, p. xi。]

② darassun，中国米酒（下文，II, p. 199）。Astley, iii, 567引述Ysbrant Ides的话说："他们的酒是一种白兰地酒，称作阿拉卡（Arakka）和达拉酥（Tarasu），热饮。由未成熟的大米煮成。"云云。萨囊彻辰书（Ssanang Ssetzen）中有一传说，说成吉思汗坐在堂中时，一只玉杯盛着达拉酥（darassun）美酒从烟囱上落入他手中，这象征着他的统治乃是顺应天意。

行祈祷礼。一人立于王座旁,用中国话宣讲,诸官员则向王座叩首,此时使节亦不得不随其行礼。

使团自肃州行九个驿站而至甘州①。统镇此地的将士于斋月(9月20日)款待他们,使节们辞谢不就,将士善意接纳其解释,命人将备好的菜肴送其居处。

"甘州城②有一寺庙,500腕尺见方。庙中有一卧佛,长50尺,其足底长9尺,脚被围长21腕尺。卧佛后和头上有其他佛像,高一腕尺,又有比丘僧(Bakshis)③像,大小若真人。所有雕像制造精妙,栩栩如生。墙上还有其他雕刻精致的佛像。大卧佛一只手枕于头下,另一只手放于腰间。全身涂金,人称释迦牟尼佛。人们成群结队前来,对大佛顶礼膜拜④。……在甘州还有另一座寺庙,香火亦颇盛。伊斯兰教徒称之为'天球'(Celestial Sphere)⑤。呈八角形,从顶至底有15层。每层有数房间,以漆装饰呈契丹风格,有内屋和走廊……塔之底部有魔鬼像,塔基固定

---

① Kamchau, 即甘州, 见本书, 卷Ⅲ, p. 148, 卷Ⅳ, Benedict Goës; 本卷附录十八。

② [马可·波罗称甘州作Campichu。"马菲奥·波罗和马可·波罗在执行公务时在此城中居住一年。"(*M. Polo*, i, p. 220.)1208年归于唐兀惕统治之下。*M. Polo*, i, p. 219云:"偶像崇拜者依其风俗建有很多庙宇,内奉众多偶像,大小不一,大者体长计十余尺,有木制、泥塑及石刻,皆润饰精佳并涂金。数大偶像平卧,周围一些大人物似向偶像拜礼。"见前引书, p. 221。]

③ 见卷Ⅱ, p. 250及Ibn Batuta注释。

④ 在附录十八中哈吉·马哈迈德也提到甘州的卧佛。迄至今日在缅甸、暹罗和锡兰可以看到象征释迦牟尼达于涅槃境界的卧佛像。对这些卧佛像的见闻,见Tennent, *Ceylon*, ii, 597; *Misssion to the Court of Ava*, 1855, p. 52; Bowring, *Siam*。玄奘记载,巴米延寺中有一卧佛像, 长1000步!(*Vie de H. T.*, p. 70)。

⑤ [Rehatsek本作"天轮"(A sky-wheel)。]

于魔鬼像的肩部①……金塔以磨光的木头构成,外部巧妙地饰以镀金,使人有固若金汤之感。塔之底下有地窖。一铁轴固定于塔之中央,自底部贯至顶端;底部置于铁盘之上,而其上部则以塔顶支撑。所以,地窖中的人少许用力即可转动金塔。全世界的木匠、铁匠和画师都应来这里考察学习!"

使团行李全都存留在甘州,待返回时领取,中国人接管使团献给皇帝的贡品,只是米尔扎·贝孙勿儿所献狮子仍由驯狮员撒拉胡丁(Salahuddin)壮士②照管,随使团送往京师。

使团每日驻足于驿站,每一星期则到达一城。伊斯兰教历823年10月4日(公元1420年10月12日),使团抵达卡拉穆兰(Karamuran)河岸边,此河大小与阿姆河(Oxus)相埒。河上有一座桥,由23条船联结而成,索链粗若人之大腿,每一端被系于铁桩上,铁桩粗如人身,深置于地中③。河对岸是一座大城,城中有一座气派非凡的寺庙。城中女人貌美,驰名遐迩,故此城以"美人城"(Husnabad)见称④。

据称,经37天跨涉后(11月18日),使团到达另一条大河,其宽为阿姆河两倍;使团乘船渡过河去(显然又是黄河,陕西省和山西省分界处);23天后使团抵达萨丁府(Sadinfu),城市有

---

① 关于其大小面积的记载已不可辨。
② [Rehatsek作Pehlván Ssulláh。]
③ [这两根铁桩几年前尚存,伯希和教授曾亲眼目睹。]
④ 使团可能在兰州对面渡过卡拉穆兰河即黄河。兰州是现时甘肃省的省会,所以波斯人所说的"美人城"很有可能是兰州。

一座铜制镀金大佛,高达50厄尔①。

11天后(12月14日),黎明前,使团到达汗八里城门。此前不久朝廷曾暂时迁往南京,最近始重新迁回,所以汗八里城仍在建设中。大使们被径直引入宫中,在内殿看到许多大臣和官员在等待皇帝上朝②。"每人手持一木板,长一腕尺,宽四分之一腕尺,眼睛凝视木板③。大臣们的后面是无数的军队,有人持矛并着胸甲,有人持剑出鞘。所有人寂然无声,犹似一群死人。""皇帝自后宫走出,有人将五级银梯放于宝座前④,置一金椅于宝座上。皇帝登银梯,于金椅就座。皇帝陛下中等身材,脸庞不大亦不小,有胡须二三百丝,长及胸前,形成三四卷。皇座左右有两年轻女子侍立,面形如月;其发拢起在顶端打节,面部和颈部没有装饰,双耳佩戴大珍珠,手持纸和笔,随时准备记录皇帝的命令。两女子之职责是记录皇帝所说的一切。皇帝退朝返回后宫时,她们将记录呈献皇帝。如果皇帝认为需做更改,便另做缮写,国家官员

---

① 使团自萨丁府11天可达北京,萨丁府应在黄河至北京路程的三分之二处寻之。在此周围地区我们发现有北直隶的正定府,中国官方地理志记载,城内有"大佛寺",建于586年。寺内有铜铸大佛,高70中国尺。(*Chine Moderne*, p. 50.)

Rehatsek本有"同月27日(公元12月3日)抵萨丁府(Ssadyn-Qúr)"。使团在11月11日(公元11月18日)已抵达黄河附近,即16天前而不是23天前抵达黄河附近;实际上,夸铁摩尔和雷哈采克都说使团在同月27日抵达萨丁府。]

② ["使节们看到一座巨大而雄浑的城市,全以石头砌成,但外城尚在建筑中,10万脚手架将其掩盖。使节们受人引导,通过正在建筑中的城楼进入城内,发现已到达皇宫的宫门。皇宫极大。他们徒步沿石块铺成的长达700步的道路向宫门行进。走近宫门,使节们看到各有五头大象分立道路两旁,而象鼻指向道路;使节们穿过象鼻间而入皇宫。一门附近约有10万人聚立。"]

③ 鄂多立克也提到这种木板,见下文,卷II, p. 237正文及注。

④ 这里的宝座应理解为一个垫高的条椅或铺过垫子的座台。

将执行皇帝考虑成熟的决定。

"皇帝在御座上坐定后,官员各自就位,有人将使节引导到皇帝面前,一些犯人也一并带到。皇帝开始审问犯人;犯人数量约有700人。有些颈戴枷锁,另外一些手、颈皆被锁于木枷中;五至十人锁于一排,头颈露于木排孔外[①]。每位犯人都有一看守者抓住其头发,等待皇帝的判决。有些被皇帝判为监禁,有些则被判为死刑。在整个契丹帝国,艾米尔或总督均无权处死任何人。其人犯罪时,所犯罪状书写于木板上,悬于犯者颈下,也记录犯者依异教法律所受到的惩罚,然后为犯者上枷锁,派人将犯人送往汗八里皇帝处。若送达汗八里需一年时光,则途中不许停留[②]。

"最后大使被引至御座前,距御座15厄尔处。一位艾米尔跪在地上,以契丹语诵读牍文,大致介绍诸位使节说:'沙哈鲁王及诸亲王所遣之使节,自远方来献,于陛下圣座前叩头请安。'哈吉·玉速甫(Hajji Yusuf)推事是掌万户的艾米尔之一,皇帝近臣,皇室内阁十二部首领之一,亦由几位通晓数种语言的穆斯林陪同前来。他们对诸使节说:'你们要先跪下,然后以头抵地,行三叩礼。'使节们叩头,但额未及地;然后举双手将沙哈鲁陛下、贝孙勿儿殿下及其他亲王和艾米尔的信函呈上,每信函均由黄

---

① 颈手枷有各种各样。我们时代的旅行家根据葡萄牙文称作"刑具",中国人称为"枷"。

② 这无疑是误解,但中国法律(我们不能设想在动荡的时代会执行)规定,每一个大罪的判决都必须经京师特别法庭确认,法庭由六部和三个大法庭的成员组成(见 *Chine Modeme*, pp. 230, 256)。外国使节和待审犯人一起觐见皇帝是独特的。在缅甸,甚至中国的使臣也要蒙受类似的侮辱。(见 *Mission to Ava*, p. 76.)

缎裹缠。哈吉·玉速甫前来,接过信函,交给侍立于御座旁的太监;太监转呈皇帝;皇帝接过并展阅后,还与太监。"

皇帝略作答慰,说使节们远来劳顿,宜退而休息。使节们退至旁室,稍事休息,然后有人引导至馆驿。馆驿中设备齐全,所需一切均已备置。

翌日拂晓前,有负责料理使节事务的"侍人"(Sejnin或Sekjin)①来召唤诸位使节起床,并速往皇殿,皇帝赐宴招待诸使节;宴中情形,无甚趣事可言。

"12月17日(公元1420年12月23日),数犯人被押赴刑场正法。不信教的契丹人的习俗是,对每种犯罪所施行之惩罚,都有正式记载,其文冗长,阐释琐细。对于这些可怖的惩处方式,我不愿详加叙述。契丹人在惩处犯人方面极为慎重。皇帝治下有十二法庭,设若十一个法庭判一人有罪,而第二十法庭尚不同意判决,则被告仍有获释之希望②。如一案件的审理需要一证人,要行六个月或更多时间的路程前往调查,在案件未完全明确之前,犯人不能被判处死刑,只是拘留而已。

"1月27日,伊斯兰教推事(哈吉·玉速甫)派人对诸位使节说:'明日为新年,皇帝将往新宫,下令不许穿白色服装'(因为契丹人以白色服装为丧服)。28日午夜,侍人前来引诸使节前往新宫。新宫巍峨壮丽,经十九年经营,至今始告竣工。是夜千家万户皆燃亮火炬、蜡烛和灯笼;灯火通明,如同白昼。夜中寒冷

---

① Quatremère本作Sejnin,Astley本作Sekjin。这个字为汉文的"侍人",即"宫中之人或太监"(见 *Jour. Asiat.*, s. iv, tom, ii, 435)。

② 此处显为误解。见前页。

亦大减。人们获准入新宫,皇帝设宴款待国中大臣[①]……新宫盛况,不可尽述。自金銮殿门口至午门,共计1985步[②]……左右两厢,亭榭、园囿相连。所有建筑均以磨光石块和琉璃瓦建造[③],光洁如白色大理石。有一长宽200—300腕尺的地面,以石块铺就,石缝间几乎无丝毫歪斜或不平之处,故人们会认为是以笔画成的。在磨石建室、烧制砖陶的技术上,我们的工匠无人可与中国人相匹。如果我们的工匠看到他们的技艺,那么只能甘拜下风,自叹弗如。宴会至中午始罢。

"2月9日(公元1421年2月13日)早晨,有人给使节们送来马匹……依中国人的惯例,每年有几天皇帝不茹荤,不近嫔妃,不见任何人。他到一个没有画像和偶像的宫中,祭拜天神。这一天是皇帝斋戒完毕回宫的日子;皇帝入后宫的仪式气派非凡。象队成列而行,装饰华丽,背上有圆形涂金轿床,随后是七色旗和戎装武士;再后面是五台轿子,表面涂金,装饰更为华美。行进中乐器齐奏,乐声美妙动听,难以言状。皇帝驾前驾后有50 000军人簇拥,步调整齐。行进队伍中,寂然无杂声,唯乐声不绝于耳。皇帝入后宫,众人皆散去。"

此时是灯节,但现时使节们听不到平时之喧嚣盛况,因为占

---

① Astley本中有一段,不见于Quatremère译文:"各使节发现宫中聚集十万人,来自契丹各地、大秦、马秦、卡尔梅克、吐蕃、哈密、哈拉和卓(Karakhoja)、朱尔加(Jurga=Churche?)和海滨诸国。"["营中聚集近十万人,来自秦、契丹、马秦、卡尔梅克、吐蕃和其他国家。"Rehatsek。]

② [Rehatsek作1925步。]

③ 我认为此指"中国砖"。["石头和烧制成的砖,烧砖由泥土烧成。"Rehatsek。]

"卜者预称,皇宫中将有火灾[1]。

"3月8日(公历3月13日),皇帝遣人见阿哈迈德·沙(Ahmed Shák)和巴克什·马利克(Bakhshi Malik),赐与二人礼物。赐算端沙(Sultán Shák)8锭银[2]、30套朝服、1匹骡子、24件卡莱(Kalai)[3]、2匹马——其中1匹配备鞍、100支箭、5件契丹式的三面凯巴尔(Kaibars)[4]、5000钞票[5]。巴克什·马利克得到同样的礼物,只是少一锭银。诸位使节夫人没有得赐银锭,但得到衣料……

"4月1日(公历4月5日[6],皇帝遣人告知诸使节,皇帝狩猎完毕正起驾返回,欲见各位使节。获此消息时,诸使节正骑马外游;因皇帝次日将至,诸使节立即动身返程。算端阿哈迈德(Sultán Ahmed)所养蓝鹰已死[7]。侍人来访诸使节,说:'今晚即

---

[1] ["此季为灯节,七天七夜皇宫内悬一木球,木球上生出无数盏枝灯,看上去好似一座绿宝石山。数千盏灯悬挂在绳索上,以石蜡制成几只老鼠,一盏灯点燃,老鼠即沿绳索奔跑,点燃触及的每一盏灯,一时间木球从上到下的所有灯盏均被点燃。此时人们在店内和家中也点燃灯盏,这七日中法庭停审。皇帝赏赐群臣,大赦囚徒。不过,这一年契丹占卜家断定皇宫有火灾之险,因此令勿燃灯。但大臣仍依旧俗朝聚,皇帝设宴并向诸臣赐赏。"Rehatsek。]

[2] 见卷II, p. 196; Ibn Batuta, 下文卷IV。

[3] 锡? Quatremère未做翻译。Astley作"内裙"!

[4] 箭筒。[Rehatsek作"五位契丹姑娘"。]

[5] 银行支票(见卷II, p. 196;卷III, p. 149)。

[6] [Rehatsek作3月25日。]

[7] Shonghar是契丹皇族独有的一种鹰,我认为即马可·波罗所说的那种大隼,这种大隼生活在北冰洋海岸。北方鞑靼人首邻将这种鹰作为贡品送与大汗。在本游记省略的一段文字中,中国皇帝曾送数只鹰给各使节作为赠其君主的礼物,同时又作了相当唐突的评论,说使节们带给他驽马,带去他的良鹰。克罗瓦(Croix)地方的佩提斯(Pétis)提及这种隼:"这种鹰是贡献品,根据新定条约,俄罗斯人和克里木鞑靼人(Crim-Tartars)每年向土耳其帝国贡奉。"(*H. de Timur Bec*, ii, 75.)

动身以便明晨接驾。'于是,诸使节匆忙上马急行,到达驿馆时,发现哈吉·玉速甫推事表情甚为沮丧。诸使节问何以精神如此不振,推事悄声告诉他们:'皇帝外出行猎时乘沙哈鲁陛下所赠之马,马蹶将皇帝摔下。皇帝大怒,谕令拘捕诸使节,流放契丹国东部。'各使节闻此消息,深为忧惧。次日晨祷之时,诸使节上马复行。半晌时,诸使节已行20码拉(Marrah)①,抵昨晚皇帝所宿营地。营地占地面积方500呎,绕营地周围当夜筑起一道墙,厚4呎,高10腕尺。在契丹国,建筑此类土墙非常迅速。墙有二门,墙下有沟,挖沟所出之土用以筑墙……墙内有一座黄缎盖的亭幕,一座饰有宝石的幕篷。两建筑各占面积方25腕尺,由四根柱子支撑。四周是其他黄缎帐篷,以黄金装饰。

"诸使节行至距皇帝营帐500步时,推事(玉速甫)告诉他们下马在原地等待皇帝前来,而他本人则前行。皇上刚回营下马,李大人(Li-daji)和张大人(Jan-daji)②(在契丹语中此二人被称为四老爷和知府),前来拜见皇帝。皇帝咨之拘囚使节事。李大人、张大人及推事叩首于地,答曰:'诸位使节并无过错。他们的主人如有好马,无疑会进献好马;且这些使节无权干涉其主子的事务。如陛下将使者斩首,不会伤及他们的君主,但陛下则要背上恶名。人们会说中国皇帝不遵守一切正义规则,对使者施以

---

① 在前面的一段中记有 "每16码拉等于1法尔桑(farsang)"(约三哩半)。Astley 本作 "6码拉等于1法尔桑"。据前一种估算计,使节前半晌骑马行程不足5哩。码拉一词可能就是克拉维约所称的molé,但克拉维约以molé指帖木儿的里格(league),"相当于西班牙两里格"(p. 106)。这最后的一种界定相当于萨曩彻辰对 "巴拉"(Bără)的界定,也许为同一个词。为16 000厄尔(ell),以厄尔等于两呎计,约当6哩(见Schmidt, p. 5)。

② [Rehatsek作Lilláy和Jan Wájy。李大人和张大人?]

暴行。'皇帝闻诸臣劝谏,欣然纳从。推事玉速甫兴高采烈地来向诸位使者告知这一消息,说:'圣上已宽恕外国人了。'皇帝既思赦使者,于是派人为诸位使者送来食物,但皇帝所送食物皆猪肉和羊肉,是穆斯林拒食之物。皇帝起行,跨上一匹带白斑的黑马。此马是米尔扎·兀鲁伯进献,身被黄色金缎马饰。马夫二人在两侧骑马坠镫,亦身穿金缎官服。皇帝身披红色镶金斗袍,斗袍上有黑缎袋,以兜笼皇帝的胡须。皇帝身后有七架小轿相随,轿中乃皇室少妇。又有70人抬的大轿。皇帝左右相距一箭之遥,成列的骑兵,与皇帝并列而行。阵列连绵不断,远远望去,不见边际。两阵之间相隔20步。队伍似一字长蛇,行至城门。皇帝骑在马上,居于队伍中央,达大人(Dah-daji)与之相伴,而推事(玉速甫)与李大人和张大人骑马并行。推事走上前来,对诸使节说:'下马叩头参拜!'各位使节依言行事。皇帝使使节重新上马。使节遵命上马归队。皇帝出言责备使者,对沙第·火者说:'如果马匹或其他物件用作礼品,加强国王间的友好关系,那么所选择的马匹和物件就应是最好的。昨日朕乘尔等所献之马,过于老弱,力不能支而仆倒,致朕坠落,手臂受伤,变黑紫色。只是敷了大量金膏,疼痛才稍减。'沙第·火者温言作答:'事情是这样的:这匹马原属大艾米尔帖木儿可汗(Timur Kurkan)。沙哈鲁陛下为表示对陛下最大敬意,将此马献于陛下;他确实认为贵国必以此马为马中之宝。'[①]皇帝对这番解释感到高兴,遂厚待诸使节。"

此后,皇帝一宠妃死,新宫遭闪电发生火灾。所以,记录人

---

① 帖木儿十六年前已死,此马确为神圣动物。

评述道:"出乎意料的是,占卜家的预言都丝毫不爽地应验了。"这些不幸悲伤之事,竟使年事已高的皇帝大病。太子代理朝政,允许使团离去。此后使团在北京又逗留一些时日,但已不能从中国朝廷得到供给。

不过,使团返回时仍如来时一样,沿途受到优待。他们沿老路返回,于5月中旬(约在公元1421年5月18日)离开汗八里,于7月1日(公历7月2日)抵达毕坎(Bikan)城①。在这里受到盛情款待;8月5日(公历10月3日)②使团渡过卡拉穆兰河。19天后③到达甘州,取回留在这里的行李和仆役④。但因蒙古国有乱事,使团在此滞留两个月;至肃州亦不得不停留一些时日,所以,至伊斯兰教历825年1月中某日⑤(约公元1422年1月9日)始过边塞,在这里整个使团再次会集,由中国官员登记造册。蒙古

---

① [Rehatsek作Bangán。]行程时日说明,其位置约在京都至兰州所处的黄河段路程的三分之一处。这一点和名称本身说明此即中国古都城之一山西平阳府。《马可·波罗游记》作Pian-fu,说它是大而重要的城市,有相当多上人以工商活动为生,产丝甚多。(Pauthier, Marco Polo, p. 354.)

我发现,对中国境内三个城市("美人城"、萨丁府和毕坎城)的考定,莱诺均先我而行;不过我的考证是在既定的基础上独立完成,所以,更证明考定的正确性(见莱诺对阿布尔菲达所作的序言, pp. ccclxxxv-vii)。

② [Rehatsek作8月5日。]

③ 按照Quatremère本所说的到达日期(伊斯兰教历8月14日),九天后即到达甘州。Astley本作伊斯兰教历(8月)24日。[Rehatsek本作伊斯兰教历8月24日。]

④ ["在此城中使团逗留75日,于伊斯兰教历12月1日(公历11月27日)离开。17日(公历12月3日)到达柏克朱(Bokjú)城,在此城中沙哈鲁陛下的使者遇见自失剌思(Shyráz)来的亦布拉辛算端的使者和亦思法罕(Essfahán)王鲁思图姆(Rustum)的使者。两国使者详问契丹国风土人情,使团均详告之。"Rehatsek。]

⑤ [伊斯兰教历1月1日为公元1421年12月26日。Rehatsek。]

国的乱事迫使使节们历沙漠取罕有人走的南路。5月30日抵达和阗,7月5日至喀什噶尔。从此地使团经俺的干(Andijan)峡谷即捷列克达宛(Terek Dawan),跨越高原而往;使团在此分手,一队取道向撒马尔罕,另一队"取道巴达赫尚",趋向希撒尔沙都曼(Hissar Shaduman)[1],8月18日到达巴里黑。1422年9月1日,使团最终到达哈烈,觐见沙哈鲁陛下,讲述出使之经历[2]。

---

[1] 文中的这一表述似说明,先前使用巴达赫尚一词,其意义比现在宽泛得多。文中所记使团由喀什噶尔至巴里黑一段路程极为有趣。设若托勒密记载中的石塔在乌什即俺的干附近(Andiján = 石塔;Hissar Shaduman = 趋向山国的Komedi;Balkh = Bactra),那么,使团所走的道路,恰恰就是托勒密笔下商队跨越伊穆斯逆向走过的道路。这一见解当然符合赖特的观点,因为从喀什噶尔经塔什巴里克(Tashbaliq)和瓦克什(Wakhsh)至希撒尔(Hissar)的路更为便捷,所以更有可能取此路线,即使在盛夏,亦仍如此。(见前文p.191以下)

按:(Hissar即Chaghanigan,一作Saghaniyan,《新唐书》石汗那或斫汗那,《西域记》作鄂衍那,《册府元龟》卷九七一作支汗那(Jaghanyan)。此地在中亚乌浒河北支苏尔汉(Surkhan)河上游,今名迭脑(Denau),意为新村。冯承钧:《西域地名》,第80页。——译者

[2] ["使团接受检查后离开卡亦耳(Qáyl),因这条大道不安全,取途径朱耳(Chúl)的道路,历尽艰难辛劳,于伊斯兰教历5月9日(公历5月1日)抵达阗城。使团离开于阗城后继续前行,于伊斯兰教历7月6日(公历6月26日)抵喀什噶尔,同月21日(公历7月11日)跨越俺的干高原,从这里使节们分手,一部分人取途径呼罗珊的道路,另一部分则取途径撒马尔罕的道路;伊斯兰教历9月初(公历8月19日)抵达巴里黑,同月10日(公历8月28日)抵达都城哈烈,蒙沙哈鲁王(愿真主保佑他)召见,得享致礼君王之荣,幸福无极。" Rehatsek。][ Quatremère, pp. 425—426. ]

[在这里,我要附带谈一谈鲁布鲁克游记所记与额乞乌思(Equius)相关的地形。我认为额乞乌思就是沙哈鲁所遣使团记载的阿什巴拉(Asparah,前文,p. 272)。

1253年9月16日,鲁布鲁克与鞑靼人带着可备替换的马,骑马从伏尔加河畔动身出发。道路直指东方,或者说近乎直指东方,直到10月31日过康格里国(Kangli);此后转向南方,跨越一座"阿尔卑斯山"般的山峦(高山牧野?)。11月7日,鲁布鲁克一行进入一片平原,这片平原像花园一样进行灌溉,一条大河流过平原,但不是入海,而是形

成一些沼泽，被土地吸收。这条河自高山流出，向南（东）可以看见这些高山。

11月8日，鲁布鲁克一行抵达金察克（Kenchac）城。他们从这座城市向东朝这些山进发，几天后进入山中牧野，这儿从前曾居住过喀剌契丹人（Caracatai）。这里有一条大河，鲁布鲁克一行乘船渡过；然后转入一山谷，有一些泥土筑成的旧堡垒，但山谷中的土地已得到耕垦。他们来到一座叫作额乞乌思的漂亮城市，城中居民操波斯语，信奉伊斯兰教。

次日，鲁布鲁克一行跨过这些高山向南延伸的支脉，进入一片宽阔而美丽的平原，这片平原得到山上流下来的溪流充分地浇灌。高山位于鲁布鲁克一行的右侧，而左侧，在平原的更远处，是一个海或称作大湖，方圆可行25日。

这片平原上从前曾有众多城镇，但鞑靼人毁坏了它们。不过鲁布鲁克一行人发现一座称为盖剌克（Cailac）的城市，在此驻足12天。

此时他们所在的地方称作斡尔干奴（Orgonum）；鲁布鲁克在这里首次见到佛教寺庙。

11月30日，鲁布鲁克一行离开盖剌克（他们必定是在该月18或19日到达此地），四天后，他们抵达大湖的湖口。湖中有一大岛。湖水略有咸味，但可饮用。一条从东南方延伸过来的河谷在大湖的湖口敞开，沿河谷上溯到山中是另一个湖。狂风不断吹过河谷，以致骑马过河谷的人很容易被吹到湖中。

跨过这个河谷，鲁布鲁克一行向北朝着大雪覆盖的大山前行。

自12月6日，他们加快了旅行速度，一天行二天的路程。12月12日跨过魔鬼出没的可怖的山岩峡谷。

此后进入乃蛮国（Naiman）统治的平原。出乃蛮国后再攀升前行，入一山国，再向北下山行。12月26日，鲁布鲁克一行进入一大平原，广阔平静如河洋，次日，抵蒙哥汗营帐。此地显然离喀喇和林不远。

在鲁布鲁克的旅程上，有两个地点确凿无误（旅程的起点伏尔加河畔的萨莱和终点喀喇和林除外）：一是金察克城，乃怛逻斯河谷的城市之一，位于现仍称此名的城市附近。（见Quatremère, *Notices et Extraits*, xiii, 224-5-6.）二是狂风肆虐的地方。柏朗嘉宾在其游记中也对此做过非常相似的描述（见p. 751）；旭烈兀西征的记述者（按：似指常德。元宪宗九年即1259年常德西游拜见旭烈兀于波斯，于中统四年即1264年回国。——译者）和近代俄国旅行家普提斯特夫（Poutimsteff）（Molte Brun, *Précis de la Geog. Universelle*, ix, p. 208所引）也提到过。这三处记载，特别是最后的一处记载，与柏朗嘉宾的记载极为符合，清楚地说明这种狂风现象发生的地点是阿拉库尔（Ala-kul）湖。鲁布鲁克曾特别提到这个湖中的岛屿；而柏朗嘉宾说是"几个岛屿"，普提斯特夫说岛屿包括："三块巨大的颜色不同的岩礁。"他以三块岩礁称该岛。现在我们回过头来探鲁布鲁克的旅行路线。

鲁布鲁克骑马向东——但不是他想象的正东——前行，让里海和咸海处于行程的右边，六个星期后，在经度67度转向东南方，跨过哈拉涛（Kara-tau）的"阿尔卑斯山"，到达现代的突厥斯坦城的东南方（在中世纪地图上位于讹答剌东南），进入塔拉斯河谷。如鲁布鲁克所说，塔拉斯河消失在沼泽中，并不注入海。从这里向东南方望去，可以看到高耸入云的山峰，即天山的支脉，或者是天山山脉本身。

离开金察克和塔拉斯，鲁布鲁克向东行进，进入"阿尔卑斯山"，这座山将塔拉河上游和楚河分隔开；楚河即是鲁布鲁克乘船渡过的河流。过此即是留有古堡垒遗迹的河谷。这些堡垒遗迹也见诸于旭烈兀西征的记述者（指常德。——译者）的记载。这位记述者写道，在到达怛逻斯的前四天，"过亦堵（Itu）（阿拉涛的两平行山脉？），两山间，土平民多。沟洫映带，多故垒坏垣。问之，盖契丹故居也。"（契丹即鲁布鲁克游记中的哈拉契丹 Caracatai，见下文，卷 III，p. 19）"而近有河曰亦运（Yi-yun），流汹汹东注。土人云，此黄河源也。"（引文见常德《西使记》。——译者）（关于楚河的泥土色和汹涌湍急，见 *Russians in Central Asia*, p. 262）。

鲁布鲁克然后到达额乞乌思，我认为即伊斯兰教作家笔下的阿什巴拉。此必在楚河之北，现在俄国据点皮什彼克（Pishpek）或者托克马克（Tokmak）对面的某个地方。

[Rockhill, *Rubruck*, p. 139 注中写道："鲁布鲁克所说的'大河'可考定为伊犁河，这使我们不能接受裕尔的观点，即将额乞乌思考定为沙哈鲁遣使记中的阿什巴拉。阿什巴拉在楚河河畔，现在的皮什彼克或托克马克附近。"]

鲁布鲁克一行又跨过"阿尔卑斯山"——这次跨越的是皮什彼克和阿尔马第（Almaty）间的阿拉涛（Ala Tau）山脉的支脉——出现在延伸至巴尔喀什湖的大平原上。湖的附近确为贫瘠的草原地带，但沿阿拉涛山北部支脉的大片地域，却是肥沃的可耕地，水草丰润。如鲁布鲁克所说，阿拉涛山北部支脉位于他的右侧，与平原相毗连。（见 Semenov, *Petermann's Mittheilungen*, 1858, pp. 352—353。）

位于山脚下某处的盖剌克（Cailac），无疑就是蒙古历史家记载中的海牙立（Kayaliq）。其地必在伊犁河之北，距伊犁河有一段路程，因为鲁布鲁克从盖剌克至阿拉库尔（Ala-kul）作四日行。可以置此地点于现代俄国的 Kopal 附近。

盖剌克不在伊犁河畔，而在其远，有一定里程。此有一证：盖剌克虽为一重要地点，但旭烈兀或海屯行程记均未加记载；旭烈兀和海屯似皆由阿里麻里（Almalik，位于现代伊宁 Kulja 附近）而至伊犁河谷，经过鲁布鲁克所走过的道路去怛逻斯。

本书鄂本笃游记中有一些文字与海牙立（即盖剌克）有关。另一事实也略有助于说明盖剌克所在的位置。记载说，拔都自伏尔加河畔营地去喀喇和林，"在阿拉塔山——距海牙立作七日行——听到大汗（贵由）死讯"而折回。假定阿拉塔即为楚河和伊犁之间的Alatagh关口，那么，阿拉塔与海牙立之间的距离则正符合我们对海牙立方位的设定。(见 *D'Ohsson*, ii, 246。)

关于鲁布鲁克听到的斡尔干奴（Orgonum）一地，我已经在伊本·白图泰游记的注释中做过阐释。

需要指出，鲁布鲁克走近阿拉库尔湖，认为这个湖是"大湖"的延伸和尾端。这个"大湖"位于其左侧，在许多天时间内极目可见。地图就可以使我们对这个错误一目了然，不过当时这样认为，可能是有理由的，因为所有这些湖泊现在似乎都在萎缩。巴尔喀什湖和阿拉库尔湖从前确为一体，这似乎是毫无疑问的，虽然在鲁布鲁克时代可能已不是这样了。(见Semenov，上引书，p. 351；*J. R. G. S.*, xxxv, p. 213; *Petermann*, 1863, p. 392。)

从阿拉库尔向北穿越的山脉显然是塔儿巴哈台（Tarbagatai）前的山脉。鲁布鲁克大概从这座城市沿额尔齐斯河上游，继而沿雅布肯（Jobkan）河前行。

夏天返回时，鲁布鲁克途径巴尔喀什湖之北。他说往返两程的相叠处，是他骑马在山中沿一条河流所走的15天的路程，在这段路程上除了河两岸，其他地方无牧草。这条河流似为雅布肯（Jabkan）河。

在上面的解述中，我顺利地辨别出鲁布鲁克的行踪路线，并未遇到太大的困难，只有一点例外，这就是自怛逻斯河谷的金察克到阿拉库尔湖湖口所用的少量时间。这段路程大约500哩，依记载，所用时间为14天（扣除在盖剌克逗留的12天）。平均每日行进速度为35哩多（直线距离），路途多为山地。鲁布鲁克确实说过，他们一行人每日骑马行进的路程相当于从巴黎到奥尔良的距离，姑且算作60哩吧！但他从伏尔加河到怛逻斯这第一段路程的行进速度，却只有约每天27哩的直线距离。如果我们设想鲁布鲁克一行在盖剌克逗留的时间写作7（vii）天而不是12（xii）天，那么，从怛逻斯到阿拉库尔之间这段路程的行进速度与平均速度约略相等。

*Russians in Central Asia* 书中的这张地图，或其他记载俄国人最近勘测成果的书籍，将有助于理解我们的这些解说。

# 十八、拉姆希奥所记哈吉·马哈迈德关于契丹谈话节录[①]

## （约1500年）

《马可·波罗游记》第一卷第38章记载[②]，肃州（Succuir）产大黄，从彼处贩运到这里及世界各地。现在有人生病，普遍地以大黄治疗，但我未曾见到有任何书籍对此物详加记载。人们应该对它有正确的知识。数年前，我偶然从一位博识善断的波斯人那里听到关于大黄的介绍，似应加以记述。

这位讲述人名叫哈吉·马哈迈德，里海海滨岐兰（Chilan）省陀拔斯（Tabas）[③]城人。他曾亲至肃州，后返回。数年前，携大量大黄来威尼斯出售。有一天我出城到穆拉诺（Murano）就餐，公务之余到城外消遣一下，与我同行者有卓越的建筑师维罗纳（Verona）的桑米歇尔（San Michele）君和托马索·吉安第（Tomaso Giunti）君，二位都是我的至交良友；此外还有这

---

[①] [G. Uzielli and Amat di S. Fillippo, *Studi biografici e bibliografici*. II, Roma 1882, p. 246提到。哈吉·马哈迈德绘制过一幅世界地图，保留在威尼斯圣马可图书馆。……这位哈吉·阿哈迈德（Hagi Ahmed）和我们所说的这位哈吉·马哈迈德（Hajji Mahomed）是否为一人？

[②] 按：《马可·波罗游记》（A. Charignon注，冯承钧译，党宝海新注），河北人民出版社1999年版，第204页。——译者

[③] 我迄今尚未能在歧兰找到陀拔斯城的位置。耶兹德（Yezd）之北盐漠中的Tabas在Tables of Nasiruddin中被称作Tabas Kili 或 Gili，陀拔斯可能指此地。（见Hudson, vol. iii。）

位波斯人①。餐宴结束后,波斯商人开始谈其经历,米歇尔·曼伯尔(Michele Mambre)君充当译员。曼伯尔君精通阿拉伯语、波斯语和土耳语,性情敦厚,以其语言才赋充任本市政议会的土耳其语译员。哈吉首先告诉我们他曾至肃州(succuir)②和甘州(Campion)③,这两座城市在大汗国边境的唐古忒(Tangath)省内,大汗名大明汗(Daimir Can)④,派官员管理这两座城市。《马可·波罗游记》第一卷第38和39章曾记载这两座城市。从伊斯兰教诸国前往契丹,首先到达这两座城市,城中居民崇拜偶像。哈吉与商队携货自波斯和里海周围地区前往契丹各地。肃州和甘州以远地区,无论是商队还是商队中的任何人皆不得通行;只有觐见大汗的使节,方获准通行⑤。

肃州城规模宏大,人口众多;房屋以砖建造,风格俊丽,与意大利建筑相像;城内庙宇既大且多,内有石雕神像。肃州城位于平原,无数溪流纵贯于平原之上,物产丰饶。丝业繁盛,以黑

---

① 维罗纳的桑米歇尔是威尼斯共和国的建筑师和工程师,现在仍享有盛名,通常被(不准确)称为近代防御工事的发明者。吉安第是画家,拉姆希奥著名作品的出版商,拉姆希奥死后,他编辑了拉姆希奥的著作。

② Succuir,马可·波罗写作 Succiur(Sukchúr),按照波迪埃的见解,该词是蒙古语"肃州路"的读法。见前文,p. 275;本书卷 III,p. 126 我的注。

③ 在《马可·波罗游记》的大多数版本中均作 Campicion,可考为甘州,但形式何以为此,尚未得满意解释。

④ 大明汗(Daiming Khan)即中国皇帝,此称见于阿布杜尔·拉扎克的《沙哈鲁史》前言中,该前言介绍沙哈鲁使团行纪。实际上此即中国明朝("大明")之称谓。明朝在中国的统治始自1368年,终于1644年。(见 *Chine Ancienne*, p. 389; *Atlas Sinensis*, Blaeu, p. i; *Notices et. Extraits*. xiv, pt. i, p. 213 以下; Schmidt, pp. 153, 211, 289。)

⑤ 见 Goës,下文。

桑树养蚕制丝。其地无果酒,以蜜制酒饮用。因其国气候寒冷,水果中仅有梨、苹果、杏、桃、瓜和葡萄。哈吉告诉我们,唐古忒省各地均产大黄,但最好的大黄出产于附近的高山峻岭中,山上泉水淙淙,树木参天,土呈红色。因雨水不断,泉水溢流,土壤总处于泥泞状态。关于大黄的根、叶形状,哈吉从口袋里取出从契丹带回的图画向我们展示,并告诉我们从图画上看到的就是大黄的真实自然形态。图画绘制极为精巧……哈吉又说,在契丹国,人们从不像我们一样用大黄作药,而是将它粉碎与其他香料混合,制成拜佛用的香。契丹的一些地区盛产大黄,以致人们充作燃料,有的地区以大黄医治病马;契丹国不太珍惜大黄;但契丹国人极为珍惜另一种小植物根,这种小根生长于出产大黄的肃州地区的山岭上,被当地人称作"曼布罗尼希尼"(Mambroni Cini)。这种根价格昂贵,可用于医治多种疾病,尤以治疗眼疾最为有效。契丹人在石头上将它碾碎,以玫瑰水相和,涂于眼上。效果颇佳。他认为此物尚未贩运到这里,他也无法详加刻画[①]。哈吉见我较诸他人对其所言尤感兴趣,于是又告诉我,契丹全国都在用一种植物,或者更确切说,这种植物的叶子,其人称之为

---

① 我认为,Mambroni Cini 即 Mámirán-i-Chíní。约翰逊(F. Johnson)释第一个字为"药用白前"(Swallow-wort);伯尔涅(Bernier)也提到 Mamiron 是一种小根状物,治疗眼疾效果极好,曾由商队从中国与大黄一并带到喀什噶尔(见 *H. Gen. dés Voyages*, tom. 37, p. 335)。这种植物可能即人参(以其呈叉腿萝卜状而得名),中国人以其为补药而非常珍重,其出售价曾为三倍于其重量的白银。另一种植物根,中国人称为茯苓,也来自出产大黄的同一地区,从前在欧洲医药中以"中国根"(Radix China)之名为人所熟知。不过这种根不是"小根"。[见 *Hobson-Jobson*, Marmiran;古阿拉伯语称 Mamira 为 Curcuma langa;旁遮普 Mamira 称 Thalictrum foliosum。]

"契丹茶"（Chiai Catai）[①]，产于契丹国的Cacianfu[②]。全国之人都在用这种东西并十分珍重它。撷取这种叶草，或干或鲜，以水煮之。以空腹饮用一二杯，则热病、头痛、胃痛、腰痛或骨节痛诸症皆去，以热饮最好。哈吉说，这种叶草可治疗无数病疾，但当时不能记起，痛风是其中之一。如有人吃饭过量，胃感不适，只需饮用少许，片刻不适即除。这种叶子极受人珍重，每位出外旅行之人都携带一些以备消用。以一袋大黄而换一盎司"契丹茶"，其人颇乐为之。契丹人说，我们这里的人、波斯人及佛郎机人了解这种叶子，各商贩必定不再购买Ravend Cini——这是他们对大黄的称呼[③]。……我问他能否告诉我，自甘州和肃州返回而至君士坦丁堡时取何道路，哈吉让翻译曼伯尔告诉我，他很愿意将全程情况相告。他说，归来时并未完全取前往时的道路，因为他欲动身启程时，碰巧绿帽鞑靼——称作耶斯尔巴斯人（Iescilbas）——诸首领适遣其大使，率大队人马经鞑靼沙漠，由里海之北，前往君士坦丁堡土耳其朝廷，欲与之结盟，共击二者之共同敌人索菲人（Soffi）……于是他随使团至卡法港（Caffa）。他主动向我详述若取去时道路而归之情形，即：自甘州出发，行6日至高台（Gauta）[④]。每日行程以波斯法尔森克（Farsenc）计算，一法尔

---

[①] 波斯语"契丹茶"（Chá-i-Khitai）。此处及文中其他地处，ch应读弱音，不能以通常的意大利语音来读。我不知道在欧洲载籍中对茶是否有比这更早的记载。[见 *Hobson-Jobson*, s. v. Tea.]

[②] Cacianfu 可能即 Kanjanfu，指西安府（见下文卷 II, p. 246）。不管西安是否出产茶叶，茶叶一定是从这里运往边陲。

[③] 即波斯字 Ráwand-i-Chini，意为"中国大黄"。

[④] 高台，位于甘州和肃州之间。

森克为三哩。每日行程可达八法尔森克。如经沙漠和山地,则行程勉强达到其半数。所以沙漠中行进,其所需时日当以平地所需两倍计算。从高台至肃州行5日,从肃州至哈密(Camul)①行15日。从这里开始继续向前,其人为伊斯兰教徒;此前所经各地之人皆为偶像崇拜者。从哈密至吐鲁番行13日,过吐鲁番后历三城,行10日,首先至佳理斯城(Chialis),再行10日至库车,再行20日至阿克苏②。从阿克苏行20日,经过荒凉的沙漠,至可失哈尔(Cascar)。阿克苏以东之路程皆有人烟。从可失哈尔至撒马尔罕行25日,从撒马尔罕至呼罗珊境内之布哈拉行5日;从布哈拉至艾里(Eri)③行20日;由此行15日至维莱米城(Veremi)④;行6日至卡斯宾(Casbin),从卡斯宾行4日至索尔塔尼亚(Soltanina),从索尔塔尼亚行6日至桃里寺(Tauris)大城。以上知识都是我从波斯商人哈吉那里获得。他对所经道路的叙述尤令我兴趣盎然,因为我能颇满意地辨认出见于《马可·波罗游记》第一卷中的许多城市和一些地区的名称。因此,我觉行有必要加以叙述。

此处可顺便略作补充,这位波斯商人哈吉在离开本城前,曾

---

① 上文, p. 273; 下文, 卷III, p. 265; 卷IV, Goës。
② 有关这些地名的考订, 见卷IV, Goës。
③ 即哈烈(Herat)。
④ 维莱米是德黑兰以东两站里程的大城, 距古代腊伊(Rai)城旧址很近, "维莱米取代腊伊城, 现在德黑兰取代了维莱米"。(Ritter, viii, 450) 克拉维约也提到这座城市, 说经过Damgham、Perescoto(Firuz-koh)和Cenan(Semnan)后, "来到了称作维莱米(Valami, 读作Varami)的大城", "该城几乎已无人烟, 城垣已没, 当地人称这一地区为Rei国"。(Markham, *Clavijo*, p. 182; Pétis de la Croix, *H. de Timur Bec*, ii, 181, 401.)

告诉我有关甘州城的情况及其地人民风俗。我将以哈吉所述顺序,略加叙述,以期裨益于所有仁慧读者。

甘州城……其人穿黑色棉衣,寒冬时节穷人以狼皮和羊皮为棉衣衬里,富人则以昂贵的黑貂和貂鼠皮衬里。头戴黑帽,如圆锥形糖块。其人身材矮短,像我们一样留胡须,特别是在年中某时,留须者尤多。

其房屋以砖头与石块建造,与我们的建筑相似,高二三层,天花板涂漆,色彩不同,样式各异。城中画工众多,有一街道中居住者全是画工。

这个国家的王公为炫耀显赫之势,令人制大台,台上置两个丝制篷帐,以金、银、珠宝镶嵌,王公们与其友人在台上坐定,四五十个奴隶负担之,绕城行游,以娱其乐。普通贵人乘坐无顶之简单轿舆,无彩饰,以四至六名肩夫负载之。

其庙宇建筑有类我国的教堂,全用廊柱,规模宏大,可容四五千人。城内还有两座巨大雕像,一为男像,一为女像,各高四十英尺,卧于地上[①];每一雕像皆以一块坚石雕成,全身涂金。城内有一流雕石家。

所用石头有些取自二三天行程外的地方。以大车载运,大车有40个很高的轮子,轮为铁胎;以五六百匹骡马拉动。

还有一些稍小的雕像,有六七个脑袋、十只手,每只手握着不同的东西,如蛇、鸟、花草等。

还有一些寺院,修行僧人众多,至为纯洁。寺院大门封闭,

---

① 见 p.277 注。

终生不出寺门。外人每日送来食物供给之。

无数僧人行游于街城中,颇类我们的修士。

其地风俗,族中有人死去,要穿白衣致哀多日,白衣由棉布制成。衣服的裁造也与我们类似,均为长曳及地,衣袖肥大,很像威尼斯人的高梅多(gomedo)[1]。

契丹国人懂印刷术,其书籍由印刷而成。我想弄清楚其印刷法是否与我们相同,有一天我带哈吉到圣旧廉诺(San Giuliano)地方托马索·吉安第君的印刷所参观,他看到此处所用锡字和印刷用的螺旋压印机后,称这些器物与契丹国所用非常相似[2]。

甘州城以厚墙为城防,墙内以土充实,其上可容四辆马车并排行走。城墙上有高大的塔楼,并安置密集的火炮,犹如土耳其帝国城防。城外是无水的护城大河,可随时放水灌充。

其地有一种牛,体形庞大,毛长而细白[3]。

契丹国通常禁止其民众与异教徒离开本土,也禁止他们到世界各地经商。

呼罗珊之北沙漠以至撒马尔罕,皆隶属绿帽人即耶尔斯巴

---

[1] "Utrisque (viris et feminis) manieae laxiores longioresque communes sunt, quales in Italiâ Venetorum esse solent." (Trigautius, b. i, c. 8.)

[2] 哈吉的观察一定非常肤浅,至少对金属活字的观察是如此。(陶制)活字印刷术在中国是由工匠毕昇在11世纪中叶前发明,但这项发明似乎没有流传下来。木版印刷至少可以追溯到581年;904年石雕印刷术已经运用。Julien, *Jour. Asiat.*, sér. iv, tom. ix, 509, 513; *Chine Moderne*, p. 626 以下。

[3] 即牦牛。

斯人统治。绿帽人乃信奉伊斯兰教的鞑靼族[①]，头戴绿色锥形毡帽，以此名自称，以区别于索菲族——绿帽人不共戴天的仇敌；索菲族统治波斯，也信奉伊斯兰教，头戴红帽[②]。绿帽人和红帽人因宗教分歧和边境纠纷，不断殊死争战。绿帽人现今所辖诸城中，有布哈拉和撒马尔罕，每城皆有其王。

其人通晓数种奇技异术，他们称之为黑米亚（Chimia），即我们所称的炼金术（alchemy）；利米亚（Limia），即引情术；希米亚（Simia），即幻术[③]。无铸币，贵人和商贾皆将金银做成小杆节，支付时将它们分成小块。甘州和肃州所有民众之风俗即如此也。

在甘州的广场上，每天都有一些表演幻术的江湖人，他们在人群中展示各种不可思议的奇术，如取在场观众一人，以剑将他劈开，或斫去其胳膊，观看者见其人血流涌出，等等。[④]（摘自 *Navigationi e Viaggi*, vol. II,《马可·波罗游记》前附文 *Esposition of M. Giov. Batt. Ramusio*, f. 14 *vers*. to f. 16 *vers*.）

---

① 乌兹别克人。
② 即凯泽尔-巴什人（Kizil-básh）。
③ Kimia（阿拉伯文）即炼金术；Simia（波斯文）即魔幻术。Limia 可能是以幻术原理为依据虚构的词汇。不过，D'Herbelot 说，Simia 是化学的一个部分，指的是金属和矿物质配制过程，Kimia Simia 用来表示一般意义上的化学。他补充说，还有另一类 Simia，其目标是以名字和数字占卜，预测吉凶；这个字与 ism（主义）联系起来，构成一名称。
④ 见 Ibn Batuta，下文，卷 IV。

# 十九、布斯伯克所记土耳其漫游僧契丹见闻节录

## （约1560年）

"现在让我为你讲述一下我从一位土耳其漫游者那里听到的关于契丹城和契丹国的事情。这位漫游者是某教派成员，其教崇奉远游，在崇山峻岭和荒漠野丛中礼敬上帝，此人曾游历东域，足迹几乎遍及整个东方世界，他说曾遇到葡萄牙人，游兴大增，欲前往契丹一睹契丹国城郭人民，遂与商队结伴同行。去契丹国的人习惯上都是结队成群而往，小队人马无法通达，至少旅途之上极不安全，因为途中多盗匪，旅行者须时刻小心提防盗匪袭击。他们离开波斯边境行一段路程，到达撒马尔罕、布哈拉、塔什干诸城及其他地方，其地均归帖木儿兰（Demirlan）后代治辖①。这些地方过后，是广袤沙漠和有人居住的地区，有些地区的居民野蛮而凶暴；有些地区的居民文明开化，但各地皆乏食物和水草，商旅须自带给养和其他生活必需品，所以需要众多的骆驼来负载。这类商旅和牲畜的大团伙，称作喀剌宛（Caravans）②。经几个月艰难疲惫的旅行，他们抵达一峡谷，乃契丹国之边塞。契丹国领土大多处于内陆，崎岖陡峭的群山在这里聚拢，除了一个狭口无路可通，国王命人在此狭口设一关塞③，盘问商旅过客

---

① Bokhara; Tashkand; Tamerlane.
② 即商队。——译者
③ 见前文 p. 274。

各种问题,如'运来何物''从何而来'及'人数多少',等等。商旅作答之后,国王之守关人员向下一个烽火台传递信号,日则举烟,夜则生火;其他烽火台依次施行,几小时内报知契丹国王。若用其他办法联系,则需数日①。国王亦以相同方法迅速举火作答,说明准许所有商人入境,或仅允许一部分人,或全不允许。如果允许入境,则有相关领路人引路前行,一定里程皆设有停留站,站中备有衣、食诸物,价格合理。直至契丹国都,一路全部如此。一行人达京后,各自报告所带之物,向国王贡献其认为相宜之礼物,契丹王辄以高价酬之②。其余货物或出售或交换,悉听其便;其归国日期亦有限定,在规定日期之前可自由从事交易。契丹人不喜欢外国人在其国内久居,以免其本国习俗为外国人所败坏。所以,这些商人仍沿来时老路被送回。

"这位土耳其漫游者说,契丹人对于各种技术皆极为精娴,生活文明开化,行为高雅,崇奉自己的宗教,与基督教、犹太教和伊斯兰教都不相同,只是仪式方面近似犹太教。使用印刷术已达数世纪之久,这位游历者在契丹国亲眼目睹活字印成的书籍,充分证明使用印刷术为事实。契丹人印刷所用纸张是由蚕茧制成,非常薄,只能一面印刷,另一面则留空白不印刷③。

---

① 见下文卷II, pp. 233-234。
② 见上文, p.130。
③ 此为人所共知的中国印刷术的特点。中国纸的原料为竹、桑树皮、木槿(hibiscus, Rosa Sinensis)楮木(Broussonctia Papyrifera)。"树皮纸坚硬、强韧,纤维贯穿其中,所以当人们撕开纸页时,被认为是由丝绸纤维制成。故称之为'面纸'即绢纸"(儒莲译自一位中国作者的作品。见 *Chine Moderne*, p. 622以下)。杜哈尔德提到一种纸是由"蚕茧"制成。(见Astley, iv, p.158。)〔还有棉纸。*T'oung Pao*, 1908, p. 589。〕

"此城旅栈很多……"[1] 有一种香料叫麝香,自一种小动物身上分泌出来,这种动物大小如小山羊。契丹国很重狮子,因其地不出产这种动物,所以国人对狮子颇多赞美之辞,以高价求购之。

"我从这位漫游者那里听到的契丹国见闻就是如此。真实与否,只有他知道。情况可能是,当我询问他关于契丹国的问题时,他却回答其他周围国家的事情。实际上我们正在做一种滑稽游戏。这位游历僧告诉我这么多事情后,我认为应该问一下他是否带回什么有趣的奇草异果、怪石等类之物?他回答说:'没有带回奇物,只是随身带回这一根小菜根,当我疲倦或受寒时,便取一点咀嚼并吞服之,自感身体温暖,精神振奋。'[2]他这样说时,取出小菜根让我尝试,嘱我千万注意,只取一丁点尝之。我的医生威廉适逢在侧,取而尝之,因菜根性烈,他的嘴巴竟肿胀起来。威廉说这种根茎是真正的附子草(wolfsbane)。"(摘自 *Busbequii Epistolae*, Amsterdam, 1661, pp. 326–330。)

---

[1] 原文脱漏。
[2] 这肯定是人参。(见前文, p. 292。)

# 本书引用书目
## （含书名缩略语）

ABULPHARAGIUS.—*Historia Compend. Dynastiarum*, etc., ab Ed. Pocockio. Oxon., 1663.

ACAD. — *Mém. de l'Acad. des Inscriptions et Belles-Lettres.*

ASSEMANII.—*Bibliotheca Orientalis*, vol. iii, part ii.

ASTLEY. —*A new general collection of Voyages and Travels*, etc. Printed for Thomas Astley. London, 4 vols., 1745-1747.

BABER. — *Memoirs of the Emperor*; by Leyden and Erskine. 1826.

BALDELLI BONI. — *Il Milione de M. Polo*. Firenze, 1827, 4to.

BARBOSA (Lisbon ed.) — *Livro de Duarte Barbosa* in *Collecção de Noticias*, etc., publicada pela. Acad. Real das Sciencias, Tomo II. Lisboa, 1812.

BEAZLEY, C. R. — *The Dawn of Modern Geography*. ii, Lond., 1901; iii, 1906, 8vo.

BEAZLEY, C. R. —*Plano Carpini and Rubruquis*; see I, p.157.

BENJAMIN Of TUDELA, see *Early Travels in Palestine.*

BONAPARTE, Prince Roland. — *Documents de l'époque mongole des XIII$^e$ et XIV$^e$ siécles*. Paris, 1895, fol.

BRETSCHNEIDER, E. — *Knowledge possessed by the Ancient Chinese of the Arabs and Arabian Colonies*. Lond., 1871, ppt. 8vo.

BRETSCHNEIDER, E. — *Archaeological and Historical Researches on Peking.*

Shanghai, 1876, 8vo.

BRETSCHNEIDER, E. — *Medieval Researches from Eastern Asiatic Sources*. London, 1888, 2 vols. 8vo.

BROWNE'S *Vulgar Errors*. Bohn's Edition.

CHABOT, J.B. — *Histoire de Mar Jabalaha III*. Paris, 1895, 8vo.

CHAU JU-KUA, see Hirth, and I, p. 233.

CHAVANNES, Ed. — *Les Mémoires historiques de Se-ma Ts'ien*. Paris, I, 1895, et seq.

CHAVANNES, Ed. — *Trois généraux chinois de la dynastie des Han orientaus*. Ext. du *T'oung pao*. Leyde, 1906, ppt. 8vo.

CHAVANNES, Ed. — *Documents chinois découverts par Aurel Stein*. Oxford, 1913, 4to.

CHAVANNES, Ed. — *Un texte manichéen retrouvé en Chine*, in *J. Asiat.*, Nov.-Déc. 1911; Janv. – Avril, 1913 [ with Pelliot ] .

CHAVANNES, Ed. — *Mission archéologique dans la Chine septentrionale*. I, Paris, 1913-1915, 2 parts 8vo.

CHAVANNES, Ed. — *Documents sur les Tou-Kiue (Turcs) occidentaux*. St. Petersb., 1903, 8vo, and *T'oung pao*, 1905.

CHAVANNES, Ed. — *Les Pays d'Occident d'après de Wei lio,* in *T'oung pao*, 1905; *d'après le* Heou Han Chou, in *T'oung pao*, 1907.

CHINE (ANCIENNE), *Desription Historique*, etc., etc. par M. G. Pauthier. Paris, 1837 (*L'Univers Pittoresque*).

CHINE (Moderne), par Pauthier et Bazin, Ditto, ditto, 1853.

CIVEZZA, Marcellino da. — *Storia universale delle missoni francescane*. I-VI, Roma-Prato, 1857-1881, 6 vols. 8vo. See II, p. 88.

COEDÈS, George. — *Textes d'auteurs grece et latins relatifs à l'Extrême-Orient depuis le IVe siècle av. J. C. Jusqu'au XIV$^e$ siècle*. Paris, 1910, 8vo.

CONTI, Nicolò, see I, p. 266.

CORDIER, Henri. — *Bibliotheca Sinica. – Dict. Bibliog. des ouvrages relatifs à l'Empire Chinois*. Paris, 1904-1908, 4 vols. 8vo.

CORDIER, Henri. — *Les Voyages en Asie au XiV siècle du bienheureux frère Odoric de Pordenone*. Paris, 1891, large 8vo.

CORDIER, Henri. — *L'Extrême-Orient dans l'Atlas catalan de Charles V.* Paris, 1895, 4to.

CORDIER, Henri. — See YULE'S *Marco Polo*.

COSMAS, see McCRINDLE, J. W.

CRAWFURD. — *Descriptive Dictionary of the Indian Islands and adjacent countries*. London, 1856.

CRAWFURD. — *Grammar and Dictionary of the Malay Language*. London, 1852.

CUINET, Vital. — *La Turquie d'Asie*. Paris, 1890-1894, 4 vols. 8vo.

D'AVEZAC. — *Notice sur les Anciens Voyages de Tartarie en général, et sur celui de Jean du Plan de Carpin en particulier.* (In vol. iv of *Recueil de Voyages et de Mémoires, publié par la Soc. De Géograhie*. Paris. 1839.)

DAVIS. — *The Chinese*, new ed. in 3 vols., and supplem. volume. C. Knight, 1844.

DEGUIGNES. — *Histoire Générale des Huns*. Paris, 1756-1768, 4 vols. 4to.

Della Decima, see III, p. 137.

DEVÉRIA, G. — *Origine de l'Islamisme en Chine,* in *Centenaire de l'Ecole des Langues orientales*, 1895.

DEVERIA, G. — *Musulmans et Manichéens chinois,* in *Jour. Asiat.* 1895, ii, pp. 445-484.

D'OHSSON. — *Hist. des Mongols*, par le Baron C. La Haye et Amsterdam, 1834 and 1852, 4 vols. 8vo.

*EARLY TRAVELS IN PALESTINE*, edited by Thomas Wright. Bohn's Antiq. Library, 1848, 8vo.

EDRISI. — *La Géographie de*, Traduite , etc., par P. Amédée Jaubert. Paris, 1836-1840.

ELIAS, E. — *The Tarikh-i-Rashidi of Mirza Muhammad Haidar*. Transl. By E. Denison Ross. London, 1895, 8vo.

ELLIOT, Sir H. M. — *Biographical Index to the Historians of Muhamedan India*, vol. i. Calcutta, 1849.

FERRAND, Gabriel. — *Relations de Voyages et Textes géograpyiques arabes, persans et turks relatifs à l'Extrême-Orient du VII$^e$ du XVIII$^e$ siècles*. Paris, 1913-1914, 2 vols. 8vo.

GAMS, B. — *Series Episcoporum Ecclesiae Catholicae*. Ratisbonae, 1873, 4to. — Suppt. 1886, 4to.

GANDAR, Dom. — *Le Canal Impérial*, Variétés sinologiques No. 4 — Shanghai, 1894, 8vo.

GILDEMEISTER. — *Scriptorum Arabum de Rebus Indicis Loci et Opuscula Inedita*. Bonn, 1838.

GOEJE, M. J. de, — *Ibn-Khurdádhbah*, see I, p. 137.

GROOT, J. J. M. de — *Sectarianism and Religious Persecution in China*. Amst., 1903-1904, 2vols. 8vo.

HAVRET, Henri. — *La Stèle chrétienne de Si-ngan fou*. Variétés sinologiques Nos. 7, 12, 20. Shanghai, 1895, 1897, 1902, 3 pts. 8vo.

HEYD, W. — *Histoire du Commerce du Levant au Moyen-Age*. Leipzig, 1885-6, 2 vols. 8vo.

HIRTH, F. — *China and the Roman Orient*. Shanghai, 1885, 8vo.

HIRTH, F. — *Chau Ju-kua: His work on the Chinese and Arab Trade in the twelfth and thirteenth Centuries entitled Chu-fan-chi*. Transl. from the Chinese by F. HIRTH and W. W. ROCKHILL. St. Petersburg, 1912, 8vo.

*Hobson-Jobson.* — See YULE.

HUNTER, W. — *Imperial Gazetteer of India*, 1909, 26 vols. 8vo.

IBN-KHURDÁDHBAH, see I, p.137.

IBN MUHALHIL, see I, p.139.

JARRIC, DU. See IV, p.170

JOHNSON, Francis. — *Dict. Persian, Arabic, and English*. 1852.

JOUR. ASIAT. — *Journal Asiatique.*

J.A.S.B. — *Journal of the Asiatic Society of Bengal.*

J.R.A.S. — *Journal of the Royal Asiatic Society.*

J.R.G.S.— *Journal of the Royal Geographical Society.*

KLAPROTH. — *Mémoires relatifs à l'Asie*. Paris, 1824-1825.

KLAPROTH. — *Tableaux Historiques de l'Asie*, etc. Paris, 1826.

KUNSTMANN, Prof. Friedrich, see II, p. 88.

LA PRIMAUDAIE, F. Elie de. — *Etudes sur le Commerce au Moyen Age*. Paris, 1848, 8vo.

LASSEN. — *Indische Alterthumskunde*. 1847-1862.

LE STRANGE, G. — *The Lands of the Caliphate*. Cambridge, 1905, 8vo.

LÉVI, Sylvain. — *Les missions de Wang Hiuen-ts'e dans l'Inde. (Journ. Asiatique,* 1900)

LINSCHOTEN. — *Hist. de la Navigation de Jean Hugues de Linschot, Hollandois*. 3$^{ième}$ éd. Amsterdam, 1638. Sometimes the Latin edition Hagae Com., 1599, fol.

LUDOLF. — *Historia Ethiopica*, Francof. a. M., 1681. *Commentarius*, etc., 1691, and Suppt. 1693.

McCRINDLE. J. W. — *The Christian Topography of Cosmas, an Egyptian Monk*. Lond., Hakluyt Soc., 1897, 8vo.

MA HUAN, see Geo. PHILLIPS in *J. R. A. S.*, 1895-1896.

MAJOR, R. H. — *India in the Fiffteenth Century*, see I, p. 266.

MANDEVILLE'S Travels, see *Early Travels in Palestine*.

MAR JABALAHA, see CHABOT.

MARQUART, J. — *Ibn Muhalhil*, see I, p. 139.

MARQUART, J. — *Éranšahr nach der Geographie des Ps. Moses Xorenac'i*, I, 1901, p. 206, 4to.

MARTINI. — *Martinii Atlas Sinensis*. In Blaeu's Atlas, vol. x, and in Thévenot's *Collection.*

MASPERO, Georges. — *Le Royaume de Champa*. Leide, 1914, 8vo.

MAS'UDI. —Maçoudi, *Les Prairies d'Or*, par C. Barbier de Meynard et Pavet de Courteille. Paris, 1861 *seqq*. See I, p.137.

MOOR'S *Notices of the Indian Archipelago*. Singapore, 1837.

MOSHEIM. — *Historia Tartarorum Ecclesiastica*. Helmstadi, 1741, 4to. The book is not by Mosheim, as the preface informs you; but written under his instructions by H. C. Paulsen.

OLLONE, Com$^t$ d'. — *Recherches sur les Musulmans chinois*. Paris, 1911, 8vo.

PALLADIUS. — *Elucidations of Marco Polo's Travels in North-China drawn from Chinese Sources*, in *Journ. North China Branch R. A. S.*, x, 1876, pp. 1-54.

PAOLINO, Fra. — di S. Bartolomeo, etc. — *Viaggio alle Indie Orientali*. Roma, 1796.

PAUTHIER. — *L'Inscrption Syro-Chinoise de Si-ngan-fou*, etc. Paris, 1858, 8vo.

PAUTHIER. — *De l'Authenticité de l'Inscription Nestorienne de Si-nganfou*, etc. Paris, 1857, 8vo.

PAUTHIER. — *Histoire des Relations Politiques de la Chine avec les Puissances Occidentales*. Paris, 1859, 8vo.

PELLIOT, Paul. — *Deux Itinéraires de Chine en Inde à la fin du XVIII$^e$ siècles*, Hanoi, 1904, 8vo.

PELLIOT, PAUL. — *Le Fou Nan*, in *Bul. Ecole Extrême-Orient*, Avril-Juin 1903.

PELLIOT, PAUL — *Chrétiens d'Asie centrale et d' Extrême-Orient* in *T'oung pao*, Dec. 1914, pp. 623-644.

PEREGRINATORES MEDII AEVI QUATUOR (Burchardus de Monte Sion, Ricoldus de Monte Crucis, [ Pseudo ] Odoricus de Foro Julii, Wibrandus de Oldenborg). Recensuit J. C. M. Laurent, Lipsiae, 1864, 4to.

PIGAFETTA. — *Il Primo Viaggio intorno del Mondo*. Milan, 1800.

PLANO CARPINI. — In tom. iv of the *Recueil de Voyages*, etc. (see D'Avezac). See Rockhill, Beazley and Pullé, I, pp. 156-7.

POLO, MARCO. the fourth edition of that by Hugh Murray, or Yule-Cordier's edition.

POLO, MARCO — PAUTHIER'S. — *Le Livre de Marco Polo*, par M. G. Pauthier. Paris, 1865, large 8vo.

POLO, MARCO. — Bürck's. Leipzig, 1845.

POLO, MARCO. — See BALDELLI.

PULLÉ, G. — *Pian del Carpine*, see I, p. 157.

QUATREMÈRE'S *Rashid*, see *Rashid*.

QUÉTIF and ECHARD. — *Scriptores Ordinis Praedicatorum*. Paris, 1719, 2vols. fol.

RADLOFF, W. — *Arbeiten der Orchon-Expedition*. — *Atlas der Alterthümer der Mongolei*, St. Petersburg, 1892, fol.

RASHID. — *Histoire des Mongols de la Perse*, par Raschid-el-din, traduite, etc., par M. Quatremère. Paris, 1836, fol.

RASHID. — *Relations des Voyages faits par les Arabes dans l'Inde et à la Chine*, etc. Paris, 1845.

RASHID. — *Relations politiques et commerciales de l'Empire Romain avec l'Asie Orientale*, etc. Paris, 1863, 8vo.

RELATIONS, etc. See REINAUD.

RÉMUSAT, Abel. — *Mélanges Asiatiques*, Paris, 1825; and *Nouveaux Mélanges Asiatiques*. Paris, 1829.

RITTER. — *Erdkunde*.

RITTER'S LECTURES. — *Gesch. der Erdkunde und der Entdeckungen... herausgegeben* von H. A. Daniel. Berlin, 1861.

ROCKHILL. W. W. — *Rubruck and Pian de Carpine*, see I, p. 156.

ROCKHILL. W. W. — Chau Ju-kua, see HIRTH.

RUBRUQUIS. In tom. iv of the *Recueil de Voyages*, etc. (see D'AVEZAC). See ROCKHILL. i, pp. 156-7 and BEAZLEY.

SAINT-MARTIN. — *Mémoires Historiques et Géographiques sur l'Arménie*, etc. Paris, 1818-1819, 2 vols. 8vo.

SAINT-MARTIN on LEBEAU. — *Hist. du Bas Empire* (with notes and correctons by Saint-Martin). Paris, 1828.

SCHEFER, Ch. — *Relations des Peuples musulmans avec les Chinois,* in *Centenaire de l'Ecole des Langues Orientales*, Paris, 1895, 4to.

SCHILTBERGER. — *Reisen des Johannes—aus München.* Von K. F. Neumann. München, 1859.

SCHMIDT, I. J. — *Geschichte der Ost-Mongolen*, etc., verfasst von Ssanang Sstzen Chungtaidschi. St. Petersburg, 1829.

SEMEDO, P. Alvaro. — *Relazione della Cina.* Roma, 1643.

SSANANG SSETZEN. See SCHMIDT.

STEIN, Sir Aurel. — *Ancient Khotan.* Oxford, 1907, 2 vols. 4to.

STEIN, Sir Aurel. — *Ruins of Desert Cathay.* Lond. 1912, 2 vols. 8vo.

TIMKOWSKI. — *Travels of the Russian Mission through Mongolia to China*, etc. London, 1827, 2 vols. 8vo.

TURNOUR. — *Epitome of the History of Ceylon*, etc., *and the first twenty chapters of the Mahawanso*, Ceylon, Cotta Ch. Mis. Press.

VAN DER LITH and MARCEL DEVIC. — *Livre des Merveilles de l' Inde, par le capitaine Bozorg.* Leide, 1883-1886, 4to.

VINCENZO MARIA. — *Viaggio all' Indie Orientali del P. F.* — di S. Caterina da Siena, etc. Roma, 1672.

WADDING. — *Annales Minorum*, etc. (History of the Franciscan Order), see II; p. 85

WANG HIUEN-TS'E, see Syvain LÉVI.

Yule, Sir Henry. — *The book of Ser Marco Polo...* Third ed. revised by H. CORDIER. Lond., 1903, 2 vols. 8vo.

Yule, Sir Henry. — *Hobson-Jobson. A Glossary of Colloquial Indian Words and Phrases.* New ed. by William CROOKE. Lond., 1903, 8vo.

# 索　引

（词条中页码为原书页码，即本书边码。）

## A

Abadan, 阿巴丹 86
Abaka, Khan of Persia, 波斯汗阿八哈 119, 120
Abasa, 阿巴萨 202
Abba Gregory, 阿巴·格里高里 222
Abbott, Col. James, 阿波特 243
Abdulmaliq, Khalif, 哈里发阿布杜尔马利克 49
Abdur Razzak, 阿布杜尔·拉扎克 87, 179, 271
Abragana, 阿布拉加纳 195
Abu Dulaf, 见 Ibn Muhalhil
Ab'ul Abbas, 阿蒲罗拔 92
Abu Jafar al Mansur, 阿布·贾法尔·曼苏尔 91, 92
Abulfaraj, Mahomed, 马哈迈德·阿布尔法拉吉 113
Abul Fazl, 阿布尔·法兹尔 74

Abulfeda, Notice of China, 阿布尔菲达，对中国的记载 145, 255—258
Abu Said, Arab, 阿拉伯人阿布·赛义德 104
Abu Zaid, Khan of Persia, 波斯汗阿布·赛义德 121
Abu Zaid of Siraf, 锡拉夫的阿布·赛义德 112, 125, 131, 132—135, 138, 197, 241
Abyssinia, 阿比西尼亚 218, 219, 220, 222
Acbatana, 埃克巴坦那 43；见 Ecbatana
Acesines, 阿塞辛 24
Achaia, 亚该亚 102
Achin, 阿钦 152
Acsu, 见 Aqsu
Aczum, 阿克苏姆 217
Adam（King Tsing），亚当（景净）108
Aden, 亚丁 87, 88, 217

Adua, 阿杜瓦 217

Adule, 阿杜里 25, 217—219, 227, 229, 230

Aelian, 阿艾莲 243

Aethiopes, 埃塞俄拜斯 195

Afganistan, 阿富汗斯坦 37, 154

Afrāciāb, 阿弗拉西阿布 9, 10, 60, 100

Agaos, 阿古 218

Aggabodhi III, 阿伽菩提三世 71

Aggabodhi VI, 阿伽菩提六世 72

Agisymba, 阿吉辛巴

Aguda, 阿骨达 148

Ahmed, Hagi, 哈吉·阿哈迈德 290

Ahmed, Khan of Persia, 波斯汗阿哈迈德 120

Ahmed, Shah, 阿哈迈德·沙 282, 283

Ai lao, 哀牢 161

Ain-Sindi, 艾因欣第 241

Akbar, 阿克巴 110, 197

Akcura Oghli, 阿舒拉兀谷利 140

Actag, 艾克塔 209

Aladagh, 阿拉塔 289

Alagakkonara, 阿罗伽拘那罗 76

Alai, pleteau, 阿赖高原 192

Ala-ku, Lake, 阿拉库尔湖 288, 289

Alamut, 阿拉木特 153

Alanashun, 阿罗那顺 69, 70

Alans, 阿兰人 119, 167, 212

Ala-tagh, 阿拉涛 288, 289

Ala Tau, 阿拉涛 288

Alaudin Musaüd, 阿拉乌丁·马思武德 78

Alawei, 阿啰尾 74

Albericus Trium Fontium, 芬提乌姆 149

Al-Biruni, 比鲁尼 22, 33, 74, 127, 149, 151, 241, 242, 254, 256

Aelana, 埃莱那 43

A-le-ko-nar, 亚烈苦奈儿 76

Alep, Aleppo, 阿勒颇 188

Alexander the Great, 亚历山大大帝 14, 31, 189, 193, 220

Alexandria, 亚历山大里亚 187, 216, 224, 254, 264

Alexius I, Emperor, 阿历克修一世皇帝 47, 57

Al-Hirah, 希拉 84

Ali, Khalif, 哈里发阿里 84, 246

Al- Jir, 吉尔 148

Al-Kharlokh, 葛逻禄 249

Al-Kufah, 库法 84

Al-Khawarnak, 哈瓦那克 83

Al-Maid, 阿尔梅德 136

Almaliq, Almalik Almaligh, 阿里麻里 154, 163, 171, 289

Almaty, 阿尔马第 288

Al-Niswy, 尼斯维 33, 256

Aloes, 沉香 227, 243, 253

Alopano, Alopeno（Olopen），阿罗本 109
A'los, 阿洛斯 272
Al-Ramni（Sumatra），苏门答腊 127
Altai, 阿尔泰 64, 205, 208, 209
Al-Ubullah, 奥博拉 84
Alvarez, 阿尔瓦莱斯 218
Al-Wakin, 阿尔瓦金 135
Amazons, 女人国 265
Ambastes, R., 阿姆巴斯特河 195
Amethyst, 紫晶 226
Amherst, Lord, 阿默斯特 134
Ammianus Marcellinus, 阿米阿努斯·马赛利努斯 15, 16, 21, 127, 203
Anan Jusus II, Patriarch, 哈南宁恕二世总主教 108
Andaman Islands, 安达曼群岛 127
Andijan, 俺的干 196, 286
Andrade, F. d', 安德拉德 180
Andronicus II, 安德洛尼古斯二世 120
Ankuah, 安古阿（新罗都城）131
An-hsi（Parthia），安息（帕提亚）23, 41, 43
Annam, 安南 4, 135
Annesley Bay, 安奈斯雷湾 217
Anniba, 安尼巴山 194, 135
Ansi chow, 安西州 117

Anthumusia, 鲜花博物馆 216
Antioch, 安条克 43, 44, 55, 158, 220, 234
Antiocheia, 安提奥基亚 216
Antu（Antioch），安都（安条克）43, 234
Antun, 安敦 51, 193
Anurajapura, 阿努拉达普拉 71, 227
Anville d', 丹维尔 24, 194
Aornos, 阿奥诺斯 243
A-bao-ki, 阿保机 147
Apo Kagan, 阿波可汗 206
Apollonia, 阿波罗尼亚 221
Apologos, 阿坡罗戈斯 84
A-Po-Lo-Pa, 阿蒲罗拔 92
A-po-cha-fo, 阿蒲恭拂 92
Aqsu, 阿克苏 40, 58, 62, 194, 251, 293
Arabia, 阿拉伯 83, 92, 102, 104, 126, 197, 199, 200, 221
Arabs, 阿拉伯人 48, 59, 61, 83, 89, 90, 97, 100, 151
Arakka, 阿拉卡 276
Aral, 咸海 210, 211, 247, 288
Arasht, 额尔沙特 247
Arbela, 阿尔白拉 119
Ardeshir, 阿尔达西尔 94
Argell, 阿吉尔 225
Argellion（Coco nut），椰子 225
Arghun Khan of Persia, 阿鲁浑汗 120,

166, 167, 208
Argutinsky, 阿古廷斯基 164
Aristotle, 亚里士多德 14, 198, 199
Arjasp, King of Tartary, 鞑靼王阿尔甲斯普 10
Armenia, 亚美尼亚 92, 94, 95, 101, 161, 163, 216
Armenian families of Chineses origin, 中国血统的亚美尼亚家 94
Armenians, 亚美尼亚人 20, 93, 94
Arnobius, 阿诺比乌斯 102, 104
Aromatic Cape（Guardafui）, 香料角（瓜达富伊角）212
Arpog, 阿尔坡格 94
Arramaniya, 阿拉曼尼亚 243
Arrian, 阿里安 145, 146, 189
Arsinoe, 阿尔辛诺 221
Arue Harisi（the Rhinoceros）, 阿鲁哈里西（犀牛）222
Asfiria, 阿斯菲里亚 143
Asia, 亚洲 221
Askhra, 阿斯克拉 143
Asoka, 阿育王 10
Aspacarae, 阿斯巴卡利国 195
Aspithra, 阿斯辟特拉河 143, 195, 196
As-Sadir, 阿斯萨第尔宫 83
Assam, 阿萨姆 79, 243, 253, 254
Assambei, Lord, 阿桑贝王 178
Assassins, 刺客派 153

Assemani, 阿塞马尼 26, 101, 103, 104, 108, 109, 121, 127
Assyria, 亚述 189 198
Astronomy in India and China, 印度和中国的天文学 2
Athanasius, St., 圣阿萨那修斯 212, 221
Athil, Atil, Attila, 阿提拉河 212, 245
Attock, Attok, 阿托克 74, 242
Augustus, 奥古斯都 18
Awliya-Ata, 奥利阿塔 60
Aureus, 奥赖乌斯 229
Auxacia mountains, 奥克萨西亚山 194, 195
Auxume, 阿克苏姆 213
Auxumites, 阿克苏姆人 213
Ava, 阿瓦 151, 177, 183, 243, 266
Avars, 阿瓦尔人 208
Avezac d', 达维扎克 152, 156
Avienus Rufus Festus, 阿维努斯·鲁弗斯·菲斯图斯 183, 201
A'wys Khan, 阿维斯汗 272
Axoum, Axum, 阿克苏姆 184, 216—220
A'yl, 阿义尔 272
Ayubite, Sultans, 阿尤布王朝苏丹 49
Azerbaidjan, 阿塞拜疆 119
Azov, 阿佐夫 179

## B

Baber, Sultan, 巴伯尔苏丹 210

Babylon, 巴比伦 34, 84, 216

Bachu Noian, 拜住那颜 163

Bactra, 巴克特拉 190, 192, 286

Bactria, 巴克特里亚 4, 16, 17, 183, 252

Bactriana, 巴克特里亚 36, 65, 183, 192, 194

Bactrians, 巴克特里亚人 104, 215, 220

Badakhshan, 巴达赫尚 36, 72, 191, 248, 286, 287

Badger, 巴杰 33, 124, 178, 255

Badhaghis, 帆延 205

Badjah, 巴佳 129, 244

Baghbugh, Baghbur, Baghbour (emperor of China), 巴格布尔(中国皇帝) 33, 141, 142, 143, 256; 见 Facfur

Baghdad, 巴格达 34, 42, 119-121, 153, 170, 262

Baghraj, 巴格拉吉 246

Bagh Shūrā, 巴格舒拉 140, 141

Baglana, 巴格拉那 242

Bagnak, 拔吉纳克 244, 245

Bahrain, Bahrein, 巴林 85

Bahram, 巴赫兰 115

Bahri, 巴赫里 230

Bahu V, 巴忽五世 76, 77; 见 Bhuw-aneka

Baikov, F., 费·白科夫 181

Bainiel, 白尼尔 119

Bajazet, 巴耶塞特 174

Bajnak (Pechinegs), 拔吉纳克(佩彻涅格人) 244, 246

Bakhtiyar Khilji, 巴哈第雅尔·赫尔吉 78, 79

Bakui, Arabian Geographer, 阿拉伯地理学家巴库伊 34

Balaam, 巴拉安 224

Balacacaghun, Balasaghun, Bala Sagun, 八拉沙衮 60

Balad-ul-Falfal, 胡椒国 226

Balbi, Gasparo, 加斯伯洛·巴尔比 81

Balhara, 巴尔哈拉 241, 243

Balkash, Balkhash, 巴尔喀什湖 288, 289

Balkh, 巴里黑 98, 108, 110, 123, 182, 190, 191, 205, 271, 286, 287

Ballabhipura, 巴拉希朴拉 241

Bamian, 帆延 98, 277

Bandan, 邦丹 176

Bandini, 班迪尼 123, 231

Banshoa, 班绍 132, 133

Barbary, 巴巴利 212, 213, 214, 217, 218

Barbosa, 巴博萨 86

Bar Kaliq, 巴·哈里克 119

# 索引

Barkul, Lake, 巴里坤湖 35, 39, 58
Baroch, 巴罗赫 87, 227
Baroghil, 婆勒川 61
Barta of Edessa, 艾德萨地方的帕尔塔 95
Barthold, 巴托尔德 60, 140
Bartholomew, Apostle, 使徒巴托罗缪 101
Bartholomew the Florentine, 佛罗伦萨人巴托罗缪 178
Barygaza, 婆卢羯车 183, 227, 230
Bashiar, 巴夏尔 143
Basra, Basrah, Bassorah, 巴士拉 84, 85, 137
Bassein, 勃生 177
Batae, 巴塔 195
Bat-da-lik, 波多力 54
Batharekak, Bathric, Bathrik, 波多力 54
Batu, 拔都 152, 154, 156, 158, 163, 208, 209, 289
Baudrand, 鲍德兰 182
Bautes, 包泰斯河 194, 203
Beazley, C. R., 贝兹雷 12, 15, 157, 214, 232
Belgian, Desert of, 比尔吉亚沙漠 259, 262
Bell, 皇帝或衙门口的铃铛 131
Bengal, 孟加拉 78—80, 124, 177, 184, 230
Bengala, 孟加拉 79, 124
Berberah, 柏培拉 217
Berenice, 贝雷尼斯 221
Bernard, 伯纳德 122
Besades, 比萨德人 185
Bethlehem, 伯利恒 44, 45, 162
Bhamo, 八莫 177
Bhuvaneka Bahu V, 布伐奈迦巴忽五世 76, 77
Bikan, 毕坎 285
Bilugtu, 比鲁格图 272
Birch, S., 伯奇 10
Bisades, 比萨德人 183, 184
Bishbaliq, 别失八里 163, 195
Black Clothes of N. China, 华北居民的黑衣 30, 31
Black Irtysh, 黑额尔齐斯河 59
Blagden, C.O., 布拉格登 129
Blemmyes, 布莱梅斯人 230
Blochet, E, 布罗歇 45
Boccaccio, 薄伽丘 173
Bochanos, 木杆 206
Boghra Khan, 布格拉汗 59, 60, 246
Bokhara, 布哈拉 23, 60, 71, 90, 101, 138, 139, 163, 181, 293, 296, 297
Bolor, 勃律 90, 98, 100, 150, 255
Bombay, 孟买 220, 220, 227, 254
Bonaparte, Prince Roland, 罗兰·波

拿巴亲王 166, 167
Borchara, 297；见 Bokhara
Bostra, 巴士拉 43
Braddell, 布拉德尔 124
Bramma, 布拉马 195
Breslau, 布雷斯劳 152
Bretschneider, E., 布列施乃德 98, 148, 164；关于阿拉伯人 48, 60, 62, 64, 87, 89, 91, 92, 131, 164, 248；关于唐代 89
Bribtsun, 墀尊 60
Brosset, 布罗塞 164
Brut the Trojan, 特洛耶人布鲁图 151
Buda, 布达城 122
Buddha, 佛陀 66, 67, 68, 76, 164, 278
Buddhism, 佛教传入中国, 66
Buddhist Monks, 佛教僧侣 295
Buddhist Monastery, 佛教寺院 202
Buddhist Pilgrims from China to India, 中国佛教徒到印度朝圣 74 以下
Buffalo, 水牛 223
Bulgarians, 保加尔人 221, 245, 246
Bull Stag, 牛形鹿 223
Bu Min, 布民 58
Burma, Burmah, 缅甸 53
Burnes, 伯乃斯 17, 250
Busbeck, Auger Gilsen, de, 布斯伯克 181, 274, 296, 298
Buscarel, 巴斯卡莱尔 167, 208

Byram, 贝兰 272
Byzantine History, passage of, in annal of China, 中国史书记载的拜占庭史片断 48
Byzantium, 拜占庭 44—45, 56, 59, 147, 188—190, 204—208, 211—212, 216

# C

Cabot, 卡博特 181
Caesar, 凯撒 199
Caffa, 卡法 293
Cailac, 盖剌克 287—289
Caktisimha, 撒克提辛哈 73
Calicut, 古里 78, 87
Cambalec, Cambalech, Cambaliech, Cambalu, Cambaluc (Khan baliq), 汗八里 172, 174, 175, 181, 265, 266, 269
Cambaleschia (Cambalec), 汗八里 175, 266
Cambay, 坎贝湾 86
Cabodia, 柬埔寨 66, 77, 128
Cameleopard, 长颈鹿 223
Camphor, 樟脑 244, 253, 267
Campion, 甘州 291, 293, 294, 296
Campsay, Camsay, Cansa, Cansai, Cansay, 行在 171, 172
Camul, 哈密 249, 293

Candragupta, 笈多 6, 73; 见 Chandraguota

Cangue, "刑具" 279

Canton, 广州 39, 51, 86, 88, 89, 92, 112, 135, 141, 173, 180, 256, 258

Capelang, 郎角 177

Cape Notion, 诺雄角 195

Cappadocia, 卡帕多西亚 221

Caracatai, 喀剌契丹人 287, 288

Carmania, 喀尔曼尼亚 199

Carpini, Plano, John of, 柏朗嘉宾 156, 163, 164, 208, 209, 288

Carus, emperor, 卡鲁斯皇帝 54

Casbin, 卡斯宾 239, 293

Caschar, 可失哈尔 162

Caspian Sea, 里海 20, 41, 54, 100, 105, 150, 153, 183, 187, 196

Caspian gate, 里海关 189, 190

Cassius, Avidius, 阿维迪乌斯·卡西乌斯 52

Cast Iron, Chinese, 中国铸铁 17

Cataracts, 大瀑布群 216

Cathay, Catay, Cathaia, 契丹 1, 34, 146, 156, 162, 182, 258, 260, 261, 263, 266, 269

Cattigara, 喀提卡拉 143, 188, 191, 193, 194, 195; 见 Kattigara

Caucasus, 高加索 152

Cauma, Rabban, 扫马·列班 116, 119, 121, 166

Central Asia, 中亚 63, 215

Ceos, 凯俄斯岛 198

Ceylon, 锡兰 67, 68, 70—72, 75—78, 86, 126, 127, 144, 176, 184, 199, 213—215, 226, 228, 253, 277

Chagatays, 察合台 33

Chagan Talas, 可汗塔拉 117

Chaggi Memet, 哈吉·马哈迈德 290, 294; 见 Hajji Mahomed

Chagatai, 察合台 33, 149, 153

Chai-Kitai, 契丹茶 292

Chalcondylas, Laonicus, 拉奥尼古斯·查尔康德拉 34, 250

Chalukyas, 查鲁基亚 243

Cham (Khan), 汗 149, 262, 263

Champa, 占婆（三福）8, 128, 129, 135, 138, 143, 193, 253, 254

Chan (Khan), 汗 235

Chan Cheng, 占城 78

Chandana, 檀香木 227

Chandragupta, 月爱 6, 68, 70, 73

Chandrapida, 真陀罗秘利 70

Ch'ang an, Ch'ang ngan, 长安 23, 30, 31, 31, 43, 61, 97, 106, 114, 116, 133, 237

Chang Chau, 漳州 122, 123

Chang Kien, 张骞 4, 37—39, 41, 51

Chang Tsuen, 常骏 68

Chang ye, 张掖 38

Chao, paper money of China, 钞，中国纸币 283

Chao Ju-kwa, 赵汝适 43, 85, 86, 136, 225, 233

Chao To, 赵陀 39

Character, Chinese, 中国文字 161, 259

Charles V, 查理五世皇帝 181, 274

Charles V, 法王查理五世 299

Chata, 契丹 162, 263；见 Cathay

Chau zhi, 螯屋 105

Chau Kung, 周公 8

Chavannes, Ed., 沙畹 37, 38, 41, 42, 44, 45, 50, 53, 55, 59, 64, 66, 75, 91, 106, 205, 206, 208, 209, 211, 248, 276

Chayscan, 九邑斯汗 264

Che-Kiang, 浙江 39, 136

Che-lu-ku (Ye Liu), 耶律直鲁古 148

Chen, 滇 4

Chen, 陈 30

Cheng Ho, 郑和 76, 77, 80

Cheng Tien, 承天（太后）148

Cheng ting fu, 正定府 278

Cheng Tu, 成都 65, 116, 139, 140

Ch'eng Wang, （周）成王 8, 10

*Cheng-yuan Sin-ting-shih-kiao-muh-luh*,《贞元新定释教目录》112

Ch'en Sung, 陈宋 70

Chen Tsung, （宋）神宗 56

Cheria, Cheriah, 哈烈 34

Chersonese, 黄金半岛 193

Chialis, 佳理斯城 293

Chichintalas, 支秦塔拉 117

*Chien Han Shu*,《前汉书》23, 149

Chilukhipalo, 遮娄其拔罗婆 70

Chimia, Simia, Limia, 炼金术、引情术、幻术 296

*China Review*,《中国评论》9, 48, 78, 142

Chinas, 支那斯 2, 6

Chin Chau, Chin Ceo, 泉州 169, 173；见 Tsiuen Chau 和 Zaitun

Chinghis Khan, 成吉思汗 33, 60, 115, 148—150, 155, 157, 170, 276

Chingleput, 钦格尔普特 81

Chinistan, 秦尼斯坦 28, 93

Chinkalan, 秦喀兰 172

Chin Kiang, 镇江 118

*Chin Shu*,《晋书》54

*Chi shun Chin-kiang chi*,《至顺镇江志》118

Chosroes, 库斯老 29

*Chou Shu*,《周书》149

Christianity, Nestorian, 景教 101 以下；在索科特拉 123, 226；在印度支那的遗迹 123

Christians in China, 中国的基督教

徒 89, 104, 102 以下, 163, 177, 235—241
Chryse, 金国 183
Chu, River, 楚河 60, 288, 289
Chul, 朱耳 286
Chu-mi-to, 拘谜陀 192
Chu pu, 竹步国 87
Churches, Catholic, in Cathay, 契丹的天主教教堂 169
Chu Ying, 朱应 66
Chu Yun-ming, 祝允明 78
Ciladitya, 尸罗逸多 68, 69, 70
Cilicia, 西里西亚 161, 163, 221
Cina, 秦那 6
Cinandjket, 希南吉克特 140
Cinnamonum, 肉桂 185
Cinnamon, 肉桂 264
Cipangu, 日本国 180
Claudius, 克劳狄乌斯 198
Clavijo, Ruy Gonzalez de, 克拉维约 33, 173, 174, 177, 178, 211, 264, 283, 293
Clove Country, 丁香国 226, 228
Columbus, Chrit., 哥伦布 179
Comedae, Comedi, 科迈第 190, 192
Commercial intercourse of Europe with Chian and India in 14th Century, 14世纪欧洲与中国和印度的商贸交往 170

Comnen, John, 约翰·科穆宁 245
Comorin Cape, 科摩林角 213
Constantine Ducas, 君士坦丁·杜卡斯 247
Constantine the Great, 君士坦丁大帝 229
Constantine Porphyrogenitus, 君士坦丁七世 212, 244, 245
Constantinople, 君士坦丁堡 44, 47, 115, 120, 274, 293
Conti, Nicolo, 尼科罗·康蒂 87, 124, 151, 174—178, 266, 268
Corassam, 呼罗珊 293, 295
Corea, 朝鲜 118, 131, 135—137, 148, 177, 257
Coromandel, 科罗曼德尔 81
Cory, Cape, 科里角 191
Cos, 科斯岛 14, 98, 199
Cosmas Indicopleustes, 科斯马斯 12, 24—28, 86, 104, 107, 176, 212, 213, 219—226, 231, 253
Cosmi, 考斯米 159
Council of Lyons, 里昂会议 154
Courteille, Pavet de, 考提勒 84
Cranganor, 克兰加努尔 82, 237
Crassus, 克拉苏 18
Crawfurd, 克劳福德 128, 185
Crim-Tartars, 克里木鞑靼人 283
Crooke, William, 威廉·克鲁克 5

Ctesias, 克特西阿斯 14, 224
Ctesiphon, 泰西丰 43, 120, 216
Cunningham, Gen. A., 坎宁安将军 74, 191, 192
Curzon, 柯曾 145, 190
Cuvier, 库维尔 199
Cyollos Kagan, 赤奥劳斯可汗 117
Cyprus, 塞浦路斯 168, 169
Cyrenaica, 昔兰尼加 221
Cyrene, 昔兰尼 221

### D

Dabag, 达巴格 127
Dabil, 达比尔 255
Dacca, 达卡 243
Daikh（Iaik）, 达伊赫 212
Daiming Khan, 大明汗 291
Daitu（Peking）, 大都（北京）93
Dajis（Ta Jen）, 大人 273
Dalmatians, 达尔马提亚人 221
Damascua（Damascus）, 大马士革 43
Damghan, 达姆干 189, 190, 293
Damnae, 达姆奈国 195
Dangchi, 大臣 273
Danibeg, 丹尼伯格 71
Daniel, Prophet, 预言者但以理 27
Danube, 多瑙河 245
Darasun, darassun, 米酒 209, 276

Darkot, 坦驹岭 61
Dark Sea, 暗海 247
Datopiatissa, 达多优婆帝沙 70
Daxata, 达克萨塔 195
Deguignes, 德经 3, 20, 21, 30, 32, 42, 52, 53, 56, 57, 65, 72, 86, 88, 89, 91, 92, 94—96, 104, 125, 140, 194, 205, 206, 208, 210, 247
Demirlan, 帖木儿兰 297；见 Tamerlane
Denha, 邓哈 119
Derbend, Pass of, 德尔本特关口 163
Desideri, 德西德里 71
Diaz, Em., 阳玛诺 106
Diedo, Nicolas, 尼古拉·迪艾多 270
Diu, 提飓国 86
Diul, 第乌尔 86, 227
Dizabul, Dizabulus, 室点密 59, 205, 206, 207, 209, 210, 211
Dnieper, 第聂伯河 245
Dniester, 德涅斯特河 245
Dolphin, 海豚 225
Don, 顿河 158
Drinking habits of the ancient Turks, 突厥人的饮宴习惯 209
Drum at Emperor's Gate, 皇帝门前的鼓 131
Druzes, 德鲁兹教派 101
Du Halde, 杜哈尔德 159, 298

Dumb trade, 哑市贸易 193, 200, 202, 218—219

Duson, 督厅 276

Dutreuil, de Rhins, 达特莱威尔·德莱茵斯 4

Dzungaria, 准噶尔 154, 163

### E

Earth, Length and breadth of Inhabited, 有人居住大地的长宽度 215 以下

Eastern Bengal, 东孟加拉 243

Eastern Turkestan, 新疆地区 247

Ecbatana, 埃克巴坦那 189

Ektag (Altaï), 艾克塔山（阿尔泰山）209

Edrisi, 埃德里西 22, 31, 71, 86, 87, 99, 114, 127, 129, 130, 131, 135, 141, 143, 144, 152, 214, 230, 242, 243, 247—249, 253, 254, 256

Edward I, 英王爱德华一世 167

Egypt, 埃及, 102, 202, 216, 217, 220, 224

Elamites, 伊拉姆人 220

Elburz, 厄尔布尔士 189

Elephants, 大象 230, 231, 243

Embassies from Roman Empire to China, 罗马帝国遣往中国的使团 51 以下

Embassies from Byzantium to Turkish khagans, 拜占庭遣往突厥汗的使团 205 以下

Embassies from Shah Rukh to Peking, 沙哈鲁遣使北京 179, 271 以下

Emodon, 伊模敦山 203

Empoli, Giovanni d', 乔万尼·德恩波利 124

Ephthalites or White Huns, 呎哒即白匈奴 58, 59, 205, 207, 229；见 Hephthalites

Epirus, 伊庇鲁斯 102

Equius of Rubruquis, 鲁布鲁克记载的额乞乌思 272, 287, 288

Eratosthenes, 埃拉托斯特涅斯 11

Erythaean Sea, 厄立特里亚海 11, 13, 183, 202, 212, 216, 254

Escandel, Mathew, 马修·艾斯堪德尔 122

Essfahan, 亦思法罕 286

Ethaguri, 艾塔古里 195

Ethiopia, 埃塞俄比亚 187, 212, 217, 218, 220, 223, 224, 227, 230, 231

Euphrates, 幼发拉底河 84, 86, 87, 188, 189

Europe, invaded by Tartars, 蒙古人入侵欧洲 152

### F

Facfur, Faghfur, 法格布尔 33, 94, 41,

256；见 Baghbugh
Fa Hian, 法显 42, 67, 74, 75
Fahri, 法赫里 253
Fakhar-ul-din, 法哈鲁丁 273
Fan Cheng-ta, 范成大 75
Farghana, 费尔干纳 18—20, 36—38, 90, 98, 191, 192, 249
Fars, 法尔斯 , 99
Ferdusi, 费尔杜西 9, 151
Feridun, 费里丹 9
Feringees, 费林吉斯 9
Ferrand, Gab., 费琅 2, 11, 88, 127, 128, 129, 139, 141, 244, 245—255, 257
Finns, 芬族人 245
Firishta, 费理胥塔 78, 79
Five Dynasties, 五代 114
Flanders, 佛兰德尔 158
Florence 佛罗伦萨 123
Florus, 弗劳鲁斯 18
Fo lin (Fulin), 拂菻 97
Fonteghi, 方特吉 270
Fortunate Islands, 福运群岛 188, 191
Franciscan Monks, 方济各修士 169
Franks, 佛郎机 221, 293
Freytag, 弗雷塔 20
Frumentius, 弗鲁门提乌斯 217
Fu chou, 福州 175, 257
Fu Kien, 福建 39, 122, 136

Fu Nan, 扶南 8, 66, 193

## G

Gades, 伽第斯 212, 216, 221
Gaitros, 盖特洛斯河 14
Galatians, 加拉太人 102
Galle, 加勒 77, 226, 253
Gama, de, 达伽马 179
Gandhara, 健驮逻国 69, 74, 242
Ganges, 恒河 69, 142, 176, 177, 183, 194, 195, 203
Garamaeans, 加腊梅人 189
Garamantes, 加腊曼特 188, 220
Garcia da Horta, 迦西亚·达霍塔 184, 185, 225
Gardezi, Abū Said Abd al-Haiy Ibn Duhak, 伊本·杜哈克·伽尔德兹 140
Gaubil, 高比尔 82
Gauze, 丝纱 143, 197
Genoa, 热那亚 120, 171
Ghaiassuddin Nakkash, 盖耶苏丁·纳卡什 179, 271
Gibbon, 吉本 29, 32, 46, 47, 49, 84
Giles, H. A., 翟理斯 5
Gilgit, 娑夷水
Ginger, 生姜 264、
Giraffe, 长颈鹿 223
Girgenti, 吉尔金提 241

Goës, Benedict, 鄂本笃 49, 181, 182, 242, 250, 272, 273, 275, 276, 289, 291, 293
Gog, 高格 151, 255
Golden Gate of Byzantium, 拜占庭的金门 47
Golden Land, 金国 183
Golden Mountain, 金山 209
Gollas, 高拉斯 229
Gorahkpur, 戈拉克普尔 68
Gordyene, 戈尔第耶 93
Gozart, 戈扎尔特 119
Great Wall, 长城 38, 58, 165, 175, 252, 274
Greeks, 希腊人 221
Grenard, 格勒纳尔 60, 106
Grunwedel, 格伦威德尔 63
Guardafui, 瓜达富伊角 212
Guebers, 祆教徒 112
Guiwarguis, Mar, 马·圭瓦吉斯 119
Gujarat, 古吉拉特 127, 228, 241, 242, 254
Gurkhan, 古尔汗 149
Gushtasp, 古施塔斯普 10

## H

Hall, Robert, 罗伯特·霍尔 27
Halma, Abbe, 阿贝·哈尔马 190
Hamath, 哈马特 257
Hami, 哈密 40, 58
Hamilton, Alex., 汉密尔顿 129
Han, 汉朝 4, 5, 7, 41, 42, 51, 57, 58, 60, 95, 114, 234
Hang chau, 杭州 89, 136, 142, 150, 171, 173, 175, 236, 240, 256, 258
Hanoi, 河内 4, 52, 193
Harkand, Sea of, 哈尔康特海 127
Harsa Ciladitya, 尸罗逸多王 69
Hartmann, 哈特曼 31, 83, 137, 141, 257, 258
Harun Al Rashid, 哈伦·拉施德 92
Hatthadatha, 诃多达多 70
*Hau Han Shu*,《后汉书》8, 23, 41, 50, 52, 53
Havret, H., 夏鸣雷 105—109
Hayton, Hethum, I, 小亚美尼亚国王海屯 161, 163, 164, 195, 289
Hayton, the History, 历史家海屯 118, 162, 164, 168, 169, 178, 258
Hazaras, 哈扎拉斯人 250
Hazlakh, 哈兹拉克 249
Hecatompylos, 赫卡桐皮洛斯 23, 43, 189, 190
Hemodus, 海模杜山 194, 195
Heraclius, 希拉克略 54
Herat, 哈烈 34, 103, 104, 123, 189, 190, 205, 271, 286, 287, 293
Herodotus, 希罗多德 22, 151, 213

Heroopolitan, 赫罗波里坦 221
Heruli, 赫鲁里 221
Hezekiah, 赫齐基亚 27
Hie-Li Qagan, 颉利可汗 62
H'ien Ye-liu, 耶律贤 147
Hierapolis, 希拉波力斯城 188, 189
Himalaya, 喜马拉雅山 184, 185, 224
Hindu Kush, 兴都库什山 98, 230, 250
Hiong nu, 匈奴 7, 35—40, 60, 64, 65
Hira, 希拉 43, 83, 84
Hirth, Fried., 夏德 18, 19, 23, 41, 42—46, 48, 52, 54, 55, 57, 109, 197, 199, 233
Hissar, 希撒尔 286
Hissar Shaduman, 希撒尔沙都曼 286
Hi Tsung, （唐）僖宗 133
Hiuan Tsung, （唐）玄宗 63, 105, 258
Ho Ti, 和帝 23
Hog stag, 野猪 224
Ho K'iu-ping, 霍去病 38
Holm, Frits V., 霍尔姆 106
Hong Wu, 洪武 57
Hormuz, 霍尔木兹 85—87, 144, 171,
Hou Shu, 后蜀 140
Hou Tang, 后唐 140
Hsing-hsing, 猩猩 161
*Hsing-cha Sheng-lan*, 《星槎胜览》 161

*Hua Yang kuo chih*, 《华阳国志》 161
Huluku, 旭烈兀 153, 272, 288, 289
Hungary, 匈牙利 122
Hung Ki, Ye-liu, 耶律洪基 147
Huns, 匈奴 104, 215, 220, 244
Husnabad, 美人城 278, 285
Hwang Chao, 黄巢 133
Hwang Ho, 黄河 278, 285
Hwang Ti, 黄帝 7, 8, 149
Huan Ti, 桓帝 51, 52, 66
Hyacinth stone, 红锆石 226, 228
Hyrcania, 希尔坎尼亚 34, 190
Hyrcanian Sea, 希尔坎尼亚海 187, 213

# I

Iaik（Daikh）, 达伊赫 212, 245
Iascot, 亚斯考特 159
Iberia, 伊比利亚 216
Ibn Batuta, 伊本·白图泰 44, 75, 80, 82, 131, 135, 143, 151, 173, 177, 226—228, 242, 253, 254, 257, 258, 272, 277, 282, 289, 296
Ibn El Wardi, 瓦尔第 87, 247
Ibn Haukal, 伊本·豪加尔 20, 86, 245
Ibn Khurdadhbah, 伊本·胡尔达兹巴赫 18, 127, 135, 137, 225, 243, 247, 256
Ibn Muhalhil, 伊本·穆哈利尔 101,

138, 242, 244, 250, 253, 254, 255
Ibn Rosteh, 伊本·鲁世德 137
Ibn Wahab of Basra, 巴士拉的伊本·瓦哈布 133
Ibrahim Sultan, Mirza, 米尔扎·亦布拉辛算端 273
Ichthyophagi, 伊塞奥法吉 195
Idbuzid, 耶质蒲吉 108, 110
Iescilbas, 耶斯尔巴斯人 293, 295
Ilek Khan, 伊尔克汗 60, 148
Ili, 伊犁河 33, 35, 37, 38, 40, 164, 171, 248, 272, 288, 289
Ilibaliq, 亦剌巴里 163, 164
Il Khan, 伊利可汗 149
Illyrians, 伊利里安人 221
Imaus, 伊穆斯山 16, 190, 192, 194, 286
India, 印度 6, 37, 151, 215, 227, 263
India and China trade in Pliny's time, 普林尼时代的中印贸易 200
Indo-China, 印度支那 143
Indo-Scythians, 印度—斯基泰人 36
Ingtien, 应天府 175
Innocent IV, 教皇英诺森四世 154, 156
Irawadi, 伊洛瓦底江 176, 177
Irkhan, 依儿汗 248
Iron of Seres, 中国铁（赛里斯铁）17, 254

Isaiah, 以赛亚 3, 10
Ismaelians, 伊斯玛仪派 153
Ispahan, 伊斯法罕 182
Israel, 以色列 224
Issedon Serica, 伊塞顿赛里卡 195
Issik Kul, 伊塞克湖 36, 60, 272
Istämi, 室点密 58
Iuvernia, 优沃尼亚 189

## J

Jacobi, Hermann, 赫尔曼·雅各比 6
Jalaludin, 贾拉鲁丁 33, 80
Java, 爪哇 77, 124, 128, 275
Jaxartes, 药杀河 23, 34, 37, 61, 191, 211
Jazirah on the Tigris, 底格里斯河畔的贾齐拉 199
Jelu, Valley, 耶路河谷 114
Jenasdan (China), 哲那斯丹（中国）93
Jenkinson Anthony, 安东尼·金肯森 181
Jenpagur, 金巴古尔 93
Jenpakuriani, 金巴古里亚尼 94
Jerome of Ascoli, 阿斯科利地方的枢机主教哲罗姆 120
Jerusalem, 耶路撒冷 119, 252, 263
Jesuit Missions in China, 中国境内的耶稣会使团 121

Jews, 犹太人 112, 222
Jibal, 吉巴尔 135
Jih-nan, 日南 3—6, 51, 193, 234
Jihun, R., 季浑河 247
Jikil, 吉克尔 245, 246
Jirun, 给伦 85
John de Cora, 约翰·戴科拉 169
John of Montecorvino, 约翰·孟高维诺 52, 118, 122, 169, 170, 299
Johnson, F., *Persian Dict.*, 约翰逊《波斯字典》20, 141, 185, 253, 292
John, Winter, 温特·约翰 175, 176, 177
Jor, an Indian King, 印度国王焦尔 242
Jordanus, Friar, 乔达努斯修士 82, 170, 171, 213, 227
Jorjan, 约延 190
Jo-shui, 弱水 235
Juan Juan, 柔然 58, 59, 149, 205, 208
Julian Stanisla, 儒莲 10, 18, 23, 65, 68, 69, 71, 72—75, 107, 295, 298
Jurga, 朱尔加 281
Jurz, 朱尔斯 241, 242, 243
Justinian, 查士丁尼 24, 49, 55, 203, 204

# K

Kaan, Kan, Khan, Khakan, Khagan, 可汗 149
Kaber, 卡伯尔 228

Kabul, 迦布罗 98, 230, 242, 254, 281
Kadranj, Kairanj, Herenj, 卡得兰吉 128, 244
Kafirs, 卡菲尔族 242
Kafur, 喀富尔 253
Kaibars, 凯巴尔 283
Kai fung, 开封 114, 156
Kai Hwang, 开皇 88
Kai Khusru (Cyrus), 凯库斯老（居鲁士）9, 10
Kalah Bar, 卡拉巴尔 127, 253
Kalatin-bin-ul Shakhir, 沙黑尔 138, 140
Kalib, 卡利布 251
Kalliana, Kalliani, Kalliena, Kalyani, 卡利亚那 210, 220, 227, 230, 243, 253, 254
Kalmaks, Kalmuks, 卡尔梅克人 246, 281
Kaman, 卡曼人 243
Kamchau, Kamchu, 甘州 276, 277
Kamrun, 喀姆岚 243, 253
Kamul, Kamil, 哈密 73, 140, 273, 281
Kanauj, 曲女城 69, 74, 90, 241
Kandahar, 坎大哈 74, 98, 242
Kangar, 康加尔河 272
Kang Chu, 康居 23
Kangli, 康格里 210, 287
Kang Tai, 康泰 66

Kan Su, 甘肃 35, 61, 64, 106, 278

Kantu, 康都 136, 137

Kan Ying, 甘英 18, 41, 50, 51

Kao chang, 高昌 64, 247, 248

Kao li (Corea), 高丽 257, 258

Kao Tsung, （唐）高宗 97, 110

Kapila, 迦毗黎 68

Karakhoja, 喀喇和卓（哈拉和卓、哈剌和卓等） 140, 272, 281

Karakorum, 喀喇和林 116, 156, 158, 159, 163, 288, 289

Karakorum Pass, 喀喇和林关 71

Karamoran, Karamuran, 卡拉穆兰 278, 286

Karashahr, 焉耆 7, 40, 58, 62, 64, 73

Karategin, 喀剌特金 190—192

Karaul, 喀拉兀耳 175, 274, 287

Kashgar, 喀什噶尔 36, 40, 60—62, 71—72, 90, 99, 119, 123, 143, 191, 192, 194, 286, 287

Kashishá, 祭司 108

Kasturi, 喀斯杜里 224

Kattigara, 喀提卡拉 4, 5, 143, 188, 191, 193—195

Kaulam, 柯蓝 80, 253

*Kautiliya*,《政事论》6

Kelantan, 克兰丹 82

Kerait, 克烈部 116, 178

Khaighun, 开衮 143

Khaju, 卡州 255, 258

Khamdan, 库姆丹 31, 140, 141, 256, 258

Khanbaliq, 汗八里 119, 149, 153, 169, 170, 258, 275, 278, 280, 285

Khanfu, 广府 104, 112, 129, 132, 133—136, 142, 143, 256, 257, 258

Khansa, 翰萨 89, 256—258

Khatiyan, 卡梯延 250

Khazars, 可萨人 20, 99, 245

Khingan Mountains, 兴安岭 146

Khirkhiz, 吉尔吉斯 248

Khizilji Turks, 克兹尔吉突厥 143, 247, 249

Khorasan, 呼罗珊 98, 99, 102, 119, 134, 163, 244, 246—248, 251, 252, 286

Khosru Naoshirwan, 库斯老·努细尔汪 59, 95, 206

Khotan, 和阗 24, 40, 58, 62, 73, 119, 141, 146, 191, 205, 246, 250, 251, 286, 287

Khumdan, 库姆丹 31, 108, 133, 142, 143

Khuttan, 6, 见 Khotan

Khwarizm, 花剌子模 90, 99, 154, 256

Kiang, 长江 30, 65, 150, 177

Kiang Su, 江苏 121

Kiao chi, 交趾 4—6, 8, 18, 51, 52, 193
Kien Kang, 建康（南京）139—140
Kien wei, 犍为 65
Kiev, 基辅 157
Kimak, 吉马克 246, 247
Kin, 金朝 147, 148, 150, 254
Kipchak, 钦察 149, 154, 167, 210, 245
Kircher, Athansasius, 阿萨内修斯·基尔舍 106, 182
Kirghiz, 點戛斯 64, 210, 248, 249
Kish, 基什 85, 144, 146
Ki'tan, 契丹 17, 147, 148, 247, 288
Kiuhoto, 居和多 95
*Kiu Tang Shu*,《旧唐书》48, 55
Klysma, 克利斯马 221
Komedi, 科迈第 191, 192
Kotow, 叩头 90, 91
Kublai Khan, 忽必烈汗 65, 82, 110, 134, 141, 149, 153, 167
Kucha, 库车 35, 40, 58, 61, 64, 73, 141, 248, 251
Kufa, 库法 83, 84
Kun lun, 昆仑 219
Kurdistan, 库尔德斯坦 114
Kushan, 贵霜 247, 248
Kuyuk Khan, 贵由汗 149, 157, 161, 209, 289
Kwang chau (Canton), 广州 86, 89, 256

# L

Lamghan, 岚婆 74
Lanka, 兰卡 226
Lan She, 蓝氏城 36, 37
Lassen, 拉森 3, 13, 16, 18, 25, 41, 69, 70 73, 74, 128, 184, 185, 195, 205, 220, 224, 226, 227, 229, 241—243
Latous, 拉图斯 198
Laufer, B., 劳费尔 6
Laulan, 楼兰 39
Layard, 莱亚尔 114, 115
*Leang Shu*,《梁书》66
Leao, Dynasty, 辽朝 7, 60, 147, 148
Lebeau, 勒博 49, 54, 210
Le Coq, von, 勒柯克 36, 63
Leo the Isaurian, 伊苏里亚人利奥 55, 56
Lhasa, 拉萨 61, 71
Libya, 利比亚 187, 220
Liegnitz, 列格尼兹 152
Lighthouse in the Persian Gulf, 波斯湾的灯塔 86
Li I-piao, 李义表 69
Li-kan, 犁靬 23, 41
Li Kwang-li, 李广利 38, 39
Li Ling, 李陵 39, 64
Lob Nor, 罗布泊 40, 58
Ludolf, 鲁道夫 222

Lukin, 鲁金 129, 135, 143

## M

McCrindle, J. W., 麦克林德尔 25, 27, 212—219, 221—213, 226, 228—232

Macedonia, 马其顿 102, 247

Machin, Mahachin, 马秦 9, 34, 68, 73, 78, 121, 150, 151, 177, 179, 281

Madagascar, 马达加斯加 138, 167

Maes Titianus, 梅斯·蒂蒂亚奴斯 188, 191, 192

Magadha, 摩揭陀 67—69, 74

Magians xian, 袄教徒 112

Magog, 马高格 151, 255

Mahanaama, Raja, 刹利摩诃南 67

Mahapadma, 摩诃巴摩 73

*Mahavamsa*, 《大史》67

Mahmud Sabaktagin, 马哈穆德·萨哈塔勤 242

Mahomed, Sultan of Khwarizm, 花剌子模苏丹马哈迈德 33

Mahomed Bakhtiyar Khilji, 马哈迈德·巴哈第雅尔·赫尔吉 78, 79

Mahomed Tughlak, 马哈迈德·图格拉 75, 79

Ma Huan, 马欢 76, 77, 79, 87

Major, R. H., 梅杰 124, 125, 127, 144, 176, 266

Malabar (Minibar, Mulebar), 马拉巴尔 80, 86—88, 127, 171, 185, 220, 225, 226, 228, 253

Malacca, 马六甲 127, 180, 215, 253

Malaya, 马来亚 214

Malay Islands, 马来群岛 128

Malay Peninsula, 马来半岛 78, 128, 253

Maldive Islands, 马尔代夫群岛 127, 214, 226

Male (Malabar), 没来国（马拉巴尔）86, 220, 227, 228, 230

Malik, Bakhshi, 巴克什·马利克 282, 283

Malik Yuzbek, 马利克·裕兹柏克 79

Mambroni Cini, 曼布罗尼希尼 292

Mamigonians, 马米戈尼 94

Mandal Kamruni, 曼达尔喀姆鲁尼 253

Mandeville, 曼德维尔 171, 221

Mandurafin, 曼杜拉芬城 254

Mangalore, 曼加洛尔 220, 228

Mangaruth, 门格鲁瑟 228

Mangi, Manzi, Manci, "蛮子" 146, 150—152, 172

Mango Khan, 蒙哥 149, 153, 160, 161, 163, 210, 240, 248, 288

Mani, 摩尼 62, 248

Maniakh, 马尼亚克 206—208, 210,

211
Manichaeans, 摩尼教徒 64, 248
Manichaeism, 摩尼教 62, 63
Manjucri, 曼殊室利 73, 112
*Manu*,《摩奴法典》2
Maragha, 马拉加 119, 121
Marallo, 马拉洛 228
Marava, Marawar, 马拉瓦 228
Marcianus of Heraclea, 马希阿努斯·赫拉克利亚 12, 13, 195
Marcos, Rasbban, 列班·马忽思 119, 120
Margiana Antiochia, 极边的安条基亚 190
Marignolli, John de, 约翰·马黎诺利 80—82, 117, 119, 123, 170, 213
Marinus of Tyre, 推罗的马林努斯 11, 19, 187, 188, 190, 192, 194
Marrah, 码拉 283
Marsden, 马斯登 165
Martaban, 马达班 124, 177, 143
Martinez, Fernando, 费南德·马丁斯 178, 266, 267
Martini, Mart., 卫匡国 6, 122, 123, 159, 175, 182, 291
Marv, 木鹿 97, 102—104, 123, 190
Marv-ar-Rūd, 小木鹿 102
Marv-ash-Shāhijān, 大木鹿 102
Masin (Mahachin), 马秦 121, 127, 151

Mas'ūdī, 马苏第 31, 33, 43, 44, 47, 83, 84—86, 90, 96, 97, 126, 127, 136—138, 230, 241—243, 245, 247—249, 251
Ma Twan-lin, 马端临 57, 161, 199, 200
Maurice, Emperor, 毛里斯皇帝 29, 30, 34, 115
Mauro, Fra, 弗拉·毛罗 142, 151, 176, 177
Maury, Alfred, 莫里 127, 128, 253
Mazandaran, 马赞德兰 100, 163, 275
Mecca, Mecha, 麦加 131, 246
Medes, 米底人 102, 206
Media, 米底 135, 189
Mekke, 246; 见 Mecca
Mekong, 湄公河 128
Mela Pomponius, 梅拉 1, 15, 16, 196, 197
Menander, 弥南德 23, 46, 96, 149, 205, 206, 274
Meng Chang, 孟昶 140
Meshed, 迈谢德 189
Mesopotamia, 美索不达米亚 83, 84, 102, 189, 220, 225, 226, 252
Meyendorff, 梅因道夫 34, 71
Michael Ducas, 米哈伊力·杜卡斯 56
Mie-li-I-ling-kai-sa, 灭力伊灵改撒 44,

56

Miliaresion, 米列雷什 44, 229

Min, R., 闽江 77, 175

Ming, 明朝 73, 76, 79, 87, 131, 175, 179, 237, 268, 271, 274

Ming Ti, （汉）明帝 66

Min Yue, 闽越 39

Mirza Baisangar, 米尔扎·贝孙勿儿 271

Mirza Olugh Beg, 米尔扎·兀鲁伯 271

Mithras, 太阳神 27

Mitridanes, 米特里丹尼 173

Miyako, 宫古 131

Moawiyah, 摩阿维亚 44, 8, 50

Moho chintan, 摩诃震旦 68

Mokan, Khan, 木杆可汗 205, 206

Molai (Male), 没来 86

Mongol Conquests, 蒙古征服 148 以下, 172

Mongol Khans, 蒙古诸汗 166

Mongolia, 蒙古 200, 86

Mo-ni, 摩尼 62, 63

Montecroce, Ricold, 里科尔德·孟特克洛思 155, 170

Montfaucon, 蒙特福康 25, 27, 212—216, 218, 219, 227, 228, 230, 231

Moses of Chorene, 摩西 93, 94, 159

Mosul, 摩苏尔 119, 189

Muhammad Bakhshi, 穆哈默德·巴哈失 271

Mu ku tu su, 木骨都束 87；见 Magadoxo

Muller, C., 穆勒 11, 13, 14, 17, 183—185, 201, 205, 212, 217, 219

Multan, 慕尔坦 254

Mujah, 穆加国 244

Musk, 麝香 224, 227, 248, 251, 264

Mutammid, 穆塔米 135

*Mu Tien tze chuan*,《穆天子传》9

Mysore, 迈所人 243

# N

Naband, 纳班德 84

Nabannae, 纳巴奈人 195

Nadjaf, 纳杰夫 83

Naimans, 乃蛮 148, 195, 287

Nalopatana, 纳罗帕塔纳 228

Nan chao, 南诏 61

Nangias, Nangkiass (Southern China), 南家子（中国南方）34, 150

Nan King, 南京 18, 30, 67, 76, 78, 93, 122, 123, 175, 278

Nante, 难陀 67

Nasri Bin Ahmed Bin Ismail, 伊斯梅尔汗 138

Na-tu-lu, 讷都陆 206

Negapatam, 讷迦帕塔姆 81

Neigebauer, 内格保尔 176
Nemnai, Nemtai, Nemptai, 南台 175, 266
Nepal, 尼婆罗 60, 69, 73
Nestorians, 聂斯托里派信徒 44, 101, 116, 119, 121, 122
Nestorian Envoy to the Pope in 15th century, 15 世纪派往教皇的聂派教徒 177
Nestorios, Mar, 马·聂斯托利奥斯 110
Nestorius, 聂斯托里 102
Neumann, 纽曼 31, 107, 141
Ngan si, 安西 61, 63, 140
Ngan Ti, 安帝 57
Nicholas IV, Pope, 教皇尼古拉四世 120, 166
Nicholas Comanus, 尼古拉斯·科曼努斯 57
Nicobar Islands, 尼科巴群岛 127
Nikitin, A., 阿·尼基丁
Nile, 尼罗河 10, 202, 219
Nine Oguz, 九姓乌古斯 248
Nineveh, 尼尼微 34
Ning xia, 宁夏 116
Ni Nie Shi (Narses), 泥涅师 97
Noah, son of Nasri, 纳斯里之子诺亚 138, 252
Nit-nam, 日南 4, 6

Northern Chau, 北周 63
Northern Sung, 北宋 92
Northern Wei, 北魏 95
Nubia, 努比亚 220

O

Obillah, Obolla, 奥博拉 84, 85, 86
Odoric, 鄂多立克 45, 76, 80, 119, 122, 127, 153, 169, 171, 257, 276, 279
Oech, R., 奥伊赫河 211
Oechardae, 奥恰尔德 194, 195
Oechordas, 奥伊科达斯河 194
Oguz Khan, 乌古斯汗 210
Ohsson, D', 多桑 33, 34, 167, 177, 223, 289, 299
Okkodai, 窝阔台 149—151, 153, 162
O-ko-ta, 阿骨打 148
Oljaitu, 完者都 121, 166
Olopun, Olopan, 阿罗本 105, 109, 110
O-lo-ssu, 109 俄罗斯
Oman, 阿曼 85, 126, 132, 138, 244, 253
O-mei Shan, 峨眉山 75
Onesicritus, 奥奈斯克里图斯 14
Onon, 斡难河 148
Opurocarra, 奥普罗卡拉山 203
Orissa, 乌茶 69, 73, 177
Orkhon, 鄂尔浑 64, 248
Orosana, 奥罗萨纳 195
Orosius, 奥罗修斯 221

Orpelians, 奥佩利安家族 94
Orrhotha, 奥尔霍萨 227, 230
Otrar, 讹答剌 163, 174, 288
Ottorocorrhas, Ottorocorrhae, 奥托罗科拉斯山 194, 195
Oxus, 乌浒河 23, 36, 37, 41, 59, 61, 72, 98, 104, 191, 192, 230, 248, 278

## P

Pagan, 异教徒 177
Pagdatine, 巴格达廷（即巴格达）34
Pa hang, 巴杭 82
Palermo, 巴勒莫 115, 144, 145, 241
Palestrina, 帕勒斯特里纳 120
Paliana, 帕利阿纳 195
Palimbothra, 帕林波特拉 183, 190, 194
Palladius, 帕拉迪乌斯 33, 117, 118
Pallegoix, 帕勒乔 132
Pamir, 帕米尔 40, 61, 192, 248
Pamphila, 潘菲拉 197, 198, 199
Pan Chao, 班超 40, 42, 43, 50, 57
Panconia, Pancovia (Pegu), 潘考尼亚（勃固）177, 267
Pan Yong, 班勇 41
Paris, 巴黎 120
Parta of Edessa, 艾德萨地方帕尔塔 95
Parthians, 帕提亚人 23, 52, 102, 216
Parthura, 番兜 23
Parti, 帕尔蒂 228
Patkanov, K. P., 帕特卡诺夫 164
Patricius, 帕特里修斯 26
Pausanias, 包撒尼亚斯 16, 21, 52, 202
Pauthier, G., 波迪埃 2, 7—10, 28, 30, 31, 41—45, 47—57, 70—72, 79, 80, 82, 91, 95, 96, 99, 103, 105, 107—110, 112, 114, 165, 177, 237, 273, 278, 280, 285, 291, 295
Pei Chi-li, 北直隶 278
Pechinegs, 佩彻涅格人 244, 245, 247
Pegolotti, F. Balducci, 裴戈罗提 159, 172, 229
Pegu, 勃固 124, 128, 151, 177, 183, 228, 243
Pei lin, 碑林 105, 106
Pein, 媲摩城 251
Pe King, 北京 93, 114, 122, 147, 148, 150, 153, 169, 173, 181, 258 278, 285
Pelliot, Paul, 伯希和 5—8, 32, 45, 53, 63, 64, 81, 88, 89, 105, 108—110, 113, 114, 116, 129, 136, 215, 278
Pentapolis, 潘塔波利斯 221
*Pen-tsau-kang-mu*,《本草纲目》109
Pepper, 胡椒 225, 227, 253

*Periplus*,《厄立特里亚海周航记》43, 227, 254

Perozes, 卑路斯 96, 205

Persia, 波斯 74, 84, 85, 92, 94, 95, 96, 98—104, 112, 178, 215, 218, 220, 227, 231, 238, 248, 272, 293

Persian Gulf, 波斯湾 83, 85, 88, 146, 215, 227

Persians, 波斯人 89, 102, 204, 205, 245

Perugia, 佩鲁贾 156

Peshawar, 白沙瓦 73, 242

Pesth, 佩斯 152

Petermann, 彼特曼 218, 288, 289

Petis de la Croix, 克罗瓦地方的佩提斯 212, 283, 293

Petra, 彼特拉 43

Petri, 贝特里（藤枝）184

Petzigaudias, Ioannes, 雅尼斯·彼泽高迪亚斯 48

Pharan, 法兰 221

Phasis, 法思河 212

Phazania (Fezzan), 费赞 220

Philemon, 斐勒芒 189

Philostorgius, 费罗斯托吉斯 221

Phoenicia, 腓尼基 220

Photius, 福提乌斯 14, 221

Phrygians, 弗利吉亚人 102

Phryni, 弗里尼 17

Pi-lo-ko, 皮罗阁 61

Pishpek, 皮什彼克 288

Piada, 皮阿达 195

Pima, 媲摩城 251

Ping Yang fu, 平阳府 285

Pinto, F. M., 费·门·平托 122, 124

Pizarro, 皮萨罗 170

Plato, 柏拉图 134

Pliny, 普林尼 15—17, 21, 22, 184, 185, 192, 196—199, 224, 228, 254

Poggio Bracciolini, 波吉奥·布拉西奥利尼 174—178

Poliu, Great and Little, 大、小勃律 71

Polo, Marco, 马可·波罗 2, 76, 81, 82, 87, 89, 93, 105, 111, 114, 117—119, 121, 128, 131, 139, 141, 144, 150, 152, 153, 161, 165, 167, 168, 173, 175, 180, 181, 214, 249, 251, 257, 267, 273, 277, 283, 285, 290, 291, 294, 296

Pomponius Mela, 梅拉 15, 16, 196, 197

Pontus, 本都 13, 183, 221

Porcelain phials from Egyptian tombs, 埃及墓中发现的瓷瓶 10

Portuguese, first arrival of, in China, 最早到达中国的葡萄牙人 180

Posterior Wei, 后魏 62

Pi-To-Li, 波多力 44, 54, 55

Poutimsteff, 普提斯特夫 288

Prester John, 约翰长老 116, 155

Printing in China, 中国的印刷术 295, 298

Procopius, 普罗可比 24, 46, 203, 204, 221

Prome, 卑谬 177

Provinces of the Great Khan's Empire, 大汗帝国各省 231, 246

Ptolemy, Cl., 托勒密 4, 6, 11—16, 22, 93, 110, 143, 146, 159, 176, 183, 184, 187—192, 195, 203, 213, 217, 227, 228, 241, 254, 286

Pudopatana, 普道帕塔纳 228

Pu-lam, Pu-lan, 普岚 45

Punjab, 旁遮普 146, 292

Purchas, 普尔查斯 33, 182

Purshvar, Purushavar, Purusapura, 白沙瓦；见 Peshawar

Purslain, 厨房调料 246

Pusse（Persia）, 波斯 98, 99

Putlam, 普特兰 226

## Q

Qa'an, 可汗 149；见 Kaan

Qalak, 喀拉 253；见 Kalah

Qalai, 喀莱 253

Qalmaq, 281 卡尔梅克；见 Kalmak

Qamju, 甘州 248

Qamul（Kamul）, 哈密 249

*Qanun*,《喀南》33, 256

Qarawul, 岗哨 274

Qayl, 卡亦耳 273, 286

Qazwini, 夸兹维尼 138, 139

Quatremère, Et., 夸铁摩尔 34, 149, 152, 165, 167, 179, 246, 271, 275, 276, 278, 280—282, 286—288

Quedda, 吉达 127, 253

Quinsai, 行在 89, 180, 267, 268

## R

Rabban Bar Cauma, 列班·巴·扫马 119

Rachias, 拉齐阿斯 200

Rahma, Ruhmi, 鲁赫米 243

Rahmaniya, Ramaniya, 腊赫马尼亚 243

Rainstone, 祈雨石 246

Raithu, 赖图 221

Ramusio, 拉姆希奥 131, 175, 179—181, 184, 218, 270, 290, 296

Rangoon, 仰光 243

Rashiduddin, 拉施丁 135, 152, 153, 167, 246, 272

Rawand-i-Chini, 中国大黄 293

Rawlingson, Sir H., 劳灵逊爵士 84, 99, 149, 192

Red River, 红河 6

Red Sea, 红海 88, 199, 200, 221
Rehatsek, Ed., 雷哈采克 271—274, 277—279, 281—287
Reinaud, 莱诺 11, 16, 21, 31, 52, 70, 74, 83, 84, 86, 90, 98, 114, 125—128, 131, 133, 138, 228, 241, 243, 248, 253, 254—256, 285
Rekem, 犂靬 43, 52
Remusat, Abel, 雷慕沙 20, 23, 41, 51, 70, 71, 83, 90, 92, 96, 98, 100, 107, 165, 166, 191, 195, 209, 223, 272
Renan, 莱南 107
Renaudot, Abbé Eusebius, 雷诺多 31, 125, 127
Revolving Pagoda, 旋转的金塔 277
Rhaptum, 拉普特 213
Rheede, 雷德 185, 225
Rhinoceros, 犀牛 222, 243
Rhodes, 罗得岛 190
Rhubarb, 大黄 269, 290, 292
Ricci, Matteo, 利玛窦 121, 182, 239
Rice Wine, 米酒 276；见 Darassun
Richthofen, Baron F. Von, 李希霍芬男爵 3, 5, 83, 192, 193
Ritter, 赖特 81, 191, 286, 293
Rockhill, W. W., 柔克义 85, 116, 117, 149, 156, 157, 159—161, 233, 288
Roger II, of Sicily, 西西里国王罗杰二世 141

Romania, 罗马人统治区 101, 212
Romans, 罗马人 197, 199, 204, 221
Rome, 罗马 44, 120, 216
Rubruquis, Willian, 威廉·鲁布鲁克 116, 149, 152, 156, 158, 160, 161, 163, 164, 209, 210, 272, 287—289
Rum, 罗马 45, 57
Russia, 俄罗斯 264
Russians, 俄罗斯人 245, 283；中亚的俄罗斯人 288, 289
Rustum, 鲁斯图姆 10, 99
Rustum, Mirza, 米尔扎·鲁斯图姆 286

## S

Saba, Sheba, Queen of, 希巴女王 218
Sadinfu, 萨丁府 278, 285
Saffron, 番红花 228
Sagae, 塞迦人 196
Saianfu, 襄阳府 167
Saimur, 塞穆尔 227, 253, 254
Saint-Martin, 圣·马丁 3, 20, 49, 54, 93—96, 210
Sairam, 赛蓝 271, 272
Sak, Sakas, 塞种人 36
Sakaia, 萨卡亚 202
Sakya Muni, 释迦牟尼 74, 12, 113, 164, 272, 277
Salibazacha, 萨利巴扎卡 103

Salopatana, 萨罗帕塔纳 228

Salt, 萨尔特 218, 220, 222

Saluyu, 萨鲁裕 272

Samarkand, 撒马尔罕 23, 90, 99, 103, 104, 117, 118, 123, 134, 162, 163, 174, 211, 251, 264, 265, 269, 271, 272, 286, 287, 293, 295—297

Sandabil, Sindabil, 信达毕尔 139, 252

Sanf (Champa), 三福（占婆）128, 129, 135, 143, 253, 254

San Pao Tai Kien, 三宝太监 76

Sapor, 沙普尔 102, 141, 216

Sara, sarra, Sarai, Sarray on the Volga, 伏尔加河畔的萨莱 154, 288

Saraga, 萨拉加 109, 196

Saragh, 萨拉格 93, 108, 159

Sarel, Col., 萨莱尔上校 65

Sari, 娑里 100

Sarikul, Sarikol, 色勒库尔 191

Sarmatia, 萨尔马提亚 187

Sarnau, 暹罗 124, 178

Sartach, 撒里达 158, 163

Sas, Sasu, 萨斯 217, 218

Schiltberger, 施尔特柏格 174

Schmidt, F. M., 施米特 158

Scholasticus of Thebes, 提佛的斯科拉斯提库 184

Sclaves, 斯克拉夫 245

Scythia, 斯基泰 16, 93, 187, 194, 203

Scythians, 斯基泰人 15, 196, 202, 206, 221, 252

Sea of Andaman, 安达曼海 127

Sea of Harkand, 哈尔康特海 127

Sea of Persia, 波斯海 127

Sea Trade between China and India, 中国和印度间的海上贸易 80; 与波斯湾的海上贸易 83 以下

Sejistan, Seistan, Seistan, 锡斯坦 85, 98, 99, 123, 251

Segin, 西京 116

Sekjin, 侍人 280, 283

Selediba, 赛勒第巴 214

Selenga, 婆陵水 62

Seleucidae, 塞琉西亚 41, 216

Selim I, （苏丹）谢里姆一世 126

Se-Ma Tsien, 司马迁 4, 8, 9, 37

Semedo, Alvarez, 曾德昭 107, 122, 235, 237

Semiriechie, 谢米列奇耶 60

Sempad, 森帕德 161, 262

Senus, 赛奴斯河 195

Seneca, 塞尼加 14, 197, 199

Sera, 赛拉 15, 19, 188, 189, 191, 194, 195

Seres, 赛里斯 1, 14—18, 20, 24, 25, 32, 90, 102, 104, 110, 134, 158, 159, 183, 188, 192, 196—200, 202—205

Seria, 赛里亚 202
Serice, Serica, 赛里斯 13—16, 159, 187, 192, 194, 195
Sericum, 赛里斯织物 20; 鲁布鲁克所谓该字的起源 158—159
Sericus, 赛里库 194, 195
Serinda, 赛林达 24, 204
Sesadae, 塞萨德人 183, 185
Sha Chau, 沙州 73, 117, 140
Shah Jahan, 沙杰罕 80
Shah Rukh, 沙哈鲁 139, 175, 179, 209, 252, 271—289
Shang Hai, 上海 77, 136
Shan Yu, 单于 149
Sharifuddin, 沙拉夫丁 33, 175, 212
Sharkhu, 沙尔胡 143
Shayok, 什约克 71
Sheba, 希巴 217
Shehu, 肆叶护 210
Shen tu (India), 身毒 37, 65
She-tie-mi, 室点密 58—59, 206
Shihabad-din Bayazid Shah, 悉诃巴德丁·巴牙兹德 80
Shi Hwang Ti, （秦）始皇帝 11, 38
Shiraz, 设拉子 84, 99, 286
Shir Behram, 施尔·拜赫兰 272
Siam, 暹罗 77, 124, 128, 151, 178, 214, 277
Siang Yang fu, 襄阳府 167, 168

Siberia, 西伯利亚 245, 246
Sibor, 西博尔 227, 230
Sielediba (Ceylon), 赛勒第巴 214, 225, 227, 228, 230
Sien pi, 鲜卑 61
Sigurd, 西古尔 46, 47
Sihaladipa, 狮子国 225
Si hu, 西湖 256
Sihun, 药杀河 272
Sila, 新罗 131, 136, 137, 255, 257
Si Leao, 西辽 148
Silhet, 锡尔赫特 184
Silk, 丝绸 197—199, 202—204, 227
Silzibul, 室点密 59, 206
Sin, 秦 1, 5, 11, 20, 127, 144, 151, 230, 248
Sinae, 秦奈 1, 3—6, 11—13, 15, 32, 90, 110, 183, 187, 188, 191—193, 195
Sinai, 西奈 27, 122
Sind, 信德 65, 87, 138, 142, 151, 205, 230, 255
Si-ngan, 西安 30, 31, 43, 56, 88, 91, 93, 105, 106, 112, 114, 116, 159, 175, 215, 235, 237, 292
Si-ngan Monument, 西安景教碑 105—112, 159, 235—237
Siongapore, 新加坡 253
Sinia-ul-sin, 辛尼亚乌尔辛 143

Sin la, 新罗 257
*Sin Tang Shu*,《新唐书》46
Sin teu (Indus), 新头河 86
Sir Daria (Jaxartes), 药杀河 211
Sira R., 西拉河 146
Siraf, 锡拉夫 84—86, 125, 132
Siro-khaghan, 北平 93
Sis, 锡斯 161, 162
Sisam logs, 胡麻木 227
Siurhia, 西乌尔夏 93, 159
Sizyges, 希乞吉斯 195
Sjabar-nouw (Siam), 暹罗 124
Socotra, 索科特拉 27, 123, 220
Soffi, 索菲人 293
Sogdia, 粟特 205, 207
Sogians, 粟特人 23, 59, 205, 208
Solana, 索拉纳 195
Solidus, 索里达 229
Soliman, 苏利曼 57
Solomon, 所罗门 218
Sopatrus, 索帕特鲁斯 25, 228, 229
Sornau, 暹罗 124
Soter Megas, 梭特迈加斯 36
Spain, 西班牙, 264
Spikenard, 甘松 185, 227
Srong Btsan Sgan Po, 松赞干布 60, 69
Ssanang ssetzen, 萨曩彻辰 30, 93, 276, 283
Stein, Sir Aurel, 斯坦因 38, 63, 190, 192, 215, 251, 274
Stone Tower, 石堡 19, 183, 188—192, 194, 286
Strabo, 斯特拉波 11, 14, 17, 22, 146, 189, 221
Su chau (in Kansu), Sukhchau, Sukchur, Succuir, 肃州 38, 58, 117, 140, 275, 276, 286, 290—293, 296
Suez, 苏伊士 221
Sui, 隋 30, 32, 44, 54, 63, 68, 88, 95, 97, 98, 191
Suk-Balhara, 巴尔哈拉 241
Suleiman, merchant, 商人苏利曼 126
Sultan Shah, 算端沙 271, 282
Sumatra, 苏门答腊 77, 78, 82, 124, 127, 128, 152
Sun Quan, 孙权 19
Sung, 宋朝 10, 60, 72, 81, 88, 92, 114, 136, 150
Sungora, 双冈腊 82
Sung Yun, 宋云 66, 75
Surata, 苏剌诧 228
Suren, 苏琳 94
Susah in China, 中国境内的苏萨城 142
Su Tsung, (唐) 肃宗 63, 91, 110
Suvarna Bhumi, 金国 183
Swat, 斯瓦特 74, 204
Syr Daria, 锡尔河 211

Syria, 叙利亚 101, 102, 104, 110, 113, 120, 153, 220

Syr-jabgu, 锡尔河地区的人民 206

Sze ch'uan, 四川 4, 37, 61, 65, 75, 116, 139, 140, 153, 161

## T

Tabaristan, 陀拔斯坦 100

Tabγač, Ταυγάστ, 桃花石 7, 32

Tabriz, Tauris, 桃里寺 154, 163, 167, 170, 174, 265, 293

Tagazgaz, Taghazghaz, 九姓乌古斯 131, 132, 143, 247, 248

Taghabun, 塔加班 91

Ta Göei (Wei), 大魏 32

Ta Hia, 大夏 36, 37, 39, 65

Tai Tsung, （唐）太宗 29—31, 54, 55, 59, 61, 62, 68—70, 96, 98, 110, 147

Tai yuen fu, 太原府 114

Tai wu, 太戊 7

Tajah, 塔佳城 114, 143, 256

Takazze, 塔卡则 218

Talas, 怛逻斯 91, 99, 119, 209, 210, 272, 288, 289

Ta Ming, 大明朝 291

Tana (Azov), 塔那（亚速）179, 269, 270

Tang, 唐朝 10, 19, 34, 41, 42, 44, 54, 59—62, 66, 69, 71, 86, 88, 89, 91, 97, 98, 105, 108, 110, 111, 114, 116, 133, 191, 257

Tang Kiang, 党羌 4—5

Tangut, 唐兀惕 116, 118, 119, 123, 143, 150, 162, 177

Tanjore, 坦乔尔 242

Tan ko fang, 单羯方 97

Ta-hua-shi, 桃花石 33

*Tao yi chi lio*,《岛夷志略》81

Taprobane, 塔普罗巴奈 104, 198, 199, 214, 215, 220, 22, 224—228

Ta Pu-yen, 塔不烟 148

Tarchan, 达干 211

Tardu, 达头 206

Tarim, 塔里木盆地 35, 58, 192, 194

Tarighurghan, 塔里库尔干 143

Tartars, 鞑靼人 179

Tashbaliq, 塔什巴里克 191, 192, 286

Ta Shi (Arabs), 大食（阿拉伯人）48, 62, 85, 88—92, 97, 103, 233—235

Ta shi (Ye Liu), 耶律大石 148

Tashkand, 达失干（塔什干）98, 164, 271, 272, 297

Ta teu Khan, 达头汗 206

Ta Tsin, 大秦 18, 41—46, 49—54, 56, 57, 63, 105, 110, 112, 113, 116, 193, 233—235, 240, 241

Taugas, Taugast, 桃花石 7, 29—34, 143
Tauris, 桃里寺；见 Tabriz
Taurus, 陶鲁斯 196
Tavernier, 塔弗涅 71
Ta Wan, 大宛 18, 36—39
Tayi, 大伊 103
Ta Yue Chi, 大月氏 36, 205
Ta yun kwang ming, 大云光明寺 63
Tazi, 大食 88
Tchen la, 真腊 8
Tea, 茶叶 131, 162, 292
Tehran, 德黑兰 293
Tekes, 特克斯河 36, 272
Te Kwang (Ye Liu), 耶律德光 147
Temuchin, Temujin, 铁木真 148, 149；见 Chinghiz
Tenasserim, 丹那沙林 12, 124
Tenduc, 天德 118
Tennent, E., 坦南特 25, 67, 68, 70—72, 75, 78, 84, 184, 199, 200, 226, 227, 253, 277
Terek Dawan, 捷列克达旺 191, 192
Termedh, 铁尔梅兹 191
Terra Incognita, 未知地 194, 195
Terrien Lacouperie, 拉古伯里 4—11, 149
Te Tsung, （唐）德宗 72, 110, 148
Thaban, 塔班 242, 254

Thabis, M., 塔比斯山 196
Thafak, 塔法 242, 243
Thaifand, 泰坊德 242
Thakbat, 拓跋 32
Tharrhana, 塔尔哈纳 195
Thathah, 塔塔 244
Themistetan, 塞米斯台坦 180
Theodorus of Mopsuestia, 莫普苏斯提亚地方的西奥多鲁斯 26
Theodosius, 塞奥多修 47, 54
Theophanes Byzantinus, 塞奥凡尼斯 24, 49, 115, 204
Theophylactus Simocatta, 塞奥费拉克图斯·西摩卡塔 7, 25, 29, 30, 32—34, 50, 115, 134, 143, 209, 232
Theriodes, 赛利奥德斯 195
Thin, 秦 11, 13, 183, 184
Thinae, 秦奈 3, 5, 11, 13, 19, 43, 159, 183, 196
Thogara, 吐加拉 195
Thomas, St., 圣托马斯 81, 101, 162, 235, 263
Three Kingdoms, 三国 66, 139
Throani, 特罗阿尼 195
Thule, island, 图勒岛 194
Tiao Chih, 条支 18, 23, 42, 50, 51
Tibet, 吐蕃 37, 60, 62, 68—71, 131, 132, 136, 139, 142, 143, 238,

251, 281
Tie le, 铁勒 62
Tien Chu (India), 天竺（印度）52, 65, 66
Tien fang, 天方 131
Tien Shan, 天山 58, 117, 191, 272
Tien Shun, 天顺 30
Tien Tso, 天佐 147
Tientze, 天子 141
Tigranes VI, 提格兰六世 93
Tigre, 提格雷 217
Tigris, R., 底格里斯河 167, 189, 199, 216
Timothy, Patriarch, 总主教蒂莫西 103, 115
Timur the Great, 帖木儿大帝 33, 34, 174, 175, 178, 179, 211, 264, 265, 271, 272, 283
Timur Kurkan, 帖木儿可汗 285
Tingis, 廷吉斯 221
Tiridates, 蒂里达特 94
Tobba al Akran, 陀拔阿克兰王 251
Tobbat, 吐巴特 246, 248
Togan Temur, 妥懽帖睦尔 79；见 Toghon Temur
Toquz Oguz, 九姓回鹘 248
Tokharestan, 吐火罗斯坦 36, 37, 96, 97, 100, 191, 215
Tokmak, 碎叶 60, 288

Tölös, 铁勒 58, 62
Tong King, 东京 3—5, 51, 52, 114, 167, 193
To pa, 拓跋 32
Toscanelli, Paolo de Pozzo, 托斯堪内里 177, 178, 267, 268
*T'oung pao*, 《通报》7, 8, 32, 41, 44, 45, 50, 53, 55, 88, 105, 109, 110, 113, 180, 215, 298
Toughadj, Tooghaj, 桃花石
Trace of former Christianity found by Ricci, 利玛窦发现的基督教遗迹；在中国 122；在印度支那 123
Tranquebar, 特兰克巴尔 228
Transoxiana, 河中地区 19, 140, 154
Trebizond, 特拉比宗 212
Troy, 特洛耶 266
Tsa li Mo-ho-nan, 刹利摩诃南 67
Tsen, 滇 4, 5
Tsiang Fu, 蒋斧 63
Tsiau tsiuan, 酒泉 38
*Tsien Han Shu*, 《前汉书》8, 23, 35, 41, 42, 149
Tsien Shu, 前蜀 140
*Tsien Wen ki*, 《前闻记》78
Tsi ling, 疾陵 97, 99
Ts'in, Dynasty, 秦朝 2, 3, 5—7, 11, 41, 215
Tsin, Dynasty, 晋朝 41, 50, 66, 67, 93,

114, 147, 235

Tsin Lun, 秦论 18

Tsin si hwang ti, 秦始皇 11, 38

Ts'uan chau, 泉州 88, 136, 142

Tsung-chin, （耶律）宗真 147

Tsung ling, 葱岭 35, 40, 191

Tu fan, 土番 60

Tûghâj, 桃花石 256

Tu Huan, 杜环 235

Tuin, 道人 117, 160

Tu kiue, 突厥 58—62, 97

Tulun, 吐伦 149

Tu Men, 土门 58, 206

Tu Mi Tu, 吐迷度 62

Tung King, Tun kin, 东京；见 Tong King

Tung kwo, 东国 131

Tun hwang, 敦煌 38, 40, 41, 58, 63, 113, 140

Tupha, 吐发 223

Tu po, Tu bod, Tu po te, 吐蕃 60

Tur, 图尔 9

Turfan, 吐鲁番 40, 41, 58, 64, 140, 247, 272

Turkestan, 突厥斯坦 99, 138, 288

Tuekish Khans, 突厥汗与拜占庭的交往 54 以下, 205 以下

Turkmen, Turcomans, 突克曼人 149, 163

Tu's, 途思 102

Turks, 突厥人 44, 58, 59, 96, 204—208, 245

Tu Tsung, （宋）度宗 81

Tu wu, 吐务 58, 206

Tu yu huen, 吐谷浑 61

Tyre, 推罗 169

Tzinista, 秦尼斯达 12, 28, 214, 215, 227, 228

## U

Udhyana, Udyana, 乌填囊 71, 74

Uighur Characters, 回纥文字 166, 167

Uighur, 回纥（回鹘）人 58—60, 62—64, 72, 88, 91, 116, 119, 178, 194, 195, 212, 247, 248

Ujjain, 乌贾因 230

Ukunai, 乌古乃 148

Unicorn, 独角兽 22, 224, 243

Unnia, 翁尼亚 215

Ural, 乌拉尔河 85, 212, 246

Urdukand, 喀什噶尔 60

Urh-sze, 贰师城 38

Urumtsi, 乌鲁木齐 117

Ush, 乌什 191, 286

Ushnej, 乌什奈吉 119

Utiennang, 乌填囊 74

Uz, 乌斯人 245

Uzes, 古斯国 247

Uzun Hassan, 乌尊·哈桑 178

Uzun tati, 扦罙 40, 251

## V

Valentinus, 瓦伦丁 206
Valentine Caesar, 凯撒瓦伦丁 54
Varthema, 瓦塞玛 124, 178
Venice, 威尼斯 171, 290, 295
Veremi, 维莱米 293
Vignand, Henry, 威格南 268
Visdelou, 刘应 42
Visiapur, 威希亚普尔 243
Vitry, Jacque de, 雅克·德维特里 21
Volga, 伏尔加河 45, 140, 154, 156, 163, 179, 212, 245, 246, 287—289
Voltaire, 伏尔泰 107

## W

Waddell, L.A., 瓦德尔 62
Wadi ul-Makam, 瓦第乌尔马坎 251
Wahlstatt, 瓦尔斯塔特 152
Wakf, 瓦克夫 153
Wakhshab, 瓦克沙比 192
Wakhsh, 瓦克什 286
Walckenear, Baron, 沃尔克涅男爵 12, 127, 128, 228
Walid, Khalif, 哈里发瓦利德 254
Wall of China, 长城 165, 175
Wang Hiuen-tse, 王玄策 67, 69
Wang Kien, 王建 140

Wang Meng, 王孟 7
Wang mu, （西）王母 7
Wang Yen-te, 王延德 248
Wei, 北魏 32, 66, 93, 95, 139, 208, 247
*Wei lio*, 《魏略》 41, 52, 199
Weiwu eul, Wei wu rh, 畏兀儿 62
Wen Chau, 温州 136
Wen cheng, 文成公主 61
Wen su, 温宿 40
White Huns, 白匈奴 205; 见 Hephthalites
William of Modena, 摩德纳地方的威廉 171
William, Dr., 威廉医生 298
Wodok, 和椟（古音）23
Wogouls, 窝古尔人 245
Wood, 伍德 17, 248, 250
*Wu ch'uwan lu*, 《吴船录》 75
Wu Hau, 武后 61
Wu-i-shan-li, 乌弋山离
Wu-ki, 魏无忌 276
Wu Kiai, 乌介 64
Wu Sun, 乌孙 35, 36, 38, 40
Wu Tai Shan, 五台山 73
Wu Tsung, （唐）武宗 111
Wu wei, 武威 38

## X

Xeythona, 黑萨那 267

# Y

Yak, 牦牛 223, 273, 295
Yalduz, 裕勒都斯 272
Yam, 驿站 275, 276
Yang Chau, 扬州 100, 136, 169, 256, 257
Yangi hissar, Yangihissar, 英噶萨尔 191
Yang Ma-no (Diaz), 阳玛诺 106
Yang tze, 长江 77, 136
Yanju, 扬州 256, 257
Yao, 尧 7, 8
Yarkand, 叶尔羌 40, 117, 246
Yarmuk, 雅穆克 59
Yat-nam, 日南 4
Yau-cheng, 郁城 39
Ye li ko wen, 也里可温 118
Yellow River, 黄河 116, 136, 147, 150
Yemen, 也门 83, 251
Yenthuholo, 因吐火罗 55
Ye-tai-i-li-to, 厌带夷栗陀 205
Ye-tu, 邺都 114
Yezdegerd, 波斯末帝伊嗣俟 55, 59, 96, 97
Yezid ben Muawia, 摩阿维亚 44
Ying tsung, （明）英宗 30
*Ying-ya-sheng-lan*,《瀛涯胜览》77
Yi-se, 伊斯 110

Yi Tsing, 义净 51
Yi Tsu ssu, 伊嗣俟 97
Yi Yun, 亦运 288
Yong lo, 永乐 73, 76, 77, 80, 87
Yu, 大禹 177
Yuanchao, 圆照 112
Yuan, Ye liu, 耶律阮 147
Yuan, Dynasty, 元朝 136, 173, 267
Yue chi, 月氏 35—38, 40, 66, 229
Yuei-ai, 月爱 68
Yue-shang-shi, 越裳氏 7, 8
Yun Nan, 云南 39, 61, 72, 76, 118, 122, 177, 244
Yung chan, 永昌 161
Yusuf, 玉速甫 280, 284

# Z

Zabaj, Zabadj, Zabag, 三佛齐 127, 138
Zagatai, 察合台 174, 264, 269, 270
Zaitun, Zaytun, 刺桐 51, 169—172, 256, 257, 267
Zanguebar, 桑给巴尔 213
Zanj, 僧给国 85, 138
Zarafshan, 泽拉夫善河 38
Zaranj, 疾陵 99
Zarun, 给伦 85
Zemarchus, 拜占庭使节蔡马库斯 149, 108—212

Zenob, 齐诺比 94
Zinj, 僧给 212, 213, 218, 230
Zonak, 佐纳克 9
Zonaras, 佐纳拉 204
Zuanapur, 江普尔 177
Zurla, 祖尔拉 176

# 译后记

《东域纪程录丛》初版于1866年,修订版完成于1915—1916年,是蜚声国际学术界的汉学名著,对国际学术界的影响已持续一个半世纪。我读到它是在20世纪90年代在国外留学之时。初读之下,即为其高度的学术性所折服。

1994年我曾写信给中华书局的谢方先生,建议翻译此书,列入"中外关系史名著译丛"出版。谢先生回信肯定了我的意见,并建议我担当翻译重任,当时我正处在攻读学位的关键时期,不能心有旁骛,故婉拒谢先生盛意。1999年夏天余太山先生受命编辑一套"欧亚历史文化名著译丛",问我有何贡献。我向他说起裕尔这本著作的价值,他表示赞同。由于一时难找更合适的译者,我自恃通读此书多遍,便斗胆承乏,但我明白此书翻译难度甚大。翻译工作从1999年下半年持续到2000年上半年,费时一年。其中法语、德语文字曾得到何兆武先生的帮助。2002年,《东域纪程录丛》由云南人民出版社出版。这是本书的第一个中译本。

《东域纪程录丛》是专业性极强的研究著作,读者范围狭窄,商业价值不高。2008年,第一个版本的版权期结束后未再加印。《东域纪程录丛》符合中华书局的"中外关系史名著译丛"的要求,遂由中华书局再版。近年来我国中外交流史研究获得较大发展,《东域纪程录丛》受到的关注也越来越多,2018年被列入商务印书馆"汉译世界学术名著丛书"出版计划。

　　2008年中华书局再版时,我曾借机对译文重新修订一遍,改正了不少讹误。这次三版,我又对译文进行了修改。两次修改未获些许惬意,徒增更多懊恼。译书之难,一言难尽。这部著作共有四卷,本书是第一卷即"序论"。如果将来全书有了更好的译本,则本书"引玉"之使命即告完成。在新的版本出现前,希望读者诸君的批评有助于它的完善。

张绪山<br>
2019年1月<br>
于北京清华园

图书在版编目（CIP）数据

东域纪程录丛：古代中国闻见录/（英）裕尔撰；（法）考迪埃修订；张绪山译．—北京：商务印书馆，2021（2023.1 重印）
（汉译世界学术名著丛书）
ISBN 978-7-100-19257-6

Ⅰ.①东… Ⅱ.①裕…②考…③张… Ⅲ.①汉学—研究 Ⅳ.① K207.8

中国版本图书馆 CIP 数据核字（2020）第 252973 号

**权利保留，侵权必究。**

汉译世界学术名著丛书
### 东域纪程录丛
#### 古代中国闻见录

〔英〕裕尔 撰
〔法〕考迪埃 修订
张绪山 译

商 务 印 书 馆 出 版
（北京王府井大街 36 号 邮政编码 100710）
商 务 印 书 馆 发 行
北京艺辉伊航图文有限公司印刷
ISBN 978 - 7 - 100 - 19257 - 6

2021 年 6 月第 1 版　　开本 850×1168　1/32
2023 年 1 月北京第 2 次印刷　印张 12 7/8　插页 1

定价：68.00 元